Die Mobilität der Migranten

Herausgegeben vom
Wissenschaftszentrum Berlin für Sozialforschung

Forschungsschwerpunkt: Sozialstruktur und Sozialberichterstattung
Direktor: Professor Dr. Wolfgang Zapf

Wolfgang Seifert

Die Mobilität der Migranten

Die berufliche, ökonomische und soziale Stellung ausländischer Arbeitnehmer in der Bundesrepublik

Eine Längsschnittanalyse mit dem Sozio-Ökonomischen Panel, 1984-1989

Die Deutsche Bibliothek - CIP-Einheitsaufnahme

Seifert, Wolfgang:
Die Mobilität der Migranten : die berufliche, ökonomische und soziale Stellung ausländischer Arbeitnehmer in der Bundesrepublik ; eine Längsschnittanalyse mit dem sozio-ökonomischen Panel, 1984 - 1989 / Wolfgang Seifert. [Hrsg. vom Wissenschaftszentrum Berlin für Sozialforschung]. - Berlin : Ed. Sigma, 1995
  Zugl.: Berlin, Freie Univ, Diss., 1994
  ISBN 3-89404-146-3

Über sein Gesamtprogramm informiert der Verlag Sie gern. Natürlich kostenlos und unverbindlich. **edition sigma Heimstr. 14 D-10965 Berlin**

© Copyright 1995 by edition sigma® rainer bohn verlag, Berlin.
Alle Rechte vorbehalten. Dieses Werk einschließlich aller seiner Teile ist urheberrechtlich geschützt. Jede Verwertung außerhalb der engen Grenzen des Urheberrechtsgesetzes ist ohne schriftliche Zustimmung des Verlags unzulässig und strafbar. Das gilt insbesondere für Vervielfältigungen, Mikroverfilmungen, Übersetzungen und die Einspeicherung in elektronische Systeme.

Konzeption und Gestaltung: Rother + Raddatz, Berlin

Druck: WZB   Printed in Germany

INHALT

Verzeichnis der Abbildungen 8

Verzeichnis der Tabellen 9

Vorwort 11

1. Einleitung 13

2. Transnationale Arbeitsmigration - Motor der Industriegesellschaft? 21
2.1 Vom Auswanderungsland zum Einwanderungsland 21
2.1.1 Wanderungsbewegungen vor dem zweiten Weltkrieg 21
2.1.2 Zuwanderung in die Bundesrepublik 24
2.2 Ausländerpolitik - historische Kontinuität oder "liberales Paradox"? 28
2.3 Deutschland - ein Sonderfall? Migration in anderen europäischen Industriestaaten 34

3. Individuenbezogene und strukturelle Modelle der gesellschaftlichen Integration von Migranten 41
3.1 Assimilation und Integration in der amerikanischen Migrationsforschung 41
3.2 Das strukturelle Migrationsmodell von Hoffmann-Nowotny 51
3.3 Das handlungstheoretische Modell von Esser 61
3.4 Alternative Integrationsmodelle 71
3.4.1 Die "multikulturelle Gesellschaft" 74
3.4.2 Immigranten als ethnische Minderheiten 77

4. Migranten in der Industriegesellschaft - ökonomische und gesellschaftliche Funktionszuweisungen 83
4.1 Migranten als industrielle Reservearmee 84
4.2 Ökonomische Aspekte der Ausländerbeschäftigung 87
4.2.1 Kosten-Nutzen-Kalkulationen der Ausländerbeschäftigung 87

4.2.2	Migration und Wohlfahrtsstaat	91
4.3	Migration als gesellschaftliches Konfliktfeld	95
5.	**Methoden und Studiendesign**	**101**
5.1	Das Sozio-Ökonomische Panel	101
5.2	Spezifische Probleme von Panelanalysen	102
5.3	Ausfallstruktur	106
5.4	Sprachliche Konventionen und Generationsabgrenzung	112
6.	**Sprachkompetenz, interethnische Beziehungen und nationale Identität**	**117**
6.1	Sprachkenntnisse	117
6.1.1	Verbale Deutschkenntnisse	118
6.1.2	Schriftsprachliche Deutschkenntnisse	121
6.1.3	Kenntnis der Muttersprache	122
6.2	Soziale Kontakte und informelle Netzwerke	124
6.3	Nationale und kulturelle Identität	127
6.3.1	Zeitliche Perspektiven des Aufenthalts in Deutschland	128
6.3.2	Nationales Zugehörigkeitsempfinden	130
6.3.3	Kulturelle Gewohnheiten	132
7.	**Determinanten der beruflichen Plazierung - Die zweite Generation**	**139**
7.1	Die zweite Generation - untersuchte Gruppen	140
7.2	Schulische und berufliche Bildung der zweiten Generation	142
7.3	Arbeitsmarktchancen und Erwerbsverläufe	146
7.4	Berufliche Statusallokation der zweiten Generation	152
7.5	Determinanten der beruflichen Statusallokation	155
8.	**Berufliche und ökonomische Mobilität**	**165**
8.1	Berufliche Mobilität	166
8.2	Mobilität nach Beschäftigungssektoren	170
8.3	Arbeitslosigkeit	171
8.4	Arbeitsbedingungen	175
8.5	Geleistete Wochenarbeitszeit	178
8.6	Einkommensverteilung und Einkommensentwicklung	179
9.	**Arbeitsmarktsegmentation - Mobilitätsbarriere für ausländische Arbeitnehmer?**	**187**
9.1	Die Theorie der Arbeitsmarktsegmentation	189
9.2	Operationalisierung des Segmentationsmodells	194

9.3	Ethnische Arbeitsmarktsegmentation - empirische Befunde	196
9.3.1	Mobilität zwischen Teilarbeitsmärkten	198
9.3.2	Der Bruttoverdienst abhängig Beschäftigter nach Arbeitsmarktsegmenten	200
9.3.3	Arbeitsbedingungen nach Arbeitsmarktsegmenten	202
9.3.4	Arbeitslosigkeit nach Arbeitsmarktsegmenten	205
9.4	Subjektive Arbeitsmarktchancen	208
9.5	Beruflicher Aufstieg durch Arbeitsplatzwechsel	211
10.	**Arbeitslosigkeits- und Gesundheitsrisiken ausländischer Arbeitnehmer**	**217**
10.1	Gesundheit, Krankheit und Migration	218
10.2	Zur gesundheitlichen Situation bei ausländischen Beschäftigten	219
10.3	Gesundheitsbeeinträchtigungen bei Arbeitslosen - Kausation oder Selektion?	223
11.	**Zur Lebenslage ausländischer Haushalte**	**229**
11.1	Wohnbedingungen	229
11.2	Entwicklung der Haushaltseinkommen und Armut unter Ausländern	230
11.2.1	Armutsforschung in der Bundesrepublik	232
11.2.2	Einkommensanalysen mit Paneldaten	234
11.2.3	Operationalisierung der Armutsgrenzen	236
11.2.4	Einkommensverläufe und Armut	240
11.2.4.1	Einkommensverteilung und Einkommensdynamik	240
11.2.4.2	Betroffenheit und Dauer von Armut	243
11.2.4.3	Haushaltsveränderungen und Niedrigeinkommen	245
11.2.4.4	Armut und Lebenslagen	249
12.	**Schlußbemerkung**	**255**
Literatur		**263**

Verzeichnis der Abbildungen

Abbildung 1:	Taft (1957): Stadien der internen und externen Veränderung des Wissens und des Verhaltens bei der Eingliederung von Wanderern	46
Abbildung 2:	Stadien der Assimilation von ethnischen Gruppen und Einwanderern nach Gordon 1964	49
Abbildung 3:	Modell der Beeinflussung des aufnehmenden Systems durch Migration nach Hoffmann-Nowotny	55
Abbildung 4:	Begriffliche Dimensionen der Eingliederung von Wanderern nach Esser	64
Abbildung 5:	Grundmodell der Assimilation von Wanderern nach Esser	68
Abbildung 6:	Das Sozio-ökonomische Panel: Netto-Fallzahlen	103
Abbildung 7:	Panelverläufe	104
Abbildung 8:	Generationsabgrenzung und deutsche Vergleichsgruppen	113
Abbildung 9:	Sprachkenntnisse nach Geschlecht	120
Abbildung 10:	Interethnische Netzwerke	126
Abbildung 11:	Kulturelle Alltagsgewohnheiten	133
Abbildung 12:	Betroffenheit von Arbeitslosigkeit während eines Zeitraumes von sechs Jahren nach Nationalität	171
Abbildung 13:	Eine oder mehrere Arbeitslosigkeitsperioden zwischen 1983 und 1988 nach beruflicher Stellung von 1984	173
Abbildung 14:	Durchschnittlicher Bruttoverdienst abhängig Beschäftigter in DM	180
Abbildung 15:	Typologie von Arbeitsmarktsegmenten nach Blossfeld und Mayer	191
Abbildung 16:	Betroffenheit von Arbeitslosigkeit während sechs Jahren nach Beschäftigungssegmenten	205
Abbildung 17:	Durchschnittliche kumulierte Arbeitslosigkeit in Monaten nach Beschäftigungssegmenten	206
Abbildung 18:	Veränderung der Gesundheitszufriedenheit nach Eintritt von Arbeitslosigkeit bei Ausländern	224
Abbildung 19:	Wiederbeschäftigungseffekt nach Arbeitslosigkeit: Differenzen im Bereich der Gesundheitszufriedenheit	225
Abbildung 20:	Einkommensverteilung nach Einkommensquintilen	241
Abbildung 21:	Zusammenhang von Niedrigeinkommensbezug und vorangegangener Veränderung der Haushaltszusammensetzung	246

Verzeichnis der Tabellen

Tabelle 1:	Vergleich von Längsschnitt- und Querschnittspopulation nach Sprachkenntnissen von Ausländern	105
Tabelle 2:	Vergleich der Ausfallstichprobe mit der Panelpopulation	108
Tabelle 3:	Vergleich der Panelpopulation mit der ausgefallenen Population nach Nationalität	110
Tabelle 4:	Stichprobenumfang und demographische Struktur	112
Tabelle 5:	Fallzahlen für die erwerbstätige Bevölkerung	114
Tabelle 6:	Verbale Deutschkenntnisse von Ausländern	119
Tabelle 7:	Sprachkenntnisse: Deutsch schreiben	122
Tabelle 8:	Kontakte zu Deutschen und wechselseitige Besuche mit Deutschen	125
Tabelle 9:	Wunsch nach ständigem Aufenthalt in Deutschland	129
Tabelle 10:	Nationales Zugehörigkeitsgefühl	131
Tabelle 11:	Demographische Merkmale der zweiten Ausländergeneration	141
Tabelle 12:	Höchster Schulabschluß der zweiten Generation	143
Tabelle 13:	Höchster beruflicher Ausbildungsabschluß der zweiten Generation	145
Tabelle 14:	Erwerbsverläufe der zweiten Generation zwischen 1983 und 1988	147
Tabelle 15:	Erwerbstätige der zweiten Generation nach beruflicher Stellung	149
Tabelle 16:	Erwerbstätige der zweiten Generation nach Branche	151
Tabelle 17:	Bruttoverdienst der zweiten Generation (abhängig Beschäftigte)	154
Tabelle 18:	Sprachkompetenz, interethnische Kontakte und Selbstidentifikation nach Stellung im Beruf	156
Tabelle 19:	Durchschnittlicher Bruttoverdienst nach Sprachkompetenz, interethnischen Kontakten und nationaler Selbstidentifikation	158
Tabelle 20:	Multiple Klassifikationsanalysen: Einkommen und Berufsprestige nach Sprachkompetenz, interethnischen Kontakten und Selbstidentifikation	160
Tabelle 21:	Deutsche und ausländische Erwerbstätige nach Stellung im Beruf	166
Tabelle 22:	Berufliche Mobilität 1984 - 1989	168
Tabelle 23:	Deutsche und ausländische Erwerbstätige nach Beschäftigungsbereichen 1984 und 1989	170
Tabelle 24:	Wiederbeschäftigung und Dauer von Arbeitslosigkeit	174
Tabelle 25:	Arbeitsbedingungen	176

Tabelle 26:	Durchschnittliche wöchentliche Arbeitszeit abhängig Beschäftigter	178
Tabelle 27:	Bruttoverdienst nach Stellung im Beruf und Sektor	181
Tabelle 28:	Einkommensdynamik abhängig Beschäftigter, Übergänge 1984 - 1989	183
Tabelle 29:	Die Entwicklung von Teilarbeitsmärkten	197
Tabelle 30:	Die Mobilität zwischen Teilarbeitsmärkten	199
Tabelle 31:	Bruttoverdienst abhängig Beschäftigter nach Arbeitsmarktsegmenten	201
Tabelle 32:	Arbeitsbedingungen nach Teilarbeitsmärkten 1989	203
Tabelle 33:	Die Befürchtung des Arbeitsplatzverlustes	207
Tabelle 34:	Subjektive Arbeitsmarktchancen 1989	208
Tabelle 35:	Erwartung von beruflichem Aufstieg	210
Tabelle 36:	Gründe für die Beendigung des letzten Arbeitsverhältnisses	212
Tabelle 37:	Art der Stellenfindung	212
Tabelle 38:	Vergleich der Arbeitsplatzmerkmale nach beruflichem Wechsel 1985 - 1989	213
Tabelle 39:	Chronische Krankheiten nach Erwerbsstatus und sozio-demographischen Merkmalen	219
Tabelle 40:	Gesundheitszufriedenheit nach Erwerbsstatus und sozio-demographischen Merkmalen	221
Tabelle 41:	Arztbesuche nach Sprachkenntnissen und Erwerbsstatus	223
Tabelle 42:	Wohnungsausstattung	230
Tabelle 43:	Wohnfläche und Räume pro Kopf	231
Tabelle 44:	Bedarfsgewichte des Haushaltsäquivalenzeinkommens	238
Tabelle 45:	Haushaltseinkommen	239
Tabelle 46:	Relative Armutsgrenzen auf Basis des Haushaltsäquivalenzeinkommens	240
Tabelle 47:	Einkommensdynamik, Quintile des Haushaltsäquivalenzeinkommens 1984 - 1989	242
Tabelle 48:	Anzahl der Armutsperioden zwischen 1984 und 1989	244
Tabelle 49:	Dauer des Bezuges von Niedrigeinkommen der Ausgangskohorte der 1984 erstmals Niedrigeinkommen Beziehenden	245
Tabelle 50:	Haushalte mit Niedrigeinkommen nach Haushaltsformen	247
Tabelle 51:	Niedrigeinkommen nach Erwerbsstatus, Alter und Nationalität	248
Tabelle 52:	Letzte Einkommensposition außerhalb des Niedrigeinkommensbereiches	249
Tabelle 53:	Kumulationen von Problemlagen	250
Tabelle 54:	Kumulationen von Problemlagen bei Erwerbstätigen	252

„So, so. Herr Kayankaya, Sie sind also Privatdetektiv. Interessanter Name, Kayankaya."
„Weniger interessant als türkisch".
Ach, das Lächeln wird noch süßer, und die Schlitze sind kaum mehr dicker als Rasierklingen. „Türke. Ein türkischer Privatdetektiv? Was es nicht alles gibt. Und wieso sprechen Sie so gut Deutsch, wenn ich mir die Frage erlauben darf?"
„Weil ich keine andere Sprache gelernt habe. Meine Eltern sind früh gestorben, und ich bin in einer deutschen Familie aufgewachsen."
„Aber Türke sind Sie - ich meine..."
„Ich habe einen deutschen Paß, falls Sie das beruhigt."
Seine Zunge fuhr unentschlossen über die Lippen, um dann zu verschwinden und einer Stimme Platz zu machen, die so unschuldig wie hüpfende Kinder daherkommt.
„Dürfte ich einmal sehen?"
Ich gebe ihm das grüne Heftchen. Er blättert darin. Seine Augen zerlegen es in Atome.
„Nicht daß eine türkische Herkunft für ein Mietverhältnis bei uns irgendeine Bedeutung hätte. Und da sogar die deutsche Staatsbürgerschaft vorliegt... trotzdem möchte man natürlich wissen, mit wem man es zu tun hat."
Er schlägt das Heftchen zu und gibt es mir zurück.
„Ich hätte eher auf den arabischen Raum getippt. Ihr Profil, die Art - der Türke im allgemeinen ist anders."
„Wie ist er denn so?"
„Kleiner, würde ich sagen, asiatischer, irgendwie unumgänglicher - eben anders."

Jakob Arjouni, Ein Mann, ein Mord. Diogenes.

Vorwort

Diese Arbeit ist im Rahmen meiner Tätigkeit am Wissenschaftszentrum Berlin für Sozialforschung (WZB) in der Arbeitsgruppe Sozialberichterstattung entstanden. Es ist die überarbeitete Fassung meiner Dissertation, eingereicht an der Freien Universität Berlin. Von März 1991 bis Ende 1992 war ich am WZB als Doktorand beschäftigt und bin seit Januar 1993 als wissenschaftlicher Mitarbeiter tätig. Ich möchte allen danken, die es mir ermöglicht haben, in diesem Kontext meine Arbeit zu schreiben.

Mein besonderer Dank gilt Wolfgang Zapf für seine inhaltlichen Anregungen und seine Betreuung. Seine Hinweise haben maßgeblich zur Strukturierung dieser Arbeit beigetragen. Für zahlreiche Hinweise und konstruktive Kritik danke ich Andrea Fischer, Roland Habich und Detlef Landua.

1. Einleitung

In den 60er und den frühen 70er Jahren setzte erstmals in der Nachkriegsperiode eine zahlenmäßig bedeutsame Zuwanderung ausländischer Arbeitskräfte in die Bundesrepublik ein. Die Anwerbung ausländischer Arbeitskräfte, die überwiegend den Bedarf der Industrie an un- und angelernten Arbeitern decken sollte, war zunächst nur als zeitlich befristete Maßnahme und unter Rotation der eingesetzten Arbeitskräfte konzipiert. Doch spätestens nach dem 1973 verfügten Anwerbestopp offenbarte sich, daß eine Begrenzung der Aufenthaltszeit aus ökonomischen und humanitären Gründen nicht aufrechtzuerhalten war, und nicht mehr von temporärer Zuwanderung die Rede sein konnte. Zwar sind die Arbeitsmigranten aus den Anwerbeländern Türkei, Italien, dem ehemaligen Jugoslawien, Griechenland und Spanien mittlerweile integraler Bestandteil des Stadtbildes, zumindest zwischen Konstanz und Flensburg geworden: Pizza, Döner Kebap, Cevapcici, Paella und Gyros sind in aller Munde. Doch auch Dekaden nach der Zuwanderung gilt ihre Anwesenheit längst noch nicht als Normalität.

Vermehrt zum Gegenstand sozialwissenschaftlicher Forschung wurde die Lage der ausländischen Bevölkerung erst mit dem einsetzenden Familiennachzug infolge des Anwerbestopps. Die Mehrzahl der Studien befaßten sich anfangs mit praxisrelevanten Themen wie den Schulproblemen der zweiten Generation oder der Arbeitsmarkt- und Wohnungssituation von Ausländern. Neben diesen Studien, die eine Vielzahl einzelner Aspekte und Dimensionen des Migrationsprozesses und die damit verbundenen Folgen untersuchten, fanden sich zunächst nur wenige Arbeiten, die sich mit der gesellschaftlichen Position und Rolle der Migranten auseinandersetzten.

In dieser frühen Phase der deutschsprachigen Migrationsforschung bestand ein weitgehender Konsens darüber, daß die Immigranten in die Aufnahmegesellschaft integriert werden sollten. In welcher Form dies zu geschehen hat und vor allem darüber, welche Faktoren entscheidend sind für eine erfolgreiche Integration, bestanden grundlegend verschiedene Auffassungen. Dabei zeichneten sich vor allem zwei differierende Ansätze ab:

Hoffmann-Nowotny sieht die Integrationschancen eng an die gesellschaftlichen Bedingungen, z.B. Chancengleichheit, geknüpft und versteht unter Integration Partizipation an der Gesellschaft. Darüber hinaus benutzt er den Begriff der Assimilation, der nach seiner Definition für die Partizipation an der Kultur steht

(Hoffmann-Nowotny 1973:172). In Essers handlungstheoretischem Modell resultiert Integration aus dem situationsrationalen Handeln und Lernen des Individuums. Auch Esser unterscheidet zwischen Integration, die er als „Gleichgewichtszustand von personalen und relationalen Systemen" versteht, und Assimilation, die als „Zustand der Ähnlichkeit des Wanderers in Handlungsweisen, Orientierungen und interaktiver Verflechtung zum Aufnahmesystem" definiert wird (Esser 1980:22f). Dabei wird Integration als Prozeß begriffen, an dessen Ende das vollständige Aufgehen des Migranten in der Aufnahmegesellschaft steht.

Dem Modell der Assimilation von Esser liegt ein Verständnis von Integration zugrunde, das die Übernahme kultureller und sozialer Normen der Aufnahmegesellschaft durch den Migranten annimmt. Integration wird folglich durch individuelle Anpassungsleistungen des Migranten vollzogen. Dies setzt allerdings gesellschaftliche Strukturen voraus, die eine Integration des Migranten erlauben, d.h., daß in der Aufnahmegesellschaft im wesentlichen keine askriptiven Positionszuweisungen außerhalb von Qualifikation und Leistungsbereitschaft vorgenommen werden und daß der Zugang für Migranten zu allen gesellschaftlichen Bereichen prinzipiell möglich ist.

Wird die Verteilung der ausländischen Beschäftigten über alle Bereiche der beruflichen Hierarchie als Maßstab der strukturellen Integration gesetzt, müßte, falls der Migrant selbst die Anpassungsleistung an die Aufnahmegesellschaft vollziehen muß, wie im individuenzentrierten Ansatz von Esser angenommen, ein starker Zusammenhang zwischen kognitiven Fertigkeiten, sozialen Kontakten, Orientierungen und beruflichem Fortkommen bestehen. Stehen dem Migranten jedoch Zugangsbarrieren zu bestimmten gesellschaftlichen Bereichen und Teilen des Arbeitsmarktes entgegen, wenn es also innerhalb des Arbeitsmarkt- und Beschäftigungssystems Mechanismen gibt, die zu einer Bevorzugung einheimischer und zu einer Benachteiligung ausländischer Arbeitskräfte führen, so muß dies an der Stratifikation des Gesellschafts- und Beschäftigungssystems erkennbar sein. Individuelle Ressourcen sind dann sekundär. Allerdings ist aufgrund der Qualifikationsstruktur keine homogene Verteilung der ausländischen Arbeitnehmer über alle Beschäftigungsbereiche zu erwarten. Vielmehr hat sich gezeigt, daß sich die Arbeitsmigranten der Sechziger und frühen Siebziger am unteren Ende der beruflichen Hierarchie eingegliedert haben und somit den Arbeitsmarkt „unterschichtet" haben. Es stellt sich jedoch die Frage, ob es zumindest besser qualifizierten ausländischen Arbeitskräften gelingt, sich - Dekaden nach der Zuwanderung - aus den unteren Beschäftigungspositionen zu lösen. Unter der Voraussetzung von Chancengleichheit dürfte eine dauerhafte Unterschichtung der Berufspyramide durch Ausländer ebensowenig Bestand haben wie eine ethnische Segmentation des Arbeitsmarktes, also eine Konzentration der Migranten an Arbeitsplätzen mit niedriger Bezahlung, schlechten Arbeitsbedingungen und geringer Beschäftigungsstabilität. Der beruflichen Mobilität kommt in diesem Zusammenhang eine zentrale Rolle für die Lage der ausländischen Bevölkerung in der Bundesrepublik zu. Sie ist eng verknüpft mit Fragen der sozialen Ungleichheit und der Verwirklichung von Chancengleichheit (Schultze 1991:11).

Im empirischen Teil dieser Arbeit wird untersucht, welches Gewicht individuelle und strukturelle Merkmale für die berufliche Statusallokation der ausländischen Bevölkerung in der Bundesrepublik haben. Strukturelle und individuelle Komponenten werden dabei nicht als wechselseitig ausschließend betrachtet. Es ist durchaus denkbar, daß sich sowohl individuelle als auch strukturelle Komponenten als Mobilitätsbarrieren für ausländische Arbeitskräfte erweisen. Hier soll deren jeweiliges Gewicht bestimmt werden. Anhand des Vier-Stufen-Integrationsmodells von Esser wird untersucht, welche Zusammenhänge zwischen kognitiver, sozialer, identifikativer und struktureller Integration bestehen. D.h., es wird der Frage nachgegangen, inwieweit mangelnde Sprachkenntnisse und andere individuelle Dispositionen Auswirkungen auf die berufliche und ökonomische Position von Ausländern haben. Dabei soll das Modell von Esser im Hinblick auf die darin implizierte Vorstellung von Assimilation kritisch beleuchtet und die Frage gestellt werden, ob Assimilation im Sinne von Angleichung ein gesellschaftlich erstrebenswertes Ziel darstellt oder ob das Konzept des „Melting-Pots", also das Aufgehen der Migranten in der Aufnahmegesellschaft, von der Realität der „Salatschüssel" abgelöst wurde, die zwar ein Ganzes darstellt, in der aber die einzelnen Ingredienzien erkennbar bleiben.

Der gegenwärtige Stand der Forschung zum sozialen, beruflichen und ökonomischen Status der Arbeitsmigranten in der Bundesrepublik vermittelt teilweise widersprüchliche Resultate. Baker und Lenhardt (1991) vertreten die These, daß Ausländer auf dem Arbeitsmarkt, trotz der rechtlichen Ungleichstellung, nicht diskriminiert sind[1]. Eine Reihe von Betriebsstudien vermittelt ein differenzierteres Bild, demnach ist zumindest einem Teil der ausländischen Arbeitskräfte der Aufstieg in die oberen Positionen der Arbeitsplatzhierarchie gelungen (Köhler und Preisendörfer 1988; Köhler und Grüner 1988; Grüner 1992). Gleichzeitig wird aber eine überproportionale Betroffenheit der Ausländer durch Personalabbau in Zeiten wirtschaftlicher Rezession festgestellt. Gillmeister, Kurthen und Fijalkowski (1989) sehen die ausländischen Arbeitskräfte in einer „Zwischenlage", da sowohl Tendenzen einer Integration und Gleichstellung als auch einer Verfestigung des Randstatus feststellbar sind. Nach Heckmann schließlich sind die Arbeitsmigranten in bezug auf ihre ökonomisch soziale Stellung und soziale Lage „zu einer Einwandererminorität in der Sozialstruktur der Bundesrepublik geworden" (1981:258).

Diese differierenden Resultate dürften auch durch das unterschiedliche methodische Vorgehen und die verwendeten Datenquellen beeinflußt sein. Während repräsentative Surveydaten für die deutsche Bevölkerung längstens zum Standard gehören, beschränkt sich das Wissen über die ausländische Population auf Fallstudien, bestimmte Regionen, einzelne Betriebe oder resultiert bestenfalls aus Quotenstichproben.

Ziel dieser Untersuchung ist es, berufliche und ökonomische Mobilität von Ausländern in der Bundesrepublik auf repräsentativer Basis, sowohl abhängig von individuellen Komponenten zu untersuchen als auch der Frage nachzugehen, ob und gegebenenfalls wo, strukturelle Mobilitätshindernisse bestehen. Bei gegebener Chancengleichheit, in einem System, in dem keine Diskriminierung stattfindet, müßte eine Gruppe von Ausländern die gleiche Mobilität wie eine Gruppe von Deutschen aufweisen, die über vergleichbare Qualifikationen verfügt. Unter der Annahme von Chancengleichheit müßten Ausländer im selben Maße wie deutsche Arbeitnehmer mit vergleichbaren Ressourcen, gleichen Bildungs- und Qualifikationsgraden Aufstiegsmöglichkeiten und Karrierechancen haben und dürften auch nicht in stärkerem Maße von Entlassungen bedroht sein als deutsche Kollegen. Folglich müßte eine vergleichbare ökonomische und berufliche Mobilität von ausländischen und deutschen Arbeitnehmern mit vergleichbarer Qualifikation empirisch meßbar sein. Mobilitätsprozesse dürften je nach Beschäftigungsbereich, Branche, und Betriebsgröße für Beschäftigte mit unterschiedlichen Qualifikationsprofilen auch jeweils einen unterschiedlichen Verlauf nehmen. Die Situation ausländischer Beschäftigter muß folglich vor dem Hintergrund der Lage und Dynamik von vergleichbaren deutschen Bevölkerungsgruppen analysiert werden. Dennoch darf die Untersuchung nicht bei der Gegenüberstellung gleicher Gruppen, z.B. ungelernte Arbeiter, stehen bleiben, sondern muß den Prozeß der beruflichen Statusallokation und der beruflichen Mobilität vor dem Hintergrund des gesamten Beschäftigungssystems sehen und somit den gesamtgesellschaftlichen Kontext einbeziehen, in dem Ausländer als Individuen und als Gruppe agieren. Aus den individuellen wie auch kollektiven Positionen von Ausländern und deren Veränderungen im Zeitverlauf sollen Aussagen darüber abgeleitet werden, inwiefern Ausbildung und Qualifikation das berufliche Fortkommen bestimmen, oder ob es keine Schließungstendenzen aufgrund askriptiver Merkmale gibt. Dies könnte dann angenommen werden, wenn eine Gruppe ausländischer Arbeitnehmer mit vergleichbaren Beschäftigungsmerkmalen signifikant schlechtere Aufstiegschancen, geringere Beschäftigungsstabilität, schlechtere Arbeitsbedingungen und/oder niedrigere Bezahlung aufweist.

Die genannten Fragestellungen sind nur mit Hilfe eines Längsschnittdatensatzes zu bearbeiten, der sowohl die deutsche wie auch die ausländische Bevölkerung repräsentativ abbildet. Dem Kriterium des Längsschittdatensatzes kommt dabei besondere Bedeutung zu, da alle Aussagen über den Prozeß der Eingliederung von Migranten bislang lediglich auf der Basis von Querschnittsanalysen getroffen wurden. Die einzige Datenbasis in der Bundesrepublik, die diesen Kriterien genügt, ist das Sozio-Ökonomische Panel (SOEP). Das SOEP bietet die Möglichkeit, anhand zentraler Indikatoren die Lebenslage der ausländischen Bevölkerung der deutschen Bevölkerung insgesamt gegenüberzustellen, als auch relevante Subgruppen zu vergleichen, denn das SOEP bietet, bedingt durch die hohen Fallzahlen, die Möglichkeit, nach sozio-demographisch relevanten Gruppen zu unterscheiden. Damit kann auch dem Umstand Rechnung getragen werden, daß die Arbeitsmigranten aus dem Mittelmeerraum trotz vergleichbarer Migrationsbiographie keine homogene Gruppe darstellen. Generationsunterschiede sind unter Mobilitätsgesichtspunkten von großer Relevanz. Sofern die zweite Generation über deutsche Schulabschlüsse verfügt, ist eine wichtige formale Voraussetzung für den Zugang zum Arbeitsmarkt gegeben. Ausländischen Frauen kommt unter Arbeitsmarktgesichtspunkten ebenfalls eine besondere Bedeutung zu, und auch für die jeweiligen nationalen Gruppen sind unterschiedliche Mobilitätsmuster zu erwarten. Die Analysen erstrecken sich auf die ersten sechs Wellen des Panels (1984-1989). Sechs Jahre sind zwar für eine Mobilitätsstudie ein relativ kurzer Zeitraum, er ist jedoch ausreichend, um grundlegende Strukturen und Verläufe offenzulegen.

Den empirischen Analysen wird ein Block vorangestellt, in dem grundlegende Integrationstheorien vorgestellt sowie die ökonomischen, politischen, gesellschaftlichen und historischen Rahmenbedingungen der Ausländerbeschäftigung in der Bundesrepublik analysiert werden.

Im zweiten Kapitel wird zunächst die historische Entwicklung der Ausländerbeschäftigung in Deutschland kurz aufgezeigt und dargestellt, welche Steuerungsversuche bzw. Eingriffe zur Lenkung von Migrationsströmen von staatlicher Seite unternommen wurden. Schließlich wird die Migration nach Deutschland und die staatlichen Reaktionsweisen darauf vor dem Hintergrund entsprechender Entwicklungen in anderen Indstriestaaten beleuchtet. Die Migration in Deutschland wird im Kontext der historischen Entwicklung, der politischen Interventionen wie auch der internationalen Verflechtungen gesehen. Ausgehend von diesen Informationen wird zur theoretischen Diskussion von Integrationsmodellen übergegangen.

Kapitel drei wird mit einem Exkurs über die amerikanische Integrationsforschung eingeleitet. In den USA wurden bereits in den 20er und 30er Jahren Modelle entwickelt, die den Prozeß der Integration bzw. Assimilation von Migranten beschreiben. Typisch für die amerikanische Forschungstradition ist ein Integrationsverständnis, das am Ende eines Anpassungsprozesses die vollständige Angleichung des Migranten an die Aufnahmegesellschaft annimmt. Insbesondere die mögliche Übertragbarkeit amerikanischer Modelle auf die Bundesrepublik soll hier erörtert werden. Stellvertretend für die Integrationsforschung im deutschsprachigen Raum werden aus den zahlreichen Ansätzen zwei zentrale Arbeiten herausgegriffen. Der Ansatz von Hoffmann-Nowotny wird stellvertretend für strukturell orientierte Ansätze vorgestellt, und daran anschließend das Konzept von Esser stellvertretend für individuenzentrierte Integrationsansätze. Das Integrationsverständnis, das auf eine vollständige Angleichung des Migranten abzielte, war seit Anfang der 80er Jahre verstärkter Kritik ausgesetzt. Alternative Konzepte wurden entwickelt, die, insbesondere unter dem Stichwort „multikulturelle Gesellschaft", ein Nebeneinander verschiedener Kulturen bei gleichen Rechten propagierten. Eine Diskussion dieser Konzepte steht am Ende dieses Kapitels.

Kapitel vier setzt sich mit Arbeiten auseinander, die die ökonomische und gesellschaftliche Funktion von Migranten aus einer makro-ökonomischen Position heraus betrachten. Hier wird der Frage nachgegangen, ob die Ausländerbeschäftigung die Funktion einer „industriellen Reservearmee" oder eines „Konjunkturpuffers" auf dem Arbeitsmarkt hat. Außerdem werden „Kosten-Nutzen-Analysen" der Ausländerbeschäftigung vorgestellt und die Diskussion, die um die Gefährdung des Wohlfahrtsstaates durch Migration geführt wird, aufgegriffen. Ebenfalls von einer Makroperspektive aus sollen Konflikte und Konfliktpotentiale zwischen autochthoner Bevölkerung und Migranten untersucht werden. Die Diskussion dieser Punkte weist über die späteren empirischen Analysen hinaus, ist aber für deren Einordnung und als Hintergrundinformation erforderlich.

Kapitel fünf ist der Datenbasis, Methodenproblemen und Auswertungsstrategien gewidmet. In Kapitel sechs werden Sprachkenntnisse untersucht und ausgewählte Indikatoren der sozialen und kulturellen Orientierung vorgestellt. Sie bilden die Basis für die in Kapitel sieben anhand des Prozesses der beruflichen Plazierung der zweiten Ausländergeneration vorgenommene empirische Überprüfung von individuenbezogenen Integrationstheorien.

Die Analysen der beruflichen und ökonomischen Mobilität, die Gegenstand des achten Kapitels sind, sollen Aufschluß über Karriereverläufe von ausländischen und deutschen Arbeitnehmern mit jeweils vergleichbaren Ausgangsvoraussetzungen geben. Außerdem wird untersucht, ob die höhere Ausländerarbeitslosigkeit durch den Strukturwandel des Arbeitsmarktes bedingt ist, der insbesondere zu einem Abbau von Arbeitsplätzen mit geringen Qualifikationsanforderungen geführt hat, oder ob ausländische Arbeitskräfte eine „Pufferfunktion" auf dem Arbeitsmarkt haben und bei anstehenden Entlassungen überproportional oft entlassen werden.

In Kapitel neun wird der Frage nachgegangen, ob der Arbeitsmarkt der Bundesrepublik segmentiert ist, und ausländische Arbeitskräfte deshalb an Arbeits-

plätze gebunden sind, die durch schlechte Arbeitsbedingungen, niedrige Bezahlung und geringe Beschäftigungsstabilität gekennzeichnet sind.
Im zehnten Kapitel werden einige zentrale Gesundheitsindikatoren vorgestellt und der Frage nachgegangen, ob gesundheitliche Beeinträchtigungen das Arbeitslosigkeitsrisiko von Ausländern erhöhen.
Im letzten Kapitel werden Analysen auf Haushaltsebene durchgeführt. Dabei steht insbesondere die Entwicklung des Haushaltsäquivalenzeinkommens, ein nach Bedarf und Haushaltsgröße gewichteter Indikator, im Brennpunkt des Interesses. Anhand dieser Analysen soll erörtert werden, in welchem Umfang Ausländer an der Wohlfahrtsentwicklung partizipieren können. In diesem Kontext wird untersucht, in welchem Ausmaß ausländische Haushalte ein Einkommen unterhalb der Armutsgrenze beziehen. Außerdem soll die Betrachtung der Wohnsituation ausländischer Haushalte Aufschluß über den erreichten Lebensstandard ausländischer Haushalte geben.

Anmerkungen

[1] Dieses Resultat kann aus methodischen Gründen nicht als abgesichert angesehen werden. Die Untersuchung basiert auf Aggregatdatenanalysen männlicher vollzeitbeschäftigter Arbeiter mittels Daten aus der Sozialversicherungs- und Industriestatistik der Jahre 1977 - 1986. Baker und Lenhardt (1991) interpretieren den Umstand, daß es durch Zuwanderung zu keinen Lohnsenkungen bei männlichen vollzeitbeschäftigten Arbeitnehmern gekommen ist, dahingehend, daß keine Unterschichtung stattgefunden hat. Doch insbesondere im Bereich industrieller Großbetriebe herrscht eine relativ starke Reglementierung. Löhne werden nicht beliebig zwischen Arbeitgebern und Arbeitnehmern ausgehandelt, sondern beruhen auf institutionalisierten Tarifstrukturen, die einen Schutz vor Lohndiskriminierung bieten. Doch allein der Umstand, daß „gleicher Lohn für gleiche Arbeit" gezahlt wird, läßt nicht den Schluß zu, daß ausländische Arbeitnehmer auf dem Arbeitsmarkt nicht diskriminiert sind, weil entscheidende Kriterien wie Zugangsmöglichkeiten, Arbeitsbedingungen, Karriereopportunitäten oder Beschäftigungsstabilität unberücksichtigt bleiben. Auch Baker und Lenhardt begnügten sich nicht mit der Feststellung, daß sich auf Basis ihrer Daten keine Hinweise auf eine Lohndiskriminierung ausländischer, männlicher, manuell ausführender Arbeiter gab. Als weiteres Kriterium fehlender Diskriminierung postulierten sie, daß es keine dauerhafte Konzentration ausländischer Arbeitskräfte in bestimmten Wirtschaftsbereichen geben dürfe. In diesem Punkt kommen die Autoren zu der überraschenden Einschätzung, daß sich die Verteilung über die Wirtschaftsbereiche von ausländischen und deutschen Arbeitnehmern annähert. Diese Analysen bezogen sich nur auf das produzierende Gewerbe. Wäre der Dienstleistungsbereich ähnlich differenziert betrachtet worden, könnte die Aussage nicht gehalten werden.

2. Transnationale Arbeitsmigration - Motor der Industriegesellschaft?

In diesem Kapitel wird zunächst ein kurzer historischer Überblick über die Wanderungsbewegungen der letzten 100 Jahre gegeben. Die Migration wird dabei im Zusammenhang mit der jeweiligen ökonomischen Entwicklung und staatlichen Interventionen gesehen. Es wird die Frage diskutiert, ob - wie von einigen Autoren behauptet - es eine historische Kontinuität sowohl in der restriktiven Behandlung von Ausländern als auch in der Ausländerpolitik gibt, oder ob vielmehr Ausländerpolitik in Deutschland heute stärker von rechtsstaatlichen und humanitären Prinzipien bestimmt ist. Abschließend soll erörtert werden, inwiefern die Zuwanderung, deren Perzeption durch die Bevölkerung und die staatliche Intervention jeweils national spezifische Züge hat oder ob sich in anderen Industriestaaten ähnliche Entwicklungen zeigen. Hierzu wird die Entwicklung in einigen anderen westeuropäischen Industriestaaten kurz aufgezeigt. Insgesamt soll dieses Kapitel Einblick in die historischen und politischen Rahmenbedingungen von Migration geben und dabei den Kontext anderer westeuropäischer Länder einbeziehen.

2.1 Vom Auswanderungsland zum Einwanderungsland

2.1.1 Wanderungsbewegungen vor dem Zweiten Weltkrieg

Wanderung ist historisch betrachtet kein neues Phänomen. Individuen, Gruppen und ganze Stämme verließen zu allen Zeiten ihre Herkunftsregionen, um sich, aus den unterschiedlichsten Motiven heraus, in anderen Gebieten niederzulassen (Treibel 1990:11). Die Frühgeschichte der Migration wird hier jedoch nicht weiter erörtert werden[1]. Kernpunkt der Analysen in diesem Kapitel ist die in Zusammenhang mit dem Prozeß der Industrialisierung stehende Arbeitskräftemigration. Die Industrialisierung wäre ohne Migration vom Land in die industriellen Zentren, aber auch über nationale Grenzen hinweg, nicht denkbar gewesen, denn der Arbeitskräftebedarf in der Frühphase der Industrialisierung war enorm. Deutschland zählte zunächst zu den Abgabeländern. Fünf Millionen Deutsche wanderten im 19. Jahrhundert allein in die USA aus (Bade 1984a:18); in dem kurzen Zeitraum zwischen 1880 und 1900 waren es zwei Millionen (Heckmann 1981:146). Parallel zur Auswanderung nach Übersee setzte ab 1880 eine verstärkte Wanderung aus den ländlichen ostelbischen Gebieten in die Industrieregionen des westlichen Preussens ein (Herbert 1986:16), was zu einer allmählichen Verknappung der Arbeitskräfte in den ländlichen Regionen führte. Die naheliegende Lösung für die Gutsbesitzer lag in der Anwerbung von Arbeitskräften aus Rußland, Österreich und den ehemals polnischen Gebieten. Gegen die Ausländerbeschäftigung opponierten jedoch national-konservative Kräfte, die von einer „Polonisierung ganzer Landstriche" sprachen (Herbert 1986:17) und sich die „Zurückdrängung des slawischen Einflusses" zum Ziel setzten. Die preußische Regierung reagierte mit einer strikten Reglementierung und Kontrolle der Ausländerbeschäftigung. In der Landwirtschaft durften Ausländer nur während der Saison beschäftigt werden, danach mußten sie das Land wieder verlassen (Herbert 1986:37). Mit dieser Karenzregelung wurde erstmals ein Rotationsprinzip für ausländische Arbeitskräfte eingeführt.

War die Beschäftigung ausländischer Arbeitskräfte zunächst auf den Agrarbereich beschränkt, wo durch den Wegzug deutscher Arbeitskräfte in die Industrieregionen oder nach Übersee Arbeitskräftemangel entstanden war, wurden ausländische Arbeitskräfte zunehmend auch direkt in der Industrie eingesetzt. Prominentestes Beispiel hierfür ist die Beschäftigung von Polen im Ruhrkohlebergbau. Es muß allerdings angemerkt werden, daß die Polen im Ruhrgebiet zum damaligen Zeitpunkt, bedingt durch die Teilung Polens, größtenteils formal keine Ausländer waren, sondern den Status von Reichsdeutschen hatten und somit nicht den Zuzugs- und Beschäftigungsreglementierungen unterlagen (Dohse 1981:45).

Herbert kommt nach umfangreichem zeitgenössischem Quellenstudium zu der Einschätzung, daß viele industrielle Unternehmer die Ausländerbeschäftigung zunehmend als Kompensation gegenüber der Sozialgesetzgebung und der zunehmenden Organisierung der deutschen Arbeiterschaft einsetzten. Ausländische Arbeitskräfte waren nicht gewerkschaftlich organisiert, sozial- und arbeitsgesetzliche Bestimmungen konnten leichter umgangen werden, bei Aufbegehren gegen schlechte Arbeitsbedingungen und Verweigerung von Überstunden konnte mit Entlassung und Abschiebung gedroht werden. Ausländische Arbeitskräfte wurden überwiegend in den Branchen eingesetzt, die einen hohen Anteil an körperlich schweren, gefährlichen und wenig qualifizierten Tätigkeiten aufwiesen (Herbert 1986:57).

Mit dem Ausbruch des Ersten Weltkrieges setzte eine abrupte Kehrtwendung in der restriktiven Ausländerpolitik ein. Wenige Tage nach Kriegsbeginn erließ das Preußische Kriegsministerium für die rund 300.000 im Reich befindlichen russisch-polnischen Saisonarbeiter ein Rückkehrverbot (Herbert 1986:82). Sie wurden ebenso zu Zwangsarbeitern wie die über 1,5 Millionen Kriegsgefangenen, die in der Landwirtschaft, aber auch in der Industrie eingesetzt wurden. Zusätzlich wurden ausländische Arbeitskräfte, überwiegend aus besetzten Gebieten, für die Industrie angeworben. Nach dem Ende des Weltkrieges und der damit verbundenen Demobilisierung der deutschen Truppen, wurden Kriegsheimkehrer auf dem Arbeitsmarkt bevorzugt und jüngere Arbeitskräfte, Frauen und Ausländer verdrängt. Diese Maßnahmen wurden durch eine rigorose Grenzsperrung für ausländische Arbeitskräfte noch ergänzt (Dohse 1981:89ff).

In der Weimarer Republik wurde der Einsatz ausländischer Arbeitskräfte weitgehend verrechtlicht. Es wurde ein Instrumentarium geschaffen, „durch das die Zulassung von ausländischen Arbeitskräften eng an die wirtschaftliche Lage in Deutschland angepaßt werden konnte; die Funktion von Ausländern als konjunkturelle Reservearmee vor allem in der Landwirtschaft war durch die jährliche Überprüfung und durch die Fortdauer von Karenzzeit und Legitimationszwang festgeschrieben, die Möglichkeit des Lohndruckes und des Einsatzes als Streikbrecher jedoch durch Tarifpflicht und paritätische Beteiligung stark beeinträchtigt." (Herbert 1986:117).

Infolge der ökonomischen Situation der Weimarer Republik war die Ausländerbeschäftigung, insbesondere in der Industrie, in dieser Periode von geringer Bedeutung. Dies änderte sich schlagartig mit Ausbruch des Zweiten Weltkrieges. Acht Millionen ausländische Zwangsarbeiter, darunter zwei Millionen Kriegsgefangene (Dohse 1981:119), waren unter härtesten Bedingungen in der deutschen Landwirtschaft und Industrie im Einsatz, um die gigantische nationalsozialistische Kriegsmaschine am Laufen zu halten. Die Rekrutierung von Arbeitskräften in den besetzten Gebieten erfolgte gewaltsam. Die Lebens- und Arbeitsbedingungen, insbesondere der Zwangsarbeiter und Kriegsgefangenen aus der Sowjetunion, war katastrophal. 1941 wurden von Göring in den sogenannten Ostarbeitererlassen Regelungen getroffen, die eine völlig unzureichende Ernährung und Unterbringung zur Folge hatten. Der Hintergrund dieses menschenverachtenden Zwangsarbeitereinsatzes bildete die Ideologie, daß „der Russe rassisch wertlos sei, zu höheren und qualifizierteren Leistungen nicht in der Lage und die Ernährung der sowjetischen Arbeiter nur die Versorgung der deutschen Bevölkerung belasten würde" (Herbert 1986:149).

Insgesamt war die Ausländerbeschäftigung gegen Ende des 19. bis Mitte des 20. Jahrhunderts eng an ökonomischen Gegebenheiten orientiert. Die staatliche Regulierung der Ausländerbeschäftigung ging jedoch weit über rein ökonomische Interessen hinaus und stellte ideologische und teilweise soziale Belange über die ökonomischen Interessen von Landwirtschaft und Industrie, wenngleich in Abhängigkeit von konjunkturellen Gegebenheiten mehr oder weniger Ausnahmen gemacht wurden. Aus dem Umstand, daß eine freie Zuwanderung von ausländischen Arbeitskräften zumindest in Friedenszeiten nicht gegeben war, kann geschlossen werden, daß von staatlicher Seite über rein wirtschaftliche Interessen hinausgehende Motive zur Begrenzung der ausländischen Beschäftigten vorherrschten.

2.1.2 Zuwanderung in die Bundesrepublik

Angenendt (1992:150ff) unterteilt die Geschichte der Bundesrepublik unter migrationsrelevanten Gesichtspunkten in vier Epochen:

1945 bis 1954	Staatliche Reorganisation und Vertriebenenintegration
1955 bis 1973	Die Anwerbephase
1973 bis 1980	„Konsolidierung" der Ausländerbeschäftigung
Seit 1981	Die Wende zur restriktiven Ausländerpolitik

Diese grobe Einteilung läßt bereits die wesentlichen Grundzüge in der Beschäftigung ausländischer Arbeitskräfte erkennen[2]. In der ersten Nachkriegsdekade war durch Übersiedler aus den ehemals deutschen Ostgebieten und heimkehrende Kriegsgefangene die Konkurrenz auf dem bundesdeutschen Arbeitsmarkt groß; Vollbeschäftigung wurde erst 1960 erreicht. Obwohl der erste Vertrag zur Anwerbung ausländischer Arbeitnehmer bereits 1955 mit Italien geschlossen wurde (Gugel 1990:60), blieb die Zuwanderung ausländischer Arbeitskräfte zunächst gering, denn der wachsende Arbeitskräftebedarf der deutschen Industrie konnte durch die insgesamt 1,8 Millionen Flüchtlinge aus der DDR leicht befriedigt werden (Bade 1984b:621). Doch diese Quelle versiegte abrupt mit dem Bau der Berliner Mauer im Jahre 1961.

Die eigentliche Anwerbephase beginnt in der Bundesrepublik erst mit dem Ende der Zuwanderung aus der DDR. Nun wurde der nach wie vor hohe Arbeitskräftebedarf[3], insbesondere der Industrie, durch die Anwerbung ausländischer Arbeitskräfte gedeckt. Nach dem Vorbild des Anwerbevertrages mit Italien folgten bilaterale Anwerbeverträge mit Griechenland und Spanien (1960), der Türkei (1961), Portugal (1964) und Jugoslawien (1968) (Herbert 1986:195). Das Anwerbeverfahren wurde unter strikter staatlicher Kontrolle durchgeführt. Prinzipiell standen interessierten Arbeitgebern zwei legale Wege offen. Die erste Möglichkeit bestand in der staatlichen Vermittlung. Anwerbekommissionen arbeiteten in den jeweiligen Anwerbeländern mit den dortigen Behörden zusammen und wählten geeignete Arbeitskräfte aus. Selektionskriterien waren fachliche Qualifikation und gesundheitliche Eignung. Bereits früher in der Bundesrepublik straffällig gewordene Personen wurden ebenso ausgeschlossen wie bereits „arbeitsmarktpolizeilich Auffällige" (Dohse 1981:186). Arbeitskräfte, die diese Hürden überwanden, erhielten eine einjährige Arbeitserlaubnis und eine Fahrkarte in die Bundesrepublik. Für diese Vermittlung mußte der Arbeitgeber eine Gebühr bezahlen. Darüber hinaus bestand die Möglichkeit einer direkten Anwerbung durch den Arbeitgeber. Bei diesem Verfahren hatte der Arbeitgeber den Namen der Person zu nennen, die er anzuwerben wünschte. Auf diese Weise entfiel die Vermittlungsgebühr, und es mußte kein Nachweis über angemessenen Wohnraum erbracht werden. Außerdem brauchten die Behörden in der Herkunftsregion nicht eingeschaltet werden, was auch die Anwerbung qualifizierter Arbeiter ermöglichte. Unabhängig von der Art der Anwerbung wurde über Musterverträge die tarifliche Gleichstellung mit deutschen Arbeitskräften gewährleistet (Angenendt 1992:154). Die Anwerbung ausländischer Arbeitskräfte erfolgte also keineswegs allein nach ökonomischen Gesichtspunkten, sondern war in jedem Falle staatlich kontrolliert und kanalisiert. Zu diesem Zeitpunkt wurde der Einsatz ausländischer Arbeitskräfte nicht als dauerhaft angesehen, sondern war nur zur Überbrückung der Hochkonjunkturphase gedacht. Arbeits- und Aufenthaltserlaubnis wurden in der Regel nur befristet erteilt. Die Folge war eine durchaus erwünschte Rotation der ausländischen Arbeitskräfte. Infolge der gezielten Anwerbung bestand die ausländische Bevölkerung der 60er Jahre hauptsächlich aus Männern im Alter von 20 bis 40 Jahren (Angenendt 1992:155).

Auch die Mehrzahl der angeworbenen Ausländer sah ihren Aufenthalt in der Bundesrepublik zunächst nur als vorübergehend an. Viele kamen mit dem Ziel, in möglichst kurzer Zeit möglichst viel Geld zu verdienen, um in der Heimat eine Existenz aufbauen zu können. Sie nahmen deshalb belastende Arbeitsbedingungen, Überstunden, Schichtarbeit und die Trennung von ihren Familien in Kauf (Bade 1984a:35). Der überwiegende Teil der Ausländer übte Hilfsarbeiten aus, die nur geringe Qualifikationen erforderten. Sie ordneten sich folglich an der untersten Stufe der Arbeitsplatzhierarchie ein und schufen somit die Voraussetzungen für einen massiven Mobilitätsschub der deutschen Arbeitnehmerschaft (Herbert 1986:201).

Die erste „Bewährungsprobe" bestand das Rotationsprinzip in der Rezessionsphase von 1966/67, in der die Beschäftigung ausländischer Arbeitskräfte um 46%, also um eine halbe Million Menschen, zurückging (Angenendt 1992:155). Damit war genau der gewünschte Effekt eingetreten. Deutsche Arbeitnehmer blieben von den Arbeitsmarktauswirkungen der Krise zu Lasten der ausländischen

Beschäftigten weitgehend verschont, und mit der wieder einsetzenden Prosperität standen ausländische Arbeitskräfte wieder in großer Zahl zur Verfügung. Zwischen 1968 und 1973 stieg die Zahl der ausländischen Beschäftigten von einer Million auf 2,6 Millionen. In dieser Phase verlangsamte sich die Rotation, und es kam, wenn auch noch in geringem Umfang, zum Familiennachzug. 1971 erhielten Ausländer, die bereits länger als fünf Jahre in der Bundesrepublik lebten, eine auf fünf Jahre befristete Arbeitserlaubnis (Angenendt 1992:157). Ein Grund hierfür dürfte im geringen Interesse der deutschen Wirtschaft gelegen haben, „immer wieder Arbeitskräfte anzulernen, nur um sie alsbald wieder nach Hause zu schikken" (Schmalz-Jacobsen, Hinte, Tsapanos 1993:27). Gleichzeitig wurde damit auch humanitären Aspekten Rechnung getragen.

Als Reaktion auf die Ölkrise wurde im November 1973 durch einen Erlaß des Bundesministers für Arbeit und Sozialordnung die Anwerbung ausländischer Arbeitskräfte verboten. Damit war der Kulminationspunkt einer lang anhaltenden Diskussion um die Vor- und Nachteile der Ausländerbeschäftigung erreicht und eine entscheidende Wende in der Ausländerpolitik eingeleitet. Wurden vor der Krise die volkswirtschaftlichen Vorteile der Ausländerbeschäftigung hervorgehoben (keine Bildungskosten, positive Salden der Renten-, Kranken- und Arbeitslosenversicherung, höhere Steuereinnahmen - Schiller 1984:625; Herbert 1986:212), wurden mit Beginn der Krise immer mehr negative volkswirtschaftliche Implikationen diskutiert (fehlende Wohnungen, höherer Bedarf an Schulen und Kindergärten, Verschlechterung der Zahlungsbilanz durch Transferzahlungen in das Ausland etc. - Herbert 1986:217). Der Anwerbestopp sollte einerseits Kosten-Nutzen-Abwägungen Rechnung tragen, andererseits sollte der Arbeitsmarkt entlastet und inländischen Arbeitskräften der Vorzug gegeben werden (Inländerprimat des §19 Arbeitsförderungsgesetz). Die intendierten Ziele konnten jedoch nicht erreicht werden, und in vielerlei Hinsicht erwies sich der Anwerbestopp als wirkungslos.

Was noch in der Rezession von 1966/67 funktionierte, nämlich ausländische Arbeitnehmer als Konjunkturpuffer zu benutzen, versagte nun als Steuerungsinstrument. Viele Ausländer waren bereits im Besitz einer längerfristigen Aufenthalts- und Arbeitserlaubnis. Bedingt durch den Umstand, daß bei einer Rückkehr ins Heimatland ein weiterer Aufenthalt in der Bundesrepublik auf absehbare Zeit nicht mehr möglich sein würde und zudem die allgemein schlechte ökonomische Situation in den Herkunftsländern kaum Perspektiven eröffnete, entschlossen sich viele ausländische Arbeitnehmer, die Rückkehr ins Heimatland aufzuschieben und ihre Familien nachzuholen. Dadurch führte der Anwerbestopp nicht zu einem Rückgang der ausländischen Bevölkerung, sondern zu einem Anstieg, insbesondere von nicht erwerbstätigen Personen. Die Zahl der ausländischen Erwerbspersonen hingegen ging zurück. Mit dem einsetzenden Familiennachzug ging die strikte staatliche Kontrolle über die Zuwanderung verloren (Booth 1992:144). Es wurden zwar Versuche unternommen, den Familiennachzug zu begrenzen, so wurde 1974 ein Beschäftigungsverbot für nachziehende Familienangehörige erlassen, doch diese Maßnahme erwies sich als wenig wirksam und wurde bereits 1975 wieder abgeschafft.

Allgemein wuchs gegen Ende der siebziger Jahre die Einsicht, daß der Aufenthalt von Ausländern in der Bundesrepublik nicht vorübergehend, sondern dauerhaft ist. Es hatte sich gezeigt, daß die Industrie auch in wirtschaftlichen Krisenzeiten nicht auf Ausländerbeschäftigung verzichten konnte und wollte, denn auch in Zeiten der ökonomischen Rezession bestand ein Mangel an un- und angelernten Arbeitskräften, die bereit waren, an wenig attraktiven Arbeitsplätzen und unter erschwerten Arbeitsbedingungen zu arbeiten. Deshalb war der politisch gewollte Inländerprimat nicht durchsetzbar.

Die sozial-liberale Regierung setzte nun stärker auf die Integration der in der Bundesrepublik lebenden Ausländer. Als erste, jedoch eher symbolische Maßnahme wurde 1978 die Stelle eines „Beauftragten zur Förderung der Integration der ausländischen Arbeitnehmer und ihrer Familienangehörigen" - in der Regel als Ausländerbeauftragter bezeichnet - geschaffen. Der erste Ausländerbeauftragte, Heinz Kühn, legte 1979 ein Memorandum[4] vor, das zahlreiche Integrationsvorschläge wie die Einbürgerung der in der Bundesrepublik geborenen Jugendlichen und ein kommunales Wahlrecht beinhaltet (Bade 1992:55, Spies 1982:35ff). Für die faktische Umsetzung der angestrebten Integration wurde jedoch wenig getan[5].

Mit der rapide ansteigenden Arbeitslosigkeit Anfang der 80er Jahre wurde die Integrationspolitik wieder zunehmend in Frage gestellt. 1983 wurde ein Gesetz zur „Förderung der Rückkehrbereitschaft von Ausländern" verabschiedet. Mittels finanzieller Anreize wurde versucht, Ausländer freiwillig zur Rückkehr in ihre Heimatländer zu bewegen. Diese Maßnahme erzielte kaum den erwünschten Effekt. Nur wenige Ausländer, die zum Teil ohnehin vor hatten, das Land zu verlassen, nahmen diese Mittel in Anspruch[6] (Hönekopp 1987, Heyden 1986). Seit Ende der 80er Jahre steht vor allem die Zuzugsbegrenzung, insbesondere von Asylbewerbern, im Brennpunkt öffentlicher Debatten.

Doch trotz der aufgeheizten Diskussion über Asyl und Einwanderung betreibt die Bundesregierung - von der Öffentlichkeit weitgehend unbemerkt - eine selektive Anwerbepolitik, zumindest in Teilbereichen des Arbeitsmarktes. Die „Anwerbestoppausnahmeverordnung" wurde dahingehend ergänzt, daß ein selektiver Zugang für Ausländer zum deutschen Arbeitsmarkt möglich ist (Fischer 1992:61). Seit Ende 1990 ist für Tschechen und Polen die Möglichkeit gegeben, als Grenzgänger in der Bundesrepublik zu arbeiten. 1991 wurde aufgrund dieser Regelung insgesamt 13.000 Tschechen in Bayern eine Arbeitserlaubnis erteilt. In geringem Umfang wurden in Regierungsabkommen auch Gastarbeiterkontingente vereinbart, und über Werkverträge können Unternehmen Arbeitskräfte aus Osteuropa einsetzen. Seit 1991 ist auch Saisonarbeit, d.h. zeitlich begrenzte Arbeitsverträge, möglich (Fischer 1992:54f); insbesondere Polen machen häufig von dieser Form der Pendelmigration Gebrauch. Aber auch unter den ständigen Zuwanderern stellen Polen das größte Kontingent. Zwischen 1980 und 1989 wanderten 1.067.000 Polen zu, 632.800 davon waren „Deutschstämmige" (Helias 1992).

Parallel zu den in der ganzen Nachkriegszeit in der Bundesrepublik bestehenden Zuzugsbeschränkungen für Ausländer galten derartige Beschränkungen bislang nicht für deutsche oder deutschstämmige Zuwanderer, die Neufassung des Bundesvertriebenengesetzes sieht jedoch eine Kontingentierung für Aussiedler vor. Schließlich muß noch angemerkt werden, daß neben Italien mit Spanien, Portugal und Griechenland wichtige Herkunftsländer der Arbeitsmigranten der Europäischen Gemeinschaft beigetreten sind, und deren Staatsbürger damit das Recht des unbeschränkten Aufenthalts innerhalb der EG erwarben. Dadurch wurden jedoch keine neuen Migrationsströme ausgelöst, vielmehr sind diese Staaten inzwischen selbst zu Zuwanderungsländern geworden (Kommission der Europäischen Gemeinschaften 1991).

2.2 Ausländerpolitik - historische Kontinuität oder „liberales Paradox"[7]?

Die historischen Eckdaten der Ausländerbeschäftigung in Deutschland werden von einigen Autoren als Kontinuität einer repressiven Ausländerpolitik interpretiert. Die Arbeit von Dohse (1981) ist die bekannteste und detaillierteste Arbeit, die diese Kontinuitätslinien aufzeigt, beispielsweise durch den Nachweis der Kontinuität der Ausländergesetze vom Kaiserreich bis zur Bundesrepublik[8] oder gar einer Abstammung aus dem Nationalsozialismus (vgl. O'Brien 1988:110). Nach Dohse hat die staatliche Ausländerpolitik die Durchsetzung eines Inländerprimates zum Ziel. Die Umsetzungsmöglichkeiten dieses Prinzips sind jedoch durch die Interessen des Kapitals beschränkt:

„Die Rekrutierungsinteressen der Einzelkapitale setzen den staatlichen Versuchen zur Durchsetzung des Inländerprimats deutliche Grenzen. Gegen sie konnte der Staatsapparat jeweils nur in einem Maße verstoßen, welches keine ernsthaften Rekrutierungsschwierigkeiten und damit Produktionseinbußen zur Folge hatte. Diese strukturelle Dominanz der Kapitalverwertung verhinderte, daß der Staatsapparat in großem Maße gegen den Willen der Arbeitgeber in bestehende Beschäftigungsverhältnisse eingriff. Der Staat mußte sich damit darauf beschränken - durchaus im Konflikt mit den Kapitalinteressen - zum einen die Neurekrutierung unverschlissener, gesunder und anspruchsloser Arbeiter im Ausland zu verhindern und zum anderen die Rekrutierung arbeitsloser Ausländer zu erschweren" (Dohse 1981:353).

Demnach könnte Ausländerpolitik vereinfachend verstanden werden als die Durchsetzung des Inländerprimates unter Berücksichtigung der Arbeitgeberinteressen an billigen Arbeitskräften. Die Art der Durchsetzung wird als kontinuierlich restriktiv beschrieben. Das Argument der Kontinuität in der repressiven Behandlung Nicht-Deutscher wird jedoch von Autoren wie O'Brien (1988) „Old ways die hard" oder Tenfelde (1984) kritisch gesehen. O'Brien (1988) verweist auf die harsche Behandlung von Ausländern in Deutschland vor dem Zweiten Weltkrieg, als die Anwesenheit von Ausländern als notwendiges Übel und als potentielle Quelle von Aufruhr galt. Ausländer unterlagen damals einer strengen territorialen Kontrolle, die einherging mit kultureller Diskriminierung. Die deutsche Regierung bekämpfte systematisch nicht-deutsche kulturelle Einflüsse, dies war Ausdruck eines tiefen Verlangens nach kultureller Einheit, obwohl bereits ein kultureller Pluralismus bestand. Eine Folge dieses monokulturellen Anspruchs und der damit verbundenen repressiven Behandlung von Ausländern war, so O'Brien, daß es der deutschen Administration nicht gelang, einen gangbaren Weg zu einer längerfristigen Integration von Nicht-Deutschen in die deutsche Gesellschaft zu finden. Die bundesrepublikanische Gesellschaft schließlich wollte zwar mit der Vergangenheit brechen, in bezug auf ausländische Arbeitskräfte kehrte sie jedoch schnell zu alten Praktiken zurück, und die alten Mittel der Kontrolle und Diskriminierung wurden wiederbelebt[9]. Dennoch sieht O'Brien einen Wandel der deutschen Ausländerpolitik in den siebziger und achtziger Jahren, weg von einer repressiven Ausländerpolitik hin zu einer neuen Politik, die auf die Akzeptanz von Ausländern ausgerichtet ist und deren Integration in die deutsche Gesellschaft anstrebt. Als besonders bedeutsam wird dabei angesehen, daß die Interessen der Ausländer von einer Vielzahl von Gruppen und Verbänden vertreten werden, die sich zu Anwälten der Ausländer gemacht haben und mit dafür veranwortlich sind, daß restriktive Elemente in der Ausländerpolitik nur kurze Zeit überlebten. Schließlich verweist O'Brien (1988) auf die internationale und europäische Einbindung Deutschlands, die den EG-Bürgern territoriale Bewegungsfreiheit zusichert und Repatriierungen in größerem Umfang unwahrscheinlich werden läßt.

Auch Hollifield (1992) argumentiert dahingehend, daß Staaten mit liberalen, rechtsstaatlichen Verfassungen keine restriktive Ausländerpolitik betreiben können und bezeichnet diesen Umstand als liberales Paradox:

„Rights-based politics and more expansive citizenship policies have worked to stimulate immigration and weaken the capacity of democratic states to control their borders. Under liberal constitutions foreigners have rights, and states (in their administrative guise) are constrained by constitutional norms and procedures. This was evident in France and Germany in the 1970s and 1980s, as restrictionist policies were thwarted by courts. Such developments reflect the erosion of sovereignity and nationalist notions of citizenship" (Hollifield 1992:222).

Hollifield sieht die Handlungsfähigkeit des Rechtsstaates in Richtung auf eine repressive Ausländerpolitik durch verfassungsmäßig gewährte, individuelle Rechte beschränkt wie das Recht auf persönliche Freizügigkeit. In jedem Fall ist ein rechtsstaatliches Verfahren gewährleistet, das Ausweisungen oder, wie in Deutschland, Asylrechtsänderungen zu langwierigen Verfahren macht. Außerdem ist nationale Politik stets eingebettet in eine Vielzahl von internationalen Verflechtungen, die restriktiven Maßnahmen zur Grenzabsperrung oder Repatriierung bestimmter Gruppen entgegenstehen. Des weiteren erfordern der internationale Kapitalfluß und die Internationalisierung der Märkte relativ offene Grenzen zumindest für einen Teil der Arbeitskräfte.

Vor dem Hintergrund dieser theoretischen Erwägungen soll nun die konkrete Ausländerpolitik im Nachkriegsdeutschland analysiert werden und insbesondere der Frage nachgegangen werden, inwiefern eine Kontinunität restriktiver Ausländerpolitik feststellbar ist, oder ob sich Hinweise für ein „liberales Paradox" im Sinne Hollifields ergeben. Häufig wird die Ausländerpolitik als ein auf drei Säulen ruhendes Instrument beschrieben (Heyden 1986:72; Gugel 1990:35; Bade 1992:54):

- die Integration der längerfristig in der Bundesrepublik lebenden Ausländer

- die Begrenzung des weiteren Zuzugs

- die Förderung der Rückkehr

Der interne Widerspruch, der diesen konträren Zielen zugrundeliegt, hat sie jeweils vor der Realisierung bewahrt (Martin, Miller 1990:8). Allerdings wäre auch eine andere Interpretation möglich, nämlich daß das Erreichen eines der extremen Ziele niemals angestrebt war, sondern der bestmögliche Ausgleich zwischen diesen drei Zielen, die in unterschiedlichen wirtschaftlichen und politischen Situationen unterschiedlich stark präferiert wurden. Hervorstechendes Merkmal der deutschen Migrationspolitik ist jedoch, daß es eine Migrationspolitik als solche nicht gibt, sondern jeweils eigene Strategien gegenüber verschiedenen Gruppen verfolgt werden. Aussiedler, Übersiedler, Gastarbeiter, Asylsuchende, Flüchtlinge: Für jede dieser Gruppen wurde bzw. wird eine eigenständige Politik betrieben und bestehen jeweils unterschiedliche Gesetze und Regelungen[10]. In den Zeiten des Kalten Krieges waren Aus- bzw. Übersiedler willkommen, und auch Maßnahmen zur Integration, Sprachkurse beispielsweise, wurden angeboten. Dies ist Ausdruck einer Definition der Staatsbürgerschaft nach dem ius sanguinis-Prinzip, d.h., Staatsbürgerschaft besteht über Blutsverwandtschaft und nicht über das Wohnortprinzip. Hinsichtlich der Bevorzugung deutschstämmiger Migranten besteht eine Kontinuität in der deutschen Ausländerpolitik, alle Maßnahmen sind hier auf Integration ausgerichtet. Für die Arbeitsmigranten aus den Mittelmeerländern hingegen wurden kaum Integrationsmaßnahmen durchgeführt, phasenweise wurde die Ausländerpolitik sogar von freiwilligen Repatriierungsmaßnahmen dominiert.

Auffallend ist, daß selbst in Zeiten eines relativ starken Arbeitskräftebedarfs die staatliche Kontrolle über die Zuwanderung nicht aufgegeben wurde. Hollifield (1992) führt dies auf hoheitsrechtliche Gepflogenheiten zurück, nach denen Grenzkontrollen und Kontrolle der Zuwanderung integraler Bestandteil staatlicher Hoheit sind. Neben diesem Aspekt dürften jedoch auch sozialpolitische Belange eine Rolle gespielt haben, wie Probleme bei der Wohungsversorgung oder die Gefahr von Lohndruck bei unkontrollierter Zuwanderung. Zwar wurde das Bedürfnis der Wirtschaft nach zusätzlichen Arbeitskräften befriedigt, aber mit der Zuzugskontrolle ein Mittel zur arbeitsmarktpolitischen Steuerung aufrechterhalten.

Der Versuch, die Entwicklung der Ausländerpolitik in der Bundesrepublik nach den Kriterien Kontinuität oder „liberales Paradox" zu bewerten, läßt bis 1973 das Kontinuitätsargument plausibel erscheinen. Insbesondere das Anknüpfen an die stark ethnokulturelle bzw. monokulturelle Definition des Staates und der Staatsangehörigkeit, die Zuwanderung allenfalls temporär zuließ und multikulturelle Einflüsse zurückdrängte, können in einer Kontinuität gesehen werden mit der historischen Entwicklung. Auch die strikte Kontrolle der Zuwanderung paßt zu dieser Argumentationslinie. Ebenso hat der Einsatz der Ausländerpolitik als Instrument der Arbeitsmarktpolitik, in der spezifischen Form der Rotation, die eine Verwurzelung der Migranten verhindern soll, historische Vorbilder. Allerdings sollte beim Aufzeigen historischer Kontinuitäten berücksichtigt werden, daß die individuelle Behandlung der Migranten in der Bundesrepublik nicht in gleichem Maße repressiv war wie etwa im Kaiserreich, wo Wanderarbeiter quasi rechtlos waren. In der Anwerbephase der Bundesrepublik war die Rechtsstellung von Ausländern deutlich verbessert, insbesondere die Anwendung von Musterarbeitsverträgen sicherte die Zahlung von Tariflöhnen, und auch in der Unterbringung waren Minimalstandards gesetzlich geregelt. Hier stößt das Kontinuitätsargument auf ein generelles Problem: Die konkreten Lebens- und Arbeitsbedingungen von polnischen Landarbeitern oder Bergarbeitern sind mit der Lage von Arbeitsmigranten in der Bundesrepublik kaum zu vergleichen. Das Argument der Kontinuität könnte sich also lediglich auf bestimmte ideologische Grundpositionen beziehen, dann könnte das Vorhandensein einer historischen Kontinuität zumindest für die Anwerbephase nachvollzogen werden.

Doch spätestens mit dem Anwerbestopp 1973 tritt eine Entwicklung ein, die Hollifield (1992) mit dem Begriff „liberales Paradox" umschreibt. Der Anwerbestopp brachte nicht den gewünschten Rückgang in der Zahl der ausländischen Beschäftigten, weil die Mehrzahl bereits eine längerfristige Aufenthalts- und Arbeitserlaubnis besaß. Die in Folge des Anwerbestopps einsetzende Kettenwanderung, also der Nachzug von Familienangehörigen, entwickelte eine Eigendynamik, die staatlich kaum zu steuern war, denn Familienzusammenführung war aus rein humanitären Gründen auf Dauer nicht zu unterbinden. Gesetze, durch die der Familiennachzug eingegrenzt werden sollte, wie etwa das Beschäftigungsverbot für nachziehende Familienangehörige, zeigten nicht den gewünschten Effekt. Auch die Wende zu einer restriktiveren Ausländerpolitik in den 80er Jahren, als stärkere Akzente auf Rückkehrförderung und Zuzugsbeschränkungen gesetzt wurden, konnte weder eine weitere Zuwanderung von Ausländern verhindern, noch durch Rückkehrprämien eine quantitativ bedeutsame Reduzierung der Ausländerzahlen erzielen. D.h. das „liberale Paradox" könnte dahingehend zugespitzt werden, daß in rechtsstaatlichen Systemen mit den zur Verfügung stehenden gesetzlichen Maßnahmen Migration nicht unterbunden werden kann, ohne grundlegende humanitäre oder menschenrechtliche Prinzipien zu verletzen.

Andererseits erwarten weite Teile der Bevölkerung von staatlicher Seite Aktivitäten in Richtung auf eine wirksame Zuzugsbegrenzung. Rechtsextreme Parteien machen in Zeiten innerer Instabilität und Arbeitslosigkeit Ausländer pauschal zu Sündenböcken, führen die „Unfähigkeit" der bürgerlichen Parteien im Umgang mit diesem „Problem" vor und fordern „drastische Maßnahmen". Bereits in der Rezession von 1966/67 hat dies zu einem Aufflackern der NPD geführt, und seit 1989 haben die Republikaner beachtliche Wahlerfolge erzielt. Dies erhöhte den Handlungsdruck auf die etablierten Parteien. In einem Wettlauf um Wählerstimmen traten sie, allen voran die CDU, in Konkurrenz mit den Republikanern in bezug auf Zuzugsbeschränkungen. Da ein Rückgriff auf Methoden, die die Republikaner verbalradikal fordern, für demokratische Parteien nicht oder nur eingeschränkt in Frage kommen, richten sich konkrete Maßnahmen in der Hauptsache auf eine Beschleunigung von Asylverfahren und eine „Asylanten-Abschreckungspolitik". Gestützt durch die Finanznot der Länder und Kommunen, wurde an der Unterbringung und Versorgung von Asylbewerbern gespart. Die harschen Lebensbedingungen der Asylbewerber und die räumliche Konzentration ließ die sozialen Konflikte in der Nachbarschaft, insbesondere kleiner Gemeinden, weiter wachsen und erhöhte den Handlungsdruck auf die Regierenden weiter. Auf diese Weise wurde eine Spirale in Gang gesetzt, in der einer immer stärker werdenden Forderung nach Zuwanderungsstopp und Repatriierung ein immer undurchschaubareres Gewirr an Verwaltungsvorschriften, Kompetenzstreitigkeiten und polizeilichen Maßnahmen gegenüberstehen, die insgesamt als Regulativ für Migration wenig geeignet sind. Diese Spirale ist nur dann zu durchbrechen, wenn die zur „Horrorvision verzerrte Asyldiskussion" (Bade 1990:16) abgebrochen wird. Fijalkowski verweist darauf, daß Ausländer-, Asyl- und Migrationspolitik an den Spitzenplätzen der Tagespolitik „nur als Ideologie und Ablenkung von realen Problemen" fungiert und fordert eine Gesellschaftspolitik, die eine Verbindung aus Wirtschafts-, Bildungs-, Arbeits- und Sozialpolitik ist. Damit soll eine, in demokratischen Prozessen vermittelte „soziale Zähmung des Kapitalismus" erwirkt werden, die den Gefahren eines aggressiven Nationalismus entgegenwirken soll (Fijalkowski 1993:104f). Ein Einwanderungsgesetz (vgl. Thränhardt 1992; Mehrländer, Schultze 1992; Wollenschläger 1993) könnte zumindest wieder zu einer Versachlichung der Diskussion beitragen.

Insgesamt scheint die Beschreibung der Ausländerpolitik „liberales Paradox" plausibel. In der Tat ist eine rechtliche und politische Situation entstanden, die die Mehrheit der bereits längere Zeit in der Bundesrepublik lebenden Ausländer vor willkürlicher Abschiebung schützt und damit deren Existenzrecht in der Bundesrepublik sichert[11]. Doch die Vorstellung, daß der Aufenthalt von Ausländern in der Bundesrepublik nicht temporär, sondern dauerhaft ist, hat sich längst noch nicht überall durchgesetzt. Auch mit dem Aufenthaltsrecht ist lediglich ein Minimalstatus gesichert. Erst die Beschäftigungsmöglichkeiten und Karriereopportunitäten, die Ausländern offen stehen, geben Aufschluß über ihre tatsächliche Stellung in der deutschen Gesellschaft. Eine integrative Ausländerpolitik dürfte folglich nicht mit der Sicherung des Aufenthaltsrechts enden, sondern müßte auch die Gleichbehandlung von Ausländern in allen gesellschaftlichen Bereichen einschließen. Doch der Forderung nach Chancengleichheit steht von wissenschaftlicher und politischer Seite häufig die Forderung nach einseitigen Vorleistungen der Ausländer in Form von Anpassung oder Assimilation gegenüber. Wiegand (1989:524) beispielsweise stellt die These auf, daß „die Eingliederung der hier lebenden Ausländer in die Sozialstruktur der Bundesrepublik, ohne weitgehende Assimilation, (...) nur um den Preis der Entstehung einer neuen Unterschicht möglich" ist. Bevor jedoch der Frage nachgegangen wird, was eigentlich unter Assimilation oder Integration zu verstehen ist, folgt ein Exkurs über Wanderungsbewegungen in ausgewählten europäischen Ländern.

2.3 Deutschland - ein Sonderfall? Migration in anderen europäischen Industriestaaten

Durch eine grobe Skizze der Nachkriegsentwicklung einiger ausgewählter Staaten soll deren Migrationsgeschichte und Migrationspolitik mit der Situation in Deutschland verglichen werden[12]. Dabei sollen Gemeinsamkeiten und Unterschiede grundlegender Art herausgearbeitet werden. Kernpunkt der Analysen bildet ein Vergleich der Zuwanderung nach Frankreich und Deutschland, also zwei Ländern mit vergleichbaren Migrationsbewegungen seit dem Zweiten Weltkrieg, doch mit zum Teil stark differierenden Grundpositionen in Zuwanderungsfragen.

Im Gegensatz zur Bundesrepublik gab es in Frankreich eine Einwanderungspolitik, die auf permanente Zuwanderung abzielte. Bereits 1945 wurde das Office National d'Immigration (ONI) gegründet, dem die Anwerbung und Vermittlung von Arbeitsplätzen unterstand und auch für die Integration der Zuwanderer in die französische Gesellschaft zuständig war (Angenendt 1992:22). Eine permanente Zuwanderung war als Kompensation für die niedrigen Geburtenraten der französischen Bevölkerung gedacht und wurde für die Modernisierung der französischen Wirtschaft als notwendig erachtet. Als permanente Einwanderer wurden vor allem Italiener angeworben. Parallel dazu sollte der Mangel an Arbeitskräften durch ein rotierendes System mit zeitlicher Begrenzung überwunden werden (Castles 1987:52). Neben der Anwerbung durch das ONI, das als Instrument staatlicher Kontrolle von Wanderungsbewegungen angesehen werden kann, bestanden freizügige Einreisebestimmungen für Personen aus den französischen Kolonien, insbesondere Algerien.

Dem zunehmenden Arbeitskräftebedarf gegen Ende der 50er Jahre zeigten sich die Anwerbeprozeduren des ONI nicht mehr gewachsen. Von staatlicher Seite wurde jedoch die illegale Zuwanderung toleriert und häufig nachträglich legalisiert[13]. 1968 waren bereits 82% der Immigranten Illegale (Castles 1987:53). D.h., die französische Regierung verzichtete in dieser Phase weitgehend auf die Kontrolle der Zuwanderung und die Auswahl der Zuwanderer.

In den 60er Jahren gingen die Anwerbungen aus den katholischen europäischen Ländern, teils wegen einer günstigeren ökonomischen Entwicklung in diesen Ländern selbst, teils aus Kokurrenz mit anderen Anwerbestaaten, zurück. Die so entstandenen Lücken wurden mit Zuwanderern aus moslemischen Ländern geschlossen (Hollifield 1992:58). Der schnelle Zuwachs an Arbeitskräften führte jedoch zu einer Reihe von sozialen Problemen. Insbesondere die Unterbringung stieß an ihre Grenzen. In den 50er und 60er Jahren war wegen Engpässen in der Wohnungsversorgung die Masse der Zuwanderer nach Frankreich in heruntergekommenen und zum Abriß bestimmten Wohnvierteln untergebracht, und auf Brachflächen am Rande der Großstädte entstanden „Bidon villes", selbstgefertigte Behausungen, die zum Teil mehrere Tausend Bewohner umfaßten (Manfrass 1992:103). Wellblechhütten und Brettersiedlungen, überbelegte Schlafstuben in heruntergekommenen Hotels kennzeichneten die miserablen Wohnbedingungen. In diesen Elendsvierteln und in Ballungsgebieten mit hohem Ausländeranteil wuchsen die Spannungen zwischen einheimischer Bevölkerung und Zuwanderern bis hin zu offener Gewalt (Angenendt 1992:25). Das Anwachsen sozialer Konflikte ließ die französische Regierung bereits Ende der 60 Jahre erste Versuche unternehmen, die politische Kontrolle über die Migrationsströme zurückzuerlangen. Mit dem Anwerbestopp von 1974 sollte die Kontrolle über die Zuwanderung endgültig zurückgewonnen werden. Die französische Ausländerpolitik glich sich nun weitgehend der ihrer europäischen Nachbarländer an (Zolberg 1983:243). Während jedoch das Anwerbeverbot in Deutschland zunächst kategorisch war, wurden in Frankreich Ausnahmen für bestimmte Bereiche gemacht (Hollifield 1992:76).

Die reale Ausländerpolitik Frankreichs nach dem Anwerbestopp läßt sich analog zur Bundesrepublik mit dem Drei-Säulen-Modell charakterisieren: Zuzugsbeschränkung - Repatriierung - Integration. Die konkrete Ausgestaltung der französischen Ausländerpolitik glich nun weitgehend der deutschen. Dennoch bestehen einige grundlegende Unterschiede in der Behandlung von Immigranten in Frankreich und Deutschland. Der wohl bedeutsamste Unterschied ist die Definition der Staatsbürgerschaft: ius soli (Boden) in Frankreich und ius sanguinis (Blut) in Deutschland. Während Frankreich die Staatsbürgerschaft Personen zugesteht, die auf französischem Territorium geboren sind, werden Staatsbürgerrechte in Deutschland durch das Abstammungs- und Blutprinzip[14] definiert. Dies hat Auswirkungen auf die konkrete Stellung von Ausländern im jeweiligen Land. Während Zuwanderer in Frankreich zumindest in der zweiten Generation die Staatsbürgerschaft erlangen[15] und damit die gleichen Rechte haben wie Franzosen, bleiben Migranten in Deutschland auch in der zweiten und dritten Generation rechtlich und politisch schlechter gestellt als Deutsche. Außerdem hat die stark monokulturell geprägte Staatsbürgerschaftsdefinition eine Abgrenzung gegenüber Migranten als Nicht-Einwanderungsland begünstigt, während der über Jahre hinweg weit stärkere Zustrom Deutschstämmiger nicht als Migration wahrgenommen wurde.

Deutliche Unterschiede im deutsch-französischen Vergleich sind auch in der Haltung der Gewerkschaften gegenüber Einwanderung auszumachen. Die französischen Gewerkschaften und die kommunistische Partei Frankreichs waren gegen Immigration, weil sie die Konkurrenz auf dem Arbeitsmarkt fürchteten und Folgeprobleme erwarteten, etwa in der Wohnungsversorgung der Städte (Hollifield 1992:58). Lohndruck und die Schaffung einer industriellen Reservearmee sollten verhindert werden. Die Haltung der deutschen Gewerkschaften hingegen war wesentlich liberaler. Gewerkschaftsvertreter waren von Anfang an am Prozeß der Zulassung und Kontrolle von Arbeitsmigranten beteiligt und konnten durchsetzen, daß gleicher Lohn für gleiche Arbeit gezahlt wurde (Hollifield 1992:60). Mit hoher Wahrscheinlichkeit hat der weitgehende gesellschaftliche Konsens zwischen Arbeitnehmerinteressen, Arbeitgeberinteressen und staatlichen Interessen dazu beigetragen, daß in der Bundesrepublik das Problem der illegalen Immigration weitgehend marginal blieb und auch die sozialpolitischen Folgen der Migration, etwa in der Wohnungsversorgung, besser abgefedert wurden als in Frankreich.

Auch bei faktischer Angleichung der konkreten Ausländerpolitik zwischen Frankreich und Deutschland seit dem Anwerbestopp bestehen doch grundlegende Divergenzen in der Behandlung von und der Einstellung gegenüber Ausländern. Während in Frankreich demographische und ökonomische Interessen überwogen, ist die Zuwanderung nach Deutschland weit mehr von nationalstaatlichem Kontrolldenken geprägt. Dies entspringt sowohl einem stark ethnozentrierten Denken, weist aber auch sozialpolitische Elemente auf. Der Umstand beispielsweise, daß Arbeitgeber geeignete Unterkünfte für angeworbene ausländische Arbeitskräfte zur Verfügung stellen mußten, verhinderte zumindestens Wellblechlager wie in Frankreich.

Von besonderem Interesse in bezug auf die Einwanderungspolitik ist auch Großbritannien, denn auch die britischen Einwanderungsgesetze kennen eine generelle Ausnahme: Irische Staatsbürger durften sich in Großbritannien nach Belieben Arbeit suchen und waren auch voll wahlberechtigt (Castles 1987:44). Ähnlich wie in Deutschland für Zuwanderer mit deutscher Abstammung wird hier Zuwanderung unabhängig von ökonomischen Bedürfnissen einer ethnokulturell nahestehenden Gruppe gewährt. Großbritannien zeichnete sich in der Nachkriegsphase insgesamt durch eine liberale Zuwanderungspolitik aus. Ab Mitte der 60er wurde zwar eine öffentliche Diskussion um die Zuwanderung von farbigen Bürgern aus den Commonwealth-Staaten geführt, ansonsten erfuhr die quantitativ doch bedeutsame Zuwanderung wenig Beachtung (Frey 1990:141). In einer Reihe von Gesetzesänderungen in den Jahren 1968, 1971 und 1973 wurde die Zuwanderung jedoch immer mehr beschränkt.

Zumindest bis 1973 hatten Ausländer weitgehende Rechte, wenn sie sich erst einmal in Großbritannien niedergelassen hatten. Es bestand keine polizeiliche Meldepflicht, die freie Wohnort- und Arbeitsplatzwahl war ebenso garantiert wie der Anspruch auf Sozialleistungen, und bereits nach fünf Jahren konnte die Staatsbürgerschaft beantragt werden. Alle in Großbritannien geborenen Kinder hatten bis 1983 das Recht auf die britische Staatsangehörigkeit. Der Nationality Act von 1983 erschwerte die Einbürgerung jedoch erheblich. Insgesamt vollzieht Großbritannien in der Migrationspolitik einen Kurswechsel weg von einer freizügigen

Zuwanderungspolitik bis Anfang der siebziger hin zu einer restriktiven Ausländerpolitik in den Folgejahren (Castles 1987:48).

Die soziale und ökonomische Situation der Einwanderer ist allerdings durch gravierend hohe Arbeitslosigkeit, insbesondere bei Pakistani, geringe Bildungschancen und schlechte Wohnbedingungen gekennzeichnet. Die Immigranten konzentrieren sich in Vierteln wie etwa dem Londoner Bezirk Brixton, in dem nach Einschätzung der Behörden 12.000 Wohnungen „ungeeignet" sind, 20% als „substandard" und weitere 12% als dringend renovierungsbedürftig einzuschätzen sind (Dürr 1987). Die gravierenden Benachteiligungen, denen Immigranten in der britischen Gesellschaft ausgesetzt sind, führten seit Anfang der 80er Jahre immer wieder zu Rassenunruhen, insbesondere zu Straßenkämpfen zwischen farbigen Jugendlichen und der Polizei (vgl. Rex 1983, Dürr 1987).

Schweden versucht eine liberale Ausländerpolitik mit einer strikten Zuzugsbeschränkung zu vereinbaren. Dem liegt die Idee zugrunde, auch in Zeiten ökonomischer Prosperität nur soviele Ausländer aufzunehmen, wie auch in schlechteren Konjunkturphasen benötigt werden. Ziel der schwedischen Einwanderungspolitik ist die Gleichstellung von Ausländern und Schweden, etwa bei der Inanspruchnahme des dichten Netzes an Sozialleistungen. Ein Kommunalwahlrecht wird Ausländern seit 1976 eingeräumt. Eine Besonderheit in der schwedischen Ausländerpolitik stellt die Empfehlung einer von der Regierung eingesetzten Enquete-Kommmission dar, die sich dafür aussprach, „den Einwanderern eine echte Chance zur Bewahrung ihrer ethnischen Identität zu geben" (Frey 1990:139). Trotz des aufgrund dieser liberalen Haltung geringen Anpassungsdrucks, verzeichnet Schweden im Vergleich zu anderen europäischen Ländern die höchsten Einbürgerungsquoten. Die schwedische Ausländerpolitik ist insgesamt durch eine liberale Haltung gegenüber Ausländern gekennzeichnet, die bereits im Land leben, bei gleichzeitiger rigoroser Abschottung gegen weitere Zuwanderung. Schweden hat - wahrscheinlich einmalig in Europa - gleiche Rechte für unterschiedliche Kulturen verwirklicht. Grundlage dafür war eine tolerante Einstellung der Bevölkerung und eine nüchterne und respektvolle Berichterstattung über Einwanderungsfragen durch die Medien. Allerdings hat auch in Schweden die Diskussion über Immigration an Schärfe zugenommen (Ålund, Schierup 1991:4).

In den Niederlanden, wo der Aufenthalt von Ausländern wie in der Bundesrepublik zunächst nur als vorübergehende Erscheinung angesehen wurde, wird seit den 80er Jahren eine aktive Minderheitenpolitik betrieben (Groenendijk, K. 1985:40). Ausgehend von einer Empfehlung des „Wissenschaftlichen Rates für die Regierungspolitik", der in einem Gutachten die grundlegende Neuorientierung der niederländischen Ausländerpolitik empfahl, wurde 1983 von der Regierung eine „Minderhedennota" verabschiedet, in der festgestellt wird, daß sich ein großer Teil der Immigranten auf Dauer niedergelassen hat. Zugleich wird anerkannt, daß die Niederlande zu einer „multi-ethnischen und multikulturellen Gesellschaft" geworden sind (Frey 1990:136). Neben dem Bekenntnis zu gleichberechtigter Partizipation und Chancengleichheit wurde auch das aktive und passive Kommunalwahlrecht für Ausländer eingeführt. Doch parallel zu der Minderheitenpolitik wurde gleichzeitig ein Programm zur Rückkehrförderung aufgelegt und versucht, eine weitere Zuwanderung restriktiv zu unterbinden.

Bereits an diesen wenigen Beispielen wird ein Muster erkennbar, das auch für andere westeuropäische Länder gilt: Anfang der 70er Jahre findet eine Wende weg von einer relativ freizügigen Zuwanderungspolitik hin zu einer strikten Zuzugsbegrenzung statt. Unterschiede sind jedoch in der Stellung der Ausländer zu erkennen, die sich bereits vor der Einführung von Zuzugsbeschränkungen in den jeweiligen Ländern aufhielten. Während Schweden auf Integration setzt und dennoch die Beibehaltung ethnokultureller Orientierungen ermöglichen möchte, folgten der Wende in der Zuwanderungspolitik in Frankreich und Deutschland auch Ansätze zu einer Repatriierung von bereits im Land lebenden Ausländern, wenngleich diese Maßnahmen kaum Effekte zeigten und wieder eingestellt wurden. Doch abgesehen von Schweden und den Niederlanden mangelt es den meisten europäischen Staaten nach wie vor an einem Konzept zur Integration der über 30 Jahre und länger im Lande lebenden ethnischen Minderheiten. Doch dabei stellt sich wiederum unvermeidlich die Frage, was unter Integration zu verstehen ist. Böhning (1991) stellt drei Kriterien auf, denen ein westeuropäisches Integrationsgesetz zu genügen hat: Als ersten Punkt nennt er die Nicht-Diskriminerung, d.h. die Immigranten haben die gleichen wirtschaftlichen und sozialen Rechte wie Inländer. Zweitens sollte der Grundsatz der Aufrechterhaltung der kulturellen Identität des Immigranten gelten, d.h., daß die Immigranten, die das wünschen, Sprache und Religion, die ursprünglich nicht im Aufnahmeland repräsentiert sind, öffentlich wie privat beibehalten können. Diese beiden Komponenten sind nach Böhning unverzichtbar, während die dritte eher empirischer als normativer Natur ist, es ist das Prinzip der Entmarginalisierung, d.h. Immigranten dürfen keine benachteiligte Bevölkerungsgruppe bleiben.

Keiner dieser drei Grundsätze ist in der Bundesrepublik, wie auch in vielen anderen europäischen Ländern, bislang verwirklicht. Der Komponente der Aufrechterhaltung der kulturellen Identität wird auch in der deutschen Ausländerforschung kaum Rechnung getragen. Integration wird häufig als eine individuell zu erbringende Anpassungsleistung des Migranten an die Aufnahmegesellschaft verstanden. Konzepte der Integration von Migranten sind Gegenstand des folgenden Kapitels.

Anmerkungen

1 Einen Überblick über die Geschichte der Migration von der Kolonisation Amerikas bis zur Gegenwart gibt Potts 1990.
2 Die folgenden Analysen beziehen sich auf die „alte" Bundesrepublik. In der ehemaligen DDR lebten und arbeiteten Ausländer nur in kleiner Zahl. 1989 lebten gerade 190.000 Ausländer in der DDR. Dies entsprach 1% der Bevölkerung. Die meisten von ihnen kamen aus anderen sozialistischen Ländern wie Vietnam, Polen, Mozambique, der Sowjetunion, Ungarn und Cuba. Sie arbeiteten überwiegend in der Industrie, wohnten in Wohnheimen und hatten teilweise nur Verträge für drei Jahre, danach mußten sie die DDR wieder verlassen. Teilweise waren sie finanziell schlechter gestellt - Mozambiquaner beispielsweise bekamen während dieser Zeit nur die Hälfte ihres Lohnes ausbezahlt, den Rest erhielten sie erst nach Rückkehr ins Heimatland. Vom gesellschaftlichen Leben waren sie weitestgehend ausgeschlossen, Vereinsmitgliedschaften und politische Betätigung waren untersagt. Schwangere Kontraktarbeiterinnen wurden sofort abgeschoben (Stach 1991; Hussain 1991).
3 Seit 1962 sank die Zahl der deutschen Erwerbstätigen durch Eintritt der geburtenschwachen Kriegsjahrgänge ins Erwerbsleben. Außerdem verringerte sich die wöchentliche Arbeitszeit von 44,4 Stunden im Jahre 1960 auf 41,4 Stunden im Jahre 1967 (Herbert 1986:195).
4 In der Literatur wird dieses Memorandum nach seinem Autor als „Kühn-Memorandum" bezeichnet.
5 Lieselotte Funcke (FDP), die Nachfolgerin von Heinz Kühn, die diese Position zehn Jahre inne hatte, trat im Frühjahr 1991 resigniert zurück, weil sie keine Möglichkeit mehr sah, ihre Arbeit ohne die Unterstützung der Regierung sinnvoll auszuführen,.
6 Nach Hönekopp hatte das Gesetz eine geringere quantitative Wirkung als angenommen, weil von den Betroffenen lediglich bereits getroffene Entscheidungen nachholend oder vorgezogen realisiert wurden. Die Verbleiborientierung vieler Ausländer wurde dadurch geklärt und entweder die Rückkehr vollzogen oder, wie in den meisten Fällen, die Rückkehr in das Herkunftsland nicht als Alternative angesehen (Hönekopp 1987:332f).
7 An dieser Stelle soll keine Abfolge einzelner politischer Entscheidungen wiedergegeben werden, sondern statt dessen eine Bewertung der Ausländerpolitik insgesamt vorgenommen werden. Zur Genese einzelner politischer Entscheidungen vergleiche Meier-Braun (1988) und Angenendt (1992).
8 Beispielsweise ist das Staatsangehörigkeitsgesetz seit 1913 unverändert (Cohn-Bendit, Schmidt 1992:47).
9 So wurde beispielsweise das in Preußen praktizierte Prinzip der Karenzzeiten in Form der Rotation der ausländischen Arbeitskräfte wieder eingeführt.
10 Bei all diesen Gruppen wird jedoch vermieden, von Einwanderung zu sprechen. Selbst Aussiedler werden nicht als Zuwanderer angesehen, sondern als Rückwanderung deutscher Volksangehöriger deklariert (Bukow 1993:29).
11 Dennoch werden Abschiebungen nach wie vor als Instrument der Zuwanderungsbegrenzung eingesetzt.
12 Einen vergleichenden Überblick über die ausländerrechtlichen Regelungen in Deutschland, Frankreich, Italien, Spanien und Kanada geben Velling und Woydt (o. J.).

13 Legal angeworbene Arbeitskräfte erhielten eine auf nur ein Jahr befristete Arbeitserlaubnis, die nur in einen bestimmten Arbeitsplatz und einem bestimmten Gebiet Gültigkeit besaß. Durch diese Maßnahmen sollten bestimmte Regionen und Branchen mit Arbeitskräften versorgt werden. Für ausländische Arbeitssuchende war es deshalb günstiger, zunächst illegal nach Frankreich einzureisen, einen Arbeitsplatz zu suchen und dann eine nachträgliche Legalisierung zu beantragen (Moulier, Tapinos 1978:142f).

14 Deutscher ist demnach, wer deutschen Blutes ist. Diese Definition des Staatsbürgerrechts ist fast einmalig in der Welt (Cohn-Bendit, Schmid 1992:41).

15 Zukünftig wird dies nicht mehr automatisch geschehen, und auch die Einbürgerung für die zweite Generation wird per Gesetz erschwert werden.

3. Individuenbezogene und strukturelle Modelle der gesellschaftlichen Integration von Migranten

In diesem Kapitel wird nicht, wie allgemein üblich, der Stand der Forschung in Form eines Literaturüberblicks dokumentiert. Dieses umfangreiche Unterfangen wurde bereits durch mehrere Studien geleistet: Mehrländer (1987), Treibel (1988), Angenendt (1992) geben den Stand der Forschung detailliert wieder. Esser (1980) dokumentiert die amerikanische Forschung ausführlich. Die DJI-Dokumentationen von Cremer (1980) sowie Gravalas und Braun (1982) geben einen Überblick über die Forschung zum Themengebiet „ausländische Jugendliche". Statt eines Literaturüberblicks sollen zwei zentrale Werke herausgegriffen werden, die die Bedingungen der Integration von Ausländern untersuchen. Hoffmann-Nowotny sieht die Integrationschancen weitgehend von der Struktur der Aufnahmegesellschaft bestimmt, während Esser Integration als individuenbezogen ansieht. Diese Theorieansätze werden ausführlich dargestellt. Eine Diskussion alternativer Integrationskonzepte schließt sich an. Vorweg jedoch wird ein Überblick über die amerkanische Forschung zu diesem Themengebiet gegeben werden, da die amerikanischen Vorstellungen von Integration und Assimilation auch in die deutsche Forschung Eingang gefunden haben.

3.1 Assimilation und Integration in der amerikanischen Migrationsforschung

An dieser Stelle kann keine umfassende Würdigung der amerikanischen Migrationsforschung erfolgen, vielmehr soll reflektiert werden, wie die amerikanische Forschung mit „deutscher Brille" gesehen wird. Es werden vor allem solche Theorieansätze erörtert, die auch in der Bundesrepublik diskutiert werden und die Eingang in theoretische Ansätze der deutschen Migrationsforschung gefunden haben. Dabei sollen insbesondere die Möglichkeiten und Grenzen der Übertragbarkeit auf die deutschen Verhältnisse diskutiert werden. Vorangestellt wird eine zeitgenössische Schilderung der Situation der Einwanderer in den 20er

Jahren, da dieser Zeitpunkt Ausgangspunkt zahlreicher Forschungen über die Integration von Wanderern darstellt.

Mit der Expansion der Städte und den damit verbundenen Folgeproblemen durch die Zuwanderung von Zehntausenden aus Europa wurde der Anpassungsprozeß der Zuwanderer und die ethnische Zusammensetzung der Stadtviertel zum Gegenstand wissenschaftlicher Forschung in den USA (Treibel 1990:54). Erste sozialwissenschaftliche Analysen datieren aus den 20er Jahren. Park und Burgess, Namen, die untrennbar mit der Chicagoer Schule verbunden sind, entwickelten einen „ökologischen Ansatz" der Stadtentwicklung (Park, Burgess, McKenzie 1925). Ökologisch ist in diesem Zusammenhang so zu verstehen, daß innerhalb der Stadt Kräfte wirksam sind, die zu einer Strukturierung der Stadtviertel und zu einer typischen Konstellation von Personen und Institutionen führt. Im Unterschied zur Ökologie der Pflanzen oder Tiere wird diese Ökologie als „Human-Ökologie" beschrieben (Heckmann 1981:43). Einzelne Stadtviertel haben spezifische Charakteristika wie Werte, Normen, soziale Beziehungen und eine unterschiedliche Art der sozialen Kontrolle (Heckmann 1981:44). Am Beispiel Chicagos beschreiben Park, Burgess und McKenzie die Trennung der Stadtviertel entlang ethnischer und sozialer Linien, die sich in konzentrischen Kreisen um den innerstädtischen Kern legen. Um das innerstädtische Geschäftsviertel herum liegen die Slums und die Wohngebiete der Einwanderer der ersten Generation wie Little Sicily und Chinatown. Diese Zone wird auch als Übergangszone bezeichnet, da die innere Zone eine Tendenz zur Ausdehnung auf diese Zone hat, und diese somit zum Spekulationsobjekt wird. Der nächste Ring umfaßt die Arbeiterquartiere. Hier wohnen überwiegend Angehörige der zweiten Generation, wegen der Herkunft der Migranten auch „Deutschland" genannt. Der vierte Ring schließlich umfaßt das „Promised Land": Appartmentwohnungen und Einfamilienhäuser. Entlang dieser Ringe zeichnen sich Mobilitätslinien von innen nach außen ab. Auch wenn Heckmann (1981:46) der Chicagoer Schule vorwirft, aufgrund ihrer organizistisch-biologischen Befangenheit den „grundsätzlich ökonomischen Charakter der Stadtentwicklung" zu verkennen, muß doch festgehalten werden, daß durch diese Forschung wichtige Grundzüge der Integration von Migranten aus stadtsoziologischer Sicht offengelegt wurden. So siedelten sich Neuankömmlinge zu jener Zeit zunächst in ethnischen Kolonien in den schlechteren Wohnbezirken an. Der Aufstieg in bessere Wohngebiete erstreckte sich zum Teil über Generationen, und auch das Erreichen bestimmter beruflicher Positionen ist an die ethnische Herkunft gebunden (schwarze Portiers, irische Polizisten, chinesische Wäscher) (Treibel 1990:57). Die Analyse der Wohnviertel spiegelt die Schichtung der unterschiedlichen Einwanderergruppen wider und gibt einen Einblick in Mobilitätsprozesse (Heckmann 1981:45).

Den Prozeß der gesellschaftlichen Integration beschreiben Park und Burgess in vier Phasen. Dem Modell liegt die Annahme zugrunde, daß sich Individuen verschiedener Rassen im Wettbewerb miteinander um Positionen in der wirtschaftlichen Ordnung befinden. In der ersten Phase, der Isolation, müssen die verschiedenen Ethnien nicht miteinander in Berührung kommen, doch wenn sie in der zweiten Phase aufeinanderstoßen, finden Konflikte statt. Auf die Konfliktphase folgt eine Phase der Akkomodation, die durch ein ökonomisches und soziales Gleichgewicht gekennzeichnet ist. Als letzte Phase schließlich folgt die Assimilation, die als weitgehende Angleichung der Lebensverhältnisse, der Einstellungen und der kulturellen Gewohnheiten verstanden werden kann. Dieses Vier-Phasen-Modell, das auch als Race-Relation-Cycle bezeichnet wird, bildet den Ausgangspunkt für eine ganze Reihe von Forschungsarbeiten, die von der Annahme ausgehen, Assimilation verlaufe in Stadien und Zyklen ab. Charakteristisch für derartige Modelle ist, daß ausgehend von einer Anfangsphase, die durch relative Isolation des Migranten gekennzeichnet ist, schließlich ein Endzustand erreicht wird, in dem einzelne Migranten, aber auch ganze Gruppen von Migranten vollkommen in die Aufnahmegesellschaft integriert sind. Burgess und Park schreiben diesem Prozeß eine Automatik zu, die, zumindest in der zweiten und dritten Generation, selbst dann abläuft, wenn der Migrant es gar nicht will, denn sie verläuft unbewußt (Treibel 1990:60).

Der Race-Relation-Cycle von Park und Burgess wurde von zahlreichen Forschern aufgenommen und modifiziert. Bogardus (1929/30) beispielsweise, betont die Bedeutung der Aufnahmegesellschaft für den Assimilationsprozeß stärker als Park und Burgess und entwickelt ein siebenstufiges Race-Relations-Modell (vgl. auch Esser 1980:45f, und Treibel 1990:64):

1. Neugierde der Einheimischen auf die Neuankömmlinge

2. Ökonomische Eingliederung (Übernahme von Arbeiten, für die keine Einheimischen zu finden sind, weiterer Nachzug von Zuwanderern durch die günstige ökonomische Situation)

3. Wirtschaftliche und soziale Antagonismen (Vorurteile, nationalistische Überfremdungskampagnen, Befürchtung von Konkurrenz)

4. Gesetzliche Antagonismen (Einwanderungsbeschränkungen)

5. humanitäre Gegenbewegung (Offenlegung von Diskriminierung)

6. Beruhigung (Eindämmung antagonistischer Tendenzen)

7. Die Schwierigkeiten der zweiten Generation

Die Vorstellung, Assimilation verliefe automatisch und sei nur eine Frage der Zeit, drückt sich auch im Modell des „three generation-assimilation-cycles" aus, das ebenfalls in den 20er Jahren in den USA aufgestellt wurde. Danach bildet die erste Generation „intern sehr homogene und kohäsive ethnische Gruppierungen" aus, die zweite Generation trägt den Konflikt der Kulturen aus, und die dritte Generation geht schließlich ganz in der Aufnahmekultur auf (Esser 1980, 1990). Im Gegensatz zu den race-relation-cycles vollzieht sich die Anpassung weniger in Form von Interaktionen zwischen Migranten und Aufnahmegesellschaft, sondern ausschließlich durch die Anpassung des Migranten an die Aufnahmegesellschaft.

Die angesprochenen Zyklenmodelle haben gemeinsam, daß sie aus der konkreten Situation wie sie sich in den USA, einem bestimmten Landesteil oder einer Stadt darstellten, sowie aus historischen Quellen konstruiert wurden. D.h. sie haben eine räumlich und zeitlich begrenzte Aussagekraft. Die Modelle beruhen auf Versuchen, „aus einer Vielzahl historisch situationell und kulturell sehr unterschiedlicher Einzelvorgänge allgemeine Regelmäßigkeiten herauszulesen" (Esser 1980:35). Das Finden von Regelmäßigkeiten beinhaltet automatisch die Betonung des Allgemeinen vor dem Besonderen und somit das Herausarbeiten allgemeiner Gesetzmäßigkeiten und Zusammenhänge. Das heißt wiederum, es werden Modelle aufgestellt, die allgemein wiedergeben, wie der Prozeß der Assimilation bis zum Zeitpunkt der Studie durchschnittlich verlaufen ist. Abstraktionen müssen dabei in Kauf genommen werden. Beispielsweise finden sich kaum Angaben über unterschiedliche Assimilationsverläufe je nach Herkunftskontext. Auch der Zeitraum, über den sich der Assimilationsprozeß erstreckt, ist in der Regel nicht genauer eingegrenzt. Autoren, die die amerikanische Forschung aus zeitlicher und räumlicher Distanz betrachten, bemängeln häufig die Unzulänglichkeiten der Zyklen- und Sequenzmodelle, ohne diese aber in ihrem historischen Entstehungskontext zu sehen. So schreibt Esser (1980:48):

„Der Hauptmangel der Sequenz und Zyklenmodelle ist - wie bei den Modellen des RRC (race-relation-cycle - W.S.) besonders deutlich wird -, daß in ihnen eine ‚Mechanik' der Eingliederung angelegt ist, die verdeckt, daß es sich um die sichtbaren, empirsch besonders häufigen Folgen komplexer Einzelprozesse handelt. Und mit der Behauptung der schließlichen Assimilation der Wanderer teilen die entsprechenden Autoren eine Ideologie der Chancengleichheit, in der die Inkorporation der ethnischen Gruppen in die ‚core culture' des Aufnahmesystems (fälschlicherweise) als unausweichlicher Vorgang behauptet wird, obgleich tatsächlich aber die Assimilation nahezu immer nur als Unterschichtung vergleichbarer ethnischer Gruppen erfolgt ist."

Essers Kritik ist zwar durchaus berechtigt, wenn es um die Generalisierung oder die Übertragbarkeit derartiger Modelle auf die Situation in der Bundesrepublik geht, doch diese Modelle müssen in ihrem historischen Kontext gesehen werden, und darauf aufbauend können dann die aktuelle Gültigkeit sowie strukturelle Differenzen etwa zwischen der Einwanderungssituation in den USA der 30iger Jahre und der aktuellen Situation in der Bundesrepublik herausgearbeitet werden. Bei deutschsprachigen Autoren werden die historischen Dimensionen und Restriktionen kaum diskutiert. Dabei dürfte aus der eingangs dieses Kapitels erfolgten Situationsbeschreibung von Park, Burgess und McKenzie eindeutig hervorgehen, daß kaum Parallelen zur Situation in der Bundesrepublik vorhanden sind. Von den Anfängen der amerikanischen Migrationsforschung ausgehend, werden in der Nachkriegsepoche der Bundesrepublik vor allem die Theorien von Taft und Gordon diskutiert.

Taft (1957) begreift die Eingliederung von Migranten als generelles Problem eines Gruppenwechsels. Assimilation vollzieht sich demnach durch kognitive, verhaltensmäßige und identifikative Veränderungen des Migranten. Ein Individuum, das einer Gruppe I angehört, tritt durch Migration mit einer Gruppe II in Kommunikation, die abweichende Normen, Werte und Rollenerwartungen aufweist. Taft unterscheidet zwei Dimensionen des Wandels. Internen Wandel versteht er als die Änderung von Einstellungen und Handlungsdispositionen des Migranten, externer Wandel wird als Veränderung des beobachtbaren (äußeren) Verhaltens definiert. Diese beiden Dimensionen sind in der Abfolge eng miteinander verbunden und bilden eine progressiv verlaufende Sequenz, die sich in sieben Stadien vollzieht (Abbildung 1). Taft versteht diese Sequenzen nur als Anhaltspunkte, nicht jedoch als starres Modell. Außerdem wird die Stufenabfolge auch nicht als unumkehrbar angesehen (Taft 1957, Esser 1980:51ff, Treibel 1990:65f).

Die Sequenzen eins, vier und sieben beinhalten die kulturelle und die Sequenzen fünf und sechs die soziale Assimilation. Ob ein Migrant den Zustand der Assimilation erreicht oder nicht, hängt nach Taft von der positiven bzw. negativen Einstellung des Migranten zur Assimilation, von der Art der angestrebten Eingliederung (monistisch, interaktionistisch oder pluralistisch) und von der allgemeinen Durchlässigkeit der Aufnahmegruppe ab, aber auch individuelle Faktoren sind von Bedeutung wie Intelligenz, Anpassungsfähigkeit und Motivation (Taft 1957, Esser 1980:51ff, Treibel 1990:65f).

Die Bedeutung des Modells von Taft liegt in der Aufsplittung des Assimilationsbegriffs in kulturelle und soziale Assimilation. Nach Treibel (1990:66) zeigt sich in den Modifikationen des race-relation-cycle die Unhaltbarkeit des klassischen Assimilationskonzptes, und die Aufsplittung des Assimilationsbegriffs wurde nach Treibels Interpretation nur deshalb vorgenommen, um weiterhin am Assimilationskonzept festhalten zu können. Bei Treibel wie bei Esser bleibt jedoch die Frage

Abbildung 1: Taft (1957): Stadien der internen und externen Veränderung des Wissens und des Verhaltens bei der Eingliederung von Wanderern

Stadium	interner Wandel (A)	externer Wandel (B)
1. Wissen über die kulturellen Eigenarten der Gruppe II; "kulturelles Lernen"	vermeintliches Wissen	tatsächliches Wissen
2. Einstellung zu Gruppe II	positive Einstellung zu - den Mitgliedern, - den Normen, - der eigenen Mitgliedschaft in Gruppe II	aktive Bemühungen von X nach - Interaktion mit Mitgliedern aus der Gruppe II - Beteiligung an deren Aktivitäten - Mitgliedschaft in Gruppe II
3. Einstellung zu Gruppe I	negative Einstellung zu - den Mitgliedern, - den Normen, - der eigenen Mitgliedschaft in Gruppe I	Rückzug aus - Interaktionen mit Mitgliedern aus der Gruppe I - Beteiligung an deren Aktivitäten - Mitgliedschaft in Gruppe I
4. Rollen-Annahme; "Akkomodation"	Konformität zu den vermuteten Rollenerfordernissen der Gruppe II	Konformität zu den tatsächlichen Rollenerfordernissen der Gruppe II
5. Soziale Aufnahme	Vermutete Aufnahme in Gruppe II hinsichtlich von Primärbereichen	Tatsächliche Aufnahme in Gruppe II
6. Gruppenmitgliedschaft; "Identifikation"	Selbstidentifikation mit Gruppe II	Identifikation von X mit der Gruppe II durch - die Mitglieder von Gruppe I - die Mitglieder von Gruppe II - Gesellschaft insgesamt
7. Konvergenz der Normen; "Kongruenz"	vermutete Kongruenz der eigenen mit den Normen der Gruppe II	tatsächliche Kongruenz der eigenen mit den Normen der Gruppe II

Quelle: Taft 1957:144 in der Übersetzung von Esser (1980:54)

unbeantwortet, welche Relavanz das Modell für die Zuwanderungssituation der USA gegen Ende der 50er Jahre hatte.

Als nächster Meilenstein in der amerikanischen Migrationsforschung bzw. Integrationsforschung gilt die Arbeit von Gordon: „Assimilation in American Life" aus dem Jahre 1964. Die Bedeutung des Werkes von Gordon liegt in der darin geführten kritischen Auseinandersetzung mit der bisherigen Assimilationsforschung in den USA. Er stellt dem Ideal der amerikanischen Gesellschaft, Schmelztigel zu sein, die Realität der schwarzen und ethnischen Minderheiten in den USA entgegen. Gordon beschreibt räumlich segmentierte ethnische Gruppen als überschaubare Mikrogesellschaften, die den Rahmen für gemeinsame Werte und Normen bilden. Diese Subgesellschaften sind eingebettet in größere politische Einheiten. Modernisierung, Urbanisierung und Mobilität führen dann zur Aufbrechung der ethnisch homogenen Gruppen. Aber auch unter modernen, urbanen Bedingungen bildet die ethnische Zugehörigkeit einen von mehreren kategorialen Bezugspunkten des Individuums und steht in engem Zusammenhang mit der Macht- und Statusallokation innerhalb einer Gesellschaft. Gordon sieht die wählbaren Alternativen, Aufstiegs- und Karrieremöglichkeiten durch die ethnische Zugehörigkeit vorgeprägt. Klassenzugehörigkeit und ethnische Zugehörigkeit strukturieren in ihrer Kombination eine Gesellschaft. Gordon benutzt hierfür den Begriff der „ethclass". Beide, ethnische Zugehörigkeit und Klasse, beschränken die Mobilität und Handlungsalternativen von Individuen. Typische Kombinationen sind irischer Katholik der unteren Mittelklasse oder weißer Protestant der oberen Mittelklasse. Zwischen den einzelnen „ethclasses" bestehen Machtunterschiede. Als dominante Gruppe oder „core group" bezeichnet Gordon die WASPM (White-Anglosaxon-Protestant-Male); diese Gruppe hat sich durch ihre lange Ansässigkeit Machtvorteile verschafft gegenüber neu Ankommenden (Gordon 1964, Esser 1980:65ff, Treibel 1990:69ff). Gordon geht auch nicht von einer schnellen Auflösung von Segmentationslinien aus:

„Thus the prognosis for America for a long time to come is that its informal social structure will consist of a series of ethnic subcommunities criss-crossed by social class, within which primary group relationships will tend to be confined, that secondary group relationships across ethnic group lines will take place in abundance as a result of the requirements of an urbanized industrial society, and that the intellectual subsociety will grow somewhat both in numbers and in institutional articulation as a result of the constant increase in the magnitude of higher education" (Gordon 1964:264).

Somit müßte Gordons Ansatz eigentlich im Widerspruch zu allen Assimilationstheorien angesehen werden, da Ethnizität als zentrales Strukturierungsmerkmal von Gesellschaften angesehen wird, und auch unterschiedliche Machtverhältnisse auf ethnische Zugehörigkeit zurückzuführen sind. Dennoch schließt auch Gordon diesen Analysen ein Stadien-Modell der Assimilation an. Nach Gordon ist Assimilation allerdings in erster Linie nicht als Übernahme der kulturellen Werte und Normen der „core-group" zu verstehen, sondern als Eingliederung des Migranten in das „ethclass"-System. Hierfür benutzt er ein Stufenmodell (Abbildung 2). Das Durchlaufen der Stadien der Assimilation unterliegt in Gordons Modell keinem Automatismus und das Erreichen eines Stadiums muß nicht notwendig zum Durchlaufen weiterer Stadien führen. Häufig bleiben Migranten auf der Stufe der kulturellen Assimilation stehen. Erfolgt jedoch die strukturelle Assimilation, so ist auch das Durchlaufen der weiteren Stadien der Assimilation zu erwarten. Gordon weist ausdrücklich darauf hin, daß es ethnische Gruppen und Minoritäten gibt, die sich nicht assimilieren und die nicht „verschmelzen".

In gewisser Weise stellt Gordons Theorie ein Paradox dar, einerseits entwickelt er ein Assimilationsmodell, um andererseits festzustellen, daß es Gruppen gibt, die sich nicht assimilieren, und ethnische Zugehörigkeit zentrales Merkmal der Verteilung von gesellschaftlichen Ressourcen und Macht ist. Doch gerade dieses Paradox macht deutlich, daß Assimilation nicht notwendig einen Endpunkt aufweist, der als „Verschmelzen" mit der Aufnahmekultur zu verstehen ist. Auch können ethnische Minderheiten über Generationen hinweg bestehen, ohne daß Assimilation feststellbar ist. Gordon schränkt damit die Gültigkeit des Assimilationsmodells in Hinblick auf einen zu erreichenden Endpunkt, aber auch in Hinblick auf seine allgemeine Gültigkeit für alle ethnischen Gruppen entscheidend ein.

Als prominentes Beispiel der „Nicht-Assimilation" kann die Situation der Schwarzen in den USA angeführt werden. Geschwender setzt sich kritisch mit der Anwendung von Assimilationsmodellen auf die schwarze Bevölkerung auseinander:

„All variants of this perspective share certain central propositions. All versions perceive race as relatively unimportant; blacks are seen as essentially the same as other minorities. Each minority group entered American society in a disadvantaged position because of a lack of knowledge of American culture and a deficiency of skills and competencies that would enable them to compete successfully in American society. This viewpoint assumes that some assimilation took place during slavery, but that emancipation found blacks insufficiently assimilated to compete and be absorbed into American society on a basis of equality" (Geschwender 1978:247).

Ohne auf die Situation der Schwarzen in den USA näher einzugehen, bleibt doch festzuhalten, daß keines der vorgestellten Modelle eine adäquate Erklärung für die beständige Marginalisierung der schwarzen Bevölkerung gibt. Auch mit der von Gordon vorgenommenen Unterscheidung von kultureller und struktureller Assimilation bleibt die Frage offen, warum nicht für alle Immigrantengruppen

Abbildung 2: Stadien der Assimilation von ethnischen Gruppen und Einwanderern nach Gordon 1964

Subprozeß bzw. Bedingung	Typ bzw. Stadium der Assimilation	spezielle Benennung
Wandel der kulturellen Verhaltensmuster in Richtung auf Angleichung mit dem Aufnahmesystem	kulturelle oder verhaltensmäßige Assimilation	Akkulturation
allgemeiner Eintritt in Cliquen, Vereine und Institutionen des Aufnahmesystems auf der Basis von Primärbeziehungen	strukturelle Assimilation	-
Entstehung inter-ethnischer Heiratsmuster auf allgemeiner Ebene	"marital assimilation"	Amalgamation
Entwicklung eines Zugehörigkeitsgefühls zur Aufnahmegesellschaft in ausschließender Weise	identifikationale Assimilation	-
Fehlen von Vorurteilen	"attitude receptional assimilation"	-
Fehlen von Diskriminierungen	"behavior receptional assimilation"	-
Fehlen von Wertekonflikten und Machtkämpfen	zivile Assimilation	-

Quelle: Gordon 1964:71 in der Übersetzung von Esser (1980:69)

vergleichbare Bedingungen herrschen und warum bestimmte andere Gruppen marginalisiert bleiben[1]. Individuenorientierte Assimilationstheorien haben hierfür eine zu geringe Erklärungskraft.

Kritik an den Assimilationsmodellen kommt aber auch aus einer ganz anderen Richtung. Portes und Jensen weisen in ihrer Studie über Kubaner in Florida darauf hin, daß sich die Herkunft und Ausbildung der Zuwanderer in die USA verändert hat und immer mehr hochqualifizierte Personen zuwandern. Außerdem bieten ethnische Nischen Möglichkeiten zum schnellen wirtschaftlichen Erfolg. Sie kommen deshalb zu dem Schluß:

„No longer tenable, for example, is the image of an unilinear assimilation path in which immigrants of modest origins enter at the bottom of the socioeconomic hierarchy to begin a gradual process of acculturation and mobility lasting several generations" (Portes, Jensen 1989:929).

Es kann festgehalten werden, daß amerikanische Assimilationsmodelle zu höchst unterschiedlichen Aussagen bezüglich der Dauer des Integrationsprozesses kommen und auch der Verlauf dieses Prozesses stark differierend beschrieben wird. Die Gültigkeit von Assimilationsmodellen muß daher als historisch und räumlich begrenzt angesehen werden und kann jeweils auch nur für bestimmte ethnische Gruppen Gültigkeit beanspruchen. Die Bedeutung dieser Modelle liegt in der Offenlegung wichtiger Merkmale des Eingliederungsprozesses, wie sie für wichtige Immigrantengruppen der USA gegeben waren. Allerdings sollten diese Modelle nicht überbewertet werden, weil sie lediglich Gesetzmäßigkeiten und Regelmäßigkeiten offen legen, wie der Prozeß der Integration in den USA historisch verlaufen ist. Daraus können weder Rückschlüsse auf individuelle Verläufe gezogen, noch kann Allgemeingültigkeit beansprucht werden.

Es stellt sich die Frage, ob diese Modelle auf die Zuwanderungssituation von Ausländern in der Bundesrepublik übertragen werden können. Hier sind erhebliche Zweifel angebracht, denn die Situation der Ausländer in der Bundesrepublik unterscheidet sich doch erheblich von der Zuwanderungssituation in den USA. In der Bundesrepublik war die Phase der Massenzuwanderung „Nicht-Deutscher" auf eine Dekade beschränkt, während die USA über einen längeren Zeitraum hinweg bedeutende Zuwanderungsströme integrierte. Der Massencharakter der Zuwanderung hat in den USA zu ethnischer Segregation der Wohngebiete geführt, aber auch Chancen für eine ethnische Nischenökonomie eröffnet. In der Bundesrepublik sind Ausländer zwar auch in den Ballungszentren konzentriert, doch von ethnischer Segregation der Wohngebiete oder gar Ghettos kann hier nicht die Rede sein, und auch die ethnische Eigenökonomie hat in der Bundesrepublik bei weitem nicht die Bedeutung wie in den USA. Auch in der geplanten Dauer des Aufenthalts bestehen Unterschiede. Während, bedingt durch die große Entfernung, die Zuwanderer in die USA dauerhafte Bleibeabsichten hatten, planten die Arbeitsmigranten in der Bundesrepublik zunächst nur einen temporären Aufenthalt. Deshalb wurde die Familie meist in dem Heimatland belassen. Doch auch nach erfolgtem Familiennachzug und nach längerfristigem Aufenthalt blieb Remigration zumindest eine psychologische Handlungsalternative zur „Assimilation". Außerdem erlaubte die vergleichsweise geringere räumliche Distanz die Aufrechterhaltung sozialer Kontakte zum Heimatland. Des weiteren ist anzunehmen, daß die Einstellung gegenüber Zuwanderern im Einwanderungsland USA positiver war als sie gegenwärtig in der Bundesrepublik ist. Außerdem war in den USA mit dem Akt der Einbürgerung auch eine rechtliche Gleichstellung der Migranten von Anfang an gegeben, während Ausländer in der Bundesrepublik einen deutlich schlechteren Rechtsstatus haben. Die Rahmenbedingungen für die Zuwanderung in den USA und der Bundesrepublik sind deutlich verschieden. Wenn eine Übertragbarkeit von amerikanischen Modellen auf die Bundesrepublik überhaupt möglich ist, müßte diesem Umstand zumindest Rechnung getragen werden.

3.2 Das strukturelle Migrationsmodell von Hoffmann-Nowotny

Hoffmann-Nowotny kann als der erste Sozialwissenschaftler im deutschsprachigen Raum angesehen werden, der die Wanderungsbewegungen der 60er Jahre theoretisch aufarbeitete und modellhaft wie auch empirisch Migrationsprozesse, die Auswirkungen auf das Aufnahmesystem als auch auf den einzelnen Migranten bzw. Migrantengruppen untersuchte. In der bereits im Jahre 1970 erschienen Studie mit dem Titel „Migration" setzte sich Hoffmann-Nowotny mit den strukturellen Determinanten der Migration auseinander und entwickelte ein Migrationsmodell. Diese Arbeit bildete die Grundlage für die 1973 erschienene Studie, deren theorethisches Konzept hier vorgestellt wird.

Theoretische Grundlagen: Strukturelle und anomische Spannungen

Hoffmann-Nowotny kombiniert mikro- und makrosoziologische Ansätze und will damit „die soziologischen Aspekte des Fremdarbeiterproblems auf mehreren Ebenen" darstellen (Hoffmann-Nowotny:1973:3). Die unterschiedlichen sozialwissenschaftlichen Theorien werden unter Verwendung von allgemeinen systemtheoretischen Konzepten integriert. In der Systemtheorie wird ein Satz von miteinander verbundenen Elementen (Einheiten, Objekten) als System bezeichnet. „Der Zustand eines Systems ist gegeben durch die Positionen, die die Einheiten eines Systems auf verschiedene Merkmalsdimensionen einnehmen" (Hoffmann-Nowotny 1973:3). Ein Anspruch auf Allgemeingültigkeit dieser Theorie wird nicht erhoben. Hoffmann-Nowotny versteht „Macht" und „Prestige" als zentrale gesellschaftliche Dimensionen. Die Verteilung von Macht und Prestige sind strukturelle Merkmale einer Gesellschaft. Prestige wird als Faktor verstanden, der Macht legitimiert. In einer Gesellschaft herrscht mehr oder weniger Konsens darüber, welchen Wert materielle und immaterielle Güter (z.B. Bildung) haben. Der Zugang und die Partizipationsmöglichkeiten an diesen Gütern sind gesellschaftlich geregelt und kontrolliert. Der unterschiedliche Grad der Partizipation weist Individuen einen Rang auf einer Statuslinie zu (Hoffmann-Nowotny 1973:4f). Gleichgewicht bzw. Ungleichgewicht von „Macht" und „Prestige" sind durch die Position bestimmt, die Einheiten eines Systems auf verschiedenen Statuslinien einnehmen. Fallen „Macht" und „Prestige" auseinander, so entstehen strukturelle Spannungen. Strukturelle Spannungen können in verschiedenen Formen auftreten:

- einfache Rangspannungen (differentielle Position verschiedener Einheiten auf einer Statuslinie)

- Ungleichgewichtsspannungen (ungleiche Positionen einer Einheit auf verschiedenen Statuslinien)

- Unvollständigkeitsspannungen (Nicht-Teilhabe einer Einheit an einer oder mehreren Statuslinien) (Hoffmann-Nowotny 1973:8)

Die letzte Form wird von Hoffmann-Nowotny auch als Marginalität verstanden und definiert als „geringen Grad an Integration in ein sozietales System" (Hoffmann-Nowotny 1973:8). Dies ist gleichbedeutend mit einem relativ geringen Zugang zu den Werten eines Systems. Ist der Zugang zu den gesellschaftlichen Werten von Leistungskriterien abhängig und somit der Zugang universalistisch geregelt, dann kann ein System als offen bezeichnet werden. Ist der Zugang zu den Werten von zugeschriebenen Kriterien - wie etwa Nationalität - abhängig, der Zugang also partikularistisch geregelt, muß von einem „geschlossenen" System ausgegangen werden. Allerdings sind in der Realität kaum die Extreme - also vollständige Offenheit bzw. Geschlossenheit - zu finden. In Hinblick auf die Integration von Migranten kann mit der hier vorgenommenen Unterscheidung bereits die Aussage getroffen werden, daß eine Integration nur in prinzipiell offenen Gesellschaften überhaupt möglich ist. Ein gesellschaftliches System kann dann als konsolidiert angesehen werden, wenn Macht und Prestige zusammenfallen. Ist dies nicht der Fall, sind dynamische Prozesse des Wandels der Struktur einer Gesellschaft die Folge (Hoffmann-Nowotny 1973:4).

Hoffmann-Nowotny erweitert die Theorie der gesellschaftlichen Spannungen dahingehend, daß aus strukturellen Spannungen „anomische" Spannungen entstehen können. Dies geschieht dann, wenn die strukturellen Spannungen eine gewisse Grenze überschreiten. Anomisches Verhalten wird als adaptives Verhalten bezeichnet, „das auf einen Ausgleich von Macht und Prestige gerichtet ist, ohne daß dabei zunächst die ursprüngliche strukturelle Spannung gelöst wird" (Hoffmann-Nowotny 1973:11). Anomische Spannungen erzeugen ein auf Ausgleich von Macht und Prestige gerichtetes Verhalten. Dies kann geschehen durch:

- Bemühung zur Änderung von Positionen, also Veränderung der Position auf den gegebenen gesellschaftlichen Machtlinien (Mobilität). Je höher das Prestige, desto wahrscheinlicher ist ein Bemühen um Veränderungen von Positionen.

- Aufgabe von Positionen, der zugeschriebene Status wird aufgegeben. Der Rückzug ist umso wahrscheinlicher, wenn die Unvollständigkeitsspannungen, die durch die Aufgabe von Positionen entstehen, geringer sind als die vorher erfahrene Spannung.

- Gewichtsverlagerung von tiefen auf hohe Positionen. Je höher die höchste Position einer Einheit, desto geringer ist das Gewicht, das den tieferen Positionen zugemessen wird.

- Änderung der Bewertungsgrundlage durch subkulturelle Differenzierungen. Abweichende Normen und Werte können geschaffen und durchgesetzt werden. Je größer die Unterschiede zwischen den besetzten Positionen, desto wahrscheinlicher ist das Auftreten von abweichenden Wertesystemen an den Extrempunkten (Hoffmann-Nowotny 1970:37; 1973:13f).

Theorie differenzieller Ungleichheit zwischen den Nationen

An die Beschreibung der internen Funktions- und Strukturmechanismen einer Gesellschaft schließt Hoffmann-Nowotny eine Analyse endogener Faktoren an. Dabei wird von der Annahme ausgegangen, daß dem „Fremdarbeiterproblem (...) als Ursache eine Konjunktion endogener und durch Migration transferierter Spannungen zugrundeliegt" (Hoffmann-Nowotny 1973:16) und nicht allein durch die interne Struktur des Einwanderungslandes erklärt werden kann. Ebenso wie Individuen unterschiedliche Positionen auf Statuslinien einnehmen, ist auch das internationale System stark differenziert durch unterschiedliche Positionen der Einheiten (Nationen) auf einer Statuslinie. Nehmen Individuen die Veränderung ihrer eigenen nationalen Subeinheit als zu langsam wahr, so erfolgt Migration aus einer tiefer- in eine höherrangige nationale Subeinheit. Vorraussetzung für die Migration ist die Offenheit des höherrangigen Systems, und zwar sowohl zum Kontext als auch zu relevanten Statuslinien. Die Zuwanderung von Individuen aus nationalen Einheiten mit tiefem Rang führt im Aufnahmesystem zur Unterschichtung der Sozialstruktur, „da die Einwanderer auf den für sie relevanten Statuslinien zunächst die untersten Positionen zugewiesen erhalten" (Hoffmann-Nowotny 1973:18; 1975:74). D.h. unter die bestehende Struktur wird eine ethnisch fremde und politisch rechtlose Schicht geschoben, die nicht dem Entwicklungsstand des Aufnahmelandes entspricht (Hoffmann-Nowotny 1987:49f), wobei die Zuwanderer eine neue soziale Schicht unter der Sozialstruktur des Einwanderungslandes bilden (Hoffmann-Nowotny 1973:52). Die Unterschichtung trägt zur ökonomischen Expansion bei und eröffnet somit Karriereopportunitäten für die einheimische Bevölkerung (Abbildung 3), kann aber auch zur Folge haben, daß ein notwendiger Strukturwandel in Richtung auf Modernisierung unterbleibt (Hoffmann-Nowotny 1973:18).

Unter theoretischen Gesichtspunkten faßt Hoffmann-Nowotny Migration als Interaktion zwischen sozialen Systemen, „die dem Transfer von Spannungen dient und damit einen Ausgleich von Macht und Prestige bewirkt" (Hoffmann-Nowotny 1973:19). Dabei handelt es sich um ein Gleichgewichtssystem. Die Abgabeländer exportieren „Prestige", das von den Aufnahmeländern importiert wird. Dies gilt auch für anomische Spannungen. Auswanderung kann als Spannungsexport angesehen werden, ohne den der Druck gegen den internen Status quo dieser Länder größer wäre. Durch Auswanderung wird politisches Potential entzogen.

Mit der Anwendung der von Hoffmann-Nowotny für nationale Systeme entwickelten theoretischen Grundlagen auf das internationale System ergibt sich ein plausibles Modell, das wesentliche Strukturen der Migrationsbewegungen theoretisch faßt. Beispielsweise wird erklärt, warum Migration in Richtung von wenig entwickelten auf hoch entwickelte Gesellschaften verläuft (Machtdefizit), oder warum gerade jüngere, besser gebildete Personen sich zur Auswanderung entschließen (Prestigeexport) (vgl. Nauck 1988:20f). Hoffmann-Nowotny bleibt jedoch beim Aufzeigen grober Raster internationaler Zusammenhänge stehen und bezieht keine ökonomischen und politischen Interdependenzen in sein Modell ein. Nicht zu beantworten ist beispielsweise die Frage, warum die Mehrzahl der Migranten aus dem „rangnahen" Italien in die Schweiz wandern, wo doch die anomischen Spannungen in den unteren Positionen der internationalen Rangskala viel größer sein müßten.

Abbildung 3: Modell der Beeinflussung des aufnehmenden Systems durch Migration nach Hoffmann-Nowotny

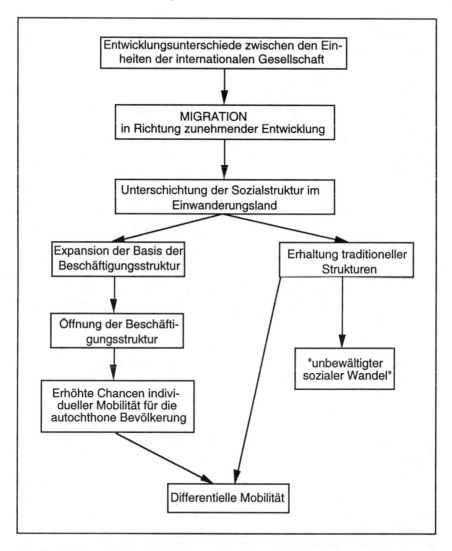

Quelle: Hoffmann-Nowotny 1973:23

Theorie der anomischen Spannungen in der aufnehmenden Gesellschaft

Hoffmann-Nowotny sieht die Struktur der Aufnahmegesellschaft als entscheidend für die Integrationschancen von Migranten an. Entsprechend räumt er der Strukturanalyse des Aufnahmelandes breiten Raum ein. Insgesamt ergeben sich durch Migration für die Mehrheit der Bevölkerung des Aufnahmelandes positive Impulse. Die durch die Migranten verursachte Unterschichtung und Ausweitung der Beschäftigungsstruktur führt zur Schaffung zusätzlicher Positionen, insbesondere auf mittleren Rängen. Damit sind für Einheimische in den unteren Positionen erhöhte Mobilitätschancen gegeben. Bezogen auf die gesamte Beschäftigungsstruktur kann somit die Tertiarisierung fortschreiten ohne Anpassungen im sekundären Bereich (Hoffmann-Nowotny 1973:24). Doch nicht alle Einheimischen können die erhöhten Chancen wahrnehmen, ein Teil wird weiter rangniedrige Positionen besetzen. Anomie ist vor allem bei einheimischen Individuen zu erwarten, die die hohen Mobilitätschancen nicht nutzen konnten und niedrige Positionen auf allen Statuslinien besetzen (Hoffmann-Nowotny 1973:71). Ausländer werden von ihnen als Statusbedrohung wahrgenommen. Die ethnische Zugehörigkeit dient ihnen als Legitimationsquelle für Ränge auf Machtlinien und wird als Abgrenzungskriterium durchzusetzen versucht (Hoffmann-Nowotny 1973:29).

Kommt es in modernen Gesellschaften zu einer Dominanz partikulärer Werte und einer daraus resultierenden Schließung von Aufstiegsmöglichkeiten für bestimmte Gruppen oder Schichten, dann kann von neofeudalen Tendenzen gesprochen werden. Diese Tendenzen bremsen jedoch die Entwicklung des Gesamtsystems und stoßen auf den Widerstand führender Akteure, deshalb muß Anpassung im Sinne des Neofeudalismus im Tendenziellen stecken bleiben. Bei starker Unterschichtung sind aber diskriminierende Reaktionen der Einheimischen zu erwarten. „Überfremdung" nehmen insbesondere die Personen wahr, die auf relevanten Statuslinien die tiefsten Positionen einnehmen und diejenigen, die sich in einer „ungleichgewichtigen Position" befinden. Bei konsolidierter Statuskonfiguration hingegen ergeben sich nur geringe Anteile, die eine „Überfremdung" wahrnehmen. Allgemein tritt die Wahrnehmung von Überfremdung dort auf, „wo die Chancen zur Reduktion der beim Individuum liegenden Spannungen gering sind, wo von den Fremdarbeitern möglicherweise eine Bedrohung ausgeht, die geeignet sein mag, die genannten Spannungen noch zu vergrößern oder jedenfalls ihren Abbau zu verhindern" (Hoffmann-Nowotny 1973:91). Insgesamt hat die durch die Anwerbung ausländischer Arbeitskräfte erfolgte Unterschichtung dazu beigetragen, strukturelle Spannungen relativ schnell aufzubauen und außerdem Bedingungen zu konservieren, die einem Abbau struktureller Spannungen entgegenstehen. Somit wurde die Entstehung und Erhaltung von Anomie gefördert (Hoffmann-Nowotny 1973:83).

Nach Hoffmann-Nowotny ist die Abwehrhaltung gegenüber Zuwanderern ein weitgehend individuelles Phänomen des Teils der Bevölkerung, der eine direkte Statusbedrohung durch Zuwanderer empfindet, als auch derer, die einen „nichtlegitimierten" Statusaufstieg erzielen konnten. Der Rückgriff auf ethnozentristische Theorien wird als Versuch verstanden, individuell empfundene Ohnmacht zu einem kollektiven Phänomen zu machen und das Individuum zu entlasten (Hoffmann-Nowotny 1973:99). Demnach könnte die Abwehrhaltung gegenüber Ausländern weitgehend als individuell-psychologisches Problem verstanden werden, das auf eine Gruppe innerhalb einer Gesellschaft begrenzt ist, die selbst nur über wenig Einflußmöglichkeiten verfügt. Insgesamt müßte also das Phänomen der Fremdenfeindlichkeit auf Minoritäten beschränkt bleiben und dürfte keine gesamtgesellschaftliche Basis haben.

Das politische und ökonomische System spielt bei Hoffmann-Nowotny nur eine periphere Rolle. Auf die Bedeutung der Ausländerbeschäftigung für die Privatwirtschaft wird kaum eingegangen. Es wird lediglich darauf verwiesen, daß die Ausländerbeschäftigung dem Produktionsapparat der schweizer Wirtschaft zahlreiche Merkmale eingeprägt hat. Allerdings geht Hoffmann-Nowotny in Anlehnung an die „Studienkommission für das Problem der ausländischen Arbeitskräfte" davon aus, daß die meisten Merkmale für die Konkurrenzfähigkeit eher nachteilig sind und verweist auf das Argument verlangsamter Produktivitätserhöhungen und Verzögerungen bzw. Ausbleiben von notwendigen Strukturanpassungen. Er schränkt jedoch ein, daß Einwanderung zu einer Erhöhung der Produktion geführt hat, die sonst nur um den Preis eines tiefgreifenden Wandels hätte erlangt werden können. Bei kurzfristiger Betrachtung wirkt Einwanderung als funktionales Äquivalent eines ansonsten schneller notwendig gewordenen Strukturwandels (Hoffmann-Nowotny 1973:57). Außerdem besteht die Gefahr, daß bei zu geringem Arbeitskräfteangebot Betriebe ausweichen und ins Ausland abwandern (Hoffmann-Nowotny 1973:31).

Das politische System wird in bezug auf Zuwanderung in einer „cross-pressure-Situation" gesehen. Auf der einen Seite wird durch die Unterschichtung Druck aus den unteren Schichten ausgeübt, Zuwanderung zu begrenzen. Auf der anderen Seite wird von den ökonomischen Akteuren eine Expansions- und Mobilitätspolitik verlangt, um die Versorgung mit Arbeitskräften sicherzustellen. Auf derartige cross-pressure-Situationen reagiert der politische Akteur mit einer Status-quo-Politik, was eine Bremsung der Mobilitätsmöglichkeiten zur Folge hat (Hoffmann-Nowotny 1973:30). Gleichzeitig befinden sich Einheimische, die für eine Diskriminierung von ausländischen Arbeitskräften eintreten, zumindest teilweise im Einklang mit der offiziellen Politik, „... was die Entstehung kognitiver

Dissonanzen aufgrund eines Widerspruchs zwischen dem Verhalten und einer allgemeinen Norm der Chancengleichheit verhindert bzw. entstandene Dissonanzen vermutlich geringer hält als sie ohne eine solche Übereinstimmung zwischen offizieller Politik und individuellem Verhalten gewesen wären" (Hoffmann-Nowotny 1973:122).

Insgesamt bleibt bei der Analyse der Struktur der Aufnahmegesellschaft der institutionelle Rahmen und das Zusammenspiel der Akteure unterbelichtet. Offen bleibt beispielsweise die Frage, wie im ökonomischen Bereich Abschließungen von Karrieremöglichkeiten für Migranten gegen den offensichtlichen Willen der ökonomischen Akteure überhaupt möglich sind, zumal darauf verwiesen wird, daß „Überfremdung" in nennenswertem Umfang nur von statusbedrohten Gruppen perzipiert wird. Es ist zu vermuten, daß in bezug auf die Struktur der Aufnahmegesellschaft die Wechselwirkungen gesellschaftlicher Interaktionsprozesse nicht in ihrer Gänze erfaßt werden. Dennoch werden plausible Annahmen getroffen über individuelle Reaktionsmuster auf Zuwanderung, differenziert nach beruflicher und sozialer Stellung. Die Aufnahmegesellschaft wird bei Hoffmann-Nowotny überwiegend auf der individuellen Ebene behandelt, es werden aber auch strukturelle Zusammenhänge aufgezeigt. Auf Grundlage dessen kommt Hoffmann-Nowotny zu dem Schluß, daß das „Fremdarbeiterproblem" primär ein Problem der Aufnahmegesellschaft ist und fordert deshalb, daß die „Soziologie des Fremdarbeiterproblems" mehr eine Soziologie des Einwanderungslandes als eine Soziologie der Fremdarbeiter sein müsse (Hoffmann-Nowotny 1973:152).

Theorie der anomischen Spannungen bei Migranten

Auch die Stellung des Migranten läßt sich mit dem Macht-Prestige-Modell gut erklären. Für das Individuum bedeutet Emigration zunächst Spannungsabbau oder zumindest ein Ausweichen der Spannnungen im Herkunftssystem. Dauerhaft gelingt dem Migranten der Abbau von Spannungen allerdings nur, wenn es ihm gelingt, die Statuskonfiguration im Immigrationssystem ins Gleichgewicht zu bringen oder sich einem solchen anzunähern. Ist dies nicht der Fall, erfährt der Migrant lediglich eine Spannungstransformation. Aus einer Rang- und Ungleichgewichtsspannung wird dann eine Unvollständigkeitsspannung (Hoffmann-Nowotny 1973:20). Die Spannungen bei den Immigranten sind hoch, wenn die Mobilität gebremst ist, und der volle Mitgliedschaftsstatus nicht erreicht werden kann. Dies bezeichnet Hoffmann-Nowotny als Diskriminierung und sieht diese als gegeben an, wenn die niedrige Position der Migranten von nicht instrumentellen Faktoren bestimmt werden oder sie hinsichtlich des Erwerbs von Qualifikationen gegenüber Einheinmischen benachteiligt sind. Diskriminierung ist demnach eine „differentielle Behandlung von Einheimischen und Einwanderern, die nicht universalistisch legitimiert ist" (Hoffmann-Nowotny 1973:111). Ist die tiefe Position von Einwanderern jedoch lediglich auf geringe Qualifikation und Bildung zurückzuführen und somit Konsequenz mangelnder instrumenteller Voraussetzungen, kann nicht von Diskriminierung gesprochen werden.

Eine spezielle Form der Diskriminierung ist die institutionalisierte Diskriminierung. Hoffmann-Nowotny (1973:122) versteht darunter die legalen Einschränkungen, denen die Immigranten in bezug auf berufliche und finanzielle Mobilitätschancen unterworfen sind. Damit wird der Staat als ein Akteur der institutionellen Diskriminierung benannt.

Offen bleibt allerdings bei Hoffmann-Nowotny die Rolle der Privatwirtschaft. Eigentlich müßte institutionelle Diskriminerung nicht im Interesse der Privatwirtschaft liegen, würden damit doch - in der Terminologie Hoffmann-Nowotnys ausgedrückt - die strukturellen Spannungen auch in die Betriebe getragen. Oder besteht ein Interesse, Ausländer in tiefen Positionen zu halten, um ein Reservoir an billigen, mit eingeschränktem Rechtsstatus ausgestatteten Arbeitskräften zur Verfügung zu haben? Diese Ebene wird in Hoffmann-Nowotnys Modell nicht behandelt.

Modell der Integration von Migranten

Entsprechend dem im vorherigen Abschnitt entwickelten Diskriminierungsbegriff ist für Hoffmann-Nowotny Integration nur in diskriminierungsfreien Systemen vorstellbar, d.h. bei Offenheit der Struktur des Einwanderungslandes. (Hoffmann-Nowotny 1973:119). Für seine Definition von Integration greift Hoffmann-Nowotny auf Eisenstadt (1954) zurück, der von Absorption in drei Stufen spricht: 1. Akkulturation, 2. Zufriedenheit und persönliche Anpassung des Immigranten und 3. vollständige Zerstreuung (Dispersion) der Immigranten als Gruppe innerhalb der wichtigsten gesellschaftlichen Bereiche der aufnehmenden Gesellschaft. Hoffmann-Nowotny (1973:172) geht von den Begriffen „Assimilation" und „Integration" aus, die sich mit den Dimensionen Akkulturation und institutioneller Dispersion Eisenstadts decken. Hoffmann-Nowotny unterscheidet damit zwei grundlegende Dimensionen der sozialen Realität, nämlich Kultur auf der einen und Gesellschaft auf der anderen Seite. Kultur wird als Symbolstruktur, Gesellschaft als die Positionsstruktur der sozialen Realität bezeichnet. Assimilation bedeutet folglich die Partizipation an der Kultur und Integration die Partizipation an der Gesellschaft. Dabei sieht Hoffmann-Nowotny Assimilation rückbezogen auf die Aufnahmegesellschaft und wirft die Frage auf, in welchem Maße Gruppen von Einheimischen wie Frauen, Jugendliche oder Arbeiter an der Kultur und Gesellschaft ihres Heimatlandes teilhaben. Kultur wird nicht als Konstante angesehen, sondern als, parallel zum raschen sozialen Wandel, permanenten Modifikationen unterworfen. Deshalb warnt Hoffmann-Nowotny (1973:172) vor einer Konzentration auf den kulturellen Aspekt, vielmehr gehe es darum, ob die aufnehmende Gesellschaft zentrale Statuslinien für die Einwanderer öffnet oder nicht. Kultur und Gesellschaft stehen aber in einem Interdependenzverhältnis, wobei die gesellschaftliche Dimension die kulturelle dominiert. Kultur wird dabei definiert als Pluralität alternativer Lösungsmöglichkeiten für von der Gesellschaft bestimmte Probleme. Folglich wird auch die Assimilation stärker von der Integration determiniert als umgekehrt. Denn „je größer die Chancen der Einwanderer bzw. ihrer Kinder sind, an den Werten der Gesellschaft zu partizipieren, desto größer ist die Wahrscheinlichkeit für eine Assimilation" (Hoffmann-Nowotny 1973:173). Assimilation wird aber nur als Assimilation an die Subkultur der jeweiligen Schicht verstanden. Der Assimilationsgrad bezieht sich folglich auf die unterste Schicht des Einwanderungslandes und nicht auf die dominierende Mittelschichtkultur (Hoffmann-Nowotny 1973:176).

In der Auseinandersetzung mit der schweizer Ausländerpolitik kritisiert Hoffmann-Nowotny, daß die Aufnahme in das Bürgerrecht nur „voll assimilierten" Ausländern gewährt werden soll. Diese Politik läuft dem Kausalzusammenhang von Assimilation und Integration zuwider. Assimilation durch den Migranten allein stellt keine Lösung dar, solange die Majorität nicht Hautfarbe oder Geschlecht für die Verteilung von Aufstiegschancen als unerheblich erklärt (Hoffmann-Nowotny 1973:112).

In seinen empirischen Analysen stellt Hoffmann-Nowotny allerdings auch Zusammenhänge zwischen individuellen Determinanten und den Integrationschancen fest. Wichtigste Determinante der Integration im beruflichen und finanziellen Bereich ist der Bildungsgrad, aber auch die regionale und soziale Herkunft bestimmen die Integration in allen Bereichen (Hoffmann-Nowotny 1973:193). Die Integration der Einwanderer als Gruppe gilt schließlich als vollzogen, wenn sie ihren Minoritätscharakter verloren hat und Unter- bzw. Überprivilegierung nicht mehr mit zugeschriebenen Merkmalen zusammenfallen (Hoffmann-Nowotny 1973:195).

Bei Hoffmann-Nowotny wird der Prozeß der Integration bzw. Assimilation weder selbständig noch als in Stadien oder Zyklen verlaufend angesehen, sondern als im wesentlichen von der Aufnahmegesellschaft determiniert. Bleiben wesentliche Statuslinien für bestimmte Gruppen geschlossen, so kann auch keine Integration erfolgen. Schließlich hat auch der Begriff der Assimilation dynamischen Charakter, da die Kultur als im ständigen Wandel befindlich begriffen wird und somit nicht eindeutig definierbar ist, zumal je nach Schicht unterschiedliche Ausprägungen und Partizipation gegeben sind. Hinsichtlich der Migrationsgeschichte der Arbeitsmigranten der letzen 30 Jahre in der Schweiz und der Bundesrepublik scheint das Modell von Hoffmann-Nowotny plausibel, insbesondere die getrennte Betrachtung von kultureller Angleichung und der Integration der Migranten in das Statussystem hat den Blick auf die strukturellen Zusammenhänge in der Aufnahmegesellschaft eröffnet.

Insgesamt bietet das dargestellte Modell bei Verwendung nur weniger Begriffe und Analyseeinheiten ein umfassendes Erklärungsmodell des Zusammenspiels von verschiedenen Komponenten, die zur Migration führen und die Integration von Immigranten begünstigen oder behindern. Die Analysen umfassen die Perspektive des Migranten, der Aufnahmegesellschaft und des internationalen Systems. Auch wenn einzelne Akteure nur am Rande behandelt werden, wird doch ein Kompendium geschaffen, das sowohl das Entstehen von Migration erklärt als auch die Stellung der Migranten in der Aufnahmegesellschaft.

3.3 Das handlungstheoretische Modell von Esser

Essers Studie über Assimilation und Integration von Wanderern, ethnischen Gruppen und Minderheiten aus dem Jahre 1980 ist als kritische Auseinandersetzung mit der vorangegangenen Migrationsforschung in der Bundesrepublik zu verstehen. Esser kritisiert insbesondere die geringe Erklärungskraft makrosoziologischer Modelle und versteht seine handlungstheoretisch ausgerichtete Analyse als theoretische Alternative zu solchen Theorien. Die meisten soziologischen Ansätze bewertet Esser ohnehin als „nichts anderes als implizit gebliebene, ungenaue und unvollständige handlungstheoretische Erklärungen" (Esser 1980:8). Soziologisch sei meist nur die Behauptung, erst eine Systembetrachtung könne Probleme lösen, und andere Herangehensweisen seien reduktionistisch und deshalb ungeeignet für die Erklärung von sozialen Prozessen. Damit, so Esser, entsteht ein Argumentationsstrang, der die Betrachtung von Handlungsgesetzmäßigkeiten als überflüssig ansieht, weil zur Erklärung sozialer Prozesse „nur bestimmte Strukturen anzugeben wären, die dann unmittelbar andere Strukturen (z.B. Wanderungsraten, ethnische Konflikte, Segregationen) hervorbrächten" (Esser 1980:8). Esser kritisiert die „chaotische Zersplitterung von anekdotenhaft zusammengetragenen Einzelergebnissen" und die Bildung von bereichsspezifischen Theorien, die dazu geführt hat, daß sich „Bindestrichsoziologen in gegeneinander konkurrierende Schulen zersplittern" (Esser 1980:12). Eine Theorie der Wanderung und Eingliederung müßte nach Essers Ansicht in der Lage sein, beliebige soziale Vorgänge zu erklären (Esser 1980:12f).

Strukturelle Theorien[2] wie Distanz- oder Segregationsmodelle oder race-relation-cycles unterschlagen die Befindlichkeiten, Bewertungen und Wahrnehmungen der handelnden Person (Esser 1980:8). Doch gerade das handelnde Individuum bildet nach Essers Auffassung die allgemeine Basis einer handlungstheoretischen individualistischen Erklärungsweise. Theoretisch stützt Esser seinen Ansatz auf zwei Elemente, den methodologischen Individualismus und die kognitive Theorie des Lernens und Handelns von Personen (Esser 1980:13f). Der methodologische Individualismus beinhaltet, „auf Konzeptionen einer eigenständigen, von den handelnden Individuen unabhängigen Systemrealität zu verzichten und alle sozialen Prozesse, Systemerfordernisse und 'Funktionen' auf das Empfinden, interessegeleitete Handeln und Lernen von (...) Individuen zurückzuführen" (Esser 1980:14). Den Prozeß der Eingliederung beschreibt Esser als einen über Zwischenstadien erreichten Zustand, der erreicht wird, indem der Wanderer aus einer Vielzahl von Handlungsalternativen regelmäßig assimilative Handlungen auswählt, um bestimmte hoch bewertete Ziele zu erreichen (Esser 1980:14). Assimilation stellt sich ein, „wenn ein Wanderer schließlich assimilative Handlungen als subjektiv erfolgversprechender zur Erreichung hoch bewerteter Ziele wahrnimmt, keine folgenschweren, negativ bewerteten Konsequenzen solcher Handlungen annimmt und bei entsprechender Handlungswahl das angestrebte Ziel regelmäßig und dauerhaft erreicht" (Esser 1980:14). Der Erwerb von individuellen Handlungsdispositionen beruht somit auf Erfahrungen aus früheren Handlungen, die Belohnung oder Bestrafung zur Folge hatten.

Dieses Modell von Esser setzt allerdings voraus, daß die Erreichung der „hoch bewerteten Ziele" des Migranten nur über „assimilative Handlungen" erreichbar ist. Hier kann das Argument Hoffmann-Nowotnys entgegengestellt werden, daß Assimilation für den Migranten keine Lösung darstellt, wenn die Aufnahmegesellschaft bestimmte Positionen für Migranten geschlossen hält. Außerdem können bestimmte Merkmale wie Hautfarbe oder Geschlecht nicht „assimiliert" werden. Zweifel sind auch an der Vorstellung angebracht, Assimilation sei ein Lernprozeß, der in einer Art „Trial and Error-Methode" zur Assimilation führt. Damit ist offenbar die Vorstellung verbunden, daß sich die Aufnahmegesellschaft erst für den assimilierten Ausländer öffnet. Da Lernen in der Regel freiwillig erfolgt, müßte ein Individuum in der Interaktion mit anderen erfahren, daß assimiliertes Verhalten zur „Belohnung", Verhalten der ethnischen Kultur gemäß zur „Bestrafung" führt. Dabei wird aber außer acht gelassen, daß Lerninhalte durchaus auch andere sein können als die von Esser angenommenen. Auch kann die Erfahrung, daß „hoch bewertete Ziele" auch bei Assimilation nicht erreichbar sind, zu einer Umorientierung oder Aufgabe von Zielvorstellungen führen.

In der konkreten Ausgestaltung des handlungstheoretischen Modells der Assimilation und Integration von Wanderern stehen bei Esser dann nicht mehr Zielorientierungen im Vordergrund, sondern Prozesse und Faktoren, „über die ein Wanderer zu einer Re-Organisation seiner psychischen Orientierung und sozialen Einbindung gelangt, die zur Gestaltung eines entlasteten Alltags im Aufnahmesystem erforderlichen Habitualisierungen und Routinisierungen von Problemlösungen (wieder)gewinnt, sich in Rollenausübung und Statusbesetzung den Einheimischen angleicht und dann auch Identifikationen mit dem neuen Lebensbereich entwickelt" (Esser 1980:17). In Anlehnung an Taft, Eisenstadt und Gordon unterscheidet Esser drei Dimensionen der Eingliederung von Wanderern (Abbildung 4). Der Begriff der Akkulturation umfaßt den Prozeß der Angleichung, d.h. die Übernahme von Verhaltensweisen und Orientierungen und der kulturellen Standards des Aufnahmesystems (Esser 1980:20f). Assimilation versteht Esser als einen Zustand der Ähnlichkeit des Wanderers in Handlungsweisen, Orientierungen und interaktiver Verflechtung zum Aufnahmesystem. Der Begriff der Assimilation wird auf zwei Dimensionen bezogen: absolute Eigenschaften (Fertigkeiten, Werte, Bräuche und Gewohnheiten) und auf relationale Eigenschaften (Interaktion, Status, Rollenausübung). Die absoluten Eigenschaften gliedern sich in eine kognitive Angleichung in Wissen, Fertigkeit und Mittelbeherrschung sowie in die identifikative Angleichung „in der 'kathektischen' Hochschätzung von Elementen des Aufnahmesystems. Die relationalen Eigenschaften umfassen die soziale Dimension der Angleichung, also interethnische Kontakte und schließlich die strukturelle Dimension der Angleichung, d.h. das Eindringen in die Statusstruktur der Aufnahmegesellschaft (Esser 1980:22).

Unter Integration versteht Esser einen Gleichgewichtszustand von personalen bzw. relationalen Systemen. Das Gleichgewicht umfaßt unterschiedliche Dimensionen: „das individuelle Gleichgewicht, die gleichgewichtige Verflechtung einer Person in relationale Bezüge und das Gleichgewicht eines Makrosystems als spannungsarmes, funktionales Verhältnis der Subeinheiten zueinander" (Esser 1980:23).

Trotz der Betonung der individuellen Komponenten des Eingliederungsprozesses diskutiert Esser auch strukturelle Aspekte des Migrationsprozesses. Dabei stehen zwei Bereiche im Vordergrund: Die Funktion von Wanderung für die Stabilisierung der internen und externen Relationen von Sozialsystemen und die Folgen für die Struktur des Aufnahmesystems wie ethnische Differenzierung und ethnische Stratifikation. Dabei sieht Esser im Gegensatz zu Hoffmann-Nowotny Migration als wichtigen Mechanismus „zur kapazitätserweiternden, spannungsabsorbierenden, konfliktarmen Ausdifferenzierung sozialer Systeme sowohl in der internen Struktur wie in den externen Relationen" (Esser 1980:104). Durch Migration, so Esser, können bei universalistischer Verteilung der Ressourcen gleichzeitig faktische Ungleichheiten relativ konfliktfrei weiterexistieren. Wanderung wird als Prozeß verstanden, der die Modernisierung von Gesellschaften in

Abbildung 4: Begriffliche Dimensionen der Eingliederung von Wanderern nach Esser

Begriff	Dimension	Bezug		
		individuell-absolut	individuell-relational	kollektiv
Akkulturation	Prozeß	Prozeß des Erwerbs kulturell üblicher Eigenschaften (kognitiv, identifikativ)	Prozeß der Aufnahme interethnischer Beziehungen; Statuseinnahme	Prozeß der kulturellen Homogenisierung von Kollektiven
Assimilation	Zustand	Ähnlichkeit in Fertigkeiten, Orientierungen, Bewertungen; kognitive und identifikative Assimilation	Ausübung interethnischer Rollenausübung; Statuseinnahme; soziale und strukturelle Assimilation	kulturelle Einheitlichkeit eines Kollektivs bei Geltung institutionalisierter Differenzierungen
Integration	Zustand	Gleichgewicht und Spannungsfreiheit des personalen Systems	Gleichgewicht und Spannungsfreiheit relationaler Bezüge	latente Gleichgewichtigkeit eines Makrosystems

Quelle: Esser 1980:25

einer Form erlaubt, die eine Überlastung des Systems durch Gleichheitsansprüche ohne Zwang verhindert. „Es werden somit Zeit, Kapazität, 'Loyalität' und Anspruchsbegrenzungen gewonnen, die die bei funktionaler Differenzierung strukturell angelegten Egalisierungstendenzen verlangsamen. Eine gleichgewichtig-konfliktarme Anpassung an das jeweils zur Verfügung stehende Ressourcenpotential wird hierdurch möglich" (Esser 1980:104f).

Der gesellschaftliche Vorgang, den Esser hier beschreibt, kann mit dem Unterschichtungsbegriff, wie er von Hoffmann-Nowotny benutzt wird, gleichgesetzt werden. Es bleibt allerdings offen, warum Esser annimmt, dieser Prozeß liefe konfliktfrei ab. Wenn Migration außerdem als beständiger Produzent sozia-

ler Ungleichheit angesehen wird, so müßte für eine permanente Reproduktion gesorgt sein, also sich beständig neue Migranten am unteren Ende der beruflichen Hierarchie ansiedeln, da - so Essers Annahme - mit zunehmendem Assimilationsgrad auch eine strukturelle Integration der Migranten erreicht wird.
Bezogen auf die strukturellen Folgen und Funktionen von Wanderung benennt Esser drei Grundmuster:

- die Mobilisierung und Marginalisierung von Personen, die Diffusion von Wissen, Normen und Fertigkeiten, d.h. Folgen im Hinblick auf sozialen Wandel, soziale Differenzierung und Modernisierung allgemein.

- Ausgleich von Grenzproduktivitäten und Gefällen in der Ressourcenausstattung (z.B. Reallohngefälle) als Folge der Redistribution von Produktionsfaktoren und der optimalen Allokation.

- Als Folge der Redistribution erfolgt ein Spannungsausgleich „innerhalb und zwischen den 'interagierenden Systemen' bei gleichzeitiger Stabilisierung etwa bestehender interner und externer Ungleichheiten durch Spannungsabsorption, Spannungstransfer und durch die Brechung kollektiver Konfliktfronten" (Esser 1980:106).

Bezogen auf den ersten Punkt geht Esser davon aus, daß Kulturkontakte eine notwendige Bedingung für den Transfer von Informationen als auch Innovationen sind und dazu beitragen, parochiale Isolation, psychische Immobilität und kulturelle Abgeschlossenheit zu überwinden. Eine Veränderung der Persönlichkeitsstrukturen der Wanderer ist zu erwarten durch die Veränderung der Bezugsumwelt, die neue Rollenverflechtungen und Alltagsroutinen mit sich bringt. Esser schränkt jedoch ein, daß die Veränderungen der Persönlichkeitsstruktur des Wanderers nicht bedingungsfrei vor sich gehen und nur bei individuell motivierten Wanderungen einerseits und prinzipiell offenen Gesellschaften andererseits zu erwarten sind. „In allen anderen Fällen - bei sozial induzierten Massenwanderungen, bei Zwangswanderungen, bei Kettenwanderungen, bei askriptiver Geschlossenheit des Aufnahmesystems, bei Zuweisung abgeschotteter Nischen (...) sind die genannten Folgen der individuellen Modernisierung (...) nicht zu erwarten. Es ist eben nicht die Wanderung selbst unmittelbar, sondern die mit der jeweiligen Wanderung realisierte Bedingungskonstellation, aus der sich die spezielle Folge erst vorhersagen läßt" (Esser 1980:109).

Hier zeigen sich die unterschiedlichen Schwerpunktsetzungen von Hoffmann-Nowotny und Esser deutlich. Während Hoffmann-Nowotny die strukturellen Voraussetzungen für die Integration untersucht, wird die gesellschaftliche Struktur in Essers Modell weitgehend als gegeben angenommen und individuelle

Handlungsopportunitäten und -alternativen betrachtet. Auf die Rolle der gesellschaftlichen Struktur bei Esser wird bei der konkreten Ausgestaltung des Esserschen Modells eingegangen.

Hinsichtlich des zweiten Hauptbereichs, der Angleichung von Grenzproduktivitäten, kann davon ausgegangen werden, daß dieser positive Effekt allein durch individuell und spezifisch motivierte Wanderung eintritt. Dabei, so Esser, kann generell von positiven Folgen der Wanderung gesprochen werden, sowohl in demographischer Hinsicht, wo sie ein Gegengewicht zu Disparitäten der Bevölkerungsstruktur der Aufnahmegesellschaft bilden, als auch in ökonomischer Hinsicht, „wonach Wanderungen als Anpassung der unterschiedlichen Entwicklung von Faktorenproduktivität und als Ausgleich regionaler Unterschiede vor allem auf dem Arbeitsmarkt gelten und so zum Wirtschaftsgleichgewicht innerhalb und zwischen Regionen beitragen" (Esser 1980:110). Während Hoffmann-Nowotny den Einfluß der Migration auf die ökonomische Entwicklung zwiespältig beurteilt, kommt Esser hier zu einem eindeutig positiven Urteil.

Dem dritten Punkt, den strukturellen Folgen der Migration, der Stabilisierung von faktischen Ungleichheiten, mißt Esser besondere Bedeutung zu, da Migration zu einer Stabilisierung sozialer Ungleichheiten führt und somit das Zentralproblem komplexer Gesellschaften zu bewältigen hilft (Esser 1980:114). Für die Aufnahmegesellschaft sieht Esser in der Migration vor allen eine konfliktdämmende Wirkung. Gleichheitseinklagen, die Konflikte um die Kriterien der Statuszuweisung zur Folge gehabt hätten, können über Kompensationszahlungen abgefangen werden, die erst durch die von den Einwanderungen geschaffenen Kapazitätserweiterungen möglich werden. Esser spricht in diesem Zusammenhang von der Alimentation der Einheimischen durch die Leistung der Einwanderer (Esser 1980:115f). Dies ist aber nur dann möglich, wenn positive Allokationseffekte auftreten und die Verteilung der mehr produzierten Ressourcen zugunsten der Einheimischen erfolgt. Zur Durchsetzung dieser Umverteilung hilft, so Esser, ein feudaler Verteilungsmodus, der rechtliche Diskriminierung, Leichtlohngruppen und Ausnutzung von Uninformiertheit bei Wanderern umfaßt. Allerdings wird hierin auch ein möglicherweise später auftretendes Konfliktpotential gesehen: „Längerfristig wird diese Art der Stabilisierung davon abhängen, inwieweit es gelingt, eine ethnische Abschottung (sei es auf soziale oder räumliche Art) durchzusetzen. Für universalistisch organisierte Aufnahmegesellschaften liegt hier der Grund später einsetzender ethnischer Konflikte" (Esser 1980:116).

Für den einzelnen Migranten ist nach der Zuwanderung zunächst eine Situation gegeben, in der De-Sozialisation und Marginalisierung eine Zersplitterung von vorher vielleicht vorhandener zielgerichteter Konfliktbereitschaft bewirken. Bezogen auf die einheimische Bevölkerung modifiziert Esser das Argument von Hoffmann-Nowotny, daß die Unterschichtung des Aufnahmesystems eine erhöhte Aufwärtsmobilität der einheimischen Bevölkerung zur Folge hat, dahingehend, daß sich Einheimische durch die von Einwanderern verursachte Unterschichtung als relativ aufwärtsmobil wahrnehmen können, auch wenn die ursprüngliche Statushierarchie unverändert bleibt. Somit können Einwanderer „durch ihre bloße Anwesenheit Konflikte zerfasern lassen, da nun eine negative Vergleichsgruppe die eigene Deprivation erträglicher macht" (Esser 1980:116). Für Esser leistet Migration somit unter bestimmten Voraussetzungen „einen Beitrag zur Lösung des Grundproblems moderner Gesellschaften: der Realisierung von Differenzierung, Kapazitätserweiterung und Stabilität sozialer Systeme" (Esser 1980:107).

Die Struktur der Aufnahmegesellschaft wird in Essers Modell weitgehend als externale Variable behandelt. Insbesondere die prinzipielle Offenheit eines Systems wird als strukturelle Vorausetzung für die Integration von Migranten gesehen. Aber generell gilt, daß das handelnde bzw. lernende Individuum in Interaktion mit Individuen oder Gruppen des Aufnahmesystems steht. Aus dieser Sicht ist das aufnehmende System, wie auch immer es beschaffen ist, eine externe Variable. Allerdings kann die externe Struktur integrationsfördernd, aber auch integrationshemmend sein. Essers Theorie der Eingliederung von Wanderern stützt sich folglich nicht allein auf individuelle Ressourcen, sondern bezieht auch das Feld, in dem der Migrant agiert, in das Modell ein.

In seinem Grundmodell der Assimilation von Wanderern unterscheidet Esser zwischen Eigenschaften der Person des Wanderers und der Umwelt des Wanderers (Abbildung 5). Personenbezogene Variablen sind:

- Motivation: Anreizwert einer assimilativen Handlung in bezug auf eine Zielsituation

- Kognition: Subjektive Erwartungen über die Verbindung zwischen verschiedenen Situationen und Handlungen assimilativer Art

- Attribuierung: Reichweite der subjektiv kontrollierbaren Handlungsbereiche (nimmt mit der Assimilation gleichlaufend zu)

- Widerstand: Nebenfolgen und Kosten bei der Wahl von assimilativen Handlungen

Umgebungsbezogene Variablen sind:

- Opportunitäten: Handlungsbedingungen, die Assimilation begünstigen

- Barrieren: Bedingungen, die der Assimilation entgegenstehen wie rechtliche Beschränkungen, Vorurteile, soziale Distanzen, Askriptionen und Diskriminierungen

Abbildung 5: Grundmodell der Assimilation von Wanderern nach Esser

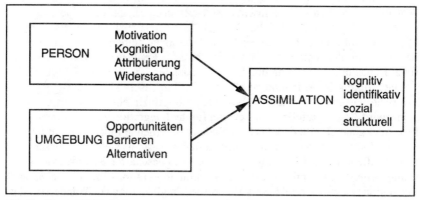

Quelle: Esser 1980:213

- Alternativen: Verfügbare Handlungsalternativen nicht-assimilativer Art (Esser 1980:210ff)

Ausgehend von diesem Grundmodell stellt Esser mehrere Hypothesen auf. Als Haupthypothese für die Eingliederung von Wanderern muß die individuenzentrierte erste Hypothese angesehen werden:
„Je intensiver die Motive eines Wanderers in bezug auf eine bestimmte Zielsituation; je stärker die subjektiven Erwartungen eines Wanderers sind, daß diese Zielsituation über assimilative Handlungen und/oder assimilative Situationen erreichbar ist; und je geringer der Widerstand für assimilative Handlungen ist, umso eher führt der Wanderer - ceteris paribus - assimilative Handlungen (...) aus" (Esser 1980:211).
Der empirische Gehalt dieser Aussage ist zweifelhaft (vgl. Nauck 1988:23). Die Erreichung individueller Ziele muß nicht zwingend über Assimilationsprozesse vermittelt sein. Zwar dürfte unbestritten sein, daß zur Interaktion mit der umgebenden Gesellschaft bestimmte kognitive Fähigkeiten wie Sprachkenntnisse von Nöten sind, doch ob die Identifikation mit dem Aufnahmeland die Erreichung individueller Ziele fördert, muß als zweifelhaft angesehen werden. D.h., die

Kausalstruktur der Assimilation, wie sie Esser verwendet, kann in Zweifel gezogen werden. Bezogen auf die Umgebung des Wanderers vertritt Esser die These: „Je mehr assimilative Handlungsopportunitäten dem Wanderer im Aufnahmesystem offenstehen; je geringer die Barrieren für assimilative Handlungen im Aufnahmesystem sind; und je weniger alternative Handlungsopportunitäten nichtassimilativer Art verfügbar sind, umso eher führt der Wanderer - ceteris paribus - assimilative Handlungen aus" (Essser 1980:211).

Nauck (1988) wendet ein, daß nicht zweifelsfrei entschieden werden kann, welche Umgebungsvariable eine Opportunität und welche eine Barriere oder eine Alternative darstellt, und führt eigenethnische Läden, multikulturelle Begegnungsstätten und hohe Ausländerkonzentration an. Am Beispiel der Familie weist Nauck nach, daß plausible Erklärungen für „Opportunität" (Information und Motivation für die Eingliederung), „Barriere" (Stabilisierung traditioneller Werte) und „Alternative" (Gelegenheitsstruktur für nicht-assimilative Handlungen) gefunden werden können. Die Umgebungsvariablen bilden in Essers Modell empirisch kaum faßbare Konstrukte, deren Wirkungsweise auf die Eingliederung einzelner Migranten weitgehend offen bleiben muß. Während Hoffmann-Nowotny den „Umgebungsvariablen" größte Aufmerksamkeit widmet und deren Struktur beschreibt, haben sie in Essers Modell eher die Funktion von Störtermen, die einen bremsenden oder beschleunigenden Einfluß auf den Assimilationsprozeß ausüben können, ohne dessen Gesetzmäßigkeit entscheidend zu stören.

Die empirische Umsetzung des Esserschen Assimilationsmodells wird hier anhand der 1990 erschienenen Studie über die zweite Generation dargestellt, die den Assimilationsprozeß im Generationenwechsel untersucht. In dieser Studie geht Esser der Frage nach, ob es Prozesse der Ablösung von der Herkunftskultur im Ablauf der Generationen gibt und ob diese Prozesse unterschiedlich sind nach Herkunftsbedingungen, Wanderungskarriere oder nationaler Zugehörigkeit. Als theoretisches Gegenstück zur Assimilation wird der Begriff der Segmentation eingeführt und die Untersuchung unter die Grundfrage von Assimilation oder Segmentation gestellt. Wie bereits im Grundmodell unterscheidet Esser kognitive, strukturelle, soziale und identifikative Assimilation. Empirisch werden diese Dimensionen durch die Variablen Sprachkenntnisse, berufliche Position, das Ausmaß der interethnischen Kontakte und Freundschaften sowie die gefühlsmäßige Zugehörigkeit zur Herkunfts- oder Aufnahmegesellschaft abgebildet. Für die Untersuchung der zweiten Generation findet die berufliche Plazierung jedoch keine Berücksichtigung, da aus „Zeit"-Gründen die zweite Generation noch keine der ersten Generation vergleichbare strukturelle Plazierung erlangen konnte (Esser 1990a:76).

Esser geht in seinem Modell davon aus, daß die Aneignung von Qualifikationen, die Aufnahme von Interaktionen als auch Einstellungen und Orientierungen als Handlungen oder doch zumindest Folgen von Handlungen zu verstehen sind. Handlungen stellen eine Wahl zwischen Alternativen dar. Der Akteur wird sich für die Alternative entscheiden, die er angesichts seiner Interessen, seiner gegebenen Möglichkeiten bzw. Beschränkungen und der erwartbaren Konsequenzen als günstigste ansieht. In der Regel wird der Akteur jedoch nicht zwischen zwei Alternativen entscheiden, sondern eine Kombination von Handlungsalternativen wählen. Dieser Wahl müssen nicht unbedingt rationale Kriterien zugrunde liegen. Die im Grundmodell dargestellten Personenvariablen faßt Esser hier in einem Ressourcenansatz zusammen. Im Modell heißt dies, daß die Wahl von Alternativen vor dem Hintergrund knapper Ressourcen stattfindet. Ressourcen sind Zeit, materielle Mittel, psychischer Aufwand und Handlungsmöglichkeiten allgemeiner Art (Esser 1990a:80f). Für unterschiedliche Handlungsalternativen ist ein unterschiedlicher Ressourcenaufwand erforderlich. Je mehr Ressourcen eine Person zur Verfügung hat, desto größer sind folglich die Handlungsalternativen, die durch einen unterschiedlichen Grad an „Aufwand" gekennzeichnet sind. Der so in das Modell eingeführten „Aufwands"-variable dürfte die Umgebungsvariable im Grundmodell entsprechen. Steigt der Aufwand für eine Handlungsalternative, wird deren Wahl unwahrscheinlicher, sinkt der Aufwand, steigt die Wahrscheinlichkeit für die Wahl dieser Handlungsalternative.

Im Generationenvergleich kann davon ausgegangen werden, daß bei der zweiten Generation, gegenüber der ersten, eine deutliche Erhöhung der Ressourcen durch einen höheren Bildungsgrad, aber auch durch die Lockerung von normativen Eingrenzungen stattgefunden hat. Die empirischen Resultate stützen Essers Modell jedoch nur teilweise. Die Untersuchung von Türken und Jugoslawen der ersten und zweiten Generation zeigte beträchtliche Unterschiede bei Sprachkenntnissen, Freundschaftsstruktur und Identifikation zwischen den Nationalitäten. Segmentationstendenzen sind bei Türken der ersten und zweiten Generation stets höher als bei den Jugoslawen. Die kognitive Assimilation schreitet bei Türken auf niedrigerem Niveau genauso fort wie bei Jugoslawen, in bezug auf Freundschaftsstruktur und ethnische Orientierung wird jedoch eine über die Generationen hinweg stabile ethnische Orientierung festgestellt (Esser 1990a:77). Esser interpretiert dies dahingehend, daß das Assimilationsmodell volle Gültigkeit besitzt beim Erwerb von instrumentellen Fertigkeiten und Fähigkeiten, deren Aneignung oder Ausübung nicht unmittelbar mit der Verfügbarkeit oder mit bestimmten anderen Personen verbunden ist. „Wenn es sich um soziale Beziehungen, wie z.B. interethnische Freundschaften oder affektiv besetzte Bewertungen wie ethnische Identifikationen, handelt, variieren die Generationeneffekte für bestimmte nationale Gruppierungen entlang des Ausmaßes an binnenethnischen Bindungen bzw. sozialer Distanz in Bezug auf die jeweilige Gruppierung" (Esser 1990a:78). Unter der Überschrift „Zur Irrelevanz makrosoziologischer Trendhypothesen und zur Unnötigkeit von Kontroversen darüber" resümiert Esser dann, daß unter der Bedingung, daß der Zeitaufwand für interethnische Beziehungen - zeitabhängig - sinkt, und somit kollektive Opportunitäten und individuelle Fertigkeiten für interethnische Beziehungen zunehmen und die externen Distanzen und die internen Barrieren abnehmen, die Assimilation von Migranten nur eine Frage der Zeit ist. Dies gilt jedoch nur für die Eingliederung in den Sekundärbereich. Der Primärbereich (Freundschaften, Heiraten, Identifikation) kann auch bei vollständiger Assimilation im Sekundärbereich auf Dauer segmentiert bleiben. Dies trifft insbesondere auf Türken zu, während sich Jugoslawen im Generationenwechsel nahezu vollkommen assimilieren. Auf der Grundlage dieser Daten, so Esser, kann nicht auf einen universalen Generationszyklus geschlossen werden (Esser 1990a:99).

Insgesamt sind Essers Integrationsvorstellungen stark normativ geprägt. Insbesondere die Annahme, die Eingliederung des Migranten verlaufe als Prozeß, an dessen Endpunkt die vollständige Integration des Migranten steht, impliziert, daß definierbar ist, wie dieser Endpunkt aussieht. Zwar vermeidet es Esser durch seine Indikatorenauswahl (Sprachkenntnisse, soziale Kontakte und nationale Selbstidentifikation), allzusehr kulturelle und ideelle Werte als Gradmesser der Assimilation zu verwenden, aber offensichtlich gilt Integration erst dann als erreicht, wenn sich der Migrant mit der Aufnahmegesellschaft identifiziert. Dieses Prozeßverständnis von Assimilation dürfte sehr stark von der amerikanischen Migrationsforschung beeinflußt sein, deren Ergebnissen Esser umfassend reflektiert.

Doch abgesehen von der normativen Prägung des Integrationsbegriffs bei Esser liegt der Verdienst dieses Modells vor allem in der dadurch eröffneten mikrosoziologischen Perspektive. Allerdings muß eine umfassende Analyse der Lebensbedingungen von Immigranten notwendiger Weise auch die Makro-Strukturen einbeziehen. In diesem Sinne sind Essers und Hoffmann-Nowotnys Ansatz nicht als konkurrierend zu verstehen, sondern als unterschiedliche Perspektivbetrachtung des selben Phänomens.

3.4 Alternative Integrationsmodelle

Anfang der 80er Jahre wurde zunehmend Kritik an den klassischen Vorstellungen von Integration geäußert. Bayaz und Weber (1984) kritisieren die Beliebigkeit des Integrationsbegriffes, der von jedem Projekt neu definiert wird. Nach Ansicht der Autoren ist das Endresultat ein „wissenschaftlicher Schlagwortverstand", der den Politikern eine wissenschaftliche Argumentationshilfe für eine „Anpassen-oder-raus-Politik" liefert. Bezogen auf Esser heben Bayaz und Weber zwar positiv hervor, daß das Individuum als lern- und handlungsfähiges Wesen

berücksichtigt wird, kritisieren aber, daß die Lerninhalte als Anpassung an das Aufnahmeland festgelegt werden:
„Die Einseitigkeit dieses Modells zeigt sich daran, daß 'alternative Lerninhalte' wie Rückbesinnung auf die eigene Kultur oder die Bildung ethnischer Gruppen lediglich als Störvariable im Assimilationsprozeß angesehen werden" (Bayaz, Weber 1984:162).

Ikonomu (1989) bezeichnet ein Integrationsverständnis, das die sozio-kulturelle An- und Einpassung eines in eine fremde Gesellschaft eintretenden Individuums beinhaltet, als „Dominanzperspektive". Papalekas (1986) weist darauf hin, daß „assimilative Integration" auch deshalb jeder Grundlage entbehre, weil sie auf die grundsätzliche Ablehnung des allergrößten Teils der Ausländer stoße. Müller (1983) geht von der These aus, daß eine Assimilation oder Integration ausländischer Arbeitnehmer nicht zu realisieren ist, da die objektiven Bedingungen fehlen, die eine Integration für die Migranten erstrebenswert und möglich erscheinen lassen.

Die zunehmende Kritik an den Assimilations- und Integrationsvorstellungen, wie sie Anfang der 80er Jahre geäußert wurde, entstand einerseits aus dem Widerspruch zwischen der realen Lage der Ausländer, die in vielerlei Hinsicht fern von den Vorstellungen des Assimilationsverlaufs wissenschaftlicher Modelle war, und andererseits der normativen Setzung der Assimilation als „Anpassung an die Deutschen". Letzeres dürfte in erster Linie eine Reaktion auf eine zunehmend restriktivere Ausländerpolitik sein, die „Rückkehrförderungen" vor allem für den Teil der Ausländer vorsah, die als „nicht integrierbar" galten. In Kritik daran wurden verschiedene Vorstellungen des Zusammenlebens von Menschen mit unterschiedlicher ethnischer Herkunft entwickelt, die allesamt auf ethnische und kulturelle Pluralität abzielten.

In Elwerts Binnenintegrationsmodell beispielsweise erfüllt die ethnische Gemeinschaft eine wichtige Funktion für die Integration in die aufnehmende Gesellschaft. Unter Binnenintegration wird die Bildung ethnischer Subkulturen verstanden, die ihren Mitgliedern Werte wie Vertrauen, Solidarität und Hilfe über soziale Beziehungen zu anderen Mitgliedern der Subkultur vermitteln. Die Bedeutung ethnischer Subkulturen wird vor allem in der Vermittlung von Alltagswissen, Konstituierung der Immigranten als pressure-group und in der Stärkung des Selbstbewußtseins der Migranten gesehen. Subkultur wird somit nicht als etwas Negatives angesehen, wie es etwa der Begriff des Ghettos zum Ausdruck bringt, sondern als Stärkung der Selbsthilfestrukturen. Das Binnenintegrationsmodell versteht sich als weitgehend kulturfreies Konzept, das sozialstrukturell orientiert ist. Nicht die Übernahme von Deutsch als Muttersprache, der hiesigen Religion und Speisekultur wird hier als Integration verstanden, sondern einzig die Teilhabe an den Statuslinien der Aufnahmegesellschaft (Elwert 1984:53f).

Elwert schränkt jedoch ein, daß Binnenintegration nicht zur sozialen Isolation führen darf, sondern Selbstbewußtsein und Handlungsfähigkeit, nicht aber soziale Isolation innerhalb der Immigrantengemeinschaft stärken soll.

Dem Binnenintegrationsmodell vergleichbar ist der Community-Ansatz. Allgemein sind darunter verschiedene Formen ethnischen Zusammenlebens zu verstehen. Wo die Aufnahmegesellschaft Neuankömmlingen distanziert gegenübersteht, bietet die Community Kontakte in kulturell und sprachlich vertrauter Umgebung (Treibel 1990:136). Während für Treibel die Bildung von Communities nicht unbedingt räumliche Nähe voraussetzt, geht Müller (1983) davon aus, daß die räumliche Konzentration nicht „freiwillig" erfolgt, sondern ein Resultat der Benachteiligung von Ausländern auf dem Wohnungsmarkt ist. Cohn-Bendit und Schmidt (1992:172) wenden allerdings ein, daß es - trotz Kreuzberg - nie zur Community-Bildung der Ausländer gekommen sei. Diese Gegenüberstellung verdeutlicht die Weitläufigkeit des Community-Begriffs, der somit kaum als wissenschaftliches Modell verstanden werden kann.

Nationale, ethnische und kulturelle Zusammenschlüsse sind nach Müller (1983) als Schutz gegen Marginalisierung und Diskriminierung zu verstehen und entspringen somit einer Defensivhaltung. Dennoch bietet die räumliche Segregation die Möglichkeit zu einer selbstbestimmten Alltagsorganisation fern von den Zwängen der Aufnahmegesellschaft. Auch Boos-Nünning (1990:17) bewertet das „Ghetto" positiv, da es dem einzelnen Migranten die Möglichkeit gibt, sich dem ständigen Assimilationsdruck der deutschen Gesellschaft zu entziehen. Für Kürsat-Ahlers (1993:230) erfüllen Einwanderungskolonien eine wichtige Schutzfunktion vor Stigmatisierung in der Mehrheitsgesellschaft und bieten die Möglichkeit, den Streß des Lebens in der Fremde teilweise aufzufangen. Fijalkowski (1984:10) wendet dagegen ein, daß es skeptisch stimmen muß, wenn die Distanz zwischen ausländischer und deutscher Bevölkerung „jetzt nicht mehr als Ghettoisierungsrisiko wahrgenommen, sondern unter dem freundlichen Namen der ethnischen Koloniebildung und Community-Formation kategorisiert wird".

Das Binnenintegrationsmodell wie der Community-Ansatz können als nüchterne Beschreibung der Einwanderungssituation, wie sie sich zu Beginn der 80er Jahre darstellt, verstanden werden. Die ausländische Bevölkerung hat sich auf einen dauerhaften oder zumindest langfristigen Aufenthalt in der Bundesrepublik eingerichtet und ihre eigenen kulturellen und sozialen Einrichtungen, abgeschlossen von der deutschen Bevölkerung, geschaffen. Berührungen zur deutschen Bevölkerung ergeben sich hauptsächlich über die Arbeit, die Freizeit wird mit Angehörigen der eigenen Ethnie verbracht, und - zumindest in größeren Städten - findet sich darüber hinaus eine Infrastruktur an eigenethnischen Handels- und Dienstleistungseinrichtungen. Diese Modelle beziehen sich also mehr auf die

Alltagsorganisation und weniger auf eine Teilhabe an der Statusstruktur der Aufnahmegesellschaft.

3.4.1 Die „multikulturelle Gesellschaft"

Das Konzept der multikulturellen Gesellschaft, wie es Anfang der 80er Jahre vertreten wurde, sollte die faktisch dauerhafte Niederlassung von Ausländern anerkennen, und der kulturellen Diversifizierung in den Aufnahmeländern Rechnung tragen. Allerdings begnügen sich Vertreter der multikulturellen Gesellschaft nicht mit einer Beschreibung des Status quo, sondern streben nach einem konfliktfreien Zusammenleben zwischen Einheimischen und zugewanderten Minderheiten (Schulte 1990:3). Soziale Ungleichheit, Benachteiligung und Diskriminierung sollen dabei abgebaut werden.

Micksch versteht multikulturelles Zusammenleben als „gegenseitige Integration". Zwar hätten sich die Einwanderer in den meisten Lebensbereichen anzupassen, doch auch die einheimische Bevölkerung hätte sich auf auf die neuen Verhältnisse einzustellen (Micksch 1983:8). Esser (1983) bringt die multikulturelle Gesellschaft auf die einfache Formel „Integration, aber keine Assimilation" und versteht darunter „eine Gesellschaft, in der verschiedene ethnische, kulturelle und religiöse Gruppen in einem gemeinsamen wirtschaftlichen und politischen Rahmen jeweils ihre Eigenständigkeit behalten und dabei in geregelten spannungsarmen (Austausch-)Beziehungen zueinander stehen" (Esser 1983:30).

Der Begriff der multikulturellen Gesellschaft ist jedoch vieldeutig verwendet und gebraucht worden und ist teilweise zu einer Worthülse in der emotionalisierten Debatte um Zuwanderung und Integration geworden. Ein wissenschaftliches Konzept einer multikulturellen Gesellschaft besteht nicht. Radtke (1990:27) sieht die Beschreibung „multikulturell" auf eher moralisch-pädagogischer Gesinnung beruhen, denn auf theoretisch abgeleiteter Analyse[3]. Dennoch kann die Diskussion um eine multikulturelle Gesellschaft als eine Suche nach den Rahmenbedingungen einer Form der Integration von Immigranten verstanden werden, die eine Partizipation am beruflichen und gesellschaftlichen Leben ermöglicht, ohne Aufgabe der nationalen und kulturellen Identität des Migranten. Ein derartiges Verständnis einer multikulturellen Gesellschaft hätte jedoch weitgehende Implikationen für Staat und Gesellschaft der Bundesrepublik, die hier diskutiert werden sollen.

Als wichtigste Grundvoraussetzung dürfte die Anerkennung der faktischen Einwanderungssituation durch die Aufnahmegesellschaft angesehen werden. Hier bleibt das Normen- und Institutionensystem der Bundesrepublik hinter der Realität zurück: „Das Volk der Bundesrepublik Deutschland konstituiert sich nicht mehr nur aus Deutschen, sondern ebensogut aus Türken, Jugoslawen, Polen, Tamilen, Italienern, Sinti und Roma sowie vielen, vielen anderen. Gewiß, die Kultur der Bundesrepublik wird auf absehbare Zeit vorwiegend deutsch sein, doch wird die multikulturelle Gesellschaft, in der wir leben, dafür sorgen, daß sich das, was heute noch als 'deutsch' gilt, erheblich verändern wird. In absehbarer Zeit wird die deutsche Kultur ebensosehr die Kultur einer Einwanderungsgesellschaft sein, wie uns dies bei der Kultur der USA als selbstverständlich erscheint" (Brumlik 1990:106).

Dieses Zitat spricht über die Anerkennung der Zuwanderungssituation hinaus auch die Dynamik des Kulturbegriffs an. Zweifelsohne sind Teile der Kultur der Zuwanderer integraler Bestandteil der deutschen Kultur geworden. In deutschen Küchen und Restaurants beispielsweise herrscht längstens (eß)kulturelle Pluralität. Aber auch bei den Zugewanderten vollziehen sich kulturelle Wandlungen. Migranten bleiben nicht persistent den kulturellen Normen der Herkunftsgesellschaft verhaftet. Selbstverständlich übernehmen Migranten zumindest zu einem gewissen Grad kulturelle Elemente des Aufnahmelandes[4]. Hieraus kann allerdings nicht geschlossen werden, daß eine kulturelle Angleichung der Immigranten an die Aufnahmekultur stattfindet, denn auch die Aufnahmekultur ist durch Vielfalt geprägt. Multikultur kann keineswegs so verstanden werden, daß einer homogenen deutschen Kultur[5] verschiedene Immigrantenkulturen gegenüberstehen, die vom (ebenfalls inhomogenen) Herkunftskontext der Migranten geprägt sind. Vielmehr wäre eine plurale Multikultur dann gegeben, wenn sich einzelne Bereiche zumindest in Teilen überlappen und nicht ethnische Monokulturen einer deutschen Monokultur gegenüberstehen.

Die Idee einer multikulturellen Gesellschaft kann sich jedoch nicht nur auf den kulturellen Aspekt der Interaktion von Migrantengruppen und Aufnahmegesellschaft beschränken, sondern muß insbesondere strukturelle Aspekte berücksichtigen. So müßte als erster Schritt eine rechtliche Gleichstellung der Immigranten erfolgen, gesellschaftliche Partizipation müßte ermöglicht, Diskriminierung verhindert und eine ethnische Stratifikation müßte abgebaut werden, um eine strukturelle Gleichstellung der Einwanderungsminderheiten zu erreichen (Schulte 1990:15).

Eine besonders zweifelhafte Annahme, die dem Konzept der multikulturellen Gesellschaft zugrundeliegt, besagt, daß die Verteilungskämpfe um knappe gesellschaftliche Ressourcen relativ konfliktfrei ablaufen. Die meisten Visionen einer multikulturellen Gesellschaft sind „klinisch konfliktfrei und somit Projektionen eines besseren Lebens" (Leggewie 1990b:154). Zumindest der Weg hin zu einer multikulturellen Gesellschaft dürfte reiches Konfliktpotential in sich bergen, denn eine Einwanderungsgesellschaft ist per se eine Konfliktgesellschaft (Cohn-Bendit, Schmid 1992:30). Konfliktträchtig ist in jedem Fall die Frage, wie offen eine multikulturelle Gesellschaft für (weitere) Zuwanderung ist. Die lange Zeit von „den Grünen[6]" und Anhängern der multikulturellen Gesellschaft geforderte vollkommene Öffnung der Grenzen wird zunehmend kritisch bewertet, nachdem sich in den letzten Jahren offenbart hat, welches Konfliktpotential mit Zwanderung verbunden ist. Für Leggewie (1990a:13) ist auch in einem proklamierten Einwanderungsland Zuwanderung nicht ohne jede Regulierung denkbar, er plädiert für eine Quotierung je nach Geburtenziffern, den Erfordernissen des Arbeitsmarktes und den Möglichkeiten des Sozialstaates. Dadurch soll Chancengleichheit, soziale Absicherung, berufliche Integration und eine angemessene Wohnungsversorgung ermöglicht werden, was bei unbeschränkter Zuwanderung, unabhängig von der Reaktion der autochthonen Bevölkerung, nur eingeschränkt oder gar nicht gewährleistet werden kann. Denn eine Zuwanderungsberechtigung ist gleichzeitig ein „Tresorschlüssel für wohlfahrtsstaatliche Leistungen" (Heinelt 1993:275). Würden Sozialleistungen für Migranten nicht oder nur eingeschränkt gewährt, würde eine Zwei-Klassen-Gesellschaft entstehen, die nicht mit den Idealen einer multikulturellen Gesellschaft vereinbar wäre, denn Multikultur darf nicht als Randgruppenkultur verstanden werden.

Eine weitere wichtige Voraussetzung für die Entstehung einer multikulturellen Gesellschaft ist die Akzeptanz der einheimischen Bevölkerung. Brutale Übergriffe gegen Ausländer und die aufgeheizte Asyldebatte offenbaren jedoch eine weitverbreitete Abwehrhaltung gegenüber Zuwanderung. Geiger, der die Einstellung gegenüber der multikulturellen Gesellschaft untersucht, kommt zu dem Resultat, „daß große Teile der bundesdeutschen Bevölkerung auf die Einwanderungssituation mit Bedrohungsphantasien und Abwehr reagieren. Die Ablehnung der Einwanderungssituation und damit Abwehr der EinwanderInnen ist verbunden mit einer weitgehenden Assimilationserwartung. Je nach 'Konjunktur' erhält die Abwehrhaltung aus utilitaristischen Erwägungen ihre Begründung oder wird aufgrund solcher Erwägungen abgeschwächt. Ebenfalls 'konjunkturabhängig' ist die kulturrassische Positionierung eingewanderter Gruppen auf der Diskriminierungsskala" (Geiger 1991:40). Unter Konjunktur versteht Geiger nicht die ökonomische, sondern die politische und ideologische.

Insgesamt setzt das Konzept der Multikultur Bedingungen voraus, die in der Bundesrepublik derzeit nicht gegeben sind (Barheier 1989:290). In einigen Ansätzen wird das Konzept der Multikultur idealisierend dargestellt, ohne konkrete Umsetzungsmöglichkeiten zu benennen. In anderen Ansätzen wird die Bundesrepublik, wie sie jetzt ist, zu einer multikulturellen Gesellschaft erklärt. Doch mit einer per Definition proklamierten multikulturellen Gesellschaft wird nicht automatisch auch ethnische Schichtung überwunden. Wenn Macht, Einkommen und Lebensqualität systematisch nach ethnischer Zugehörigkeit ungleich verteilt sind, ergeben sich daraus Konfliktpotentiale (Esser 1983:31). Manfrass sieht gar die

Gefahr, daß die Diskussion um eine multikulturelle Gesellschaft Ausdruck einer positiven Perzeption der Entstehung nationaler Minderheiten ist und „die soziale Abkapselung eines nicht integrierten Subproletariats (Ghettoisierung) eher noch begünstigen" (Manfrass 1984:783). In einer multikulturellen Gesellschaft, in der keine strukturelle Eingliederung der Migranten stattfindet, ist in der Tat die Gefahr gegeben, daß eine ethnische Segregation stattfindet und Mobilitätsprozesse sich nur innerhalb von abgeschlossenen ethnischen Gemeinschaften vollziehen und die „Core-Culture" davon weitgehend unberührt bleibt. Es muß jedoch positiv angemerkt werden, daß die Diskussion um die multikulturelle Gesellschaft sensibilisiert hat für eine Form des Zusammenlebens von Migranten und einheimischer Bevölkerung, die nicht auf sozialer Diskriminierung, Assimilation oder Segregation beruht (Schulte 1993).

Es stellt sich die Frage, warum das Konzept der multikulturellen Gesellschaft trotz seiner bekannten Unzulänglichkeiten im letzten Jahrzehnt eine so große Aufmerksamkeit erfahren hat. Esser merkt dazu an: „Der Enthusiasmus, den das Konzept der multikulturellen Gesellschaft ausgelöst hat, ist nur zu verstehen vor dem Hintergrund der mehr und mehr empfundenen Probleme und Unzulänglichkeiten anderer Konzepte[7] und Vorstellungen über die weitere Entwicklung" (Esser 1983:26).

Zusammenfassend kann festgehalten werden, daß das Konzept einer multikulturellen Gesellschaft als nicht realisiert angesehen werden kann. Wer die Bundesrepublik als eine multikulturelle Gesellschaft bezeichnet, hebt einzig auf den kulturellen Aspekt des Zusammenlebens ab, läßt aber Fragen der strukturellen Integration von Immigranten in das Statussystem der Aufnahmegesellschaft unberührt. Eine multikulturelle Gesellschaft müßte in jedem Fall auf Chancengleichheit beruhen. Eine weitere unverzichtbare Voraussetzung für das Funktionieren einer multikulturellen Gesellschaft ist die Akzeptanz der Aufnahmegesellschaft, denn eine multikulturelle Gesellschaft kann nur auf „Freiwilligkeit" beruhen. Bei dem Konzept der multikulturellen Gesellschaft handelt es sich folglich im Kern um ein politisch orientiertes Programm und weniger um ein „wissenschaftliches Modell der Integration von Immigranten".

3.4.2 Immigranten als ethnische Minderheiten

Die bislang behandelten Integrationskonzepte gehen zumindest in ihrer Zielsetzung davon aus, daß Immigranten in die Aufnahmegesellschaft integriert werden. Unterschiedliche Auffassungen bestehen jedoch darüber, ob dies in Form einer Anpassung des Migranten an die Aufnahmekultur geschieht oder unter Beibehaltung kultureller Pluralität. Der Minoritätenansatz dagegen, wie er insbesondere von Heckmann (1981, 1988, 1992) vertreten wird, betrachtet Einwanderer als marginalisierte Gruppen. Heckmann übertrug Konzeptionen der Minoritätensoziologie aus den USA in die Bundesrepublik, mit dem Anspruch, diese kritisch zu rekonstruieren und fortzuentwickeln, um daraus „ein theoretisch-kategoriales und inhaltliches Gerüst zur Analyse der 'Gastarbeiterfrage' als Minoritätenproblem" zu entwickeln (Heckmann 1981:15).

Angehöriger einer Minderheit zu sein, bedeutet nach Heckmanns Definition (1981:12) zwar Zugehörigkeit zur Gesellschaft, jedoch unter Ausschluß der gleichberechtigten Teilhabe an den Rechten dieser Zugehörigkeit. Dabei unterscheidet Heckmann (1981:18ff) mehrere Arten von Minderheiten:

- Nationale Minderheiten entstanden als Folge der Konstitution der bürgerlichen Nationalstaaten oder späterer Territoriumsveränderungen infolge von Kriegen. Während sich die Bevölkerung der Territorialstaaten (z.B. Preußen oder Österreich-Ungarn) aus unterschiedlichen ethnischen Gruppen zusammensetzt, ist der Nationalstaat durch eine dominierende ethnische Gruppen gekennzeichnet. Nationale Minderheiten unterscheiden sich von der dominanten Kultur durch ihre nationale Identität, Kultur und Geschichte (z.B. Südtiroler). Allgemein sind diese Minderheiten einem starken Assimilationsdruck ausgesetzt.

- Regionale Minderheiten sind Bevölkerungen bestimmter Regionen, die ökonomisch benachteiligt und kulturell unterdrückt sind. Kennzeichnend ist die Forderung nach kultureller und ökonomischer Autonomie.

- Einwandererminoritäten unterteilt Heckmann in Einwandererfarmer[8] und Arbeitsmigranten. Unter Arbeitsmigranten werden eingewanderte Bevölkerungsgruppen mit meist ländlicher Herkunft verstanden, „die im Einwanderungsland überwiegend als unterste Schicht der industriellen Lohnarbeit beschäftigt sind und sich in diskriminierenden Beschäftigungsverhältnissen reproduzieren müssen; sie entwickeln ein eigenständiges sozial-kulturelles System ('Kolonie'), welches Ergebnis der Wechselwirkung von Herkunftsfaktoren und den Lebens- und Arbeitsbedingungen der Einwanderungsgesellschaft ist, und eine kollektive Identität. Sie befinden sich in einem Prozeß der kollektiven Assimilierung" (Heckmann 1981:65).

- Minderheitenvölker sind Nachkommen der Urbevölkerung kolonial eroberter Territorien.

- Neue nationale Minderheiten schließlich sind heterogene, ethnisch historisch gesonderte Bevölkerungsgruppen in „jungen Nationalstaaten".

Auch wenn im folgenden nur noch die Verwendung des Minderheitsbegriffs auf Arbeitsmigranten verfolgt wird, wird aus diesem Überblick doch deutlich, wie vielschichtig dieser Begriff ist. In der historisch-systematischen Darstellung der Marginalitätstheorie, bezogen auf Arbeitsmigranten, greift Heckmann auf Park (1964) zurück, für den es ein typisches Merkmal marginaler Personen ist, daß sie weder vollständig mit ihrer Herkunft brechen können, noch von den gesellschaftlichen Gruppen akzeptiert werden, deren Mitgliedschaft sie anstreben. Die marginale Person sitzt „zwischen den Stühlen"; das Dilemma der Marginalität besteht in der Orientierung auf eine Gruppe und die Nichtakzeptierung durch diese Gruppe. Dieses Dilemma der Marginalität wird jedoch abgemildert durch die Existenz der ethnischen Kolonien, die ein eigenständiges sozio-kulturelles System bilden und die Identitätsgefühle seiner Bewohner bestimmt. Für die Marginalitätstheorie hieße das, daß sich Einwanderungsminoritäten in einem relativ stabilen und eigenständigen sozio-kulturellen Subsystem befinden (Heckmann 1981:132). In der amerikanischen Literatur hat die Kolonie jedoch nur die Funktion einer „bridge of transition from the old world in the new" (Stonequist 1937; Park, Burgess, McKenzie 1925).

In bezug auf die Übertragbarkeit der Struktur und Funktion von ethnischen Kolonien, wie sie in in den USA bestehen und wissenschaftlich reflektiert werden, schränkt Heckmann jedoch ein, daß durch die Integration der Arbeitsmigranten in das System der sozialen Sicherung ein Hauptmotiv für die Bildung von Selbsthilfeorganisationen entfalle, die ansonsten den organisatorischen Kern bei der Entwicklung von Einwandererkolonien darstellten. Für die Befriedigung kultureller Bedürfnisse, des sozialen Austauschs und der Sozialbeziehungen, die zur Stabilisierung der Persönlichkeit des Migranten beitragen, ist die Einwandererkolonie aber auch in der Bundesrepublik von Relevanz (Heckmann 1981:217).

Aus der Analyse der ökonomisch-sozialen Stellung und der sozialen Lage der Arbeitsmigranten in der Bundesrepublik schließt Heckmann, daß diese zu einer Einwanderungsminorität in der Sozialstruktur der Bundesrepublik geworden sind, denn „die Gastarbeiter sind als Einwandererminorität eine zentrifugale Schicht innerhalb der Arbeiterschaft; ihre soziale Lage ist gekennzeichnet durch ein strukturelles Defizit zwischen zustehendem und realisiertem Lebensniveau (Diskriminierung); Interaktions- und Beziehungsschranken seitens der einheimischen Bevölkerungen gehen einher mit Abschließungstendenzen seitens der Einwanderer durch Aufbau eines sozialkulturellen Systems, der Kolonie; situative Entstabilisierungen kennzeichnen die Unsicherheit ihrer sozialen Lage" (Heckmann 1981:258).

Die Frage nach der Dauerhaftigkeit und Bestand der ethnischen Minoritäten bleibt bei Heckmann weitgehend offen. Sind die Einwanderer tatsächlich auf der Brücke von einer alten in eine neue Welt, wie Stonequist dies meint, oder haben sich dauerhaft ethnische Minoritäten am unteren Ende der sozialen Schichtung gebildet? Ist der erreichte Grad der Unterschichtung bereits das untere Ende der Sozialstruktur, oder ist eine weitere Unterschichtung durch neue Zuwanderungsgruppen denkbar, oder werden „alte" durch „neue" Minoritäten ersetzt? Dem Minoritätenansatz kommt in erster Linie Bedeutung für die Beschreibung des „Ist-Zustandes" zu und ist nicht als Modell zu verstehen, das an einem „Soll-Zustand" ausgerichtet ist. Auch wenn dies von Heckmann selbst kritisch diskutiert wird, bleibt doch anzumerken, daß in diesem Ansatz die Arbeitsmigranten weitgehend als homogene Gruppe angesehen werden und wenig auf Unterschiede nach Herkunftsländern, Generation, Geschlecht etc. eingegangen wird.

Resümee

Kapitel drei hat gezeigt, daß in prominenten Teilen der Migrationsforschung des Einwanderungslandes USA das Aufgehen der Migranten in der Aufnahmegesellschaft der Endpunkt eines Prozesses der Akkulturation oder Assimilation darstellt. Insgesamt ist der Endpunkt dabei wenig umstritten, eher der Verlauf des Prozesses und dessen Bestimmungsfaktoren.

Die Forschung im deutschsprachigen Raum wurde anhand einiger zentraler Werke, die für bestimmte Traditionen typisch sind, wiedergegeben. Hoffmann-Nowotny geht davon aus, daß es durch Zuwanderung zu einer Unterschichtung der Berufsstruktur der aufnehmenden Gesellschaft kommt und das Beschäftigungssystem ausgeweitet wird. Dadurch eröffnen sich für die einheimische Bevölkerung höhere Mobilitätschancen. Gruppen der einheimischen Bevölkerung, die nicht an diesen Mobilitätsprozessen partizipieren, reagieren mit Abwehr- und Schließungstendenzen gegenüber den Zuwanderern und versuchen deren Eindringen in das Statussystem des Aufnahmelandes zu verhindern. Für Hoffmann-Nowotny hängen die Möglichkeiten der Integration von Zuwanderern folglich weitgehend von strukturellen Bedingungen der Aufnahmegesellschaft (z.B. der Offenheit von Statuslinien) ab und weniger von individuellen Merkmalen des Migranten. Esser dagegen knüpft mit seinem handlungstheoretischen Integrationsmodell an die amerikanische Forschungstradition an und unterscheidet vier Formen der Assimilation: die kognitive, die strukturelle, die soziale und die identifikative. Das Durchlaufen des Assimilationsprozesses hängt nach Essers Vorstellungen weitgehend von den individuellen Kompetenzen des Migranten ab, strukturelle Elemente werden in das Modell in Form von „Barrieren, Opportunitäten und Alternativen" eingeführt. Als Endpunkt wird ein vollständiges Angleichen oder Assimilieren des Migranten an die Aufnahmegesellschaft angenommen. Diese Integrationsvorstellungen stießen zu Beginn der 80er Jahre auf vermehrte Kritik von Vertretern alternativer Integrationskonzepte, die ein gleichberechtigtes Nebeneinander verschiedener Kulturen anstrebten. Häufig wurde hier jedoch der kulturelle Aspekt des Zusammenlebens überbetont. Zu Beginn der 90er Jahre stellt sich die Frage der Eingliederung von Migranten eher nüchtern. Eine strukturelle Integration der Migranten im Sinne Hoffmann-Nowotnys hat zumindest für die Mehrheit der Migranten nicht stattgefunden, Vorstellungen einer vollständigen Assimilation sind derzeit kaum als realistisch anzusehen. Die Idee einer multikulturellen Gesellschaft ist eher als idealisierend, denn als gesellschaftliche Realität anzusehen. Sind die Arbeitsmigranten also zur ethnischen Minorität geworden, oder sind doch Tendenzen zu einer Überwindung dieser Randstellung zu erkennen? Bevor auf diese Frage näher eingegangen wird, soll im nächsten Kapitel auf einige ökonomische Aspekte und gesellschaftliche Funktionen der Ausländerbeschäftigung eingegangen werden, die in den bisherigen Ansätzen kaum Berücksichtigung fanden.

Anmerkungen

1 Die amerikanische Literatur unterscheidet deshalb im allgemeinen zwischen Rasse und Ethnizität und nimmt für rassische Diskriminierung andere strukturelle Zusammenhänge an als für Immigranten. Dennoch bleibt die Frage, warum bestimmte Gruppen dauerhaft marginalisiert bleiben und andere nicht.

2 Bereits im Vorwort setzt sich Esser kritisch mit der Arbeit von Hoffman-Nowotny auseinander, ohne diesen jedoch beim Namen zu nennen. Am Beispiel einer problemorientierten Sozialwissenschaft zeigt sich nach Essers Ansicht, „wie unfruchtbar, unzusammenhängend und auch bescheidene Ansprüche an theoretische Deutungen nicht befriedigend Untersuchungen werden, die sich im engen Bereich einer Spezial-Soziologie bewegen, ihren 'theoretischen' Rahmen nur aus den jeweiligen speziellen Sachverhalten gewinnen und somit einen Bezug zu allgemeinen sozialen Prozessen und zu allgemeinen Theorien nicht herstellen". Bezogen auf Hoffmann-Nowotny fährt Esser fort: „Manchmal verbirgt sich dies hinter einem Anspruch, nun die ganz allgemeine, alle Ebenen des 'sozietalen' Seins umfassende Theorie z.B. des 'Fremdarbeiterproblems' zu liefern, die sich bei näherem Hinsehen dann als eine eigenwillige Version einer sehr speziellen Sozialpsychologie entpuppt, die mit der eigentlichen Untersuchung nur mit äußerster Mühe noch verbunden werden kann" (Esser 1980:7).

3 Nach Gaitanides (1992:316) wäre es auch völlig verfehlt, die Vielfalt, die das Konzept der multikulturellen Gesellschaft beinhaltet, durch eine „abstrakte wissenschaftliche Definition" zu ersetzen. Dennoch sollen hier die Vielfalt des Begriffes auf einige Kernaussagen reduziert und deren gesellschaftlichen Implikationen diskutiert werden.

4 Cohn-Bendit und Schmid (1992:45) sprechen in diesem Zusammenhang von „Bindestrich-Deutschen", z.B. Deutsch-Italiener, Deutsch-Türken etc. Dieser Begriff reflek-

tiert insbesondere die Situation der zweiten Generation, die zwischen zwei Kulturen aufgewachsen ist.

5 Im Extremfall könnte auch die deutsche Kultur unabhängig von der Anwesenheit von Ausländern als „Multikultur" bezeichnet werden, da es zwar eine dominierende Mittelschichtskultur gibt, darüber hinaus jedoch eine Vielzahl differierender kultureller Bereiche. Die Konzentration auf den kulturellen Aspekt wird oftmals als Verharmlosung realer Probleme interpretiert. Naumann (1990:24) spricht polemisch von einer Wortkultur und stellt fest, daß sich alles in Kultur aufzulösen scheint.

6 Die Grünen unterscheiden mittlerweile zwischen einem Einwanderungsgesetz, einem Niederlassungsgesetz und einem Einbürgerungsgesetz und haben sich somit die Forderung nach offenen Grenzen weitgehend differenziert (Hoffmann 1992).

7 Diese Passage hätte durchaus selbstkritisch bezogen auf Essers „Assimilationsmodell" verstanden werden können. Dieser kritische Schwenk war jedoch nur vorübergehend, denn 1990 hat Esser wieder zurückgefunden zu den Vorstellungen von Assimilation, wie er sie bereits 1980 entwickelt hatte.

8 Da diese Gruppe für die hier verfolgte Themenstellung nicht von Relevanz ist, wird hier nur die Gruppe der Arbeitsmigranten betrachtet.

4. Migranten in der Industriegesellschaft - ökonomische und gesellschaftliche Funktionszuweisungen

In diesem Kapitel werden einige Punkte erörtert, die über die späteren empirischen Analysen hinausweisen, die aber wichtige Hintergrundinformationen für das Gesamtkonzept enthalten. Es wird der Frage nachgegangen, wie das Makrosystem der Bundesrepublik durch Migration in ökonomischer und sozialer Hinsicht beeinflußt wird. Die Lebenslage der ausländischen Bevölkerung in der Bundesrepublik kann nur vor dem Hintergrund der ökonomischen Funktionszuweisungen und des herrschenden gesellschaftlichen Klimas verstanden werden. Deshalb soll untersucht werden, welche Funktionen Migranten, insbesondere in der wirtschaftswissenschaftlichen Forschung, zugewiesen werden, und wie aus dieser Sicht deren ökonomische und soziale Stellung in der Bundesrepublik bewertet wird.

Zuerst wird der Frage nachgegangen, ob ausländische Arbeitskräfte in der Bundesrepublik die Funktion eines „Konjunkturpuffers" bzw. einer „industriellen Reservearmee" erfüllen. Nach einer kurzen Darlegung der Funktionszuweisung als industrielle Reservearmee soll, über das eigentliche Modell hinausgehend, erörtert werden, ob Ausländer auf dem Arbeitsmarkt die Funktion eines Regulats zwischen Angebot und Nachfrage haben und somit in ökonomischen Rezessionsphasen zugunsten höherer Beschäftigungsstabilität Einheimischer häufiger entlassen werden. Daran anschließend werden volkswirtschaftliche Kosten-Nutzen-Kalkulationen der Ausländerbeschäftigung diskutiert und auf die Debatte eingegangen, die um die Belastungen des Wohlfahrtsstaates geführt wird. Die Kontroverse über Migration und Wohlfahrtsstaat reicht in ihrer Spannweite von der Behauptung, daß durch Immigranten eine Gefährdung des Wohlfahrtsstaates entsteht, bis zum Statement, daß ausländische Beschäftige eine wichtige Stütze des Wohlfahrtsstaates sind. Abschließend soll eine kurze Bewertung der Diskussion um die vielfältigen Konflikte zwischen Migranten und autochthoner Bevölkerung erfolgen.

4.1 Migranten als industrielle Reservearmee

Der Begriff der industriellen Reservearmee wurde von Marx geprägt. Allerdings produziert, nach Marx, das Kapital die industrielle Reservearmee selbst und importiert sie nicht aus anderen Ländern: „Sie wird geschaffen durch den einfachen Prozeß, der einen Teil der Arbeiter beständig 'freisetzt', durch Methoden, welche die Anzahl der beschäftigten Arbeiter im Verhältnis zur vermehrten Produktion vermindern. Die ganze Bewegungsform der modernen Industrie erwächst also aus der beständigen Verwandlung eines Teils der Arbeiterbevölkerung in unbeschäftigte oder halbbeschäftigte Hände" (Marx 1979:662). Danach entsteht eine industrielle Reservearmee durch Rationalisierungsmaßnahmen, nicht aber durch zusätzlichen „Import" von Arbeitskräften. Die Funktion der industriellen Reservearmee liegt nach Marx (1979:668) darin, daß sie während der Perioden der Stagnation auf die Entlohnung der „aktiven Arbeiterarmee" drückt, und deren Ansprüche in Perioden der Überproduktion im Zaum hält.

Nach Fijalkowski (1984:399) hatte die Arbeitsimmigration zunächst die Funktion, Angebotslücken auf dem Arbeitsmarkt auszufüllen. Mit der Verlangsamung der Kapitalakkumulation und bei gleichzeitigem sozialem und demographischem Strukturwandel, insbesondere durch das Nachrücken geburtenstarker Jahrgänge der deutschen Arbeitskräfte, sind Arbeitsimmigranten in einer Lage, die in gewisser Weise als industrielle Reservearmee umschrieben werden könnte.

Fijalkowski untersucht den Bedarf an Arbeitskräften abhängig von Wirtschaftszyklen und stellt fest, daß zwischen 1950 und 1980 „ein enger Zusammenhang zwischen dem zyklischen Verlauf des Wirtschaftswachstums und der Nachfrage nach Arbeitskräften sowie zwischen der Beschäftigung ausländischer Arbeitskräfte und der Entwicklung des Gleichgewichtsverhältnisses zwischen der Nachfrage nach und dem Angebot an Arbeitskräften insgesamt" besteht (Fijalkowski 1984:415). Während der untersuchten 30 Jahre sind sieben Wirtschaftszyklen zu erkennen und eine jeweils angepaßte Arbeitskräftenachfrage. In der Aufschwungphase des dritten Zyklus, zu Beginn der 60er Jahre, verknappte sich erstmals das Angebot an inländischen Arbeitskräften. Dieser Engpaß wurde durch die Anwerbung ausländischer Arbeitskräfte überwunden. Im Abschwung des sechsten Zyklus, Mitte der 70er Jahre, setzt eine Entwicklung ein, in der das Angebot an Arbeitskräften die Nachfrage bei weitem überstieg; dies wurde auch durch die nächste Aufschwungphase nicht ausgeglichen. Die Ursachen hierfür liegen in den geburtenstarken Jahrgängen, die auf den Arbeitsmarkt drängten, in der starken Rationalisierung und den allgemein schlechten Kapitalverwertungsbedingungen (Fijalkowski 1984:416f). Von dieser Entwicklung sind insbesondere ausländische Arbeitskräfte betroffen. Im Sinne der marxistischen Kritik der politischen Ökonomie könnte nun die Funktion der ausländischen Bevölkerung als die einer industriellen Reservearmee oder als Konjunkturpuffer beschrieben werden. Die „industrielle Reservearmee" besteht zu einem Teil aus Bevölkerungsgruppen, die nicht in den Produktionsprozeß eingebunden sind, und zum anderen aus solchen Gruppen, die aus konjunkturellen oder strukturellen Gründen vorübergehend, langfristig oder gänzlich in den Zustand der Arbeitslosigkeit versetzt werden. Die Funktion dieser Reservearmee ist es, die Bedingungen, zu denen Lohnarbeiter beschäftigt werden, zugunsten der Arbeitgeber zu beinflussen[1] und durch erhöhte Mobilität und Flexibilität einen Puffer zu bilden, der bei ungünstiger Konjunkturlage freigesetzt werden kann, aber bei günstigerer Entwicklung wieder zur Verfügung steht (Fijalkowski 1984:424). Die Funktion des Konjunkturpuffers läßt sich anhand der Arbeitsmarktdaten gut nachvollziehen: starke Anwerbungen bis Mitte der 60er Jahre, Rückgang der Ausländerbeschäftigung in der Rezessionsphase 1966/67 und erneuter starker Anstieg in der folgenden Aufschwungsphase. In der nun folgenden Rezession war aber keine entsprechende Flexibilität der ausländischen Arbeitskräfte mehr gegeben, auch entließen Unternehmer ausländische Beschäftigte keineswegs als die ersten, und in bestimmten Bereichen bestand weiterhin eine starke Nachfrage nach ausländischen Arbeitskräften (Fijalkowski 1984:425f).

Wenn Fijalkowski (1984:430) folgert, daß „die These von den Arbeitsimmigranten als industrieller Reservearmee und ihrer Funktion als Puffer des sozio-demographisch und ökonomisch konjunkturbedingten Angebot-Nachfrage-Ausgleichs auf dem Inlandarbeitsmarkt" zutrifft, so kann dies anhand der vorgelegten Daten, insbesondere für die Rezessionsphase von 1966/67, plausibel nachvollzogen werden. Es kann jedoch bezweifelt werden, ob diese Funktionszuweisung weiter fortgeschrieben werden kann. Wie sich in der Folge der Ölkrise gezeigt hat, konnten große Teile der ausländischen Arbeitnehmerschaft nicht einfach wieder entlassen werden, denn sie übten mittlerweile Tätigkeiten aus, die auch in Krisenzeiten Bestand hatten und für die eine Substitution durch deutsche Arbeitskräfte nicht ohne weiteres möglich war. Ausländische Arbeitnehmer sind von Randpositionen in Konjunkturspitzen zu einem entscheidenden Faktor, insbesondere der industriellen Produktion, geworden und konnten damit einen Beschäftigungsbereich besetzen, in dem wenig Konkurrenz zu deutschen Arbeitnehmern besteht, und somit auch in Krisenzeiten keine Substitutionsmöglichkeiten durch deutsche Arbeitnehmer möglich sind. Einschränkend muß jedoch angemerkt werden, daß ein großer Teil der ausländischen Beschäftigten noch immer von konjunkturellen Schwankungen bedroht ist, insbesondere wegen der Konzentration in besonders krisenanfälligen Bereichen. In diesem Zusammenhang von einer „Konjunkturpufferfunktion" zu sprechen, scheint jedoch nicht angebracht. Gillmeister, Kurthen und Fijalkowski (1989:315) bezeichnen die Lage der ausländischen Beschäftigten insgesamt als Zwischenlage, „da es sowohl Tendenzen einer allmählichen Integration und Gleichstellung (...) als auch Tendenzen einer Verfestigung des Randstatus der Ausländer" gibt. So arbeiten Ausländer in der Mehrzahl an Arbeitsplätzen mit geringen Qualifikationsanforderungen, niedriger Bezahlung, Schicht-, Nacht- und Akkordarbeit in der Großserienfertigung, bei geringen Aufstiegschancen und hohem Entlassungsrisiko. Andererseits hat sich ihr Platz in der Arbeitswelt trotz jahrelanger Massenarbeitslosigkeit und Arbeitsplatzkonkurrenz stabilisiert, jedoch hauptsächlich deswegen, weil für die Arbeitsplätze, an denen Ausländer beschäftigt sind, keine Inländer zur Verfügung stehen (Gillmeister, Kurthen, Fijalkowski 1989:305f).

Bach (1987:165) kommt dagegen zu dem Resultat, daß die höhere Betroffenheit von Arbeitslosigkeit im wesentlichen durch Strukturunterschiede zwischen ausländischen und deutschen Arbeitnehmern zustande kommt, beispielsweise durch deren Qualifikation und die Verteilung über die Wirtschaftszweige und Berufe[2]. Folglich hätten ausländische Arbeitnehmer keine Konjunkturpufferfunktion, und deren höhere Arbeitslosigkeitsquoten wären allein auf strukturelle Unterschiede zurückzuführen. Allerdings paßt die je nach Herkunftsland unterschiedliche Betroffenheit von Arbeitslosigkeit nicht zu dieser Einschätzung. Bender und Karr (1993) kommen zu dem Resultat, daß die je nach Herkunftsland unterschiedlichen Arbeitslosigkeitsquoten nicht durch Merkmale wie Alter, Geschlecht, Region, Beruf oder Qualifikation erklärt werden können. Diese Analysen sprechen sowohl gegen die Annahme, die höhere Ausländerarbeitslosigkeit resultiere allein aus strukturellen Merkmalen dieser Beschäftigtengruppe, als auch gegen die pauschale Funktionszuweisung der Ausländerbeschäftigung als Konjunkturpuffer, denn es ist nicht unmittelbar einleuchtend, warum Türken öfter als „Konjunkturpuffer" dienen als Spanier oder Arbeitnehmer aus dem ehemaligen Jugoslawien.

Insgesamt kann angenommen werden, daß die Arbeitsmigranten der 60er und 70er Jahre auf dem Arbeitsmarkt keine homogene Gruppe darstellen, der als solcher auch nicht pauschal die Funktion eines Konjunkturpuffers zugeschrieben werden kann. Andererseits kann daraus aber nicht auf das Fehlen von Gruppenmerkmalen geschlossen werden, also höhere Arbeitslosigkeit allein auf strukturelle Merkmale, unabhängig von der Herkunft, zurückgeführt werden. Die Frage, ob das erhöhte Entlassungsrisiko von ausländischen Arbeitnehmern durch Strukturunterschiede oder ihre Funktion auf dem Arbeitsmarkt verursacht wird, wird im empirischen Teil dieser Arbeit weiterverfolgt.

4.2 Ökonomische Aspekte der Ausländerbeschäftigung

4.2.1 Kosten-Nutzen-Kalkulationen der Ausländerbeschäftigung

Kosten- und Nutzenanalysen sind ein Standardwerkzeug der Wirtschaftsforschung. Produktionsabläufe sind bis zur kleinsten Schraube durchkalkuliert, und auch Arbeitskräfte sind Gegenstand von Kosten- und Nutzenabwägungen. Eine ganze Branche beschäftigt sich mittlerweile mit Rationalisierungsmaßnahmen auf Basis solcher Analysen. Warum also nicht auf volkswirtschaftlicher Ebene fragen, ob die Ausländerbeschäftigung der deutschen Volkswirtschaft nützt oder ob sie kontraproduktiv wirkt? Wie die große Zahl an Studien belegt, bestanden bislang kaum Bedenken, derartige Rentabilitätsberechnungen durchzuführen, zumal die meisten Studien zu einer positiven Einschätzung des „Wirtschaftsfaktors Ausländer" gelangt sind. Doch was passiert, wenn die Bilanz einmal negativ ausfällt? Werden die ausländischen Beschäftigten dann einfach aus der Bundesrepublik „entlassen"? Können Kosten und Nutzen eines in der Bundesrepublik lebenden Menschen oder einer Personengruppe überhaupt bestimmt werden, und welche Implikationen können daraus abgeleitet werden? Auf diese Fragen soll zurückgekommen werden, nachdem einige ausgewählte Analysen aus diesem Bereich vorgestellt wurden.

Bereits im Jahre 1955 legten Handlin, Thomas und andere eine von der UNESCO in Auftrag gegebene Studie mit dem Titel „The Positive Contribution by Immigrants" vor, in der - bezogen auf verschiedene Bereiche und Länder - die positiven Beiträge der Migranten für die Aufnahmeländer hervorgehoben wurden (Handlin, Thomas et al 1955). Mit der einsetzenden Ausländerbeschäftigung in der Bundesrepublik wurden auch hier Kosten und Nutzen abgewogen (Salowski 1971, Bullinger 1974, Lamel 1975). In den letzten Jahren wurden - anknüpfend an diese Tradition - neue Studien zu diesen ökonomischen Fragen vorgelegt, die im folgenden kurz vorgestellt und diskutiert werden.

Eine Reihe von Werken hebt den positiven Beitrag hervor, den ausländische Beschäftigte zur wirtschaftlichen Entwicklung leisten, ohne Kosten und Nutzen gegeneinander aufzurechnen. In einer 1986 veröffentlichten Studie rechnet das Zentrum für Türkeistudien vor, daß die rund 22.000 türkischen Selbständigen ca. 60.000 Arbeitsplätze geschaffen hätten und daß das Sparvolumen der von 130.000 Türken abgeschlossenen Bausparverträge 4 Milliarden DM beträgt (Sen 1986.11). Im Jahre 1990 belief sich die Zahl der türkischen Selbständigen bereits auf 33.000. Das durchschnittliche Investitionsvolumen je Selbständigen betrug 170.000 DM.

Der Jahresumsatz lag durchschnittlich bei 780.000 DM. Insgesamt haben türkische Selbständige nach den Berechnungen von 1990 bereits 115.000 Arbeitsplätze geschaffen (Sen, Wierth 1992:78).

Neben der allgemein betonten Bedeutung der Ausländerbeschäftigung für die Sozialversicherung stellt die ausländische Bevölkerung auch auf der Nachfrageseite einen erheblichen Wirtschaftsfaktor dar; das Nachfragepotential der ausländischen Bevölkerung wurde 1989 auf 60 Milliarden DM geschätzt (Herrmann 1992). Und nicht zuletzt haben Ausländer auch zum Aufbau der neuen Bundesländer beigetragen. Bei ca. 600 Millionen DM dürfte der Betrag liegen, den ausländische Beschäftigte allein in Form des Solidaritätszuschlages ein Jahr lang bezahlt haben (Pröbsting 1992:48).

Buttler (1992, 1993) weist auf die Verknüpfung von Wirtschafts- und Bevölkerungsentwicklung hin. Eine wachsende Bevölkerung hat eine kräftig expandierende Wirtschaft zur Folge. Eine schrumpfende Bevölkerung dagegen führt zu einer Gefährdung des bereits erreichten Wohlstands, wegen der steigenden finanziellen Lasten beispielsweise für die Rentenversicherung, aber auch durch eine sinkende Nachfrage. Auch Tichy (1990:88) argumentiert dahingehend, daß Zuwanderer als Konsumenten und Verbraucher in gleichem Umfang Arbeitsplätze schaffen, wie sie selbst besetzen, wenn auch in anderen Bereichen. In Zeiten mit hoher Zuwanderung wird folglich auch eine starke wirtschaftliche Dynamik ausgelöst, die Investitionen und Modernisierung zur Folge haben. Klös (1992), der die Auswirkungen der Zuwanderung auf den Arbeitsmarkt am Beispiel von Einwanderern aus Ost- und Südosteuropa untersuchte, kommt zu dem Resultat, „daß in der Vergangenheit die Zuwanderungen in ihrem potentialwirksamen Teil erstaunlich gut in das westdeutsche Erwerbssystem eingegliedert wurden, Arbeitskräftelücken im westdeutschen Arbeitskräfteangebot geschlossen haben und von einer nennenswerten Verdrängung westdeutscher Arbeitsuchender offensichtlich nicht gesprochen werden kann" (Klös 1992:269). Insgesamt betonen fast alle Studien den wirtschaftlichen Wert der Ausländerbeschäftigung, und es wird allgemein davon ausgegangen, daß die Migranten eine komplementäre Funktion auf dem Arbeitsmarkt haben und folglich keine Kokurrenz um Arbeitsplätze zwischen ausländischer und deutscher Bevölkerung besteht[3].

Große Aufmerksamkeit im Bereich der Kosten-Nutzen-Analysen konnte die Studie des RWI (Barabas et al 1992) auf sich ziehen. Diese Untersuchung erstreckt sich auf die 3,6 Millionen Personen, die zwischen 1988 und 1991 in die alte Bundesrepublik zuwanderten. In dieser Zahl sind Aussiedler und Übersiedler aus der ehemaligen DDR eingeschlossen. Insgesamt wurde daraus ein Erwerbspersonenpotential von 1,7 Millionen Personen errechnet. Ohne Pendler aus den neuen Bundesländern ist die Zahl der Erwerbstätigen im Untersuchungszeitraum um 1,8 Millionen gestiegen und die Zahl der Arbeitslosen um 540.000 zurückgegangen. Die zusätzlich Beschäftigten führten zu einer beträchtlichen Erhöhung der Steuereinnahmen. Hier wird eine Größe von einer Milliarde DM pro 100.000 zusätzlich Beschäftigten zugrundegelegt. Damit, so wird argumentiert, leisten Zuwanderer einen Beitrag zum Abbau fixer Kosten, die von ihrer Anwesenheit unabhängig sind wie Verteidigung, Schuldentilgung etc. Ebenfalls zusätzliche Einnahmen verzeichnen die Renten-, Kranken- und Arbeitslosenversicherung. Insgesamt wird ein Betrag von 30 Milliarden DM geschätzt, den die zwischen 1988 und 1991 Zugewanderten im Jahre 1991 an Sozialversicherungsbeiträgen und Steuern aufgebracht haben. Dem stehen Aufwendungen des Staates für Eingliederungshilfen, Arbeitslosengeld, Sozialhilfe, Kindergeld, Wohngeld, Renten etc. in Höhe von 16 Milliarden gegenüber. Somit verbleibt ein „Gewinn" von 14 Milliarden DM für die öffentlichen Kassen allein im Jahre 1991 (Barabas et al 1992:145). Die Fortschreibung der Studie ergab für das Jahr 1992 den gleichen Betrag (Gieseck, Heilemann, Löffelholz 1993).

Mühlum (1993:10) errechnet für 1992 auf der Aufwandsseite 8 Milliarden an administrativen Kosten und 10 Milliarden DM an Alimentierung, weist aber darauf hin, daß Verteilungsprobleme auf dem Wohnungsmarkt, Verdrängungsängste auf dem Arbeitsmarkt, Umweltbelastung, Überbevölkerung und soziale Spannungen nicht quantifizierbar und somit Kosten-Nutzen-Analysen im streng betriebswirtschaftlichen Sinne nicht möglich sind. Doch mit dem gleichen Argument können auch auf der „Nutzen-Seite" nicht quantifizierbare Vorteile angenommen werden. Somit stellt sich aber wiederum die Frage nach dem Stellenwert derartiger Berechnungen. Allgemein kann angenommen werden, daß der ökonomische und gesellschaftliche Wert einer Person nicht in Mark und Pfennig ausgedrückt werden kann.

Häufig wird auch das Argument vorgebracht, Ausländerbeschäftigung hätte zwar kurzfristig positive Effekte, zahle sich aber langfristig durch zusätzlichen Bedarf an Schulen, Kindergärten und wachsenden Rentenansprüchen der Zuwanderer nicht aus. Dagegen läßt sich anführen, daß Zuwanderer nur in dem Maße Leistungen beziehen, wie sie sie selbst erarbeitet haben. Langfristig dürfte sich die ausländische Bevölkerung nach Kosten-Nutzen-Gesichtspunkten nicht von der deutschen Bevölkerung unterscheiden[4]. Schließlich können Kosten und Nutzen nur so lange differenziert betrachtet werden, wie ein Zuwanderer den Status eines Ausländers innehat.

Eine ausschließlich nach Kosten-Nutzen-Kalkülen ausgerichtete Migrationspolitik würde höchstwahrscheinlich scheitern, weil Menschen über nationale Grenzen hinweg nicht beliebig je nach Konjunktur angeworben und repatriiert werden können. Repatriierung kann nicht im Interesse der Unternehmen liegen, die Ausländer beschäftigen. Die Durchsetzung einer bevorzugten Entlassung von Ausländern in Rezessionsphasen zugunsten der Beschäftigungsstabilität deutscher

Arbeitnehmer mag zwar noch gesetzlich umsetzbar sein, deren „Rückführung" jedoch dürfte aufgrund internationaler Verflechtungen kaum realisierbar sein. Allgemein kann es als Konsens in der wissenschaftlichen Diskussion angesehen werden, daß eine Repatriierung ausländischer Arbeitnehmer nicht möglich ist, allerdings mit einer Ausnahme:

Wehrmann vertritt die These, daß die Reduktion der Ausländerbeschäftigung ein möglicher Ansatzpunkt für eine Arbeitsmarktentlastungspolitk sein könnte, und untersucht, „inwieweit die Ausländerbeschäftigung als variable Größe auf der Angebotsseite des Arbeitsmarktes potentielle Handlungsspielräume eröffnet, deren Nutzung zu einer Entschärfung der auch zukünftig angespannten Arbeitsmarktlage beitragen könnte" (1989:83). Unter Einbeziehung rechtlicher Restriktionen und des Qualifikationsprofils der ausländischen Arbeitskräfte errechnet Wehrmann, daß in 950.000 Fällen eine Deckung der Tätigkeits-, Geschlechts- und Altersstruktur zwischen deutschen Arbeitslosen und ausländischen Beschäftigten besteht. Unter Berücksichtigung bestehender Mobilitätshemmnisse bei deutschen Arbeitslosen hält Wehrmann 530.000 deutsche Arbeitslose auf Arbeitsplätze von Ausländern für vermittelbar. Unter Einhaltung des geltenden Ausländerrechts hält Wehrmann (1989:146) innerhalb von zwei Jahren die „Freisetzung" von 450.000 ausländischen Beschäftigten, 80.000 Arbeitslosen und 70.000 der „stillen Reserve" angehörenden Ausländern für möglich, so daß ein „entlastender Entzugseffekt" von 600.000 Ausländern erzielt und eine Senkung der Gesamtarbeitslosenquote um 25% erreicht werden könnte. Die Studie gipfelt in der Feststellung: „Aus ökonomischer Sicht stellt die Beschäftigung ausländischer Arbeitnehmer in der Bundesrepublik Deutschland inzwischen eine schwerwiegende Belastung für die gesamte Volkswirtschaft dar, deren zukünftig immer wichtiger werdende Anpassungsfähigkeit hierdurch ein zusätzliches, nur schwer verkraftbares Hemmnis erfährt" und somit „(...) ein immenses Minusgeschäft darstellt, welches die Wirtschaftlichkeit unserer (noch) reichen Industrienation unaufhaltsam aushöhlt, wenn die Ausländerpolitik nicht rechtzeitig auf einen restriktiven Kurs umschwenkt" (Wehrmann 1989:352).

Diese Studie läßt aber auch eine ganz andere Deutung zu, daß selbst bei Ausschöpfung aller Mobilisierungsmöglichkeiten allenfalls eine halbe Million ausländische Arbeitskräfte durch deutsche Arbeitslose „ersetzt" werden können, und Ausländerbeschäftigung daher auch in Zeiten hoher Arbeitslosigkeit nicht verzichtbar ist. Auch wenn an dieser Art der „Substitutionsberechnung" erhebliche methodische Bedenken angebracht sind (Angenendt 1992:202), ist sie doch typisch für ein vollkommenes Ignorieren gesellschaftlicher und sozialer Zusammenhänge. Dabei ist es nebensächlich, ob tatsächlich ein „Entlastungseffekt" entsteht, wenn mehr als eine halbe Million ausländischer Arbeitskräfte ihrer Heimat beraubt würden. Dies kann kein gesellschaftlich wünschenswertes Ziel darstellen.

Insgesamt hat diese Studie jedoch Ausnahmecharakter. Allgemein kann auf Basis der vorhandenen Literatur davon ausgegangen werden, daß ausländische Beschäftigte für die deutsche Volkswirtschaft einen bedeutenden Faktor darstellen, der nicht verzichtbar ist. Körner schließt aus der Analyse der vorliegenden Literatur, daß die ausländischen Arbeitskräfte für die Aufnahmeländer in Nordwesteuropa einen Faktor darstellten, „der die Wirtschaftsexpansion der fünfziger und sechziger Jahre wesentlich begünstigte, wenn nicht sogar erst ermöglichte. Die Bewertung der wirtschaftlichen und sozialen Folgen ist zwar im einzelnen noch immer kontrovers (...), es besteht jedoch inzwischen Konsens darüber, daß die Beschäftigung von 'Gastarbeitern' das wirtschaftliche Wachstum der Aufnahmeländer beschleunigt und zugleich in der Zeit bis 1973 auftretende Struktur- und Konjunkturprobleme gemildert hat" (Körner 1990:89).

Dennoch ist davor zu warnen, die Ausländerbeschäftigung allein unter Kosten-Nutzen-Kalkülen zu sehen. Auch darf nicht von der Annahme ausgegangen werden, ausländische Arbeitskräfte seien eine frei verschiebbare Manövriermasse. Wer deren „Freisetzung" zugunsten deutscher Arbeitsloser fordert, unterstützt damit eine politische Strömung, die Ausländer zu Sündenböcken für alle gesellschaftlichen Probleme macht, beispielsweise auch für die Gefährdung des Wohlfahrtsstaates, wie im nächsten Kapitel gezeigt wird.

4.2.2 Migration und Wohlfahrtsstaat

Spätestens mit der deutschen Vereinigung hat die Diskussion über die Möglichkeiten und Grenzen des Sozialstaates an Schärfe gewonnen. Keine der Errungenschaften, die für die Mehrheit der Bundesdeutschen auch in indviduell schwierigen Lagen soziale Härten abfederten, ist vor Kürzungen oder Beschränkungen sicher. Sozialhilfe und Arbeitslosengeld wurden bereits reduziert, die Leistungen des Gesundheitswesens eingeschränkt, und an der Sicherheit der Renten werden aufgrund der zunehmenden Überalterung der deutschen Bevölkerung Zweifel laut. Eigentlich müßte in dieser Situation die Zuwanderung jüngerer Personen erwünscht sein, doch das Gegenteil ist der Fall. Zuwanderer werden mitverantwortlich gemacht für die „Krise des Sozialstaats".

Afheldt (1993:42) sieht in der strukturell bedingten Rezession der Wirtschaft in den „alten westlichen Ländern" und der Massenwanderung der Armut aus der im Kalten Krieg verarmten zweiten und dritten Welt in die reicheren Staaten die Minen, die den Sozialstaat zu sprengen drohen. Zwar geht Afheldt davon aus, daß die meisten der in der Bundesrepublik lebenden Ausländer in das soziale und wirtschaftliche Leben integriert sind, doch mit dem Anwachsen des Stromes an Aussiedlern, Bürgerkriegsflüchtlingen und Asylbewerbern erwartet Afheldt Auswirkungen in bisher nicht gekanntem Ausmaß auf das wirtschaftliche und soziale Leben der Bundesrepublik, insbesondere bei den „Schwachpunkten" des Sozialstaates: der unzureichenden Versorgung mit billigem Wohnraum, der Arbeitslosigkeit und der Gefährdung des Systems der sozialen Sicherung (Afheldt 1993:45). Bezogen auf den letzten Punkt, die Gefährdung des Sozialsystems, führt Afheldt (1993:47) aus, daß der positiven Bilanz bei der Rentenversicherung ein hohes Kindergeld, andere Sozialleistungen, Kosten für Verwaltung und Justiz, erhöhter Wohn-, Verkehrs-, und Energiebedarf gegenüberstehen. Schließlich würden, so der Vorwurf, neu Hinzugezogene das gratis nutzen, was von vielen in 40 Jahren aufgebaut wurde.

Ausgehend von der berechtigten Forderung, daß der Sozialstaat die Verantwortung für die Integration der Zuwanderer zu tragen und ihnen einen menschenwürdigen Platz zum Leben und Mitarbeiten in der Gesellschaft zu bieten habe, schließt Afheldt (1993:48) daß das „Boot Bundesrepublik" bereits gefährlich überladen ist und verweist dabei auf die hohen Arbeitslosenzahlen und eine Million Menschen, die obdachlos sind oder unter unzumutbaren Verhältnissen leben. Als besonders betroffen von Zuwanderung sieht der Autor die bereits heute in der Europäischen Gemeinschaft lebenden Immigranten an, „die durch Armut, Sprach- und Ausbildungsmängel von der Teilhabe am Wohlstand weitgehend ausgeschlossen sind. Ihre Chancen reduzieren sich durch die neue Konkurrenz noch einmal drastisch" (Afheldt 1993:44). Aus der daraus entstehenden Hoffnungslosigkeit entsteht Gewaltkriminalität, kriminelle Banden beherrschen die Szene, Stadtteile werden für die Polizei unzugänglich. Als Reaktion der deutschen Bevölkerung auf den Zerfall der sozialen Ordnung erwartet Afheldt Rechtsradikalismus, Rassismus und die Forderung nach dem Polizeistaat.

Diese Studie wurde nicht wegen ihres wissenschaftlichen Gehalts hier so ausführlich dargestellt, sondern weil sie symptomatisch ist für eine emotional geführte Diskussion, in der Horrorszenarios ausgewalzt werden, die fern jeder Realität sind. Das Szenario, das Afheldt hier beschreibt, geht von unbeschränkter Zuwanderung aus, was keine sehr realistische Annahme ist. Unkontrollierte Zuwanderung hat in Deutschland zu keinem Zeitpunkt stattgefunden, und es gibt auch keine Anzeichen dafür, daß dies zukünftig der Fall sein wird. Das Argument, daß der Sozialstaat eine, wenn auch nicht genau bestimmbare, Kapazitätsgrenze aufweist, hat sicherlich seine Berechtigung. Wohnungs- und Arbeitsmarkt setzen obere Grenzen in bezug auf die Integrierbarkeit von Zuwanderern in das soziale System. Nur jenseits dieser Grenzen könnte die Bildung einer „Einwandererunterschicht" erwartet werden. Ob dabei Probleme in der Schärfe auftreten, wie Afheldt sie schildert, kann bezweifelt werden.

Bezogen auf die Grenzen der Integrierbarkeit hat sich die Bundesrepublik bereits mehrfach als flexibel erwiesen: In der Nachkriegsperiode wurde eine große

Zahl von Flüchtlingen, Vertriebenen und Kriegsheimkehrern integriert, in den 60er und den frühen 70er Jahren folgten die Arbeitsmigranten aus den nördlichen Mittelmeerstaaten, und in den letzten Jahren kam eine große Zahl von Aussiedlern, Flüchtlingen aus der ehemaligen DDR bzw. Arbeitskräfte und Pendler aus den neuen Bundesländern und Übersiedler hinzu. Abgesehen von einigen kurzen Perioden der Stagnation war das Gebiet der alten Bundesrepublik stets einer starken Zuwanderung ausgesetzt. Dies hat dem Sozialstaat aber nicht geschadet, sondern erheblich zu seinem Ausbau beigetragen, und es gibt durchaus plausible Gründe, die auch zukünftig eine weitere Zuwanderung als notwendig erscheinen lassen, um den Bestand des Wohlfahrtsstaates zu sichern, allein schon aus demographischen Gründen (Buttler 1992).

Nach Heinelt (1993) hat Zuwanderung historisch einen entscheidenden Einfluß auf die konkrete Ausgestaltung der Wohlfahrtsstaaten gehabt. Die Wohlfahrtsstaaten der klassischen Einwanderungsländer USA, Kanada, und Australien gehören dem Typus des liberalen Wohlfahrtsstaates an, der durch ein selektives Sicherungssystem charakterisiert ist[5]. Die ethnische Heterogenität in diesen Ländern erschwerte die Bildung einer einheitlichen Arbeiterbewegung, und „sie behinderte solidarische und konsensuelle (institutionalisierte) Lösungen gesellschaftlicher Probleme, weil deren (re)distributive Wirkungen entlang ethnischer Verteilungsmuster deutlich werden konnten" (Heinelt 1993:277). Das soziale Versorgungssystem in diesen Ländern beruht auf Sozialversicherungssystemen. Anders dagegen in den westeuropäischen Industrienationen, die erst in den 60er Jahren zu „De-facto-Einwanderungsländern" wurden. Hier ist die marktunabhängige Staatsbürgerversorgung dominant. Kennzeichnend für diese Sicherungsform ist die Geschlossenheit nach außen. Sozialer Ausgleich erfolgt nur innerhalb eines geschlossenen Systems, gegenüber anderen Wohlfahrtsstaaten findet eine Abgrenzung statt (Heinelt 1993:277f). Daraus folgt, daß Wohlfahrtsstaaten bedingt durch ihr historisches Entstehen nationalstaatlich verfaßt sind und ein „Syndrom aus staatsbürgerlichen und ethnokommunalistischen Elementen, aus Citizenship und Nationhood" (Fijalkowski 1990:214) darstellen.

Legale Zuwanderung umfaßt in den westeuropäischen Staaten mit einem System der Staatsbürgerversorgung gleichzeitig Partizipation am gesellschaftlichen Reichtum. Dies verhindert die Konstituierung einer Zwei-Klassen-Gesellschaft, mindert Verteilungskonflikte und trägt dem Grundprinzip des Wohlfahrtsstaates Rechnung, daß seine Leistungen für alle gleichermaßen zugänglich sind (Carens 1988:208). Allgemein gibt es keinen plausiblen Grund, Immigranten nicht am System der sozialen Sicherung zu beteiligen, zumal Leistungen ohnehin nur im Verhältnis zu den Beitragszahlungen bezogen werden können. Dennoch wird immer wieder der Vorwurf laut, Immigranten seien die Profiteure des Wohlfahrtsstaates.

Im Zusammenhang mit staatlichen Transferzahlungen und Leistungen der Sozialversicherung beispielsweise wird immer wieder pauschal der Eindruck erweckt, daß Ausländer überproportional oft Sozialleistungen in Anspruch nehmen. Die Sozialhilfestatistik beispielsweise weist einen dramatischen Anstieg des Sozialhilfebezuges[6] von Ausländern aus. Dabei werden sämtliche für Nicht-Deutsche erbrachten Leistungen, wie etwa die Unterbringung von Bürgerkriegsflüchtlingen und Asylbewerbern, die ja nicht selbst für ihren Lebensunterhalt sorgen dürfen, den für Ausländer erbrachten Sozialleistungen zugerechnet[7]. Abgesehen von den gestiegenen Aufwendungen für Asylbewerber- und Flüchtlingsunterbringung, ist dennoch ein starker Anstieg der ausländischen Sozialhilfeempfänger zu verzeichnen. Lag die Zahl der ausländischen Leistungsbezieher im Jahre 1980 noch bei insgesamt 132.000 Personen, waren es 1990 bereits 728.000 Personen[8].

Bekannt ist auch die Tatsache, daß die Arbeitslosenquote bei Ausländern wesentlich höher liegt als bei Deutschen. Daraus kann jedoch keinesfalls abgeleitet werden, daß ein Mißbrauch von Sozialbezügen vorliegt. Bezogen auf arbeitslose Ausländer ist offensichtlich, daß hier eine überdimensionale Betroffenheit durch den strukturellen Wandel, insbesondere den Abbau von Arbeitsplätzen mit geringem Qualifikationsprofil in der Industrie, gegeben ist. Außerdem sind die Arbeitsmarktchancen von Arbeitskräften mit geringen Qualifikationen, wie sie Ausländer häufiger aufweisen, deutlich schlechter. Dies ist jedoch ein strukturelles Problem und kein individuelles. Auch die Gefahr, in Sozialhilfe abgedrängt zu werden, ist für Ausländer allein deshalb schon häufiger gegeben, weil niedrige Löhne die Bildung von Rücklagen oftmals nicht erlauben und schlechte Arbeitsmarktchancen den Wiedereinstieg in ein Beschäftigungsverhältnis erschweren. Auch diese Umstände können nicht auf individuelles Versagen oder Sozialmißbrauch zurückgeführt werden.

Wie bereits eingangs erwähnt, kann eine bestimmte Obergrenze der Zuwanderung angenommen werden, oberhalb derer eine Integration in das Arbeits- und Sozialsystem nicht mehr als gewährleistet angesehen werden kann. Wo diese Grenze anzusetzen ist, läßt sich allerdings nur schwer bestimmen. Es stellt sich die Frage, nach welchen Kriterien Zuwanderung ermöglicht werden kann und soll. Kosten-Nutzen-Erwägungen, sofern sie nur auf kurzfristigen Rentabilitätsannahmen beruhen, sind sicher nicht das geeignete Maß zur Bestimmung von Zuwanderungsquoten. Eine massenhafte Anwerbung ausländischer Arbeitskräfte in Hochkonjunkturzeiten und deren Entlassung und „Rückführung" in ökonomischen Krisenzeiten wird als Konzept weder den Anforderungen moderner Produktionsstrukturen gerecht noch kann es unter humanen Gesichtspunkten präferiert werden.

Zuwanderung sollte im Idealfall unter voller Integration in das System sozialer Sicherung und der Möglichkeit zur uneingeschränkten Partizipation in allen Lebensbereichen erfolgen. Hierbei ergeben sich in erster Linie Einschränkungen durch die Situation auf dem Arbeitsmarkt. In Zeiten langanhaltender Massenarbeitslosigkeit ist die Notwendigkeit einer weiteren Zuwanderung großen Teilen der Bevölkerung nur schwer plausibel zu machen. Hier offenbaren sich auch Versäumnisse der Bonner Migrationspolitik. Zuwanderung fand zwar statt, wurde jedoch verschleiert als Rückführung Volksdeutscher etc. Statt dessen hätte eine offene Diskussion über die Notwendigkeit der Zuwanderung geführt werden müssen, ohne eines der Konfliktfelder auszusparen. Damit ist eine weitere Restriktion angesprochen: Die Zuwanderung muß auf die Akzeptanz der Mehrheit der einheimischen Bevölkerung stoßen. Dies erfordert in jedem Fall transparente Einwanderungsverfahren und -kriterien. Die Festlegung von Quoten hat dabei den Vorteil, daß zumindest die Größe der Zuwanderung plastisch ist. Wie hoch diese Zahl auch immer ist, eine Quote von Null Zuwanderung ist nicht realisierbar. Wenn alle offiziellen Wege versperrt sind, findet Zuwanderung auf illegalen Wegen statt. Dann, die Erfahrungen in den USA zeigen dies, sind Wanderungsströme auch mit polizeilichen Mitteln nicht mehr zu kontrollieren. Der Umstand, daß die illegale Einreise in die Bundesrepublik eine steigende Tendenz aufweist, läßt vermuten, daß bereits jetzt ein Arbeitsmarkt für Illegale besteht.

Zusammenfassend kann festgehalten werden, daß die in der Bundesrepublik lebenden Ausländer keine Gefahr für den Sozialstaat darstellen. Die (alte) Bundesrepublik war über lange Perioden starker Zuwanderung ausgesetzt und konnte mit Hilfe der Zuwanderer die Wirtschaftskraft steigern und das Sozialsystem erheblich ausbauen. Der Frage, warum Immigration dennoch ein so großes Konfliktpotential in Deutschland, aber auch anderen westlichen Industriestaaten darstellt, soll im nächsten Kapitel nachgegangen werden.

4.3 Migration als gesellschaftliches Konfliktfeld

In anderen Industriestaaten wie Frankreich, Großbritannien und den USA werden Konflikte, die im Zusammenhang mit Zuwanderern und ethnischen Minderheiten stehen, dann offenbar, wenn offene oder verdeckte Diskriminierung zu spontanen, militanten Aktivitäten dieser Minoritäten führt. Derartige Auseinandersetzungen sind in der Bundesrepublik bislang nicht aufgetreten, dennoch kann die Anwesenheit von Ausländern in der Bundesrepublik, und insbesondere die Frage der weiteren Zuwanderung, als eines der zentralen gesellschaftlichen Konfliktfelder angesehen werden. Die Spannungen werden dabei nicht primär durch die Lebens- und Arbeitsbedingungen der zugewanderten Bevölkerung verursacht, sondern resultieren aus der Haltung der autochthonen Bevölkerung gegenüber Zuwanderung. Auf die Frage nach den Ursachen dieser Abwehrhaltung großer Teile der Bevölkerung kann keine eindeutige Antwort gegeben werden. Im folgenden sollen einige Erklärungsansätze diskutiert werden, die sich in erster Linie auf die Haltung der Aufnahmegesellschaft gegenüber Zugewanderten beziehen.

Ein sehr einfaches Erklärungsmodell für die Abwehrhaltung gegenüber Zuwanderung ist von Fuchs, Gerhards und Roller (1993) aufgestellt worden, die die Fragestellung auf die Begriffe „Wir" und „die Anderen" reduzieren, wobei sich „die Anderen" auf Ausländer nichteuropäischer Herkunft bezieht. Methodisch fragwürdig wird für die 12 EG-Staaten der Ausländeranteil[9], getrennt nach EG-Ausländern und „anderen Anderen", in bezug gesetzt zum Überfremdungsempfinden, gemessen als der Anteil der Personen in den jeweiligen EG-Staaten, die angeben, daß es zu viele Menschen anderer Nationalität in ihrem Land gibt. Dabei werden jedoch keine Individualdaten korreliert, sondern lediglich die aggregierten Werte der 12 EG-Staaten einer Regressionsanalyse unterzogen. Für Ausländer aus EG-Staaten liegt die erklärte Varianz bei 0%, für Ausländer aus Nicht-EG Staaten bei 58%. Daraus schließen die Autoren, daß es einen Zusammenhang gibt zwischen der Zahl der Nicht-EG-Ausländer und der negativen Bewertung von Ausländern, nehmen aber an, EG-Bürger seien akzeptiert. Die Instabilität dieses Modells wird deutlich, wenn Luxemburg, das aufgrund seines extrem hohen Ausländeranteils im Regressionsmodell als „Ausreißer" gelten muß, aus dem Modell genommen wird. Dann liegt die erklärte Varianz für die übrigen 11 Staaten bei 25%, bezogen auf Ausländer aus der EG. Wird das zweifelhafte empirische Resultat inhaltlich ernst genommen, müßte daraus der Schluß abgeleitet werden, daß, wann immer Immigranten in einem beliebigen Land in genügend großer Zahl und aus fremden Kulturkreisen zuwandern, Abwehrreaktionen der einheimischen Bevölkerung provoziert werden. Somit stellt die bloße Existenz der Immigranten bereits ein Konfliktpotential dar. Eine Erklärung hierfür bieten die Autoren nicht an. Ist es einfach „gesundes Volksempfinden"? Setzt eine Abwehrhaltung gegenüber „dem Anderen" ein, wenn das Volk in seiner Reinheit bedroht ist? Oder ist diese Studie als empirischer Versuch einer Rechtfertigung differenzierter (Nicht-EG-)Fremdenfeindlichkeit zu verstehen? Die Autoren ziehen aus ihren Analysen allerdings „nur" den Schluß, daß „der Versuch der Schaffung multikultureller Gesellschaften in Form einer Einbeziehung auch von ethnischen Minoritäten (mit einer Herkunft außerhalb Westeuropas) in die eigenen gesellschaftlichen Gemeinschaften zu einer komplizierten Angelegenheit werden" dürfte (Fuchs, Gerhards, Roller 1993:252).

Falls das Ausmaß an Fremdenfeindlichkeit tatsächlich durch die bloße Zahl der anwesenden Ausländer aus Nicht-EG-Ländern bestimmt würde, müßten sich starke regionale und insbesondere Stadt-Land-Unterschiede zeigen, und in Stadtvierteln wie Berlin-Kreuzberg oder Brixton in London müßte die Ausländerfeindlichkeit besonders hoch, in der ehemaligen DDR dagegen kaum vorzufinden sein. Dies ist jedoch offensichtlich nicht der Fall. Auch die Studie von Hoffmann-Nowotny (1973:88f) steht in Widerspruch zu den genannten Resultaten. Hoffmann-Nowotny stellte fest, daß Personen, die keinen Kontakt zu Ausländern hatten, in signifikant höherem Maße eine Überfremdung wahrnahmen. Das Gefühl der Überfremdung ist folglich kein Problem der bloßen Zahl der Einwanderer, sondern ein Problem der Struktur der Einwanderungsgesellschaft.

Im folgenden sollen nun einige der strukturellen Probleme des „Einwanderungslandes Deutschland" erörtert werden. Eines der immer wieder angeführten Argumente gegen Zuwanderung ist die Konkurrenz um knappe Ressourcen, insbesondere Arbeitsplätze. Fischer (1993) hält die Substituierbarkeit ausländischer durch deutsche Arbeitskräfte zwar für eine in der Politik bedeutsame Vorstellung, die wissenschaftlich jedoch nicht belegt ist. Insgesamt, dies hat die Erörterung in Kapitel 4.1 gezeigt, kann überwiegend von einer komplementären Beschäftigungswirkung durch zugewanderte Arbeitskräfte ausgegangen werden. Diese Feststellung ist jedoch wenig hilfreich, solange große Teile der einheimischen Bevölkerung Zuwanderer als Gefahr für ihren Arbeitsplatz wahrnehmen bzw. Zuwanderer als ursächlich für die hohe Arbeitslosigkeit ansehen. Schuldzuweisungen finden sich auch im Wohnungsbereich, bei der Kriminalität, dem Abbau sozialer Leistungen etc. Für die Betroffenen von Arbeitslosigkeit und dem Abbau von Sozialleistungen bestehen reale Ängste um die Sicherung ihres Lebensstandards. Die Konfrontation mit der eigenen Ohnmacht, geringe individuelle Handlungsmöglichkeiten und die Unkontrollierbarkeit der Verhältnisse wird transformiert in die Kontrollierbarkeit der Ausländerzahl. Gegenüber Fremden werden unterprivilegierte Einheimische wieder handlungsfähig (Statz 1992:37).

Dieser Erklärungsansatz ist plausibel für Gruppen, die eine direkte Konkurrenz durch ausländische Arbeitskräfte befürchten. In der Tat zeigt sich bei Arbeitslosen oder un- und angelernten Arbeitern eine höhere Bedrohungswahrnehmung. Ob Ausländer als Bedrohung empfunden werden, hängt auch in hohem Maße vom Bildungsgrad ab. Eine Untersuchung von Seifert, Rose und Zapf (1993) zeigt, daß 28% der Ostdeutschen und 31% der Westdeutschen Ausländer als Bedrohung für den Frieden und die Sicherheit wahrnehmen. Bezogen auf Asylbewerber sind sogar 38% der Ost- und 53% der Westdeutschen dieser Meinung. Bei den Erwerbstätigen zeigt sich zwar bei un- und angelernten Arbeitern die größte Bedrohungswahrnehmung durch Ausländer (41% Ost, 44% West), aber auch Facharbeiter und Meister nehmen Ausländer überdurchschnittlich oft als Bedrohung wahr (34% Ost, 37% West). Auch wenn die Bedrohungswahrnehmung ostdeutscher Arbeitnehmer geringer ist als die westdeutscher, liegt sie doch auf hohem Niveau. Obwohl auf dem ostdeutschen Arbeitsmarkt quasi keine ausländischen Arbeitnehmer aktiv sind und obwohl ausländische Arbeitnehmer für Facharbeiter nur selten eine Konkurrenz darstellen, fühlt sich diese Gruppe in hohem Maße bedroht. Somit kann die Konkurrenzhypothese zumindest nicht als alleiniger Grund für die ablehnende Haltung gegenüber Ausländern angesehen werden. Das Bedrohungsempfinden muß folglich tiefer liegen.

Ausländerfeindlichkeit steht in engem Zusammenhang mit einem sich verstärkenden Nationalismus und Rechtsextremismus. Nationalismus kann dabei als „Identitätshilfe bei Verunsicherung" angesehen werden (Winkler 1992). Ähnlich argumentiert Kreutzberger in bezug auf den Rechtsextremismus, dem er die Funktion zuschreibt, „vielfältigen Gefühlen der Anspannung, Unsicherheit, Orientierungslosigkeit und Ohnmacht ein Angebot vermeintlich eindeutiger Erklärungen und Schuldzuweisungen, Deutungen kollektiver Kränkungserfahrungen, Kompensation von Schuld- und Versagensgefühlen Rechtfertigungen und Handlungsanleitungen zur Verfügung zu stellen" (Kreutzberger 1993:163). Ohne auf die psychologischen und sozialpsychologischen Aspekte der Fremdenfeindlichkeit näher eingehen zu können, kann festgehalten werden, daß Fremdenfeindlichkeit nicht aus einer realen Bedrohungs- oder Konkurrenzsituation mit Arbeitsmigranten entsteht, sondern vielmehr Resultat einer diffusen Angst und eines Bedrohungsempfindens ist. Die Wirkungen werden zwar zuerst an den Rändern sichtbar, die Ursachen lagern jedoch in zentralen Bereichen der Gesellschaft (Heitmeyer 1993:157). Dabei werden bestehende gesellschaftliche Probleme auf die Zuwanderer projiziert. Dennoch sollten Migranten nicht pauschal als Opfer angesehen werden, sondern vielmehr als Normalität in einer heterogenen Gesellschaft aufgefaßt werden.

Resümee

Die theoretischen Erörterungen in diesem Kapitel haben gezeigt, daß Zuwanderer in der Bundesrepublik nur in geringem Umfang eine Konkurrenz für Einheimische darstellen. Denn ausländische Arbeitskräfte dominieren mittlerweile in einem Teil des Arbeitsmarktes, in dem auch in Zeiten ökonomischer Krisen keine Substitution durch deutsche Arbeitskräfte möglich ist, weil deutsche Arbeitskräfte nicht in ausreichendem Maße zur Verfügung stehen, um die unteren Positionen der Beschäftigungshierarchie auszufüllen. Ausländischen Arbeitskräften kommt somit nicht mehr die Funktion einer industriellen Reservearmee oder eines Konjunkturpuffers zu. Für die Wirtschaft der Bundesrepublik sind Zuwanderer unverzichtbar. Der Zustrom von Arbeitskräften aus anderen Territorien, dem die Bundesrepublik seit ihrem Bestehen, abgesehen von wenigen Phasen der Stagnation, ausgesetzt war, hat erheblich zur Steigerung des Wohlstands und zum Ausbau des Systems der sozialen Sicherung beigetragen. Es hat sich auch gezeigt, daß ausländische Arbeitnehmer überwiegend eine komplementäre Beschäftigungswirkung haben. Hier muß im empirischen Teil untersucht werden, ob dies auch heißt, daß ausländische Beschäftigte überwiegend in abgeschotteten, d.h. segmentierten Arbeitsmärkten beschäftigt sind, oder auch, zumindest in der zweiten Generation, in höhere Positionen der beruflichen Hierarchie aufrücken können. Zuwanderer gefährden also weder den Sozialstaat noch mindern sie die Leistungsfähigkeit der Wirtschaft und stehen auch nicht in unmittelbarer Konkurrenz zu deutschen Arbeitskräften. Dennoch kann Migration und Zuwanderung als eines der Konfliktfelder in der deutschen Gesellschaft, aber auch anderen westlichen Industriestaaten angesehen werden. Hier kann nur vermutet werden, daß Migration eine gesellschaftliche Katalysatorwirkung zukommt, und anhand von Migration gesellschaftliche Konflikte sichtbar werden, ohne daß Migration die Ursache dafür darstellt.

Anmerkungen

1. Hildebrandt (1986:152) vertritt die These, daß sich in der Krise die Konkurrenz innerhalb der Arbeitsbevölkerung verschärft hat, insbesondere zwischen „beschäftigten" und „unbeschäftigten" Arbeitern. Die Beschäftigten empfinden eine Bedrohung ihres Arbeitsplatzes und erfahren einen Druck der industriellen Reservearmee auf die Lohnhöhe.
2. Auch Ladener-Malcher (1982:128) führt die überdurchschnittliche Betroffenheit von Ausländern in Rezessionsphasen auf die schlechtere Qualifikationsstruktur und die fehlenden Ausbildungsabschlüsse zurück.
3. Vergleiche hierzu auch Budzinski 1983.
4. Beispielsweise ist mit keiner Kosten-Nutzen-Analyse festzustellen, ob die Zuwanderung der „Ruhr-Polen" Anfang des Jahrhunderts in das Ruhrgebiet, unter Kosten-Nutzen-Aspekten langfristig günstig war oder nicht.
5. Heinelt stützt sich in seiner Argumentation auf die Arbeiten von Esping-Anderson (1990) und Schmidt (1988).
6. Im Jahre 1990 wurden 813.000 ausländische Hilfeempfänger gezählt. Dies entspricht einem Anstieg gegenüber dem Vorjahr von 21,2 % (Beck 1992:300).
7. Die Sozialhilfestatistik weist allerdings für das Jahr 1990 insgesamt nur 76.000 ausländische Leistungsempfänger in Einrichtungen aus (Statistisches Bundesamt 1992:505), diese Zahl liegt deutlich unter der Zahl der Asylbewerber für das Jahr 1990.
8. Im gleichen Zeitraum verdoppelte sich aber auch die Zahl der deutschen Leistungsbezieher nahezu von 1,1 Millionen auf 2,1 Millionen.

[9] Bereits die Bestimmung eines vergleichbaren Ausländeranteils für die 12 EG-Staaten ist nicht unproblematisch. In Frankreich beispielsweise besitzen Ausländer der zweiten Generation automatisch die französische Staatsbürgerschaft, nicht aber in Deutschland. Auch in Großbritannien und den Niederlanden leben bedeutsame ethnische Minderheiten, die die britische bzw. niederländische Staatsangehörigkeit besitzen. Hinzu kommen noch jeweils unterschiedliche Kontingente von illegalen Einwanderern.

5. Methoden und Studiendesign

Die folgenden Analysen beruhen auf Auswertungen des Längsschnittdatensatzes der Wellen eins bis sechs (1984 bis 1989) des Sozio-Ökonomischen Panels (SOEP). Das SOEP ist die bislang einzige Datenquelle in der Bundesrepublik, die einen systematischen Vergleich diverser ökonomischer, beruflicher und sozialer Mobilitätsindikatoren von Ausländern und Deutschen auf repräsentativer Basis erlaubt. Damit wurde die Möglichkeit geschaffen, Veränderungsprozesse zu erfassen und die Entwicklung der objektiven Lebensbedingungen der ausländischen Bevölkerung über die Zeit in Relation zu setzen zur Entwicklung der deutschen Bevölkerung.

5.1 Das Sozio-Ökonomische Panel[1]

Im Gegensatz zu anderen repräsentativen Untersuchungen, die sich lediglich auf die deutsche Wohnbevölkerung beziehen (z.B. Allbus oder Wohlfahrtssurveys), wird im SOEP nicht nur die deutsche Bevölkerung repräsentativ abgebildet, sondern die gesamte Wohnbevölkerung[2], also auch die in der Bundesrepublik lebenden Ausländer, in die Stichprobe aufgenommen. Eine Besonderheit liegt dabei in einem überproportionalen Stichprobenansatz für die wichtigsten nationalen Gruppen der ausländischen Bevölkerung. Wären die Ausländer entsprechend ihrem realen Anteil an der Bevölkerung in die Stichprobe eingegangen, wäre der Stichprobenumfang zu gering für eine detaillierte Analyse dieser Teilgruppe gewesen. Deshalb wurden ausländische Haushalte überproportional erfaßt. Für die fünf zahlenmäßig bedeutsamsten nationalen Gruppen wurden jeweils separate Teilstichproben gezogen, die 400 Haushalte mit einem türkischen Haushaltsvorstand, je 300 mit einem jugoslawischen und italienischen und je 200 mit einem griechischen und spanischen Haushaltsvorstand umfaßten. Anhand einer Sonderauswertung des Ausländerzentralregisters wurden in einer ersten Stufe Kreise und kreisfreie Städte ausgewählt, mit Hilfe deren Ausländerkarteien die zu befragenden Personen ausgewählt wurden (Hanefeld 1987:176ff). Auf diese Weise wurden in der 1. Welle insgesamt 1393 ausländische Haushalte mit 4805

Haushaltsmitgliedern erfaßt. Davon wurden alle Personen (N=3181)[3], die zum Befragungszeitpunkt mindestens 16 Jahre alt waren, befragt.
Um die Interviews unabhängig von den Deutschkenntnissen der Befragten durchführen zu können, wurden die Fragebogen in fünf Sprachen übersetzt. Neben einem mit der deutschen Version nahezu identischen Personen- und Haushaltsfragebogen wurde den ausländischen Befragten ein zusätzlicher Fragebogen mit ausländerspezifischen Indikatoren vorgelegt.

Für die restliche Wohnbevölkerung konnte eine Stichprobe mit 4528 Haushalten und 9064 befragten Personen realisiert werden (Abbildung 6). Darunter fallen neben Deutschen auch Angehörige anderer Nationalitäten, die in keiner gesonderten Ausländerstichprobe erfaßt wurden. Diese konnten allerdings mittels der für diese Teilstichprobe angewandten ADM-Stichprobenziehung[4] nicht repräsentativ erhoben werden. Bei diesem Stichprobensystem, das vom Arbeitskreis deutscher Marktforschungsinstitute in Auftrag gegeben wurde, handelt es sich um ein mehrstufig geschichtetes Stichprobenverfahren. In einer ersten Stufe der Stichprobenziehung werden auf Grundlage der Wahlbezirksstatistiken Stimmbezirke nach den Merkmalen Bundesland, Regierungsbezirk, Gemeindegrößenklasse nach Boustedt und Verstädterungszonen geschichtet. Anschließend werden die Stimmbezirke mittels systematischer Auswahl mit Zufallsstart proportional zur Anzahl der Haushalte im Stimmbezirk gezogen (Hanefeld 1987:146f). Ein Nachteil dieses Verfahrens liegt darin, daß in der verwendeten Wahlbezirksstatistik nur deutsche Personen über 18 Jahren erfaßt sind. Deshalb mußte auch für die Ausländerstichprobe ein anderes Ziehungsverfahren angewendet werden. Durch die Begehungsanleitung im Random Route Verfahren, wonach ein Interviewer, ausgehend von einer Startadresse, einen Stimmbezirk nach festen Regeln zu begehen hat, sind dennoch Ausländer verschiedener Nationalitäten in die Stichprobe gelangt. Da es sich dabei aber um keine repräsentative Auswahl handelt, und auch die ausländerspezifischen Indikatoren für diese Teilgruppe nicht zur Verfügung stehen, werden sie bei den folgenden Analysen nicht berücksichtigt.

5.2 Spezifische Probleme von Panelanalysen

Hier soll der Frage nachgegangen werden, inwieweit der Längsschnittdatensatz der Wellen eins bis sechs des SOEP als repräsentativ angesehen werden kann[5], denn der hier verwendete Längsschnittdatensatz bezieht sich lediglich auf den Teil der ausländischen Population, die sich während des gesamten Untersuchungszeitraumes in Deutschland aufgehalten hat. Personen, die sich kürzere Zeit in Deutschland aufgehalten haben oder aus anderen Gründen nicht mehr an der Befragung teilnehmen, werden bei dieser Form der Datenanalyse nicht erfaßt, wie

Abbildung 6: Das Sozio-Ökonomische Panel: Netto-Fallzahlen

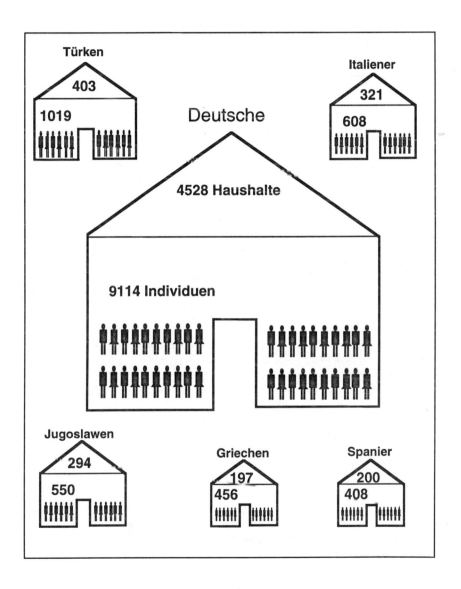

Abbildung 7: Panelverläufe

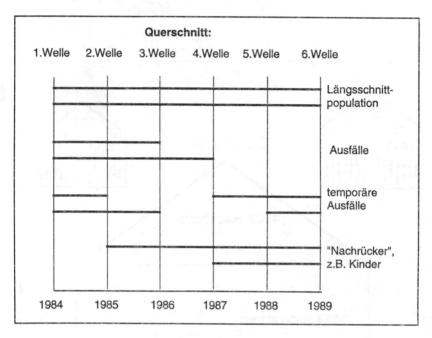

z.B. Personen, die im Erhebungszeitraum in ihre Heimat zurückgehrt sind, was immerhin bei 31% der Ausgangspopulation der Fall ist. Ein weiteres Problem ist die Nichterfassung von Personen, die aus dem Ausland nachziehen als auch von Kindern, die erst nach 1984 das 16. Lebensjahr vollendet und somit das Befragungsalter erreicht haben[6]. Dadurch findet im Zeitverlauf eine „Alterung" der Panelpopulation statt, die nicht der Gesamtbevölkerung entspricht. Der Längsschnittdatensatz der Wellen eins bis sechs stellt also eine Selektion des Teils der Ausgangsstichprobe dar, der in allen Wellen an der Befragung teilgenommen hat (vgl. Abbildung 7). Welche Implikationen dies für die Aussagekraft der vorgelegten Analysen hat, wird im folgenden erörtert.

Eine mögliche Alternative zur Verwendung einer „reinen" Längsschnittpopulation wären Analysen auf der Grundlage der Querschnittdatensätze des SOEP. Aber auch mit Querschnittanalysen lassen sich Migrationsprozesse nur in einer Richtung erfassen, nämlich der Abwanderung aus Deutschland. Zuwanderungen nach Deutschland schlagen sich nur dann im SOEP nieder, wenn eine entspre-

Tabelle 1: Vergleich von Längsschnitt- und Querschnittpopulation nach Sprachkenntnissen von Ausländern[1]

	Längs-schnitt 1984	Quer-schnitt 1984	Längs-schnitt 1989	Quer-schnitt 1989	Querschnitt 1989 16-21 Jahre	22 und älter
Insgesamt	42	41	44	51	82	46
Geschlecht						
Männer	47	46	48	57	91	52
Frauen	35	34	39	45	74	38
Nationalität						
Türken	30	30	31	39	73	32
Jugoslawen	61	58	71	70	97	67
Griechen	50	46	53	56	90	53
Italiener	46	44	43	57	89	52
Spanier	38	42	40	52	100	42

1 Anteil "sehr gut" und "gut" Deutsch sprechen

Datenbasis: SOEP, Welle 1 - 6.

chende Person in einen Haushalt zieht, der bereits Teil der Stichprobe ist. Damit kann nicht die gesamte Migration abgedeckt werden[7]. Für die gewählte Fragestellung, Mobilitätsprozesse vergleichend abzubilden, ist es aber eine Voraussetzung, daß immer dieselben Personen befragt werden, weil sonst im Resultat nicht zwischen Veränderungen der Gruppenzusammensetzung und individueller Mobilität unterschieden werden kann.

Welche Implikationen die Verwendung unterschiedlicher Datensätze haben können, wird anhand eines Beispiels erläutert: Die Selbsteinstufung der deutschen Sprachkenntnisse verändern sich im Längsschnitt nur geringfügig. Wird jedoch der gewichtete Querschnitt der 6. Welle gegenübergestellt, zeigt sich bei der Querschnittsauswertung eine deutlich höhere Sprachkompetenz als bei den Längsschnittdaten (Tabelle 1). Dieser Umstand ist jedoch fast ausschließlich auf die Altersgruppe der 16- bis 21jährigen zurückzuführen. Diese Jugendlichen hatten in der ersten Welle das Befragungsalter von 16 Jahren noch nicht erreicht, wurden aber 1989 befragt. Es handelt sich bei dieser Gruppe überwiegend um Jugendliche der zweiten Generation, die größtenteils in Deutschland geboren wurden und eine deutsche Schule besucht haben bzw. noch zur Schule gehen.

Entsprechend gut sind die Deutschkenntnisse. Zwischen 73% der türkischen und 100% der spanischen Jugendlichen geben an, gut Deutsch zu sprechen. Sieht man jedoch von dieser Gruppe ab und betrachtet nur die über 22jährigen, also alle, die in der ersten Welle schon im Befragungsalter waren, zeigen sich, im Vergleich zur Längsschnittpopulation, kaum Abweichungen.

Dieses Beispiel verdeutlicht, daß mittels des gewählten Längsschnittdatensatzes nur Aussagen über eine Teilpopulation gemacht werden können. Explizit erfaßt wird nur der Teil der Population, der sich von Beginn der Untersuchung und über deren gesamte Dauer hinweg in Deutschland aufgehalten hat. Spätere Änderungen in der Zusammensetzung der Grundpopulation werden in den hier durchgeführten Analysen nicht berücksichtigt.

Bezogen auf das obige Beispiel heißt dies, daß der Längsschnitt Aufschlüsse über Veränderungen der sprachlichen Fertigkeiten bei ein und derselben Grundgesamtheit über die Zeit gibt. Die zusätzlich herangezogene Querschnittuntersuchung der 6.Welle gibt - mit den oben genannten Einschränkungen - Aufschluß über die zwischenzeitlich stattgefundenen Veränderungen der Grundgesamtheit. Volle Repräsentativität könnte allerdings nur durch sechs unabhängig voneinander durchgeführte Querschnittuntersuchungen erreicht werden. Allerdings ließe diese Untersuchungsform keinen Aufschluß darüber zu, ob gemessene Veränderungen - um beim obigen Beispiel zu bleiben - auf eine Erhöhung der sprachlichen Kompetenz der Befragten, oder auf eine Veränderung in der Zusammensetzung der Grundgesamtheit zurückzuführen ist. Dies kann nur mittels einer Längsschnittanalyse festgestellt werden.

5.3 Ausfallstruktur

Als Ausfälle werden im folgenden alle Personen verstanden, die an der ersten Panelbefragung 1984 teilnahmen, aber an einer der darauffolgenden Wellen, aus welchen Gründen auch immer, nicht mehr teilnahmen.

Der Frage nach Ausfällen kommt in bezug auf die Aussagekraft von Längsschnittuntersuchungen ein besonderes Gewicht zu. Dem Umstand, daß sich Ausfälle nicht über alle Gruppen und sozio-demographischen Merkmale gleichverteilt vollziehen, wird bereits durch die Längsschnittgewichtung Rechung getragen, die die durch Ausfälle hervorgerufenen Verzerrungen der Stichprobe ausgleichen, doch diese orientiert sich hauptsächlich an primären demographischen Merkmalen. Um die Validität dieser Untersuchung gewährleisten zu können, müssen die Ausfälle jedoch einer detaillierteren Analyse unterzogen werden.

Die Ausfälle der Wellen zwei bis sechs werden hier als separate Stichprobe analysiert und der ungewichteten Längsschnittpopulation anhand sozio-demographischer Merkmale - die jeweils für die erste Welle vorliegen - gegenübergestellt (Tabelle 2). Des weiteren wird, soweit dies möglich ist, die Ausfallstruktur der Ausländerstichprobe mit der der deutschen Stichprobe verglichen. Die in den folgenden Tabellen zwei und drei ausgewiesenen Prozentanteile für die Panelpopulation können geringfügig von den Daten des empirischen Teils abweichen, da hier die gesamte Population betrachtet wird, im empirischen Teil aber nur die 16- bis 64jährigen und nach Stellung im Beruf nur Voll- und Teilzeiterwerbstätige.

Die Ausfälle in der Ausländerstichprobe sind etwas größer als bei der deutschen Population. Für 31% aller Ausfälle wird als Ausfallgrund „ins Ausland verzogen" angegeben, was auf einen hohen Anteil an Remigranten schließen läßt. Trotzdem vollziehen sich die Ausfälle, von wenigen Ausnahmen abgesehen, sowohl für die Ausländerstichprobe insgesamt als auch nach den jeweiligen Nationalitäten, relativ gleichförmig.

Etwas höhere Ausfälle, sowohl bei Deutschen als auch bei Ausländern, sind bei der Altersgruppe der 16- bis 24jährigen zu verzeichnen, dies dürfte auf die höhere Mobilität dieser Altersgruppe, insbesondere durch den Auszug aus dem elterlichen Haushalt, zurückzuführen sein. Deutlich höhere Ausfälle gibt es jeweils bei den über 55-jährigen. Hier kann kein unmittelbarer Vergleich der Stichproben der deutschen und ausländischen Bevölkerung erfolgen, da die Zusammensetzung zu unterschiedlich ist. Während die deutschen Stichprobe durch einen hohen Anteil sehr alter Menschen geprägt ist und „Verstorben" ein wichtiger Ausfallgrund ist, gibt es im Panel nur wenige Ausländer im Rentenalter. Die Ausfälle dieser Altersgruppe sind hier überwiegend auf die Remigration ins Heimatland zurückzuführen: In 57% aller Ausfälle ist „ins Ausland verzogen" der Ausfallgrund. Höhere Ausfälle zeigen sich auch bei der nichterwerbstätigen Bevölkerung, insbesondere bezogen auf die deutsche Stichprobe. Auch hier liegt die Ursache in der höheren Mortalität dieser Gruppe. Etwas höhere Ausfälle sind bei Arbeitslosen zu verzeichnen. Es besteht allerdings die Gefahr, daß Arbeitslosigkeit als möglicher Ausfallgrund unterschätzt wird, denn hier wird nur der Beschäftigungsstatus des Jahres 1984 zugrundegelegt.

Während sich bei der deutschen Stichprobe signifikante Unterschiede bezüglich Alter, Erwerbsstatus und Schulabschluß zeigen, sind signifikante Unterschiede in der Ausländerstichprobe nur nach dem Schulabschluß gegeben. Hier sind die Ausfälle bei der Gruppe derer, die im Ausland lediglich eine Pflichtschule besuchten und über keinen Abschluß verfügen, deutlich höher. Bei dieser Gruppe liegt der Ausfallgrund „ins Ausland verzogen" etwas höher, so daß eine höhere Remigration dieser Gruppe als Ursache angenommen werden kann. Differenziert nach Sprachkenntnissen zeigen sich bei der Gruppe mit guten Kenntnissen etwas geringere Ausfälle. Auch der Bruttoverdienst der zwischen 1985 und 1989 aus dem Panel Ausgeschiedenen lag 1984 etwas niedriger als bei der Gruppe, die

Tabelle 2: Vergleich der Ausfallstichprobe mit der Panelpopulation (in Prozent)

	Ausländer Ausfälle	Ausländer Panel	Deutsche Ausfälle	Deutsche Panel	Ausfallgrund ins Ausland verzogen[1]
Insgesamt	40	60	33	67	31
Geschlecht					
Männer	54	55	47	47	29
Frauen	46	45	53	53	34
Alter					
16-24 Jahre	24	21	18	16	30
25-34 Jahre	22	21	16	20	28
35-44 Jahre	24	31	15	19	26
45-54 Jahre	20	23	15	18	28
55 und älter	11	5	36	26	57
Erwerbsstatus					
Voll erwerbstätig	58	62	37	45	27
Teilzeit	2	3	6	7	19
in Ausbildung	3	4	4	3	20
Unregelmäßig erwerbstätig	2	1	3	3	44
Arbeitslos	8	5	3	3	42
nicht erwerbstätig	27	25	47	39	37
Stellung im Beruf					
Un-, Angelernte	67	70	17	18	28
Facharbeiter/Meister	17	19	18	18	20
Angestellte	8	7	44	43	20
Selbständige	6	5	12	10	28
Schulabschluß					
- in Deutschland					
kein Abschluß	24	24	3	3	31
Hauptschulabschluß	58	57	65	61	26
Realschulabschluß	11	10	19	22	24
FH-Reife, Abitur	5	6	13	15	36
- im Ausland					
Pflichtschule					
- ohne Abschluß	45	36			34
- mit Abschluß	44	53			28
Weiterf. Schule	11	11			37
Deutschkenntnisse					
Sehr gut/gut	41	44			28
Es geht	35	34			31
schlecht/gar nicht	24	22			37
Bruttoverdienst ⌀	2288	2364	2600	2671	

[1] nur bezogen auf die Ausländerstichprobe

Datenbasis: SOEP, Welle 1 - 6.

permanent an der Befragung teilgenommen hat, dies gilt auch für die deutsche Stichprobe, aber auch hier sind die Unterschiede nicht signifikant. Der Vergleich der Ausfälle bei Ausländern und Deutschen läßt keine grundlegend unterschiedlichen Ausfallmuster erkennen, so daß von einer guten Vergleichbarkeit ausgegangen werden kann. Wenn also im folgenden Aussagen über die Situation der ausländischen Bevölkerung gemacht werden, so kann davon ausgegangen werden, daß die Resultate für den Zeitraum 1984 bis 1989 insgesamt valide sind. Es besteht allenfalls die Gefahr, daß die Situation insgesamt geringfügig positiver dargestellt wird, als dies vielleicht der Realität entspricht. Der etwas höhere Bruttoverdienst und bessere Sprachkenntnisse der im Panel verbliebenen Personen könnten dahingehend interpretiert werden, aber auch die geringfügig höheren Ausfälle bei Arbeitslosen. Im folgenden wird geprüft, inwiefern für die jeweiligen Teilstichproben der fünf Nationalitäten mit spezifischen Stichprobenverzerrungen zu rechnen ist.

Bei Personen aus dem ehemaligen Jugoslawien ist die Ausfallquote mit 34% am geringsten, dagegen nahm nur noch die Hälfte der Spanier im Jahre 1989 an der Untersuchung teil (Tabelle 3). Die Hauptursache hierfür liegt in unterschiedlichen Remigrationsquoten: Nur jede fünfte Person aus dem ehemaligen Jugoslawien ist ins Ausland verzogen, bei den Spaniern ist der Anteil mehr als doppelt so hoch.

Ein unterschiedliches Ausfallmuster ist bei un- und angelernten Arbeitern aus Spanien und Italien zu erkennen. Bei italienischen un- und angelernten Arbeitern liegen die Ausfälle deutlich niedriger, bei Spaniern hingegen deutlich höher. Bei Spaniern zeigen sich auch signifikante Unterschiede nach den Sprachkenntnissen, bei Personen mit guten Deutschkenntnissen sind die Ausfälle deutlich geringer. Der Vergleich des Bruttoverdienstes der Ausfall- und der Panelstichprobe zeigt für alle Nationalitäten ein höheres Einkommen bei denjenigen, die im Panel verblieben sind. Bei Italienern, Türken und Personen aus dem ehemaligen Jugoslawien fallen diese Unterschiede sehr gering aus, bei Spaniern und Griechen sind sie etwas größer, jedoch nicht signifikant.

Auch nach Alter ist eine starke Varianz der Ausfälle je nach Herkunftsland gegeben. Da sich das Migrations- bzw. Remigrationsverhalten je nach Nationalität unterscheidet, und diese Gruppen zum Teil auch unterschiedliche sozio-demographische Merkmale aufweisen, ergeben sich auch nationenspezifische Ausfallmuster. Wo viele Ältere abwandern, wie zum Beispiel bei den Spaniern, schlagen sich diese Ausfälle auch in anderen Bereichen, wie z.B. den Sprachkenntnissen, nieder. Während beispielsweise bei anderen Nationen die Sprachkenntnisse kaum variieren, zeigt sich bei den in der Längsschnittstichprobe verbliebenen Spaniern eine deutlich höhere sprachliche Kompetenz als im Vergleich zur Ausfallstichprobe.

Tabelle 3: Vergleich der Panelpopulation mit der ausgefallenen Population nach Nationalität (in Prozent)

	Türken Ausfälle	Panel	Jugoslawen Ausfälle	Panel	Griechen Ausfälle	Panel	Italiener Ausfälle	Panel	Spanier Ausfälle	Panel
Insgesamt	39	61	34	66	39	61	42	58	50	50
Geschlecht										
Männer	50	55	52	51	51	53	60	58	58	59
Frauen	50	45	48	49	49	47	40	42	42	41
Alter										
16-24 Jahre	34	29	14	8	22	18	20	21	18	19
25-34 Jahre	16	18	23	25	17	15	36	25	20	24
35-44 Jahre	24	32	32	44	20	24	20	24	24	27
45-54 Jahre	20	20	22	21	25	34	14	23	19	22
55 und älter	6	2	10	3	17	9	10	7	19	8
Erwerbsstatus										
Voll erwerbstätig	52	53	65	70	61	66	62	64	57	64
Teilzeit	2	3	2	4	2	3	2	3	2	4
In Ausbildung	3	5	3	1	3	5	3	5	6	3
Unregelm. erwerbst.	3	1	1	3	3	0	0	1	2	1
Arbeitslos	8	7	7	4	6	4	8	5	8	4
Nicht erwerbstätig	32	32	22	18	26	22	25	24	25	25
Stellung im Beruf										
Un-, Angelernte	75	77	54	60	72	78	62	71	71	60
Facharbeiter/Meister	15	15	33	26	5	10	18	17	17	28
Angestellte	8	5	9	9	14	4	8	6	11	11
Selbständige	3	3	5	5	10	8	12	5	2	1
Schulabschluß										
- *in Deutschland*										
Kein Abschluß	32	27	15	27	16	26	24	21	18	20
Hauptschulabschl.	59	60	48	44	55	36	63	68	61	64
Realschulabschluß	3	7	26	17	16	17	10	8	18	12
FH-Reife, Abitur	4	3	11	10	8	21	3	1	2	3
- *im Ausland*										
Pflichtschule										
- ohne Abschluß	44	34	35	27	44	35	53	47	45	44
- mit Abschluß	41	49	57	61	39	57	41	47	47	49
Weiterführ. Schule	15	18	9	11	16	8	6	6	8	7
Deutschkenntnisse										
Sehr gut/gut	31	32	56	56	46	44	45	48	39	50
Es geht	35	32	32	32	36	40	35	35	38	36
Schlecht/gar nicht	34	36	11	12	18	16	20	17	23	14
Durchschnittsbruttoverdienst	2170	2202	2438	2472	2274	2437	2430	2449	2174	2306

Datenbasis: SOEP, Welle 1 - 6.

Es kann festgehalten werden, daß die Ausländerstichprobe des Sozio-Ökonomischen Panels - sowohl insgesamt als auch differenziert nach nationalen Gruppen - nur in geringem Umfang spezifische Ausfälle aufweist. Auch ohne den Ausgleich der Stichprobenverzerrung durch die Gewichtung des Längsschnittdatensatzes wären somit bei der Ausländerstichprobe nur in geringem Umfang Abweichungen zu erwarten, die die Situation der ausländischen Bevölkerung etwas günstiger erscheinen läßt, als dies der Realität entspricht. Außerdem stehen in den hier durchgeführten Analysen Gruppenvergleiche im Vordergrund, und es kann angenommen werden, daß mögliche Verzerrungen der Längsschnittstichprobe für die deutsche und ausländische Teilstichprobe gleichermaßen gelten. In Hinsicht auf die Repräsentativität der hier gemachten Aussagen müssen geringfügige Einschränkungen gemacht werden. Eine Repräsentativität kann bei einer Längsschnittuntersuchung nur bezogen auf das Ausgangsjahr gegeben sein, spätere Veränderungen der Grundgesamtheit können nicht abgebildet werden. Für die hier verfolgte Fragestellung, die Untersuchung beruflicher, ökonomischer und sozialer Mobilität von Ausländern und Deutschen im Vergleich, muß methodisch bedingt ohnehin eine Beschränkung auf den Teil der Bevölkerung erfolgen, der an allen Befragungszeitpunkten an der Befragung teilgenommen hat. Dennoch dürften die Daten des Sozio-Ökonomischen Panels in hohem Maße valide sein, weil sie gegenüber anderen Stichproben in bezug auf die Stichprobenziehung und die Fallzahlen erhebliche Vorteile aufweisen. Empirische Studien über Ausländer beschränken sich häufig auf bestimmte Regionen oder urbane Gebiete, in denen Ausländer in hoher Konzentration leben (z.B. Schultze 1990, 1991; Esser, Friedrichs 1990) oder verwendeten Quotenstichproben (Bundesminister für Arbeit und Sozialordnung 1981, 1986). Demgegenüber weist das Stichprobenverfahren des SOEP erhebliche Vorteile auf, denn Querschnittanalysen stellen nur eine Momentaufnahme dar, individuelle und kollektive Veränderungen können jedoch nur mit Längsschnittanalysen erfaßt werden.

Wie bereits erwähnt, beschränken sich die hier vorgenommenen Analysen auf einen reinen Längsschnittdatensatz, was eine Reduktion des Stichprobenumfangs zur Folge hat. Außerdem ist ein Vergleich der ausländischen und deutschen Population nur für Personen im erwerbsfähigen Alter sinnvoll, da im Basisjahr 1984 nur wenige Ausländer bereits das Rentenalter erreicht hatten. Die meisten Analysen beziehen sich ohnehin nur auf die erwerbstätige Bevölkerung, ansonsten wird jeweils die Alterskohorte der 1984 16- bis 64jährigen betrachtet. Tabelle 4 gibt den Stichprobenumfang ungewichtet und gewichtet wieder und weist einige Strukturmerkmale der jeweiligen Teilstichproben aus. Türken stellen demnach die zahlenmäßig bedeutsamste Gruppe dar und sind gleichzeitig die jüngste Migrantengruppe, sowohl in bezug auf das Durchschnittsalter als auch in Hin-

Tabelle 4: Stichprobenumfang und demographische Struktur

	Personenlängsschnitt, Welle 1 - 6		Personenlängsschnitt[1]		
	ungewichtet	gewichtet	Alter	Aufenthaltsdauer	Frauenanteil
	N=	N=	∅	∅	%
Ausländer insgesamt	1653	1655	37	13	44
Türkei	551	742	35	11	43
ehem. Jugoslawien	326	346	39	14	47
Griechenland	262	173	38	16	41
Italien	327	303	37	15	41
Spanien	187	91	39	17	46

1 Alle Angaben beziehen sich auf 1984.

Datenbasis: SOEP, Welle 1 - 6.

blick auf die durchschnittliche Aufenthaltsdauer im Jahre 1984. Spanier sind im Durchschnitt bereits am längsten in der Bundesrepublik.

5.4 Sprachliche Konventionen und Generationsabgrenzung

Bevor zu den Analysen übergegangen wird, müssen noch einige Anmerkungen zum Sprachgebrauch gemacht werden. Je nach politischem und ideologischem Standpunkt und Zeitpunkt wurde die Gruppe der Arbeitsmigranten als Fremdarbeiter, Gastarbeiter, Zuwanderer, Immigranten, Migranten, Ausländer etc. benannt. Der Begriff des Fremd- bzw. Gastarbeiters verschleiert den dauerhaften Charakter, den die Zuwanderung angenommen hat. Begriffe wie Immigranten oder Migranten, wie sie in der neueren Literatur am häufigsten benutzt werden, erwecken den Eindruck, als hätte die Zuwanderung erst vor kurzer Zeit stattgefunden. Ein türkischer Jugendlicher aber, der in Berlin geboren ist, ist nie in seinem Leben migriert. Im folgenden wird der Begriff Ausländer verwendet und damit der kleinste gemeinsame Nenner zur Umschreibung der heterogenen Gruppen

Abbildung 8: Generationsabgrenzung und deutsche Vergleichsgruppen

Ausländer 2. Generation - Kinder von in Deutschland lebenden Ausländern - Besuch einer deutschen Schule - Alter 16 bis 25 Jahre (1984) N=224*	Deutsche bis 25 Jahre N=1.117
Ausländer 1. Generation Einwanderer im erwerbsfähigen Alter, die keine deutsche Schule besucht haben N=1.431	Deutsche im erwerbsfähigen Alter N=5.151

* Alle Fallzahlen beziehen sich auf den Längsschnittdatensatz der Wellen 1-6 des SOEP.

ohne deutschen Paß gewählt. In den empirischen Analysen wird der Begriff Ausländer vereinfachend nur auf Personen aus den Ländern Türkei, Italien, Griechenland, Spanien und das ehemalige Jugoslawien bezogen. Ebenfalls aus sprachlichen Vereinfachungsgründen steht der Begriff Ausländer für Ausländerinnen und Ausländer gleichermaßen, sofern dies nicht explizit anders vermerkt ist.

Der Analyse generationaler Unterschiede muß vorweggeschickt werden, daß hier nicht, wie häufig in migrationstheoretischen Ansätzen, nur Personen, die im Aufnahmeland geboren sind, der zweiten Generation zugerechnet werden, sondern auch jene, die im Ausland geboren, aber in der Bundesrepublik eine Schule besucht haben, denn nicht der Geburtsort entscheidet über die späteren Bildungs- und Arbeitsmarktchancen, vielmehr stellt Schulbildung ein entscheidendes Kriterium für den Zugang zum Arbeitsmarkt dar (vgl. Wilpert 1980:4). Aus Gründen der Vergleichbarkeit zwischen der zweiten Generation und einer entsprechenden deutschen Vergleichsgruppe muß zusätzlich eine obere Altersgrenze von 25 Jahren gesetzt werden, da im Basisjahr 1984 die genannte Definition nur noch auf wenige Fälle zutrifft, und bei einem Höhersetzen der Altersgrenze die Altersstruktur der deutschen Kontrollgruppe abweichen würde. Dies hätte Verzerrungen zur Folge, da sich beispielsweise beim Einkommen der höhere Altersdurch-

Tabelle 5: Fallzahlen für die erwerbstätige Bevölkerung

	Ausländer N=	Deutsche N=
Insgesamt	1128	2516
2. Generation	165	708
40-64jährige	447	972
Frauen	350	1088
Türken	567	

Datenbasis: SOEP, Welle 1 - 6.

schnitt der deutschen Kontrollgruppe in Form höherer Einkommen bemerkbar machen würde. Die berufliche und ökonomische Mobilität der so abgegrenzten Gruppen wird über die Zeit verfolgt, und zwar jeweils dieselben Individuen. Die Alterskohorte der 1984 16- bis 25jährigen entspricht also den 1989 21- bis 30jährigen. Somit kann der Prozeß der beruflichen Plazierung bei altershomogenen Gruppen relativ gut verglichen werden. Die hier beschriebene Generationsabgrenzung ergibt eine Fallzahl von N=224 (Abbildung 8).

Zur Darstellungsform muß schließlich noch angemerkt werden, daß es zwar wünschenswert wäre, die jeweiligen Indikatoren an allen sechs Meßzeitpunkten darzustellen, um einen möglichst detaillierten Einblick in die Entwicklungsdynamik zu geben. Dies hätte allerdings sehr umfangreiche Tabellen zur Folge und würde das Auffinden relevanter Informationen erschweren. Hier wird deshalb ein Kompromiß gewählt. Im folgenden Kapitel werden die Indikatoren an allen Meßzeitpunkten dargestellt, so daß die Stabilität und Dynamik von Verläufen nachvollzogen werden kann. Daran anschließend werden dann im wesentlichen nur noch die Eckdaten, die Jahre 1984 und 1989, dargestellt, um eine Aufblähung des Tabellenteils zu vermeiden[8]. Das folgende Kapitel wurde deshalb für eine ausführliche Darstellung ausgewählt, weil es viele subjektive Indikatoren enthält, für die eine größere Instabilität angenommen werden kann als bei sogenannten objektiven Indikatoren.

Der ausgewählte Zeitraum von 1984 bis 1989 begründet sich einerseits aus der Unmöglichkeit, die jährlich hinzugekommenen Wellen in die Untersuchung zu integrieren. Andererseits hätte die Ausdehnung des Untersuchungszeitraumes im Längsschnitt eine Reduktion der Fallzahlen durch weitere Ausfälle zur Folge gehabt und beispielsweise keine Analyse von Subgruppen der zweiten Generation mehr erlaubt. Auch wenn ein Verlust an Aktualität in Kauf genommen werden muß, ist der Untersuchungszeitraum so gewählt worden, daß er lang genug ist, spezifische Veränderungsprozesse abzubilden und dabei eine möglichst große Validität für die untersuchten Gruppen zu erreichen. In beiderlei Hinsicht stellt der gewählte Zeitraum einen optimalen Kompromiß dar.

Da sich die meisten der folgenden Analysen auf die erwerbstätige Bevölkerung beziehen, werden in Tabelle fünf die Fallzahlen, bezogen auf den verwendeten Längsschnittdatensatz der Wellen eins bis sechs des SOEP, für die erwerbstätige Bevölkerung wiedergegeben. Unter Erwerbstätigen werden hier Personen verstanden, die mindestens mit der Hälfte der tariflichen Arbeitszeit regelmäßig beschäftigt sind. Da Ausländern der Zugang zum Beamtenstatus verwehrt ist, bleibt dieser Personenkreis auch bei der deutschen Kontrollgruppe weitgehend unberücksichtigt. Die Fallzahlen werden deshalb ohne Beamte wiedergegeben. Alle Angaben beziehen sich auf 1989.

Anmerkungen

[1] Eine detaillierte Darstellung der Stichprobenziehung und Ausschöpfung kann an dieser Stelle nicht erfolgen. Eine ausführliche Dokumentation findet sich in Hanefeld 1987 und in: Deutsches Institut für Wirtschaftsforschung 1993.

[2] Auch die Anstaltsbevölkerung wurde in die Untersuchung einbezogen (Hanefeld 1987:162ff).

[3] Nach Bereinigung verblieben 3041 Personen.

[4] ADM = Arbeitskreis deutscher Markforschungsinstitute.

[5] Aus methodischen Gründen werden die folgenden Analysen ausschließlich mit dem Längsschnittdatensatz des SOEP ausgeführt, also nur einem Teil der Gesamtstichprobe. Die folgenden Ausführungen beziehen sich folglich nicht auf die Repräsentativität des SOEP insgesamt (vgl. hierzu Rendtel 1993, Wagner 1991), sondern nur auf die Spezifika des Längsschnittdatensatzes der Wellen eins bis sechs.

[6] Ab der zweiten Welle werden Kinder, die inzwischen das Befragungsalter erreicht haben, in die Querschnittstichprobe aufgenommen, ebenso alle neu hinzugekommenen erwachsenen Haushaltsmitglieder. Verläßt eine Person den Ursprungshaushalt und gründet einen neuen Haushalt, so wird dieser Haushalt mit allen darin wohnenden Individuen ebenfalls in die Stichprobe aufgenommen.

[7] Das SOEP soll im Jahre 1994 um eine Zuwandererstichprobe ergänzt werden, die den Teil der Bevölkerung erfaßt, der zwischen 1984 und 1989 in die Bundesrepublik zugewandert ist (vgl. Schulz, Rendtel, Schupp, Wagner 1993).

[8] Diese Darstellungsweise wird nur in Kapitel zehn noch einmal durchbrochen, weil bezüglich der Gesundheitsindikatoren starke jährliche Schwankungen bei Arbeitslosen festgestellt wurden, die dokumentiert werden.

6. Sprachkompetenz, interethnische Beziehungen und nationale Identität

Vertreter von Assimilationstheorien gehen allgemein davon aus, daß mit längerer Abwesenheit vom Heimatland auch die emotionale Bindung an das Herkunftsland abnimmt und eine allmähliche Assimilierung an die Aufnahmegesellschaft einsetzt. Dieser Ansatz wurde in Kapitel drei erörtert. Bevor im nächsten Kapitel auf die Zusammenhänge zwischen beruflicher Statusallokation und Sprachkompetenz, interethnischen Kontakten sowie nationaler Selbstidentifikation eingegangen wird, werden diese Indikatoren in diesem Kapitel ausführlich vorgestellt. Ausgehend von einer Analyse der sprachlichen Kompetenz, die Voraussetzung für soziale Kontakte und den Zugang zur Kultur des Aufnahmelandes sind, wird daran anschließend das Netz der sozialen Beziehungen untersucht, um Aufschlüsse über Art und Umfang interethnischer Beziehungen zu erlangen. Mit der Frage nach der nationalen Selbstidentität wird ermittelt, ob sich ein Migrant emotional der Herkunftskultur oder der Aufnahmekultur verbunden sieht. Da dieser Frage in den Assimilationstheorien große Bedeutung zugemessen und die Identifikation mit dem Aufnahmeland als Endpunkt des Assimilationsprozesses angesehen wird, soll hier ein besonderes Augenmerk auf die Veränderungen im Zeitverlauf gelegt werden. Diese Analysen werden ergänzt um einige Aspekte der alltagskulturellen Gewohnheiten.

6.1 Sprachkenntnisse[1]

Deutschkenntnisse sind eine wichtige Voraussetzung für die Ausübung qualifizierter Tätigkeiten. Mangelnde Sprachkenntnisse bilden eine Barriere für den Zugang zu kulturellen Einrichtungen, die Wahrnehmung sozialer Kontakte und die Partizipation am öffentlichen Leben. Die Wichtigkeit der Deutschkenntnisse wird auch von den Ausländern selbst betont. 96% halten es für wichtig, Deutsch zu können, um rechtliche Ansprüche wahrnehmen zu können, um sich besser im Leben zurechtzufinden, aber auch wegen besserer Kontaktmöglichkeiten zu Deutschen (Bundesminister für Arbeit und Sozialordnung 1981:484).

6.1.1 Verbale Deutschkenntnisse

Insgesamt zeigt sich, daß zwischen 1984 und 1989 nur jeweils etwas mehr als 40% der Ausländer ihre Kenntnisse der deutschen Sprache als gut einschätzen (Tabelle 6). Im Zeitverlauf zeigen sich kaum Verbesserungen der sprachlichen Kompetenz. Lediglich der Anteil derer, die schlechte Sprachkenntnisse angeben, ist etwas zurückgegangen. 1984 gab noch jeder vierte Ausländer an, schlecht oder gar nicht Deutsch zu sprechen, 1989 war es nicht einmal mehr jeder fünfte. Dennoch kann davon ausgegangen werden, daß mangelnde Deutschkenntnisse für einen beträchtlichen Teil der Ausländer ein Kommunikations- und auch berufliches Mobilitätshemmnis darstellt. Diese Aussage muß allerdings weiter differenziert werden, denn die Sprachkenntnisse unterscheiden sich erheblich nach Nationalität, Alter, Geschlecht und vor allem Generation[2].

Ausländer der zweiten Generation verfügen weitgehend über gute Sprachkenntnisse und lediglich 2% geben 1989 an, schlecht oder gar nicht deutsch zu sprechen. Demnach kann davon ausgegangen werden, daß Sprache nur für eine Minderheit der zweiten Generation ein Kommunikations- und Mobilitätshemmnis darstellt. Deutliche Unterschiede in der Kenntnis der deutschen Sprache zeigen sich nach dem Geschlecht. Bei Frauen liegt der Anteil derer, die angeben, gut Deutsch zu sprechen, deutlich niedriger als bei Männern.

Unterschiede in der Sprachkompetenz sind auch nach dem Alter zu erkennen[3]. In den höheren Altersgruppen ist der Anteil derer, die gut Deutsch sprechen, deutlich geringer als bei den jüngeren. Auch nach Nationalität sind erhebliche Unterschiede zu erkennen. Befragte aus dem ehemaligen Jugoslawien verfügten bereits 1984 über die besten Sprachkenntnisse, und bis 1989 stieg der Anteil derer, die angaben, gut Deutsch zu sprechen, sogar auf 71%. Bei Türken hingegen bleibt dieser Anteil fast unverändert bei nur 30%.

In den Zeitreihen fällt eine gewisse Unstetigkeit bei den Angaben zu den Sprachkenntnissen auf. So steigt beispielsweise der Anteil der Spanier mit mindestens guten Sprachkenntnissen von 38% im Jahre 1984 auf 45% im nächsten Jahr und fällt im darauffolgenden Jahr auf 37% und somit unter das Ausgangsniveau[4]. Es muß jedoch bedacht werden, daß die Grenzen der vorgelegten fünfstufigen Skala fließend sind und Befragte möglicherweise zwischen zwei Einstufungen schwanken, ohne daß im Zeitverlauf eine Veränderung der Sprachkenntnisse gegeben war. Dennoch ist davon auszugehen, daß die Selbsteinstufung der Sprachkenntnisse einen relativ verläßliches Maß der Sprachkompetenz ist. Genauere Aufschlüsse könnten nur mittels eines Sprachtests erlangt werden. Dies würde jedoch den Rahmen einer Repräsentativuntersuchung sprengen.

Geschlechtsspezifische Unterschiede in den Sprachkenntnissen sind je nach Nationalität unterschiedlich ausgeprägt. Bei Frauen aus dem ehemaligen Jugo-

Tabelle 6: Verbale Deutschkenntnisse von Ausländern (in Prozent)

	1984 gut[1]	1984 schlecht[2]	1985 gut	1985 schlecht	1986 gut	1986 schlecht	1987 gut	1987 schlecht	1989 gut	1989 schlecht
Insgesamt	42	25	41	22	41	22	45	20	44	19
2. Generation	78	4	82	2	81	5	85	3	81	2
Geschlecht										
Männer	47	20	49	15	47	16	48	14	48	13
Frauen	35	32	31	32	34	29	40	28	39	28
Alter[3]										
16-24 Jahre	69	10	67	6	75	11	76	7	71	6
25-34 Jahre	41	22	44	20	41	17	47	15	44	17
35-44 Jahre	36	32	33	27	35	26	37	24	39	21
45-54 Jahre	33	26	31	29	29	27	35	26	30	28
55 und älter	21	45	24	52	15	37	19	35	19	43
Nationalität										
Türkei	30	38	32	31	32	30	35	25	31	26
Jugoslawien[4]	61	11	59	9	58	7	66	8	71	6
Griechenland	50	15	44	20	46	15	50	15	53	14
Italien	46	20	41	19	44	21	45	25	43	23
Spanien	38	16	45	22	37	23	36	16	40	17

1 Anteil "sehr gut" und "gut"
2 Anteil "eher schlecht" und "gar nicht", der zu 100% fehlende Wert entspricht dem Anteil "es geht"
3 Alle Altersangaben beziehen sich auf 1984.
4 Alle Personen aus dem Staatsgebiet des ehemaligen Jugoslawien.

Datenbasis: SOEP, Welle 1 - 6.

slawien lag der Anteil derjenigen, die mindestens gute Deutschkenntnisse angaben, 1984 auf gleichem und 1989 sogar geringfügig über dem Niveau der Männer gleicher Herkunft (Abbildung 9). Die geringsten Deutschkenntnisse sind bei türkischen Frauen vorhanden. Im Jahre 1984 gaben nur 19% der türkischen Frauen an, die deutsche Sprache gut zu beherrschen. 1989 waren es 22%. Auch bei den Männern sind es Personen mit türkischer Herkunft, die durchschnittlich die geringsten Sprachkenntnisse aufweisen. 1989 gaben nur 37% der türkischen Männer an, gut Deutsch zu sprechen. Allgemein zeigt sich, mit Ausnahme der Befragten aus dem ehemaligen Jugoslawien, bei Männern eine größere Sprachkompetenz

Abbildung 9: Sprachkenntnisse nach Geschlecht: Anteil "gut" oder "sehr gut" Deutsch sprechen

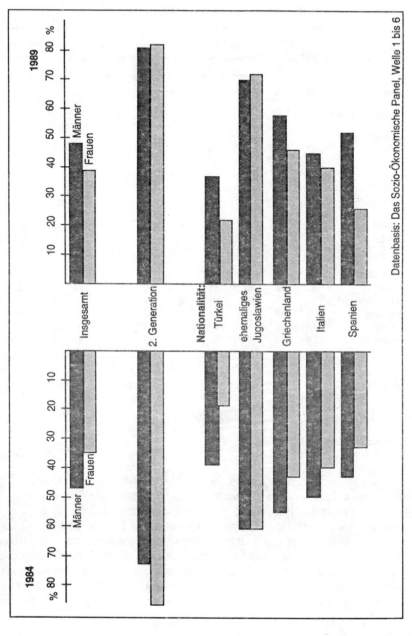

Datenbasis: Das Sozio-Ökonomische Panel, Welle 1 bis 6

als bei Frauen. Diese geschlechtsspezifischen Differenzen sind größtenteils auf eine stärkere Einbindung der Männer in das Erwerbsleben zurückzuführen, denn 51% der voll- und teilzeiterwerbstätigen Frauen beurteilen 1989 ihre Sprachkenntnisse als gut, aber nur 29% der nichterwerbstätigen Frauen.

6.1.2 Schriftsprachliche Deutschkenntnisse

Verbale Deutschkenntnisse sind zwar ausreichend für die Wahrnehmung sozialer Kontakte und die kulturelle Partizipation, die Ausübung qualifizierter Berufe setzt aber auch die Beherrschung des Schriftdeutschen voraus. Gute schriftsprachliche Kenntnisse sind vor allem bei denjenigen zu erwarten, die eine deutsche Schule besucht haben, also bei der zweiten Generation[5]. Tatsächlich beherrscht nach eigener Einschätzung die Mehrzahl der zweiten Generation das Schriftdeutsche gut, aber insgesamt doch in geringerem Umfang als dies für die verbalen Deutschkenntnisse angegeben wird (Tabelle 7). Bei geringen Schwankungen im Zeitverlauf nennen jeweils rund zwei Drittel der zweiten Generation gute schriftdeutsche Kenntnisse[6]. Bei Ausländern insgesamt sind es dagegen unverändert nur 21%, die gute schriftdeutsche Kenntnisse angeben. In den höheren Altersgruppen ist die Beherrschung des Schriftdeutschen durchschnittlich geringer. 80% der über 55-jährigen verfügen über gar keine oder eher schlechte schriftsprachliche Kenntnisse.

Frauen schätzen ihre Schreibkenntnisse insgesamt schlechter ein als Männer, wenngleich die Unterschiede nach Geschlecht geringer sind als bei den verbalen Kenntnissen. 1989 verfügten 18% der Frauen und 23% der Männer über gute schriftsprachliche Kenntnisse[7]. Auch differenziert nach Nationalitäten treten erhebliche Unterschiede auf. Nur 13% der Spanier und 17% der Türken gaben 1989 an, die Schriftsprache gut zu beherrschen, bei Personen aus dem ehemaligen Jugoslawien dagegen sind es fast ein Drittel.

Insgesamt zeigt sich in bezug auf die Sprachkompetenz von Ausländern ein sehr differenziertes Bild je nach sozio-demographischen Merkmalen. Eine gute Beherrschung der deutschen Sprache in Wort und Schrift kann zumindest für die Mehrzahl der zweiten Generation angenommen werden. Bei Frauen, älteren Personen und Befragten aus der Türkei sind die Deutschkenntnisse unterdurchschnittlich. In der Untersuchungsperiode zeigen sich im Aggregat kaum Verbesserungen in der Wahrnehmung der Deutschkenntnisse. Differenzen nach sozio-demographischen Merkmalen oder Nationalitäten bleiben bestehen. Daraus kann geschlossen werden, daß sich Sprachkenntnisse nicht einfach mit längerer Aufenthaltsdauer verbessern. Maßgeblich für die Sprachbeherrschung ist vielmehr die Frage, ob eine deutsche Schule besucht wurde oder nicht.

Tabelle 7: Sprachkenntnisse: Deutsch schreiben (in Prozent)

	1984		1985		1986		1987		1989	
	gut[1]	schlecht[2]	gut	schlecht	gut	schlecht	gut	schlecht	gut	schlecht
Insgesamt	21	57	21	59	21	58	21	58	21	54
2. Generation	66	14	67	14	64	16	65	14	65	9
Geschlecht										
Männer	23	51	23	51	23	51	23	53	24	47
Frauen	18	65	17	68	19	66	19	65	18	63
Alter[3]										
16-24 Jahre	51	25	54	28	54	24	54	22	52	20
25-34 Jahre	21	56	20	56	23	54	20	54	22	51
35-44 Jahre	13	63	12	65	12	66	11	67	13	63
45-54 Jahre	10	72	11	71	10	71	14	71	12	65
55 und älter	14	70	13	79	11	81	11	81	9	80
Nationalität										
Türken	18	62	18	63	18	61	16	65	17	59
Jugoslawen	25	43	26	45	28	44	29	44	32	36
Griechen	30	44	32	50	31	51	34	47	26	44
Italiener	19	63	17	64	17	65	18	50	20	63
Spanier	14	69	17	73	17	66	14	69	13	71

1 Anteil "sehr gut" und "gut"
2 Anteil "eher schlecht" und "gar nicht", der fehlende Wert zu 100% ergibt den Anteil "es geht"
3 Alle Altersangaben beziehen sich auf 1984.

Datenbasis: SOEP, Welle 1 - 6.

6.1.3 Kenntnis der Muttersprache

Die Analyse der deutschen Sprachkenntnisse läßt erwarten, daß für die Mehrzahl der Ausländer in der Bundesrepublik die Sprache des Herkunftslandes einen hohen Stellenwert hat und die Kommunikation zumindest im Familien- und Freizeitbereich überwiegend in der Sprache des Herkunftslandes erfolgt. Insgesamt kann davon ausgegangen werden, daß fast alle Ausländer (1989: 93%) ihre jeweilige Muttersprache gut beherrschen. Befragte aus dem ehemaligen Jugoslawien, die auch über die besten Deutschkenntnisse verfügen, beurteilen sogar zu 96% die

Kenntnisse ihrer Muttersprache als gut. Insgesamt variiert die Einschätzung der Kenntnisse der Muttersprache nur gering[8] nach Nationalität, Geschlecht und Alter. Auch für die Mehrheit der zweiten Generation stellt es keine Schwierigkeit dar, sich in der Sprache des Herkunftslandes ihrer Eltern auszudrücken. 90% geben 1989 an, ihre Muttersprache gut zu beherrschen. Im Untersuchungszeitraum war insgesamt kein Rückgang dieser Fertigkeit festzustellen.

Schriftkenntnisse der Muttersprache sind insgesamt etwas weniger verbreitet, aber doch weitgehend vorhanden. 1989 gaben 80% aller ausländischen Befragten an, über mindestens gute Schreibkenntnisse in der jeweiligen Muttersprache zu verfügen. Bei den Männern (84%) lag der entsprechende Anteil höher als bei Frauen (75%). Mit zunehmendem Alter scheint die Schreibfähigkeit relativ schnell verloren zu gehen. 1984 schätzten noch 81% der über 55-jährigen ihre Schriftkenntnisse der Muttersprache als gut ein. 1989 waren es nur noch 59%[9]. Die schriftsprachlichen Kenntnisse sind bei der zweiten Generation etwas unterhalb des Durchschnitts, aber immerhin 77% geben an, ihre Muttersprache auch schriftsprachlich gut zu beherrschen. Dieser Anteil hat sich während des Untersuchungszeitraumes sogar noch etwas erhöht[10]. Große Teile der zweiten Generation beherrschen sowohl die Muttersprache als auch die deutsche Sprache gut und können somit als bilingual eingestuft werden. Die These der „doppelten Halbsprachigkeit", die in der Spracherwerbsforschung, bezogen auf ausländische Jugendliche, zum Teil vertreten wird, (vgl. Nieke 1991:19) kann, zumindest in Hinblick auf die Selbsteinschätzung durch die zweite Generation, nicht gestützt werden.

Die Bewertung der Sprachkenntnisse war, wie in den vorangegangen Fußnoten dokumentiert, größeren Schwankungen unterworfen. Die für alle Sprachfertigkeiten festgestellte Instabilität in der Wahrnehmung dürfte vermutlich nur relativ selten auf eine reale Veränderung der Sprachkompetenz zurückzuführen sein. Es ist eher unwahrscheinlich, daß sich die Deutschkenntnisse real verschlechtern, ebenso ist eine Verbesserung der muttersprachlichen Kenntnisse eher unwahrscheinlich. Zwar kann ein Urlaubsaufenthalt beispielsweise zu einer Auffrischung der muttersprachlichen Kenntnisse beitragen, in der Mehrzahl der Fälle dürfte es sich jedoch um eine methodisch bedingte Unschärfe handeln. Es ist davon auszugehen, daß die Zuordnung zu den Anwortvorgaben spontan erfolgen und dadurch durchaus Inkonsistenzen auftreten können[11]. So kann ein Befragter, bei unveränderter Sprachkompetenz, abwechselnd zu der Einschätzung „gute Kenntnisse" und „sehr gute Kenntnisse" gelangen. Der Schwankungsbereich ist dabei - wie gezeigt - sehr gering, so daß insgesamt von validen Angaben ausgegangen werden kann.

6.2 Soziale Kontakte und informelle Netzwerke

Soziale Kontakte zwischen einheimischer und zugewanderter Bevölkerung werden häufig als Indikator der sozialen Isolation bzw. Integration angesehen. Geringe Kontakthäufigkeiten zwischen Ausländern und Deutschen können nicht automatisch auf fehlende Kontaktmöglichkeiten reduziert werden. Es ist durchaus denkbar, daß sich Angehörige einer ethnischen Gruppe, die voll in das Beschäftigungssystem integriert sind, sich in ihrer Freizeit bewußt für Kontakte zu Verwandten und Landsleuten entscheiden. Die ethnische Gemeinschaft vermag einem Individuum mehr Entfaltungsmöglichkeiten und einen höheren Grad an Zugehörigkeitsempfinden und Schutz bieten, als dies in interethnischen Beziehungen möglicherweise der Fall sein könnte[12]. Doch auch wenn mangelnde interethnische Kontakte nicht mit Isolation gleichgesetzt werden, bleibt zu ergründen, in welchem Umfang Ausländer segregiert leben. Von besonderem Interesse ist dabei die zweite Generation; dabei stellt sich die Frage, ob Freunde unter Angehörigen der gleichen Ethnie oder auch unter deutschen Schulkameraden gesucht und gefunden werden. Im folgenden wird der Frage nachgegangen, inwiefern, differenziert nach sozio-demographischen Merkmalen, unterschiedliche Kontaktmuster zu Deutschen bestehen.

Seit der zweiten Panelwelle (1985) werden Ausländer gefragt, ob sie Kontakte zu Deutschen haben. Dabei wird allerdings nicht näher spezifiziert, was unter Kontakten zu verstehen ist, die Frageformulierung bleibt somit recht allgemein. Außerdem wird gefragt, ob sie in den letzten 12 Monaten Besuch von Deutschen hatten, und ob sie Deutsche in deren Wohnung besuchten. Mittels dieser Items kann jedoch kein Aufschluß über die Intensität der Kontakte bzw. die Häufigkeit der Besuche gewonnen werden. Um zumindest auf eine minimale Häufigkeit schließen zu können, werden im folgenden die Variablen „Besuche bei" und „Besuche von" Deutschen zusammengefaßt zu „gegenseitigen Besuchen".

1989 hatten 90% aller Ausländer Kontakte zu Deutschen, und 76% hatten gegenseitigen Besuchskontakt[13] mit Deutschen innerhalb der letzen 12 Monate (Tabelle 8). Besuche und Kontakte sind stark altersabhängig. Die Spanne liegt im Jahre 1989 zwischen 84% gegenseitiger Besuche der 16- bis 24jährigen und 67% der über 55jährigen. Kontakte und gegenseitige Besuche mit Deutschen nennt auch die zweite Generation öfter als Ausländer insgesamt. Kontakte zu Deutschen sind bei Männern häufiger als bei Frauen, in bezug auf gegenseitige Besuche sind die Unterschiede zumindest 1989 gering.

Unterschiedliche Kontakt- und Besuchsfrequenzen zeigen sich nach der Nationalität. Gegenseitige Besuche von und bei Deutschen nannten nur ein Drittel der türkischen Befragten. Bei Personen aus dem ehemaligen Jugoslawien lag dieser Anteil dagegen bei 88%. Im untersuchten Zeitraum zeigt sich ein geringer

Tabelle 8: **Kontakte zu Deutschen und wechselseitige Besuche mit Deutschen (in Prozent)**

	Kontakte				Gegenseitige Besuche			
	1985	1986	1987	1989	1985	1986	1987	1989
Insgesamt	85	84	89	90	73	70	74	76
2. Generation	96	94	97	97	85	78	79	84
Geschlecht								
Männer	88	88	92	92	74	72	77	76
Frauen	81	80	84	86	71	69	71	75
Alter[1]								
16-24 Jahre	95	93	96	95	84	77	76	84
25-34 Jahre	85	82	91	92	75	73	80	83
35-44 Jahre	85	82	86	88	67	68	74	72
45-54 Jahre	82	86	85	86	74	69	68	69
55 und älter	73	72	80	78	59	51	69	67
Herkunftsland								
Türkei	82	82	86	87	67	66	67	68
Jugoslawien[2]	96	89	94	94	84	79	83	88
Griechenland	83	84	91	90	68	70	79	80
Italien	81	84	86	92	73	68	77	81
Spanien	91	86	94	89	86	83	79	74

1 Alle Altersangaben beziehen sich auf 1984.
2 Alle Personen aus dem Staatsgebiet des ehemaligen Jugoslawien.
Datenbasis: SOEP, Welle 1 - 6.

Anstieg der wechselseitigen Besuchskontakte, ein gegenläufiger Trend zeichnet sich jedoch bei Spaniern ab, die 1989 wesentlich weniger wechselseitige Besuchskontakte nennen als noch 1984.

Wird die Frage der sozialen Isolation allein auf der Grundlage von Kontakten und wechselseitigen Besuchen beurteilt, so könnten kaum Anzeichen für eine ethnische Segregation festgestellt werden. Allerdings kann bislang wenig über die Intensität von interethnischen Beziehungen ausgesagt werden. Hierfür ist eine Analyse des Freundeskreises und der Netzwerke notwendig. 1988 wurde im SOEP erstmals eine Frage entsprechenden Inhalts gestellt. Die Befragten wurden gebeten, die drei Personen außerhalb des eigenen Haushalts zu nennen, „mit denen Sie näher befreundet sind, und mit denen Sie sich am häufigsten treffen". Unter den drei wichtigsten Bezugspersonen nennt die Hälfte der Ausländer keine deut-

Abbildung 10: Interethnische Netzwerke
Anzahl der Personen mit deutscher Nationalität unter den drei wichtigsten Kontaktpersonen

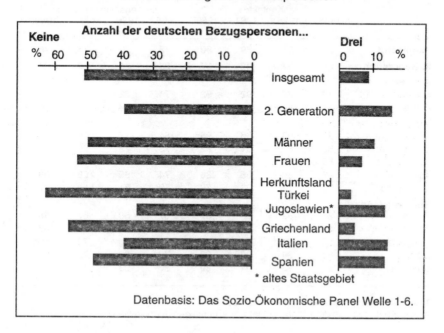

sche Person (Abbildung 10). Nicht einmal bei jedem zehnten Ausländer sind alle drei Bezugspersonen Deutsche. Beinahe die Hälfte der Türken nennt ausschließlich türkische Landsleute[14]. Bei den Befragten aus dem ehemaligen Jugoslawien ist dies lediglich bei jedem fünften der Fall. Auch bei der zweiten Generation sind es 39%, bei denen unter den drei wichtigsten Bezugspersonen kein Deutscher ist. Allerdings nennen auch 16% ausschließlich deutsche Freunde.

Unterschiede nach dem Geschlecht fallen gering aus, Frauen nennen etwas seltener keine deutsche Kontaktperson und haben auch seltener drei deutsche Freunde. Für Frauen sind Verwandte öfters Bezugspersonen als für Männer. Nach Nationalität differenziert, sind es vor allem Türken, die keine deutsche Person unter ihren drei wichtigsten Bezugspersonen haben; nur eine kleine Minderheit nennt drei deutsche Bezugspersonen. Auch Griechen nennen in geringem Umfang deutsche Bezugspersonen. Befragte aus dem ehemaligen Jugoslawien und auch Italiener nennen dagegen wesentlich häufiger auch deutsche Bezugspersonen[15].

Insgesamt kann davon ausgegangen werden, daß interethnische Freundschaftsbeziehungen nicht die Regel darstellen. Jeweils etwas mehr als die Hälfte der Ausländer nennt keine deutsche Person unter den drei wichtigsten Bezugspersonen. Auch für die zweite Generation sind interethnische Kontakte noch nicht selbverständlich, und insbesondere Türken nennen nur in geringem Umfang deutsche Bezugspersonen. Ausländer haben zwar Kontake und pflegen wechselseitigen Besuchskontakt mit Deutschen, aber diese Kontakte sind offenbar von geringer Intensität. Bei der Hälfte der Ausländer findet sich keine deutsche Bezugsperson im engsten Netzwerk. Ausländer sind also in ihren Primärkontakten weitgehend auf die eigene Ethnie ausgerichtet. Es stellt sich die Frage, ob diese ethnische Segregation auch als Isolation interpretiert werden kann. Aus einer traditionellen Sichtweise heraus stände dies außer Frage, die Mehrheit der ausländischen Bevölkerung würde als isoliert angesehen. Doch die Analysen von Elwert (1984) beispielsweise haben gezeigt, daß ethnische Gemeinschaften einen wichtigen Beitrag leisten für die Organisation des Alltags und dem Migranten ein Gefühl von Sicherheit und Geborgenheit bieten. In diesem Zusammenhang ist es in der Tat schwierig zu entscheiden, ob die geringe Intensität der Kontakte zwischen ausländischer und deutscher Bevölkerung als Isolation interpretiert werden kann. Es stellt sich aber die Frage, ob ethnische Segregation und soziale Isolation mit einer Benachteiligung auf dem Arbeitsmarkt einhergehen oder sich gar gegenseitig bedingen. Dies wird im siebten Kapitel erörtert.

6.3 Nationale und kulturelle Identität

Wenn sich Migranten nicht mehr der Ethnie ihres Herkunftslandes zugehörig fühlen, sondern sich mit dem Aufnahmeland identifizieren, dann ist nach den klassischen Assimilationstheorien der Endpunkt des Assimilationsprozesses erreicht, und der Migrant ist nun Teil der Aufnahmegesellschaft. Daß die Sichtweise, nach der Assimilation einen Prozeß darstellt, an dessen Ende das Aufgehen des Migranten in die Aufnahmegesellschaft steht, kontrovers diskutiert wird, haben die Erörterungen des dritten Kapitels gezeigt. Dennoch stellt sich die Frage, ob, insbesondere bei der zweiten Generation, die identifikative Bindung zur eigenen Ethnie im Zeitverlauf abnimmt und sich eine Identifikation mit dem Aufnahmeland herausbildet oder die Identifikation mit dem Herkunftsland verloren geht, ohne daß sich eine Identifikation als Deutscher herausbildet. Außerdem werden einige Indikatoren zur kulturellen Orientierung vorgestellt. Bestimmte kulturelle Gepflogenheiten wie Musik hören, Kochen und Zeitung lesen, geben Auskunft darüber, wie stark eine Person der Kultur des Herkunftslandes verbunden ist. Zunächst wird jedoch der Frage nachgegangen, ob und in welchem Umfang Ausländer eine dauerhafte Bleibeabsicht äußern, bzw. bei welchen Gruppen eine Rückkehrorientierung besteht.

6.3.1 Zeitliche Perspektiven des Aufenthalts in Deutschland

Ausländer, die sich für einen dauerhaften Aufenthalt in der Bundesrepublik entschieden haben, werden ihr Leben anders organisieren, andere Prioritäten setzen, andere Ansprüche und eine andere Motivation haben als Migranten, die vorhaben, nach einer bestimmten Zeit das Land wieder zu verlassen. Für die hier untersuchten Migrantengruppen dürfte die Frage der Aufenthaltsorientierung eigentlich entschieden sein, hat doch der langandauernde Aufenthalt bereits gezeigt, daß sich die Mehrzahl dieser Ausländer für einen dauerhaften oder zumindest langfristigen Aufenthalt in Deutschland entschieden haben.

Die Ergebnisse der Tabelle 9 sind überraschend, die Erwartung eines hohen Anteils mit einer dauerhaften Aufenthaltsabsicht bestätigte sich nicht. Sogar bei der zweiten Generation, bei der die stärkste Verbundenheit mit der Bundesrepublik zu erwarten gewesen wäre, hatten 1984 nur 35% die Absicht, für immer in der Deutschland zu bleiben. Im Jahre 1989 wünschte zwar schon die Hälfte der zweiten Generation einen dauerhaften Aufenthalt in der Bundesrepublik, dennoch scheint dieser Anteil relativ niedrig, wenn bedacht wird, daß diese Gruppe weitgehend in der Bundesrepublik aufgewachsen ist. Von denen, die nicht auf Dauer in der Bundesrepublik bleiben wollen, äußerte jedoch keiner der Befragten an keinem der Befragungszeitpunkte konkrete Rückkehrabsichten[16]. Dieser Umstand könnte als Rückkehrorientierung ohne Rückkehrabsicht interpretiert werden, d.h. die konkrete Entscheidung zur Rückkehr wird aus den verschiedensten Gründen immer weiter aufgeschoben. Andererseits kann das Fortbestehen einer Rückkehrorientierung bei der zweiten Genration auch als „psychologische Hintertür" interpretiert werden. D.h. die Rückkehrorientierung stellt eine Art Notausgang dar: wenn es „ganz schlimm kommt", bleibt immer noch die Rückkehr. Als reale Handlungsalternative wird diese Option allerdings nicht angesehen, dies geht aus dem Umstand hervor, daß keine konkreten Rückkehrabsichten bestehen[17]. Dabei entscheiden sich vor allem diejenigen für einen dauerhaften Aufenthalt, die eine qualifizierte Tätigkeit ausüben. Nur 27% der ungelernten Arbeiter wollten 1989 dauerhaft in der Bundesrepublik bleiben, bei den Facharbeitern waren es 52% und bei den Selbständigen 27%. Bei der zweiten Generation waren es 29% der ungelernten Arbeiter und 60% der Facharbeiter.

Tabelle 9: Wunsch nach ständigem Aufenthalt in Deutschland (in Prozent)

	1984	1985	1986	1987	1988	1989
Insgesamt	29	30	29	30	33	38
2. Generation	35	41	41	41	47	50
Geschlecht						
Männer	32	29	31	32	35	39
Frauen	26	31	27	27	30	37
Alter[1]						
16-24 Jahre	34	39	38	39	47	47
25-34 Jahre	25	26	26	27	32	38
35-44 Jahre	31	27	28	31	31	39
45-54 Jahre	28	30	26	22	26	30
55 Jahre und älter	29	36	28	34	33	34
Nationalität						
Türkei	26	25	20	27	30	36
ehem. Jugoslawien	35	36	42	36	36	48
Griechenland	17	18	26	22	32	32
Italien	34	40	36	36	39	39
Spanien	45	34	40	28	29	25

1 Alle Altersangaben beziehen sich auf 1984.
Datenbasis: SOEP, Welle 1 - 6.

Insgesamt nimmt die Zahl derjenigen Ausländer, die für immer in Deutschland bleiben wollen, im Untersuchungszeitraum deutlich zu und steigt von 29% auf 38%. Eine umgekehrte Entwicklung ist allerdings bei Spaniern festzustellen. Wollten 1984 noch 45% aller Spanier für immer in Deutschland bleiben, so waren es 1989 nur noch 25%[18]. Allerdings wollen auch diejenigen Spanier, die nicht mehr für immer in Deutschland bleiben wollen, durchschnittlich noch 10 Jahre bleiben und treffen keine Vorbereitungen für eine baldige Rückkehr. Überdurchschnittlich stark hat sich dagegen die Absicht, dauerhaft in der Bundesrepublik zu bleiben, bei Befragten aus dem ehemaligen Jugoslawien und Griechenland erhöht. Insgesamt kann davon ausgegangen werden, daß kaum konkrete Rückkehrabsichten bestehen und sich die Mehrzahl der Ausländer auf einen dauerhaften Aufenthalt in der Bundesrepublik eingerichtet hat.

6.3.2 Nationales Zugehörigkeitsempfinden

1989 fühlte sich nur jeder zehnte Ausländer „ganz" oder „mehr" als Deutscher (Tabelle 10). Ein höherer Grad an Identität mit der Bundesrepublik könnte aufgrund der guten Sprachkenntnisse und vermehrter interethnischer Kontakte bei der zweiten Generation erwartet werden. Doch der Anteil derer, die sich als Deutsche fühlen, liegt 1989 nur geringfügig über dem Durchschnitt. Differenziert nach der Nationalität zeigen sich deutliche Unterschiede. Jeder fünfte Befragte aus dem ehemaligen Jugoslawien fühlt sich als Deutscher. Bei Türken belief sich dieser Anteil dagegen nur auf 4%. Personen, die sich keiner Nationalität - weder der deutschen noch der ihres Herkunftslandes -, auch nicht „in manchen Belangen", zugehörig fühlten, sind eine Minderheit. Nur 2% aller Ausländer fühlen sich weder als Deutscher noch der eingen Ethnie zugehörig.

Wegen der nicht identischen Fragestellung kann die zeitliche Entwicklung nur zwischen 1985 und 1989 betrachtet werden. Demnach nimmt die Gruppe derer, die sich ganz der eigenen Nationalität zugehörig fühlen, bei allen Nationen als auch Männern und Frauen gleichermaßen ab. Bei der zweiten Generation liegt im Jahre 1989 der Anteil derer, die sich als Deutsche fühlen, trotz einiger Schwankungen im Zeitverlauf, gleich hoch wie schon 1985[19], dasselbe gilt für diejenigen, die sich der jeweiligen Ethnie zugehörig fühlen[20]. Wenn Assimilation als kontinuierlicher Prozeß begriffen wird, dann hätte eine Abnahme der ethnischen Identifikation erwartet werden können, doch dies zeigte sich nicht. Bei Türken der zweiten Generation geht der Anteil derer, die sich als Deutsche fühlten sogar geringfügig zurück, obwohl er 1985 bereits deutlich unter dem Durchschnitt lag. Insbesondere der von 47% auf 56% gestiegene Anteil der Türken der zweiten Generation, die sich „nicht" als Deutsche fühlen, weist auf eine verstärkte ethnische Orientierung hin. Am häufigsten identifizieren sich Frauen der zweiten Generation als Deutsche, jede fünfte fühlte sich „ganz" oder „mehr" als Deutsche. Der hohe Identifikationsgrad junger Ausländerinnen dürfte auf die besseren Entfaltungs- und Bildungsmöglichkeiten in der Bundesrepublik zurückzuführen sein. Allerdings stieg auch bei Frauen der zweiten Generation der Anteil derer, die sich „nicht" als Deutsche fühlen, so daß sich hier eine gewisse Polarisierung abzeichnet.

Die nationale Selbsteinstufung ist auch bei der zweiten Generation eindeutig. In nennenswertem Umfang gibt es weder Personen mit „doppelter" Identität, also Personen, die sich sowohl ihrer ethnischen Gruppe zugehörig als auch als Deutsche fühlen, noch Personen, die sich keiner Nationalität, auch nicht „in manchen Belangen", zugehörig fühlen. Dennoch beklagt 16% der Ausländer der zweiten Generation sehr „häufig" bzw. „häufig" das Gefühl von Heimatlosigkeit.

Tabelle 10: Nationales Zugehörigkeitsgefühl (in Prozent)

Ich fühle mich ganz/mehr als ...	1984* Deutscher	1984* Türke ...[1]	1985 Deutscher	1985 Türke ...[1]	1986 Deutscher	1986 Türke ...[1]	1987 Deutscher	1987 Türke ...[1]	1989 Deutscher	1989 Türke ...[1]
Insgesamt	8	67	10	79	10	75	8	76	10	73
2. Generation	17	46	14	66	15	70	13	60	14	66
Geschlecht										
Männer	8	65	9	77	10	73	8	73	9	72
Frauen	8	71	10	82	9	70	8	00	10	74
Alter[2]										
16-24 Jahre	11	60	12	72	14	72	11	65	11	73
25-34 Jahre	6	70	8	80	10	76	5	76	8	74
35-44 Jahre	5	71	9	82	7	78	8	79	7	72
45-54 Jahre	10	63	11	79	11	71	9	78	15	71
55 und älter	12	76	5	91	4	90	7	86	8	85
Nationalität										
Türken	2	78	6	86	5	83	3	83	4	80
Jugoslawen	19	48	16	67	18	59	13	61	19	57
Griechen	5	72	8	84	10	79	5	79	7	75
Italiener	10	67	12	75	13	72	14	69	13	70
Spanier	9	45	7	77	11	78	10	83	10	79

* Das Jahr 1984 ist mit den Folgejahren nur bedingt vergleichbar, weil das nationale Zugehörigkeitsgefühl in einer Frage erhoben wurde, während in den Folgejahren getrennt nach "sich als Deutscher fühlen" und nach "in Deutschland der jeweiligen Ethnie zugehörig fühlen" gefragt wurde. Die Einordnung erfolgte auf einer fünfstufigen Skala von ganz - mehr - in manchen Beziehungen - kaum - nicht ... als Deutscher bzw. der jeweiligen Nationalität zugehörig.
1 Je nach Sprachfassung des Fragebogens: Türke, Jugoslawe, Grieche, Italiener, Spanier
2 Alle Altersangaben beziehen sich auf 1984.
Datenbasis: SOEP, Welle 1 - 6.

Es kann festgehalten werden, daß sich Ausländer nur in geringem Maße als Deutsche identifizieren. Dies gilt, vielleicht mit Ausnahme der Befragten aus dem ehemaligen Jugoslawien, für alle Guppen, einschließlich der zweiten Generation, so daß sich für einen Generationenzyklus keine Anhaltspunkte ergeben haben.

6.3.3 Kulturelle Gewohnheiten

1988 wurden im SOEP erstmalig einige Indikatoren zu kulturellen Gewohnheiten erhoben. Damit soll der Frage nachgegangen werden, ob sich Ausländer im Alltag und in der Freizeit an den Gewohnheiten des Herkunftslandes orientieren oder ob sie auch Elemente der deutschen Alltagskultur angenommen haben. Es ist anzunehmen, daß bei Zuwanderern eine Mischung von kulturellen Gewohnheiten vorliegt, also sowohl Elemente der Herkunftskultur gepflegt, aber auch neue Elemente der Aufnahmekultur angenommen werden, etwa im Musikgeschmack der zweiten Generation. Als Indikatoren wurden hier Kochgewohnheiten, Lesegewohnheiten und die bevorzugte Musikrichtung erhoben.

Bei den Kochgewohnheiten präferiert die Mehrheit der Ausländer „ganz" oder „überwiegend" die Küche des jeweiligen Herkunftslandes (Abbildung 11). Dies verliert sich auch nicht bei der zweiten Generation, auch hier bevorzugen mehr als die Hälfte ethnische Kost. Männer und Frauen unterscheiden sich in ihren Eßgewohnheiten kaum. Dagegen zeigen sich deutliche Unterschiede je nach Herkunftsland. Am häufigsten sind Türken der traditionellen Küche verbunden. 77% kochen ausschließlich oder überwiegend türkisch, während Italiener, Griechen oder Spanier wesentlich seltener ausschließlich oder überwiegend heimatliche Gerichte auf den Tisch bringen. Bei den Befragten aus dem ehemaligen Jugoslawien sind die Kochgewohnheiten dagegen nur noch in geringem Umfang vom Herkunftsland geprägt. Nur 28% kochen ausschließlich oder überwiegend Gerichte ihrer Heimat.

Die Lesegewohnheiten werden in weit geringerem Umfang als die Kochgewohnheiten von Publikationen des Heimatlandes beherrscht. Ausschließlich bzw. überwiegend ausländische Zeitungen lesen 38% aller Ausländer. Bei der zweiten Generation trifft dies nicht einmal auf jeden fünften zu. Auch bezüglich der Lesegewohnheiten unterscheiden sich Männer und Frauen kaum. Je nach Nationalität bestehen jedoch deutliche Unterschiede. Allerdings sollte hier in Betracht gezogen werden, daß Zeitungen nicht in allen Sprachen in gleichem Umfang zur Verfügung stehen und somit der Anteil von 53% Türken, die ausschließlich türkische Zeitungen lesen, gegenüber 23% der Jugoslawen oder 28% der Italiener, die überwiegend heimische Publikationen lesen, auf unterschiedliche Aktualität (türkische Zeitungen werden in Deutschland gedruckt) und Zugänglichkeit zurückzuführen ist.

Ein weiterer Indikator für die Heimatverbundenheit von Ausländern ist das Hören heimischer Musik. Hier zeigt sich die geringste Verbundenheit mit der Kultur des Herkunftslandes. Nur 30% aller Ausländer präferieren überwiegend heimatliche Klänge. Bei der zweiten Generation trifft dies nur auf jeden fünften zu. Frauen hören etwas häufiger Klänge aus der früheren Heimat. Italiener, Spa-

Abbildung 11: Kulturelle Alltagsgewohnheiten

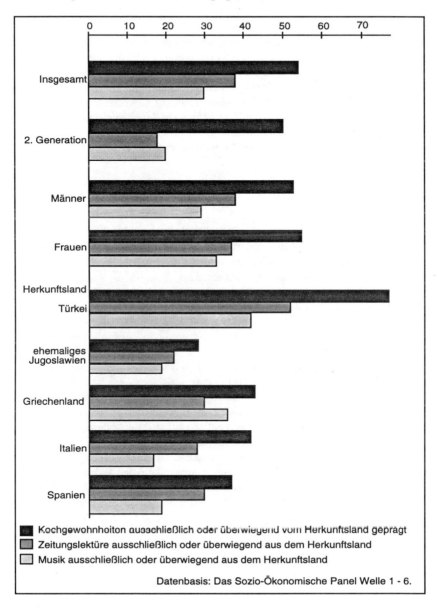

Kochgewohnheiten ausschließlich oder überwiegend vom Herkunftsland geprägt
Zeitungslektüre ausschließlich oder überwiegend aus dem Herkunftsland
Musik ausschließlich oder überwiegend aus dem Herkunftsland

Datenbasis: Das Sozio-Ökonomische Panel Welle 1 - 6.

nier und Befragte aus dem ehemaligen Jugoslawien hören nur selten heimatliche Melodien. Griechen und Türken dagegen bevorzugen folkloristische Klänge in stärkerem Maße.

Bezogen auf die hier erfragten Gewohnheiten der Alltagskultur, kann festgehalten werden, daß Ausländer aus zwei Reservoirs schöpfen, dem ihres Herkunftslandes und dem der Aufnahmegesellschaft. Es ist selbstverständlich, daß dabei eine Vermischung stattfindet. Immigranten bewahrten nicht eine Kultur, wie sie vor Jahrzehnten im Herkunftsland bestand. Vielmehr nehmen sie Einflüsse ihrer unmittelbaren Umgebung auf. Allerdings kann nicht davon ausgegangen werden, daß Migranten die kulturellen Gewohnheiten ihres Herkunftslandes im Laufe der Zeit einfach verlieren. Sie verändern sich zwar, aber die Wurzeln bleiben sichtbar.

Resümee

In diesem Kapitel wurden Indikatoren untersucht, denen in klassischen Assimilationsmodellen eine hohe Relevanz für die Integration eines Migranten in die Aufnahmegesellschaft zugemessen wird. Mangelnde Sprachkenntnisse können durchaus eine wichtige Barriere für ein berufliches und ökonomisches Fortkommen darstellen. Es hat sich gezeigt, daß Sprachprobleme in nennenswertem Umfang nur bei der ersten Generation auftreten können. Die zweite Generation kann weitgehend als bilingual angesehen werden. Insgesamt veränderten sich die Sprachkenntnisse im Untersuchungszeitraum nur wenig. Eine generelle Erhöhung der Sprachkompetenz zeigt sich nicht. Soziale Kontakte und Besuche zwischen Ausländern und Deutschen sind zwar weit verbreitet, wird jedoch nach der Intensität bzw. den wichtigsten Bezugspersonen gefragt, so zeigt sich, daß Ausländer ihre Freunde weitgehend unter Angehörigen der gleichen Nationalität wählen. Daraus sollte jedoch nicht automatisch auf soziale Isolation geschlossen werden. Bezüglich der Aufenthaltsorientierung hat sich gezeigt, daß sich Ausländer bislang zwar noch in verhältnismäßig geringem Umfang für einen dauerhaften Aufenthalt in der Bundesrepublik entschieden haben, dennoch aber kaum die Absicht haben, in ihr Herkunftsland zurückzukehren. Dies kann dahingehend interpretiert werden, daß die Rückkehr in das Herkunftsland als „letzte Möglichkeit" offen gelassen wird, ohne daß eine Realisierung geplant ist. Nur eine Minderheit der Ausländer fühlt sich auch nur „überwiegend" als Deutscher. Die Stagnation im Zeitverlauf spricht gegen die Annahme eines Assimilationszyklus. Alltagskulturelle Gewohnheiten werden sowohl vom Herkunftsland als auch der Aufnahmegesellschaft geprägt. Im Hinblick auf die Assimilationsthese kann somit festgestellt werden, daß keine, lediglich an die Zeit gebundene Assimilation stattfindet.

Die hier untersuchten Indikatoren unterscheiden sich allerdings zum Teil erheblich nach der Nationalität der Befragten, wobei insbesondere Personen aus dem ehemaligen Jugoslawien und der Türkei auffallen. Überdurchschnittlich gute Sprachkenntnisse, eine hohe Wahrnehmung von sozialen Kontakten zu Deutschen und ein im Vergleich zu anderen Nationalitäten hoher Anteil mit „deutscher" Identität kennzeichnen Befragte aus dem ehemaligen Jugoslawien, während sich bei Türken jeweils Abweichungen in die andere Richtung zeigen.

Die ausführliche Darstellung von Zeitreihen für die jeweiligen Indikatoren, wie sie in diesem Kapitel erfolgte, diente auch der Analyse der Stabilität von Indikatoren und Skalen im Zeitverlauf, die sich auf subjektive Wahrnehmungen beziehen. Dabei zeigten sich zum Teil erhebliche Schwankungen in der Wahrnehmung zwischen den Jahren. Der geringe Schwankungsbereich von einem Skalenwert deutet jedoch darauf hin, daß auf einer fünfstufigen Skala durchaus Abweichungen um einen Skalenwert möglich sind, ohne daß dem reale Veränderungen zugrundeliegen müssen. Im Aggregat gleichen sich diese Zufallsschwankungen jedoch wieder weitgehend aus, so daß insgesamt von validen Resultaten ausgegangen werden kann.

Im folgenden werden aus Platzgründen und aus Gründen der Übersichtlichkeit nur noch die Eckdaten der Jahre 1984 und 1989 wiedergegeben, auch wenn damit ein gewisser Informationsverlust in Kauf genommen werden muß. Des weiteren werden nach Nationalität nur noch die türkischen Befragten gesondert dargestellt, weil sich hier stärkere Abweichungen von den anderen Nationalitäten gezeigt haben. Eine differenzierte Darstellung nach den fünf Nationalitäten ist im folgenden auch aus Fallzahlgründen nicht mehr möglich, da beispielsweise die Gruppe der Spanier zu klein ist für valide Analysen der Teilgruppe der Erwerbstätigen.

Anmerkungen

[1] Die Deutschkenntnisse von Ausländern in Sprache und Schrift ebenso wie die Kenntnisse der Muttersprache werden im SOEP auf einer fünfstufigen Skala von „sehr gut" über „gut", „es geht", „eher schlecht" und „gar nicht" in Form einer Selbsteinstufung erhoben. Im folgenden werden die Stufen „sehr gut" und „gut" sowie „eher schlecht" und „gar nicht" zusammengefaßt.

[2] Allgemein ist auch ein Zusammenhang zwischen Bildung und Sprachkenntnissen festzustellen. Am schlechtesten sprechen diejenigen Deutsch, die niemals - weder in Deutschland noch im Herkunftsland - eine Schule besucht haben. Dies ist immerhin bei 3% der

ausländischen Männer und 13% der ausländischen Frauen der Fall. Nur 13% der Ausländer, die weder in der Bundesrepublik noch sonstwo eine Schule besucht haben, sprechen gut Deutsch, 57% sprechen überhaupt nicht oder schlecht Deutsch. Ausländer ohne berufliche Ausbildung sprechen immerhin zu 30% gut Deutsch, aber ein Drittel verfügt lediglich über schlechte oder gar keine Deutschkenntnisse. Die höchste sprachliche Kompetenz zeigt sich erwartungsgemäß bei Ausländern, die in der Bundesrepublik zur Schule gegangen sind.

3   Einen vertiefenden Einblick in die Sprachkompetenz junger Ausländer bietet die Querschnittuntersuchung der sechsten Welle. Eine Betrachtung der 16- bis 21jährigen, also jener Jugendlichen, die 1984 noch nicht im Befragungsalter waren, gibt Aufschluß über die Sprachkenntnisse der „nachrückenden" Kohorte. Da es sich dabei fast ausschließlich um Ausländer der zweiten oder dritten Generation handelt, ist die Sprachkompetenz besonders hoch. Wie bereits im Methodenteil erwähnt, liegt der Anteil der mindestens gut Deutsch sprechenden zwischen knapp drei Vierteln der türkischen und ausnahmslos allen spanischen Jugendlichen dieser Gruppe.

4   Nur bei 62% der Spanier veränderte sich die Wahrnehmung der Sprachkenntnisse, bezogen auf die unrecodierte fünfstufige Skala, zwischen 1984 und 1985 nicht. 18% gelangten im Folgejahr zu einer besseren und 21% zu einer schlechteren Einschätzung ihrer Sprachkenntnisse. Insgesamt bewerteten 1985 nur 52% aller Ausländer das Niveau ihrer Deutschkenntnisse gleich wie 1984, 24% stuften sie besser, 23% schlechter ein. Obwohl die Deutschkenntnisse im Aggregat relativ stabil erscheinen, besteht doch ein gewisses auf und ab. Nur 17% aller Ausländer machen bezüglich ihrer Deutschkenntnisse über alle 6 Wellen hinweg die gleichen Angaben. In nur 35% der Fälle werden in keinem Jahr schlechtere Deutschkenntnisse als im Vorjahr angegeben. Allerdings finden diese Schwankungen nur in eng begrenzten Intervallen statt. Zwischen 1984 und 1985 lag nur in 6% aller Fälle ein Sprung von mehr als einer Stufe nach oben bzw. unten vor. Zwischen 1985 und 1986 waren es lediglich 3%.

5   Obwohl die Zeitreihen für die schriftsprachlichen Kenntnisse im Aggregat weniger Schwankungen aufweisen, als dies bei den verbalen Deutschkenntnissen der Fall war, zeigen sich doch, wenn wiederum die Veränderungen zwischen den Jahren betrachtet werden, deutliche Schwankungen. 1985 schätzen beispielsweise 52% der befragten Ausländer ihre Schreibfertigkeiten gleich wie 1984 ein, 24% nehmen eine Verbesserung, 25% eine Verschlechterung wahr. Bei nur 10% bleibt die Beurteilung der schriftsprachlichen Kenntnisse über den gesamten Befragungszeitraum konstant. Nur 31% nehmen zu keinem Zeitpunkt eine Verschlechterung wahr. Der Anteil derjenigen, die sich um mehr als eine Stufe verbessern oder verschlechtern, liegt über alle Jahre hinweg bei 7%.

6   Die 16- bis 21jährigen des Querschnitts der 6. Welle beherrschen das Schriftdeutsche wesentlich besser. Knapp drei Viertel dieser Jugendlichen geben an, mindestens gut Deutsch schreiben zu können.

7   Bei der zweiten Generation kehrt sich dieses Verhältnis allerdings um. 1984 beherrschten 56% der Männer, aber 83% der Frauen der zweiten Generation das Schriftdeutsche gut.

8   Auch hier verbirgt sich hinter den im Aggregat stabilen Werten ein relatives auf und ab. 63% kamen bei der unrecodierten fünfstufigen Skala 1985 zur gleichen Einschätzung ihrer Kenntnis der Muttersprache, 19% schätzen sie besser, 18% schlechter als im Jahr

zuvor ein. 6% nehmen Verbesserungen bzw. Verschlechterungen um mehr als eine Stufe wahr. In den Folgejahren sind die Proportionen ähnlich.

9 Auch für diesen Bereich sind in etwa dieselben Schwankungen in der subjektiven Einschätzung festzustellen, wie bei den schriftsprachlichen Kenntnissen der deutschen Sprache.

10 Auch bei den 16- bis 21jährigen des Querschnitts der 6. Welle sind keine größeren Veränderungen in der Kenntnis der Muttersprache feststellbar, lediglich spanische Jugendliche bilden eine gewisse Ausnahme. Nur knapp die Hälfte von ihnen verfügt über mindestens gute spanische Schreibkenntnisse, und nur noch zwei Drittel beherrschen Spanisch auch verbal gut.

11 Der Vorteil einer Paneluntersuchung liegt darin, daß eventuell auftretende Inkonsistenzen überprüfbar sind, während Querschnittuntersuchungen keine Validierung der verwendeten Skalen zulassen.

12 Schöneberg, die das ethnische Vereinsnetz untersucht, stellt fest, daß die Existenz ethnischer Vereinigungen ein Phänomen ist, „welches insbesondere dann auftritt, wenn ihrem Umfang nach größere Einwanderergruppen aus unterentwickelten agrarischen und ihren Werten traditional orientierten Gesellschaften in hochentwickelten Industriegesellschaften seßhaft werden. Wie die Herausbildung extensiver Verwandtschafts- und Freundeskreise ist die Ausdifferenzierung und Vollständigkeit ethnischer Vereinsnetze als ein Zeichen des Reifungsprozesses von Einwanderungsströmen anzusehen. Ethnische Vereinigungen werden vor allem von solchen Einwanderergruppen in den Aufnahmeländern gegründet, wo Minderheitenangehörige geringe oder gar keine Möglichkeiten haben, ihre Bedürfnisse in geregelten Primär- und Sekundärkontakten zu Mitgliedern der Mehrheit und ihrer Institutionen zu befriedigen, und/oder die Mittel und Institutionen fehlen, Minderheitsinteressen politisch zu vertreten und durchzusetzen. Die Organisationen ethnischer und ethnisch religiöser Gruppen stellen gewissermaßen einen zeitweiligen oder dauerhaften Ersatz für nicht bzw. noch nicht erreichte gesellschaftliche Partizipation oder fehlende soziale Integration innerhalb der Gesamtgesellschaft dar" (Schöneberg 1993:121).

13 Besuche bei und Besuche von Deutschen innerhalb der letzten 12 Monate.

14 Bei Esser (1990b:187) ergeben sich mit der gleichen Frage 78% der Türken der ersten und 65% der zweiten Generation, die ausschließlich türkische Bezugspersonen nennen. In den weiteren Analysen kommt Esser (1990b:205) zu der Einschätzung, daß für das Ausmaß an interethnischen Beziehungen weniger kulturelle und nationale Charakteristika von Bedeutung sind als „diejenigen, die sich aus der Unterschiedlichkeit in den durch Schule und Berufsausbildung vermittelten 'objekiven' Chancen ergeben".

15 Interessante Aufschlüsse über die Struktur informeller Netzwerke ergeben sich auch nach dem Geschlecht der Bezugspersonen. Ausländische Männer nennen bei den drei wichtigsten Kontaktpersonen auffallend oft ausschließlich Männer. 63% aller ausländischen Männer (Türken 70%) nennen in allen drei Fällen jeweils einen Mann. Diese starke Affinität zum gleichen Geschlecht wird auch von den jüngeren Männern nicht durchbrochen, die 16- bis 24jährigen liegen genau im Durchschnitt. 76% (Türken 85%) der Männer nennen in keinem der Fälle eine Frau. Auch ausländische Frauen präfereieren Männer als Bezugspersonen: 72% der ausländischen Frauen nennen keine Frau als wichtigste Bezugsperson, und 54% nennen sogar bei allen drei Möglichkeiten einen Mann. Unter den 16- bis 24jährigen Ausländerinnen ist die männliche Dominanz im Freundes-

und Bekanntenkreis nicht mehr ganz so stark, nur noch 43% dieser Altersgruppe nennen ausschließlich Männer.
16 Die Absicht, innerhalb der nächsten 12 Monate in das Herkunftsland zurückzukehren.
17 Nach Korte (1990) haben die identifikative und soziale Assimilation die höchste Erklärungskraft für die Rückkehrorientierung. Des weiteren wird die Rückkehrorientierung als "individuelle Rückversicherung" angesehen: "Sie wird auch bei Diskriminierungserfahrungen in Anspruch genommen. Als immaterielle Rückversicherung erlaubt sie eine Bewahrung des Selbstwertgefühls und (ist) ein Abwehrmittel gegen Geringschätzung" (Korte 1990:245).
18 Spanier halten sich im Mittel bereits am längsten in Deutschland auf. Dies deutet darauf hin, daß die Bleibeorientierung nur wenig von der Aufenthaltsdauer beeinflußt wird.
19 Gleichzeitig ist der Anteil derer, die für immer in der Bundesrepublik bleiben wollen, von 35% auf 50% deutlich gestiegen.
20 Die ergänzende Betrachtung der 16- bis 21jährigen des Querschnitts der 6. Welle zeigt, daß knapp ein Viertel dieser Jugendlichen sich ganz oder überwiegend als Deutscher fühlt. Allerdings ist auch hier die Streuung je nach Nationalität sehr groß. So fühlt sich nur jeder zehnte türkische oder griechische Jugendliche als Deutscher, während sich etwa jeder dritte italienische und spanische und sogar mehr als die Hälfte der Jugendlichen aus dem ehemaligen Jugoslawien ganz oder überwiegend als Deutscher fühlen.

7. Determinanten der beruflichen Plazierung - Die zweite Generation

Der Prozeß der beruflichen Plazierung wird im wesentlichen am Beispiel des Berufseinstiegs der zweiten Generation nachvollzogen. Dabei wird untersucht, inwiefern Erfolg oder Mißerfolg im Prozeß der beruflichen Statusallokation auf strukturelle Hindernisse im Schul-, und Ausbildungssystem und dem Arbeitsmarkt zurückzuführen sind oder ob individuelle Komponenten wie Sprachverhalten, interethnische Kontakte etc. im Zusammenhang mit dem Prozeß der beruflichen Statuszuweisung stehen.

Wie das vorangegangene Kapitel gezeigt hat, bestehen hinsichtlich der Sprachkenntnisse und der interethnischen Freundschaftsbeziehungen bei der zweiten Ausländergeneration deutlich günstigere Voraussetzungen wie bei den Ausländern insgesamt. Allgemein können für die zweite Generation grunsätzlich von der ersten Generation verschiedene Lebensbedingungen angenommen werden:

„Zwischen der ersten und der zweiten Generation besteht ein entscheidender historischer, und damit erfahrungsmäßiger und motivationaler Unterschied. Beide treten in die Geschichte des Migrationsprozesses zu unterschiedlichen Perioden der sozio-ökonomischen Entwicklung und entsprechenden Arbeitsmarktbedingungen ein. Außerdem begegnen sie in der aufnehmenden Gesellschaft unterschiedlicher Rezeptionsbereitschaft, was möglicherweise noch entscheidender in ihren Auswirkungen ist. Und schließlich tritt die zweite Generation in diesen Prozeß ein, nachdem sie bereits durch die Wanderung ihrer Eltern beeinflußt wurde" (Wilpert 1983:57).

Für verbesserte Startbedingungen der zweiten gegenüber der ersten Generation spricht in erster Linie der Besuch deutscher Schulen, wodurch sich die Arbeitsmarktchancen ausländischer Jugendlicher in Hinsicht auf sprachliche Kompetenz und Qualifikation deutlich verbessert haben dürften. Allerdings ist aus einer Vielzahl von Studien bekannt, daß ausländische Jugendliche große Schwierigkeiten haben, sich auf dem Arbeitsmarkt zu behaupten.

Im folgenden wird zunächst der Schulerfolg der zweiten Generation untersucht. In Abhängigkeit vom Schulabschluß wird der Erfolg bei der Ausbildungsplatzsuche analysiert. Schließlich wird der Prozeß der beruflichen Statusallokation im Vergleich zu der entsprechenden deutschen Alterskohorte analysiert, wobei sowohl die berufliche Erstplazierung als auch Erwerbsverläufe in der Berufseinstiegsphase abgebildet werden. Auch Arbeitslosigkeitspassagen finden dabei eine besondere Berücksichtigung. Daran anschließend wird untersucht, ob ein Zusammenhang besteht zwischen der beruflichen Statusallokation und Sprachkenntnissen, interethnischen Kontakten sowie nationaler Selbstidentifikation.

7.1 Die zweite Generation - untersuchte Gruppen

Die berufliche Eingliederung wird in zweierlei Hinsicht beleuchtet werden, einerseits der unmittelbare Übergang in die Erwerbstätigkeit und andererseits die Karriereverläufe in der ersten Beschäftigungsphase. Hierzu werden die unmittelbaren Berufsanfänger zwischen 1984 und 1989 und die Gruppe der 1984 bereits erwerbstätigen Personen der zweiten Generation gesondert betrachtet.

Als Berufsanfänger wird jener Teil der zweiten Ausländergeneration verstanden, der zwischen 1984 und 1989 erstmals eine Erwerbstätigkeit aufnahm und 1984 zwischen 16 und 25 Jahre alt war, also 1989 nicht älter als 30 Jahre war. Somit wird das ganze Spektrum von Berufsanfängern berücksichtigt. Anhand der Gruppe der Berufsanfänger zwischen 1984 und 1989 wird die berufliche Erstplazierung untersucht. Mittels der Gruppe der 1984 bereits Erwerbstätigen werden Mobilitätsprozesse und Erwerbsverläufe der zweiten Generation in der ersten Beschäftigungsphase analysiert.

Bei den 1984 bereits Erwerbstätigen bleiben durch die gesetzte Altersbegrenzung von maximal 25 Jahren Hochschulabsolventen weitgehend ausgeschlossen. Dieser Ausschluß fällt bei den Ausländern, für die akademische Berufe nur von geringer Bedeutung sind, kaum ins Gewicht, muß aber bei der Analyse bezogen auf die deutsche Kontrollgruppe bedacht werden.

Es wird also einerseits die Phase des unmittelbaren Berufseinstieges im Vergleich zu deutschen Berufsanfängern analysiert und andererseits die erste Phase der Erwerbstätigkeit von jungen ausländischen Arbeitnehmern mit einer entsprechenden deutschen Gruppe verglichen. Da die zweite Generation keine homogene Gruppe darstellt, soll nach weiteren relevanten Merkmalen unterschieden werden. Türken stellen mit Abstand die stärkste Gruppe der zweiten Generation (N=121). Wie die Analysen des sechsten Kapitels gezeigt haben, handelt es sich um eine Gruppe mit vergleichsweise geringen Sprachkenntnissen und interethnischen Kontakten. Es stellt sich die Frage, ob sich dies auf den Prozeß der beruflichen Statusallokation auswirkt. Ausländische Frauen sind insbesondere auf Randarbeitsplätzen zu finden (Gillmeister, Kurthen, Fijalkowski 1989), und auch für Frauen der zweiten Generation zeigen sich besondere Schwierigkeiten auf dem Arbeitsmarkt und in der familialen Situation (Wilpert 1980, Rosen, Stüwe

Tabelle 11: Demographische Merkmale der zweiten Ausländergeneration (in Prozent)

	Zweite Generation	Ausländer insgesamt	Deutsche Vergleichsgruppe
Alter Ø	20	37	21
Frauenanteil %	38	44	49
Frauenerwerbsquote (1989) %	65	50	65
Herkunftsland			
Türkei %	54	44	
Ehemaliges Jugoslawien %	12	20	
Griechenland %	11	10	
Italien %	18	21	
Spanien %	5	5	
Verheiratet			
1984 %	20	80	14
1989 %	59	85	35

Datenbasis: SOEP, Welle 1 - 6.

1985). Trotz relativ geringer Fallzahlen (N=82) soll überprüft werden, ob diese negative Einschätzung von zeitlicher Konstanz ist. Mobilitätsprozesse sollen jedoch nicht nur als Vergleich zwischen zweiter Generation und einer entsprechenden deutschen Vergleichsgruppe analysiert werden, sondern auch als intergenerationale Mobilität, also im Vergleich zur Stellung der Eltern bzw. der ersten Generation von Ausländern[1].

In Tabelle 11 werden einige zentrale Merkmale der Ausländer der zweiten Generation (N=224) und der entsprechenden deutschen Vergleichsgruppe (N=1117) wiedergegeben. Hinsichtlich des Alters zeigen sich geringe Abweichungen. In allen gebildeten Gruppen sind Ausländer im Durchschnitt ein Jahr jünger. Die Frauenerwerbsquote liegt zwar auf exakt gleichem Niveau, doch ist der Frauenanteil in der zweiten Generation niedriger. Ein weiterer Unterschied besteht im Heiratsverhalten. Während 1989 bereits 59% der Ausländer der zweiten Generation verheiratet sind, sind es nur 35% der Deutschen dieser Altersgruppe.

7.2 Schulische und berufliche Bildung der zweiten Generation

Schulische und berufliche Bildung sind entscheidende Determinanten der beruflichen Statusallokation. Baker und Lenhardt (1988) betonen die integrative Wirkung des Bildungssystems, da es uniform ist und Kinder und Jugendliche ungeachtet des staatsbürgerlichen Status erfaßt. Von der Annahme ausgehend, daß die Statusallokation ein Nullsummenspiel darstellt, also die Anzahl der oberen und unteren Plätze (zumindest in einem gewissen zeitlichen Rahmen) gleich bleibt, würden mit zunehmender Anzahl an ausländischen Schülern, die die ungünstigeren Positionen am Fuß der Bildungspyramide einnehmen, die Karrierechancen der deutschen Schüler verbessert und umgekehrt bei rückläufigen deutschen Schülerzahlen ausländische Schüler in höhere Schulen nachrücken.

Im Gegensatz zu diesem an demographischen Entwicklungen orientierten Modell betont Esser (1990b) individuelle Determinanten der Schulkarriere und hebt insbesondere die Bedeutung des Einreisealters für den Verlauf der schulischen Karriere hervor. Dieser Zusammenhang kann auch mit den Daten des SOEP gezeigt werden. Sogenannte Quereinsteiger ins Bildungssystem erreichen seltener höhere Schulabschlüsse als Jugendliche, die von der ersten Klasse an eine deutsche Schule besucht haben (Gamma .49, t > 3).

Höhere Schulabschlüsse sind bei Ausländern der zweiten Generation eher selten (Tabelle 12). Die Mehrzahl erwirbt entweder einen Hauptschulabschluß oder bleibt ganz ohne Schulabschluß. Deutlich verbessert hingegen sind die Startbedingungen derjenigen, die erst zwischen 1984 und 1989 eine Erwerbstätigkeit aufnehmen. Bereits jeder vierte dieser Gruppe hat Fachhochschulreife oder Abitur, nur 16% sind ohne Abschluß. Allerdings liegt der Anteil mit qualifizierten Schulabschlüssen bei der entsprechenden deutschen Vergleichsgruppe deutlich höher.

Jede vierte Frau der zweiten Generation hat keinen Schulabschluß, dieser Anteil liegt etwas über dem Durchschnitt, bei mittleren und höheren Abschlüssen jedoch erreichen sie einen gleichen bzw. höheren Anteil als Männer der zweiten Generation. Bezogen auf den Schulabschluß, ergeben sich folglich keine Anzeichen für eine Benachteiligung ausländischer Frauen, wie sie zum Teil in anderen Studien (z.B. Rosen, Stüwe 1985) festgestellt wurden. Im Vergleich zu deutschen Frauen der gleichen Altersgruppe erreichen sie allerdings wesentlich seltener mittlere und höhere Schulabschlüsse. Auch türkische Jugendliche erlangen im Vergleich zur zweiten Generation insgesamt weniger oft einen Fachhochschulabschluß oder Abitur, und der Anteil an Personen ohne Schulabschluß liegt über dem Durchschnitt der zweiten Generation.

Besondere Schwierigkeiten bestehen für ausländische Jugendliche bei der Suche nach einem adäquaten Ausbildungsplatz. Diverse Studien (Schober, Stegmann 1987, Der Bundesminister für Arbeit und Sozialordnung 1986, Boos-

Tabelle 12: Höchster Schulabschluß der zweiten Generation (in Prozent)

	Haupt-schule	Mittlere Reife	Fachhochschul-abschluß, Abitur	(noch) kein Ab-schluß
1984				
Zweite Ausländergeneration	56	9	4	27
Davon:				
Türken	63	10	5	21
Frauen	53	12	4	31
Deutsche				
Insgesamt	59	22	16	2
Bis 25 Jahre	37	34	19	9
Frauen bis 25 Jahre	33	37	20	10
1989				
Zweite Ausländergeneration	57	8	10	22
Davon:				
Türken	52	8	6	27
Frauen	53	11	10	26
Erste Erwerbstätigkeit:				
Vor 1984	62	7	2	22
Zwischen 1984 und 1989	41	12	26	16
Deutsche				
Insgesamt	59	22	18	1
Bis 25 Jahre	36	32	28	3
Frauen bis 25 Jahre	31	37	27	3
Erste Erwerbstätigkeit[1]:				
Vor 1984	51	36	11	2
Zwischen 1984 und 1989	18	33	44	2

Die Kategorie Sonstiger Abschluß wurde nicht ausgewiesen, sie ergibt sich als Differenz des zu 100% fehlenden Wertes.
1 Nur die Vergleichsgruppe der 16-25jährigen

Datenbasis: SOEP, Welle 1 - 6.

Nünning 1990) berichten zwar von hoher Motivation zur Ausbildungsplatzsuche, sehen die Realisierungsmöglichkeiten aber eher als gering an. Eine Ausbildung im Dienstleistungsbereich, in Banken und in großen Industriebetrieben steht bei Jugendlichen ganz oben in der Beliebtheitsskala (Herrmann 1993:28). Begehrte

Ausbildungsplätze sind aber gleichzeitig durch die höchsten Zugangsvoraussetzungen gekennzeichnet. Aber auch in gewerblichen Ausbildungsberufen werden immer mehr theoretische Kenntnisse verlangt, so daß trotz guter handwerklicher Leistungen beim Fehlen schulischer Grundvoraussetzungen die Ausbildung gefährdet ist. Das Fehlen eines Hauptschulabschlusses führt zu einem Scheitern bereits auf der untersten Selektionsstufe und zu einem Ausschluß aus dem Bildungssystem (Herrmann 1993:28f, Schaub 1991). Dabei darf allerdings kein kausaler Zusammenhang zwischen niedrigem Bildungsniveau und niedriger Ausbildungsquote unterstellt werden, denn auch beim Vorliegen gleicher formaler Voraussetzungen sind Ausländer gegenüber Deutschen benachteiligt (Henscheid 1990:11). Auch Faist (1993:281) kommt am Beispiel türkischer Jugendlicher zu dem Resultat, daß diese gegenüber deutschen Jugendlichen beim Zugang zu Ausbildungsstellen deutlich benachteiligt sind und führt dies vor allem auf „Job-Netzwerke", d.h. Kontakte zwischen Firmen und Bewerbern zurück.

Nieke (1991) beispielsweise unterscheidet vier Stufen der strukturellen Benachteiligung beim Eintritt in das Erwerbsleben: Erstens verteilen sich ausländische Schüler anders über die Schulformen als deutsche Schüler. Dies gilt auch im Vergleich zu deutschen Arbeiterkindern. Durch diese ungünstige Verteilung werden von vornherein die Chancen, ein Ausbildungsverhältnis eingehen zu können, gemindert. Zweitens stoßen ausländische Ausbildungsstellenbewerber bei den Ausbildungsbetrieben auf einen hohen Grad an Ablehnung, zumindest wenn genügend deutsche Bewerber vorhanden sind. Drittens brechen, trotz hoher Motivation, mehr ausländische Jugendliche einmal eingegangene Ausbildungsverhältnisse ab als deutsche Auszubildende. Viertens schließlich sind 26% der ausländischen Jugendlichen zwischen 15 und 25 Jahren weder in Ausbildung noch erwerbstätig. Bei der deutschen Wohnbevölkerung sind es nur 10%, d.h. ausländische Jugendliche sind in hohem Maße vom Arbeitsmarkt ausgeschlossen (Nieke 1991:29ff).

Auch die Daten des SOEP zeigen eine ungünstige Ausbildungsplatzsituation ausländischer Jugendlicher. Weniger als die Hälfte der Ausländer mit mittleren und höheren Bildungsabschlüssen findet einen Ausbildungsplatz bzw. geht in eine universitäre oder sonstige Weiterbildung über (Tabelle 13). Sofern überhaupt eine Ausbildung aufgenommen wird, dominieren Lehrberufe[2]. Aber auch hier zeigt sich, daß diejenigen, die zwischen 1984 und 1989 eine Erwerbstätigkeit aufnahmen, proportional deutlich öfter qualifizierte Abschlüsse erreichten als die zweite Generation insgesamt. Nur noch knapp jeder fünfte dieser Gruppe bleibt ohne Ausbildungsabschluß. Der Anteil an Fachhochschul- und Hochschulabsolventen liegt bei der entsprechenden deutschen Vergleichsgruppe zwar doppelt so hoch, aber dennoch ist eine gewisse Annäherung an das Ausbildungsniveau der deutschen Vergleichsgruppe zu erkennen.

Tabelle 13: **Höchster beruflicher Ausbildungsabschluß der zweiten Generation (in Prozent)**

	Lehre	Fach-schule	Fachhoch-schule, Uni-versität	(noch) kein Abschluß
1984				
Zweite Ausländergeneration	31	9	0	59
Davon:				
Türken	22	6	0	70
Frauen	28	9	0	63
Deutsche				
Insgesamt	40	18	9	30
Bis 25 Jahre	32	11	1	54
Frauen bis 25 Jahre	29	15	1	48
1989				
Zweite Ausländergeneration	43	8	2	44
Davon:				
Türken	42	7	3	47
Frauen	33	9	2	54
Erste Erwerbstätigkeit:				
Vor 1984	43	9	0	47
Zwischen 1984 und 1989	56	16	6	19
Deutsche				
Insgesamt	43	19	10	24
Bis 25 Jahre	48	16	6	28
Frauen bis 25 Jahre	45	22	5	26
Erste Erwerbstätigkeit[1]:				
Vor 1984	56	22	3	16
Zwischen 1984 und 1989	48	17	12	22

1 Nur die Vergleichsgruppe der 16-25jährigen

Datenbasis: SOEP, Welle 1 - 6.

Zwar erreichen ausländische Frauen der zweiten Generation im gleichen Verhältnis mittlere und höhere Schulabschlüsse wie ausländische Männer, doch im Bereich der beruflichen Bildung bleiben sie wesentlich öfter ohne Ausbildungsabschluß. Während jede vierte deutsche Frau bis zu 25 Jahren ohne Ausbildungsabschluß ist, trifft dies beinahe auf jede zweite ausländische Frau zu. 1984 waren mit 70% noch überproportional viele junge Türken ohne Abschluß, 1989 nähert sich dieser Anteil jedoch dem Durchschnitt der zweiten Generation an.

Der Erfolg bei der Suche nach einem Ausbildungsplatz ist weitgehend unabhängig von kognitiven, sozialen und identifikativen Elementen. Es ist kein signifikanter Zusammenhang feststellbar zwischen Sprachkenntnissen, Segregationsgrad[3], nationaler Selbstidentifikation und der Erlangung eines Ausbildungsplatzes. Eine signifikante Beziehung besteht lediglich zu der Anzahl der deutschen Freunde (Gamma .33, t > 3.0). Dieser Zusammenhang ist naheliegend, durch die Ausbildung ergeben sich bessere Kontaktmöglichkeiten zu Deutschen.

Allgemein zeigt sich, daß der Bildungsgrad der zweiten Generation sowohl im schulischen als auch im beruflichen Bereich deutlich unterhalb des Niveaus gleichaltriger Deutscher liegt. Generell ist der Anteil derjenigen Ausländer der zweiten Generation, die einen beruflichen Bildungsabschluß erzielen, auch unter Berücksichtigung der schulischen Bildung, als äußerst gering einzuschätzen. Lediglich bei den Berufsanfängern zwischen 1984 und 1989 sind Angleichungstendenzen zu erkennen. Da nicht davon ausgegangen werden kann, daß Gruppenmerkmale wie geringe Sprachkenntnisse ursächlich sind für den geringen Erfolg ausländischer Jugendlicher bei der Ausbildungsplatzsuche, muß angenommen werden, daß die These der strukturellen Benachteiligung ausländischer Jugendlicher im dualen Ausbildungssystem der Bundesrepublik weitgehend der Realität entspricht.

7.3 Arbeitsmarktchancen und Erwerbsverläufe

Wie in Kapitel zwei ausführlich dargestellt, wurden in den 60er und Anfang der 70er Jahre Arbeitskräfte aus den agrarisch geprägten Regionen des nördlichen Mittelmeerraumes zur Deckung des, durch die anhaltende wirtschaftliche Prosperität verursachten, Arbeitskräftebedarfs angeworben. Da diese Maßnahme nur zur Überbrückung der Hochkonjunkturphase gedacht war, wurde weder von seiten des Staates noch der Industrie in die Aus- und Weiterbildung dieser Arbeitskräfte investiert. Auch das Bildungssystem war auf den Eintritt der Migrantenkinder nicht vorbereitet. Schulische Erfolge blieben aus. Mittlerweile jedoch gelingt es immer mehr ausländischen Jugendlichen, sich im deutschen Bildungssystem zu behaupten und qualifizierte Abschlüsse zu erlangen. Damit müßte zumindest für diesen Teil der ausländischen Jungendlichen der Grundstein gelegt sein für verbesserte Durchsetzungsmöglichkeiten bei der Konkurrenz um qualifizierte Arbeitsplätze und beruflichen Aufstieg. Im folgenden werden die Arbeitsmarktchancen der zweiten Generation untersucht und aufgezeigt, in wel-

Tabelle 14: Erwerbsverläufe der zweiten Generation zwischen 1983 und 1988 (in Prozent)[1]

	Ausländer Insgesamt	2. Generation	Deutsche Insgesamt	16-25 Jahre
Permanent erwerbstätig	43	13	37	16
Permanent nichterwerbstätig	12	6	19	6
Mindestens 1 mal arbeitslos	26	47	18	34
Wiederbeschäftigung	57	69	64	67
Kumulation von Arbeitslosigkeit:				
1 - 6 Monate	35	38	37	47
7 - 12 Monate	22	34	28	27
13 und mehr Monate	43	28	35	26

[1] Die hier verwendeten kumulierten Arbeitslosendaten lassen aus Fallzahlgründen keine Aufschlüsselung nach den Subgruppen der zweiten Generation zu.

Datenbasis: SOEP, Welle 1 - 6.

chen Bereichen Ausländer der zweiten Generation einer Beschäftigung nachgehen.

Als Indikator für die Arbeitsmarktchancen werden Arbeitslosigkeitspassagen in der Berufseinstiegsphase und in den ersten Beschäftigungsjahren von Ausländern der zweiten Generation und jungen Deutschen verglichen. Mittels der Kalendarien lassen sich die Erwerbsverläufe zwischen 1983 und 1988 abbilden. Hierbei wird zu jedem Befragungszeitpunkt für jeden Monat des Vorjahres der jeweilige Erwerbsstatus erhoben, so daß Erwerbsbiographien lückenlos rekonstruiert werden können.

In der Berufseinstiegsphase sind sowohl Deutsche als auch Ausländer in hohem Maße von Arbeitslosigkeit betroffen (Tabelle 14). Während aber fast jeder zweite Ausländer der zweiten Generation im Erhebungszeitraum mindestens eine Arbeitslosigkeitsphase durchlief, war etwa jeder dritte junge Deutsche betroffen.

Bezogen auf die jeweils letzte Arbeitslosigkeitspassage zeigte sich, daß für die meisten Deutschen dieser Altersgruppe die Erfahrung von Arbeitslosigkeit nur von relativ kurzer Dauer war. 47% waren zwischen einem und sechs Monaten arbeitslos gemeldet. Bei Ausländern der zweiten Generation waren es nur 38%, sie waren durchschnittlich länger arbeitslos.

Den direkten Übergang von Arbeitslosigkeit zurück in die Erwerbstätigkeit schafften etwas mehr Ausländer der zweiten Generation als Deutsche. 69% waren im Folgemonat auf die letzte Arbeitslosigkeitsperiode wieder erwerbstätig. Damit liegt die Wiederbeschäftigungsquote deutlich über der der Ausländer insgesamt.

Offensichtlich gestaltet sich die Stellensuche und die Etablierung im Beruf für Ausländer der zweiten Generation schwieriger als für gleichaltrige Deutsche, darauf deutet die hohe Betroffenheit von Arbeitslosigkeit und deren längere Dauer hin. Daraus kann auf instabile Beschäftigungsverhältnisse und geringe Arbeitsmarktchancen geschlossen werden.

Die berufliche Mobilität in der Berufseinstiegsphase wird anhand der Stellung im Beruf und der Branchenzugehörigkeit des Betriebes nachvollzogen. Stellung im Beruf ist zwar ein grober, für Detailanalysen wenig geeigneter Indikator, der nicht immer die nötige Trennschärfe aufweist[4], dennoch ist er geeignet, um wichtige Entwicklungslinien aufzuzeigen. Mittels der Branchenzugehörigkeit soll vor allem eruiert werden, ob sich die zweite Generation von der Industriearbeit lösen kann und auch zu attraktiven Bereichen z.B. im Dienstleistungssektor Zugang findet.

Auch die Erwerbstätigen der zweiten Generation sind zu mehr als der Hälfte als un- und angelernte Arbeiter tätig (Tabelle 15). Somit liegt dieser Anteil etwas niedriger als bei den Ausländern insgesamt, doch im Vergleich zu Deutschen der entsprechenden Altersgruppe, von denen 1989 nur 17% als un- und angelernte Arbeiter tätig waren, üben Ausländer der zweiten Generation wesentlich öfter Tätigkeiten mit geringen Qualifikationsanforderungen aus. Ein Viertel der zweiten Generation konnte sich als Facharbeiter etablieren. Dieser Anteil liegt ebenfalls höher als bei den Ausländern insgesamt, aber auch höher als bei der entsprechenden deutschen Altersgruppe, die beinahe zur Hälfte als Angestellte tätig sind. Von den Beschäftigten der zweiten Generation übt hingegen nur jeder fünfte eine Angestelltentätigkeit aus. Insgesamt ist zwischen 1984 und 1989 bei der zweiten Generation nur eine geringe Aufwärtsmobilität erkennbar.

Während 1984 noch fast drei Viertel der Türken der zweiten Generation als un- und angelernte Arbeiter tätig waren, waren es 1989 nur noch 58%. Im Bereich der Facharbeiter und Meister waren junge Türken 1984 nur zu 9% vertreten, 1989 lag der entsprechende Anteil bei 29% und damit sogar über dem Durchschnitt der zweiten Generation überhaupt. Diese Entwicklung ist auf zwei unterschiedliche Ursachen zurückzuführen: Einerseits auf berufliche Aufwärtsmobilität von Personen, die 1984 bereits erwerbstätig waren, und andererseits auf den Eintritt höher qualifizierter Personen in die Erwerbstätigkeit.

Tabelle 15: **Erwerbstätige der zweiten Generation nach beruflicher Stellung (in Prozent)**

	Un-/ange- lernte Arbeiter	Fach- arbeiter, Meister	Ange- stellte	Selb- ständige
1984				
Ausländer insgesamt	70	19	7	4
Zweite Ausländergeneration	55	25	18	2
Davon:				
Türken	74	9	13	2
Frauen	50	5	43	3
Deutsche				
Insgesamt	17	17	43	12
Bis 25 Jahre	21	21	46	3
Frauen bis 25 Jahre	18	8	68	2
1989				
Ausländer insgesamt	64	23	9	4
Zweite Ausländergeneration	51	27	21	2
Davon:				
Türken	58	29	13	0
Frauen	46	1	50	3
Erste Erwerbstätigkeit				
Vor 1984	56	25	17	2
Zwischen 1984 und 1989	29	34	34	3
Deutsche				
Insgesamt	16	16	46	12
Bis 25 Jahre	17	23	48	6
Frauen bis 25 Jahre	18	23	48	6
Erste Erwerbstätigkeit[1]:				
Vor 1984	20	24	46	4
Zwischen 1984 und 1989	7	22	59	7

Die Differenz zu 100% entspricht dem Beamtenanteil
1 Nur die Vergleichsgruppe der 16-25jährigen

Datenbasis: SOEP, Welle 1 - 6.

Wird wiederum die Gruppe der 1984 bereits Erwerbstätigen und die der späteren Berufsanfänger gesondert betrachtet, so zeigen sich bei den ausländischen Jugendlichen, die 1984 bereits erwerbstätig waren[5], kaum Veränderungen. Dies gilt allerdings auch für die entsprechende deutsche Gruppe. D.h., daß nach der erstmaligen Aufnahme der Erwerbstätigkeit keine nennenswerte berufliche Aufwärtsmobilität mehr feststellbar ist. Der Vergleich mit der deutschen Kontrollgruppe fällt auch 1989 noch deutlich zugunsten der Deutschen aus: Während 20% der Deutschen dieser Gruppe als un- oder angelernte Arbeiter tätig sind, sind es 56% der ausländischen Arbeitnehmer.

Bei deutschen Berufsanfängern zwischen 1984 und 1989 ist das Tätigkeitsbild des un- und angelernten Arbeiters relativ selten, beinahe jeder dritte ausländische Berufsanfänger hingegen ist un- oder angelernt. Allerdings sind bereits jeweils ein Drittel als Angestellte und Facharbeiter bzw. Meister beschäftigt. Der hohe Facharbeiteranteil bei ausländischen Berufsanfängern deutet auf eine gewisse Etablierung junger Ausländer in diesem Bereich hin. Bei deutschen Berufsanfängern hingegen steht der Angestelltenbereich im Vordergrund, während bei ausländischen Berufsanfängern Arbeiterberufe dominierend sind, doch verglichen mit der zweiten Generation insgesamt auf deutlich höherem Qualifikationsniveau.

Ausländischen Frauen der zweiten Generation kommt eine gewisse Sonderrolle zu. Zwar ist auch der Anteil un- und angelernter Arbeiterinnen über die Zeit leicht rückläufig, und bereits jede zweite Ausländerin der zweiten Generation ist 1989 im Angestelltenbereich tätig. Doch die Beschäftigung im Angestelltenbereich allein ist noch kein Garant für die Ausübung qualifizierter Tätigkeiten. Ein geringes Einkommen von ausländischen Frauen, speziell im Angestelltenbereich, läßt auf Tätigkeiten mit geringen Qualifikationsanforderungen schließen, auch der Anteil von nur einem Prozent Facharbeiterinnen weist auf eine insgesamt geringe Qualifikation von Frauen der zweiten Ausländergeneration hin. Der Anteil der un- und angelernten Arbeiterinnen ist mehr als doppelt so hoch wie bei den deutschen Frauen der entsprechenden Altersgruppe.

Wie sich im Kapitel zur Ausbildungssituation ausländischer Jugendlicher bereits andeutete, sind Bereiche, die eine hohe Attraktivität für deutsche Bewerber aufweisen, für ausländische Jugendliche nur schwer zugänglich. Dies läßt eine starke Konzentration im produzierenden Gewerbe erwarten. Aus Tabelle 16 ist ersichtlich, daß das produzierende Gewerbe auch für die zweite Generation der wichtigste Arbeitgeber ist. Im Zeitverlauf nimmt der Anteil der in diesem Bereich Tätigen sogar noch deutlich zu und liegt 1989 bei 60%. Im tertiären Sektor findet eine Gewichtsverlagerung vom distributiven Sektor zu anderen Branchen des Dienstleistungsbereiches statt, ohne daß die Ausländer der zweiten Generation nennenswerten Zugang zu den attraktiven Tätigkeiten des Dienstleistungssektors finden. Es muß jedoch angemerkt werden, daß die Werte für die zweite Generation durch die relativ große Zahl von Berufseinsteigern größeren jährlichen Schwankungen unterworfen sind.

Insbesondere junge Türken sind im tertiären Sektor unterrepräsentiert. Weniger als ein Viertel sind im Dienstleistungssektor tätig. Für ausländische Frauen

Tabelle 16: Erwerbstätige der zweiten Generation nach Branche (in Prozent)

	Industrie	Bau	Handel, Verkehr	Sonstige Dienstleistungen
1984				
Ausländer insgesamt	64	14	8	14
Zweite Ausländergeneration	55	8	21	15
Davon:				
Türken	73	2	11	12
Frauen	41	0	38	21
Deutsche				
Insgesamt	34	8	16	39
Bis 25 Jahre	36	8	20	34
Frauen bis 25 Jahre	31	1	26	42
1989				
Ausländer insgesamt	64	13	6	17
Zweite Ausländergeneration	60	6	13	21
Davon:				
Türken	72	6	11	11
Frauen	28	0	28	44
Erste Erwerbstätigkeit:				
Vor 1984	65	7	17	11
Zwischen 1984 und 1989	61	5	12	21
Deutsche				
Insgesamt	35	6	16	39
Bis 25 Jahre	40	9	15	34
Frauen bis 25 Jahre	36	2	17	45
Erste Erwerbstätigkeit[1]:				
Vor 1984	43	9	17	29
Zwischen 1984 und 1989	35	9	15	40

Der zu 100% fehlende Wert entspricht den in der Landwirtschaft Tätigen.
1 Nur die Vergleichsgruppe der 16-25jährigen

Datenbasis: SOEP, Welle 1-6.

der zweiten Generation hingegen sind Betriebe des Dienstleistungsbereiches die wichtigsten Arbeitgeber, zumindest 1989 in einem deutschen Frauen vergleichbaren Umfang. Bei den Frauen der zweiten Generation fand eine Schwerpunktverlagerung von dem 1984 noch dominierenden Bereich Handel und Verkehr zu den sonstigen Dienstleistungen statt. Es ist jedoch aufgrund des geringen Einkommenszuwachses (vgl. Kapitel 7.4) zu bezweifeln, daß ausländische Frauen jetzt höher qualifizierte Tätigkeiten ausüben.

Auch für die Gruppe der ausländischen Berufsanfänger zwischen 1984 und 1989 ist das produzierende Gewerbe der wichtigste Arbeitgeber. Es gibt auch keine Anzeichen dafür, daß sich diese Gruppe auch nur annähernd in dem Umfang wie die deutsche Vergleichsgruppe im Dienstleistungsbereich etablieren kann.

Im Vergleich zu den Ausländern insgesamt zeichnet sich eine verbesserte berufliche Ausgangssituation für die zweite Generation ab. Proportional üben wesentlich mehr Ausländer der zweiten Generation qualifizierte Tätigkeiten aus. Dies ist ein Indiz für eine hohe intergenerationale Mobilität. Im Vergleich zur entsprechenden deutschen Altersgruppe sind sie insgesamt jedoch deutlich schlechter gestellt. Doch die zweite Ausländergeneration hat sich als relativ inhomogen erwiesen: Ausländische Frauen haben die größten Probleme bei der Ausbildungsplatzsuche, und der berufliche Einstieg gestaltet sich besonders schwierig. Bei jungen Türken steigt der Anteil derer, die qualifizierte Tätigkeiten ausüben deutlich an. Dies wird vor allem durch den Eintritt besser qualifizierter Jugendlicher in das Erwerbsleben verursacht. Bei jungen Ausländern, die zwischen 1984 und 1989 erstmals eine Erwerbstätigkeit aufnahmen, sind Tendenzen zu einer Annäherung an die entsprechende deutsche Gruppe zu erkennen. Wenngleich die zweite Generation Zugang zu Tätigkeiten auf höherem Qualifikationsniveau gefunden hat, vor allem zu Facharbeiter- und Meisterpositionen, bleiben sie doch weitgehend an das produzierende Gewerbe gebunden. Zu attraktiven Bereichen des Dienstleistungssektors finden sie keinen Zugang. Die vorgestellten Analysen können dahingehend gedeutet werden, daß strukturelle Barrieren den beruflichen Eingliederungsprozeß in erheblichem Maße behindern. Inwiefern sich auch individuelle Komponenten in diesem Zusammenhang als relevant erweisen, ist Gegenstand des Kapitels 7.5; im folgenden Kapitel wird zunächt der Prozeß der beruflichen Statusallokation bei der zweiten Generation genauer untersucht.

7.4 Berufliche Statusallokation der zweiten Generation

Der Einfluß von schulischer und beruflicher Bildung auf das erzielte Einkommen ist vor allem in vielen Ansätzen, die auf die Humankapitaltheorie zurückgehen, eingehend analysiert worden (vgl. Licht und Steiner 1991). Insbesondere in amerikanischen migrationstheoretischen Ansätzen (z.B. Chiswick 1978, Borjas 1985 und 1987) wird Einkommen als Indikator für berufliche Eingliederung und ökonomische Mobilität verwandt. Doch bei den hier untersuchten Gruppen müssen Einschränkungen bezüglich der Aussagekraft des Einkommens als Indikator der beruflichen Statusallokation gemacht werden. In der Phase des Übergangs von der Schule bzw. Ausbildung in die Erwerbstätigkeit ist Einkommen nur bedingt aussagekräftig, denn bei Einkommensvergleichen von überwiegend in der Industrie tätigen Ausländern der zweiten Generation und hauptsächlich im Dienstleistungsbereich beschäftigten jungen Deutschen muß vor allem bedacht werden, daß die Einstiegsgehälter im öffentlichen Dienst zum Teil relativ niedrig sind, während in der Industrie auch bei geringer Qualifikation, aber hoher Arbeitsintensität relativ hohe Löhne erzielt werden können. Allgemein sind, insbesondere durch das Arbeitsvolumen[6], Intensität der Arbeit (z.B. Schicht- und Akkordarbeit), jährlich erfolgende Sonderzahlungen oder Vorzüge bei der Sozialversicherung etc., Einkommensvergleiche häufig unvollständig oder verzerrt. Insbesondere für multivariate Analysen wird deshalb auch auf die Berufsprestigeskala von Treiman zurückgegriffen.

Die Erwerbstätigen der zweiten Generation erzielen 1984 sogar geringfügig höhere Einkommen[7] als Deutsche der gleichen Altersgruppe (Tabelle 17). Die Erwerbsquote der zweiten Generation liegt deutlich über der der Deutschen im Alter zwischen 16 und 25 Jahren, so daß angenommen werden könnte, daß die geringe Differenz beim Bruttoverdienst darauf zurückzuführen ist, daß zu diesem Zeitpunkt überwiegend Personen mit niedrigem Bildungsgrad erwerbstätig waren, während Personen, die einen höheren Abschluß anstreben, noch in Ausbildung sind. Umso erstaunlicher ist es, daß die gleiche Alterskohorte 1989 ebenfalls ein der entsprechenden deutschen Alterskohorte vergleichbares Einkommen bezieht, da zwischenzeitlich auch Personen mit höheren Qualifikationen in das Erwerbsleben eingetreten sind, und folglich das durchschnittliche Einkommen dieser Gruppe stark angestiegen ist. Demnach könnte auf eine erhebliche berufliche Mobilität bzw. einen zahlenmäßig bedeutsamen Eintritt besser qualifizierter Ausländer der zweiten Generation in das Erwerbsleben geschlossen werden.

Die höchsten Steigerungsraten erzielten türkische Arbeitnehmer der zweiten Generation. 1984 lag deren Bruttoeinkommen noch deutlich unter dem Durchschnitt der zweiten Ausländergeneration, doch mit einer Einkommenssteigerung um 46% wurden die Differenzen zu anderen Ausländern beinahe ausgeglichen, so daß das Einkommen der zweiten Generation insgesamt nur noch gering nach der Nationalität variiert.

Beträchtliche Einkommensunterschiede bestehen nach dem Geschlecht. Junge Ausländerinnen verdienen deutlich weniger als ausländische Männer und erzielen auch nur unterdurchschnittliche Einkommenssteigerungen. Folglich ist die hohe Präsenz ausländischer Frauen im Angestellten- und Dienstleistungsbereich nicht mit dem Erreichen besser bezahlter oder höher qualifizierter Tätigkeiten verbunden. Während zwischen der zweiten Generation insgesamt und der deutschen Vergleichsgruppe kaum Einkommensunterschiede bestehen, beziehen jun-

Tabelle 17: Bruttoverdienst der zweiten Generation (abhängig Beschäftigte)

	Mittelwert		Anstieg in %	Median		Standardabweichung	
	1984	1989		1984	1989	1984	1989
Ausländer							
Insgesamt	2406	2879	20	2380	2850	761	949
2. Generation	1987	2708	36	1800	2600	623	796
Davon:							
Türken	1842	2687	46	1700	2700	601	765
Frauen	1607	2050	28	1624	2200	321	658
Erste Erwerbstätigkeit:							
Vor 1984	1987	2791	40	1800	2700	624	677
Zwischen 1984 und 1989		2665			2500		904
Deutsche							
Insgesamt	2887	3369	17	2600	3080	1381	1688
Bis 25 Jahre	1946	2704	39	2000	2613	703	951
Frauen bis 25 Jahre	1820	2283	25	1802	2300	549	814
Erste Erwerbstätigkeit:							
Vor 1984	1957	2803	43	2000	2800	703	984
Zwischen 1984 und 1989	2784	2700			866		

Datenbasis: SOEP, Welle 1 - 6.

ge ausländische Arbeitnehmerinnen niedrigere Einkünfte als deutsche Frauen der gleichen Altersgruppe.

Wird wiederum die Kohorte der bereits 1984 Erwerbstätigen betrachtet, die geringfügig höhere Einkommen als die entsprechende deutsche Vergleichsgruppe bezog, zeigt sich auch im Jahre 1989 ein der deutschen Altersgruppe vergleichbares Einkommen. Der Vergleich der Einkommensentwicklung von jungen Deutschen und Ausländern der zweiten Generation verläuft relativ gleichförmig. Ausländer wie Deutsche können die relativ niedrigen Löhne der ersten Beschäftigungsphase im Zeitverlauf deutlich steigern. Unter der Voraussetzung, daß sich Ausländer der zweiten Generation erfolgreich auf dem Arbeitsmarkt durchgesetzt haben, können sie eine zu ihren deutschen Altersgenossen vergleichbare Einkommensentwicklung und -höhe erwarten. Da hier relativ homogene Gruppen verglichen wurden (ohne Akademiker), kann davon ausgegangen werden, daß

Ausländer der zweiten Generation in der Entlohnung keine Diskriminierung erfahren und sie ebenso wie Deutsche dieses Alters ihre Beschäftigungspositionen, wenn auch in anderen Bereichen, verbessern konnten.

Die Betrachtung des Einkommens nach dem unmittelbaren Berufseinstieg (zwischen 1984 und 1989) läßt deutliche Nachteile für ausländische Berufsanfänger erwarten, da sie hier auch deutschen Berufsanfängern in akademischen Berufen gegenübergestellt werden. Doch die Unterschiede im durchschnittlichen Bruttoverdienst fallen relativ gering aus.

Aus finanzieller Sicht gesehen liegt die zweite Ausländergeneration in der Phase des Berufseinstieges weitgehend auf dem Niveau gleichaltriger Deutscher. Im Zeitverlauf können zur deutschen Kontrollgruppe vergleichbare Einkommenssteigerungen erzielt werden. Einschränkungen müssen hinsichtlich der Startbedingungen von ausländischen Frauen gemacht werden, der Bezug geringer Einkommen und ein unterdurchschnittlicher Einkommenszuwachs zwischen 1984 und 1989 deutet hier nur auf eine geringe berufliche Mobilität hin.

Ein Faktor für die, gemessen an der Qualifikation, relativ hohen Löhne liegt in dem hohen Anteil an Schicht- und Nachtarbeit, der von Ausländern der zweiten Generation geleistet wird. Immerhin 29% arbeiteten 1989 regelmäßig in Wechselschicht, gegenüber 13% der deutschen Vergleichsgruppe, und verdienten dabei überdurchschnittlich gut.

Dennoch überraschen diese Resultate insofern, als das niedrigere Ausbildungs- und Qualifikationsniveau sowie die Gebundenheit an das produzierende Gewerbe doch eine geringere Einkommensdynamik hätte erwarten lassen. Denn auch wenn von höheren Einstiegsgehältern in der Industrie ausgegangen wird, müßte angenommen werden, daß in den folgenden Jahren nur noch geringe Steigerungsraten erzielt werden, während sich die Gehälter im Angestelltenbereich deutlich erhöhen. Innerbetriebliche Weiterqualifikation oder auch gesteigerte Arbeitsintensität wären mögliche Erklärungen.

7.5 Determinanten der beruflichen Statusallokation

Nachdem im vorangegangenen Kapitel untersucht wurde, welche beruflichen Positionen die zweite Generation einnimmt, soll nun der Frage nachgegangen werden, inwiefern die Erreichung beruflicher und ökonomischer Positionen in Zusammenhang mit individuellen Kompetenzen und Einstellungen steht, wie dies in Assimilationstheorien behauptet wird. Zunächst wird der Zusammenhang zwischen Sprachkompetenz, interethnischen Kontakten, nationaler Selbstidentifikation und beruflicher Stellung untersucht. Daran anschließend wird der Zusammenhang zwischen diesen Indikatoren und dem Einkommen sowie dem Berufsprestige

Tabelle 18: Sprachkompetenz, interethnische Kontakte und Selbstidentifikation nach Stellung im Beruf (in Prozent)

	Deutsch sprechen		Deutsch schreiben	
	1. Generation	2. Generation	1. Generation	2. Generation
Ungelernte Arbeiter	30***	71*	8***	25***
Angelernte Arbeiter	44	78	15	58
Facharbeiter/Meister	46	83	17	71
Angestellte	88	90	61	92
Selbständige	75	( )	47	( )
	Kein deutscher Freund		Sich ganz oder mehr als Deutscher fühlen	
	1. Generation	2. Generation	1. Generation	2. Generation
Ungelernte Arbeiter	59***	78***	9***	5**
Angelernte Arbeiter	54	50	10	9
Facharbeiter/Meister	48	27	11	10
Angestellte	36	10	20	31
Selbständige	49	( )	18	( )

Signifikanzniveaus: * t > 2.0, ** t > 3.0, *** t > 5.0
( ) Fallzahlen unter N=30

Datenbasis: SOEP Welle 1 - 6.

untersucht. Wegen der zu erwartenden großen Differenzen zwischen den Generationen werden die folgenden Analysen nach Generationen getrennt durchgeführt. Differenziert nach der beruflichen Stellung, zeigen sich bei der ersten Generation deutliche Unterschiede nach der Sprachkompetenz. Die Spanne reicht von 30% der ungelernten Arbeiter, die gute oder sehr gute verbale Deutschkenntnisse angaben, bis zu 88% der Angestellten (Tabelle 18). Entlang dieser Achse sind auch bei der zweiten Generation Differenzierungen feststellbar, doch bei weitem nicht so ausgeprägt wie bei der ersten Generation. Wird jedoch das strengere Kriterium der schriftlichen Deutschkenntnisse angelegt, treten auch bei der zweiten Generation deutliche Unterschiede nach beruflicher Stellung hervor.

Ebenfalls stark differenziert ist die Freundschaftsstruktur nach beruflicher Stellung. Ungelernte Arbeiter der zweiten Generation haben besonders wenig interethnische Kontakte. 78% nannten bei der Frage nach den drei wichtigsten Bezugspersonen keine deutsche Kontaktperson. Dieser Anteil liegt sogar deutlich über dem Wert für ungelernte Arbeiter der ersten Generation. Im Angestelltenbereich hingegen, aber auch in qualifizierten Arbeiterberufen, liegt der Anteil derer, die keine deutsche Kontaktperson nennen, in der zweiten Generation deutlich unter dem der ersten.

Bezogen auf die nationale Selbsteinstufung zeigt sich bei den Angestellten beider Generationen jeweils ein höherer Anteil derer, die sich ganz oder eher als Deutsche fühlen. Den Angestellten kommt also in allen Punkten eine gewisse Sonderrolle zu. Dies kann jedoch nicht unbedingt dahingehend interpretiert werden, daß es sich dabei um eine etablierte Gruppe handelt. Tätigkeiten im Angestelltenbereich sind für Ausländer nicht gleichbedeutend mit der Ausübung qualifizierter Tätigkeiten. Dienstleistungsberufe in Handel, Gastronomie und Verkehr sind die Domäne ausländischer Angestellter. Dabei handelt es sich überwiegend um kommunikations- und kontaktintensive Tätigkeiten, für die oftmals Sprachkenntnisse eine Voraussetzung sind. Dennoch kann festgehalten werden, daß für das Erreichen qualifizierter Positionen Sprachkenntnisse unerläßlich sind.

Bei der ersten Generation ist das Einkommen eindeutig mit der Sprachkompetenz korreliert (Tabelle 19). Je besser die Deutschkenntnisse, desto höher ist das Einkommen. Diesen Zusammenhang gibt es bei der zweiten Generation nicht. Die verbalen Fähigkeiten sind bereits in solchem Umfang vorhanden, daß hier keine Differenzierungen mehr auftreten. Hinsichtlich der Fertigkeit Deutsch zu schreiben, zeigt sich im Jahre 1984 sogar eine gegenläufige Tendenz, diejenigen mit geringen Schreibkenntnissen verdienen mehr als Personen mit guten Kenntnissen. Dieser Umstand ist dadurch zu erklären, daß Un- und Angelernte, also der Personenkreis mit geringen Schreibfertigkeiten, 1984 bereits erwerbstätig waren und zum Teil durch hohe Arbeitsintensität hohe Löhne erzielten, während sich Personen mit besseren Deutschkenntnissen in qualifizierten Bereichen und im Angestelltenbereich mit niedrigen Einstiegsgehältern begnügen mußten bzw. noch in Ausbildung waren und hier nicht erfaßt wurden. 1989 sind diese Differenzen nicht mehr vorhanden. Wie bereits im vorigen Kapitel gesehen, sind die Einkommen der zweiten Generation noch nicht stark ausdifferenziert, so daß dieses Ergebnis noch zurückhaltend interpretiert werden muß und weiterer Analysen bedarf.

Das Einkommen der ersten Generation steigt leicht an mit der Anzahl deutscher Freunde. Ein ebenfalls signifikanter Zusammenhang besteht zwischen Selbsteinstufung als Deutscher und der Höhe des Einkommens. Diejenigen, die sich ganz oder eher als Deutsche fühlen, erzielen höhere Einkommen.

Es kann festgehalten werden, daß für die erste Generation ein deutlicher Zusammenhang zwischen Einkommen und Sprachkompetenz, interethnischen Kontakten und auch nationaler Selbsteinstufung besteht. Für die zweite Generation

Tabelle 19: Durchschnittlicher Bruttoverdienst nach Sprachkompetenz, interethnischen Kontakten und nationaler Selbstidentifikation

	1. Generation		2. Generation	
	1984	1989	1984	1989
Insgesamt	2500	2940	1640	2650
Sprachkenntnisse				
Deutsch sprechen				
Sehr gut/gut	2710***	3120***	1630	2700
Es geht	2410	2890	1650	2580
Eher schlecht/gar nicht	2280	2570	( )	( )
Deutsch schreiben				
Sehr gut/gut	2960***	3410***	1550	2690
Es geht	2540	3010	1750	2650
Eher schlecht/gar nicht	2370	2750	1930	2590
Interethnische Kontakte1				
Kein deutscher Freund		2830**		2630
Ein deutscher Freund		2960		2720
2-3 deutsche Freunde		3140		2610
Nationale Selbstidentifikation2				
... als Deutscher fühlen				
Kaum/nicht	2380***	2790***	1670	2690
In manchen Beziehungen	2750	3090	1680	2720
Ganz/eher	2530	3180	1460	2520

( ) Fallzahlen unter N=30
1 Die Netzwerkfrage wurde nur 1988 gestellt.
2 Wegen abweichender Fragestellung im Jahre 1984 werden hier die Angaben von 1985 herangezogen.
Signifikanzniveaus: * $p < .05$, ** $p < .01$, *** $p < .001$.

Datenbasis: SOEP Welle 1 - 6.

lassen sich solche Zusammenhänge nicht zeigen. Da vermutet werden kann, daß die Einkommensunterschiede zwischen qualifizierten Tätigkeiten und solchen mit geringen Qualifikationsanforderungen bei der zweiten Generation noch nicht stark differenziert sind, wird zur multivariaten Überprüfung dieses Zusammenhanges, zusätzlich zum Einkommen, die Berufsprestigeskala von Treiman herangezogen.

Dabei wird davon ausgegangen, daß, auch wenn beim Einkommen noch keine Differenzierungen erkennbar sind, Unterschiede durch die Berufsbezeichnung, die ja der Berufsprestigeskala zugrunde liegt, erfaßt werden. Die Treiman-Skala ist eine standardisierte Skala zur Messung des Berufsprestiges, basierend auf 509 Berufsbezeichnungen, für die eine Skala des Prestiges in einer Metrik von 0 bis 100 entwickelt wurde (Treiman 1979). Demnach liegt das durchschnittliche Berufsprestige der zweiten Generation (34.8) 1989 nur wenig über dem der Ausländer insgesamt (33.8), aber doch deutlich unter dem der deutschen Kontrollgruppe (39.6). Zwischen 1984 und 1989 sind jeweils nur geringe Veränderungen feststellbar.

Der Zusammenhang zwischen Deutschkenntnissen, interethnischen Kontakten, nationaler Identifikation und Einkommen bzw. dem Berufsprestige nach Treiman wird mittels einer multiplen Klassifikationsanalyse (MCA)[8] untersucht. Bezogen auf das Einkommen, ist die erklärte Varianz mit 8% bei der ersten Generation und nur 4% bei der zweiten Generation relativ gering (Tabelle 20). Signifikante Zusammenhänge zeigen sich bei der ersten Generation zwischen Sprachkenntnissen und Einkommen, während bei den gleichen Indikatoren bei der zweiten Generation keine signifikanten Zusammenhänge mehr feststellbar sind. Wird die Treiman-Skala als abhängige Variable verwandt, steigt die erklärte Varianz bei der zweiten Generation auf 11%[9]. Sprachkompetenz bleibt nach wie vor unbedeutend, ein positiver Zusammenhang besteht jedoch zwischen Berufsprestige und Identität als Deutscher sowie der Anzahl der deutschen Freunde. Bei der ersten Generation zeigen sich kaum Abweichungen, wenn Berufsprestige statt Einkommen als abhängiger Variable verwendet wird, lediglich der Einfluß der Sprachkompetenz ist etwas geringer. Wird Sprachkompetenz strenger gefaßt und statt der verbalen die schriftlichen Deutschkenntnisse in die MCA aufgenommen, nehmen die Differenzen, bezogen auf die erste Generation sowohl beim Einkommen als auch beim Berufsprestige, deutlich zu. Das Einkommen der zweiten Generation differiert auch nicht nach den Schriftkenntnissen, die Zusammenhänge werden sogar schwächer. Eine deutlich positive Korrelation besteht jedoch zwischen der Treiman-Skala und der Schreibfertigkeit. Hier kommen Bildungseffekte offensichtlich deutlicher zum Tragen als beim Einkommen.

Die Frage nach den individuellen Determinanten der beruflichen Plazierung fällt für die erste und die zweite Generation deutlich verschieden aus. Bei der ersten Generation besteht ein eindeutiger Zusammenhang zwischen beruflicher Stellung, Verdienst und Sprachkenntnissen, so daß davon ausgegangen werden kann, daß Sprache ein Mobilitätshemmnis darstellt. Da Sprachkenntnisse eine Voraussetzung für interethnische Kontakte sind, zeigt sich folglich auch ein Zusammenhang zwischen sozialen Kontakten zu Deutschen und beruflicher Stellung bzw. Einkommen. Aufgrund der relativen Stabilität der Sprachkompetenz

Tabelle 20: Multiple Klassifikationsanalysen: Einkommen und Berufsprestige nach Sprachkompetenz, interethnischen Kontakten und Selbstidentifikation

Einkommen	1. Generation		2. Generation	
	ETA	BETA	ETA	BETA
Deutsche Freunde	.13	.05	.07	.07
Nationale Identität	.15	.08	.08	.14
Deutsch sprechen	.27***	.24	.14	.19
r^2	.08		.04	
(Deutsch schreiben)	.32***	.30	.08	.12)

Berufsprestige nach Treiman	1. Generation		2. Generation	
	ETA	BETA	ETA	BETA
Deutsche Freunde	.15	.07	.21*	.24
Nationale Identität	.17	.10	.22*	.25
Deutsch sprechen	.22***	.18	.13	.12
r^2	.06		.11	
(Deutsch schreiben)	.33***	.33	.31***	.33)

Signifikanzniveaus: * $p < .05$, ** $p < .01$, *** $p < .001$.

Datenbasis: SOEP Welle 1 - 6.

im Zeitverlauf könnte also geschlossen werden, daß für den Teil der ersten Generation, der über geringe Sprachkenntnisse verfügt, kaum berufliche Mobilität erwartet werden kann. So kann angenommen werden, daß eine Gruppe ausländischer Arbeitnehmer mit geringen Sprachkenntnissen und niedrigem Qualifikationsprofil existiert, die im Untersuchungszeitraum weitgehend immobil ist. Diese Frage wird in Kapitel acht und neun weiterverfolgt.

Bei der zweiten Generation können Sprachkenntnisse dagegen nicht mehr als Barriere angesehen werden, da diese bereits so weit verbreitet sind, daß sich nach Sprachkenntnissen keine Differenzierungen mehr ergeben. Differenzen sind zwar nach den schriftsprachlichen Kenntnissen nach wie vor vorhanden, hierbei dürfte es sich aber in erster Linie um einen Bildungseffekt handeln. Dies zeigt sich vor allem darin, daß ein geringer Grad an schriftsprachlichen Kenntnissen weitgehend auf ungelernte Arbeiter beschränkt bleibt, so daß Mobilitätshemmnisse am ehesten bei dieser Gruppe erwartet werden könnten.

Es stellt sich die Frage, wie diese Resultate in ein Assimilationsmodell eingeordnet werden können. Dies sei anhand des Esserschen Modells erläutert, nach dem sich Assimilation in vier Stufen, der kognitiven, der strukturellen, der sozialen und schließlich der identifikativen Assimilation vollzieht. Als unbestrittene Voraussetzung der beruflichen Integration, die als wesentliches Merkmal der strukturellen Integration angesehen werden kann, können Sprachkenntnisse angesehen werden; dies gilt zweifelsohne auch für interethnische Beziehungen. Doch der Zusammenhang mit der Identifikation als Deutscher scheint eher konstruiert und mehr ideologischen Erwägungen zu entspringen als analytischen. Der geringe Identifikationsgrad der zweiten Generation, die Stagnation im Zeitverlauf, aber auch der geringe Identifikationsgrad qualifizierter Arbeiter sprechen gegen die Annahme, mit beruflicher und sozialer Integration stelle sich auch eine identifikative Assimilation ein.

Der Zusammenhang zwischen Sprachkenntnissen und beruflicher Integration kann aber auch anders verstanden werden. Schultze (1991:127ff) kommt, bezogen auf Türken der zweiten Generation, zu dem Schluß, daß Sprachkenntnisse zwar eine notwendige, aber keine hinreichende Bedingung für das Erreichen einer Facharbeiterposition ist, auch sehr gute oder gute deutsche Sprach- und Schreibkenntnisse nützen ohne zusätzliche betriebliche Ausbildung wenig.

Resümee

Die Situation der zweiten Generation stellte sich in diesen Analysen teilweise widersprüchlich dar. Höhere Schulabschlüsse sind bei der zweiten Generation wesentlich seltener vorzufinden als bei gleichaltrigen Deutschen. Die Suche nach einem Ausbildungsplatz gestaltet sich auch für Ausländer der zweiten Generation mit einem qualifizierten Schulabschluß wesentlich schwieriger als für junge Deutsche. In der ersten Beschäftigungsphase sind sie wesentlich öfter arbeitslos und die Arbeitslosigkeitsperioden sind länger als bei der deutschen Vergleichsgruppe. Nach wie vor ist das produzierende Gewerbe der wichtigste Arbeitgeber, und obwohl der Facharbeiteranteil steigt, verbleibt doch ein hoher Anteil, der un- oder angelernte Tätigkeiten ausübt.

Dem steht aber ein Einkommen und eine Einkommensentwicklung gegenüber, die der junger Deutscher vergleichbar ist. Doch das Einkommen ist in der Phase der beruflichen Eingliederung nur ein unzureichender Indikator, weil die Einstiegslöhne in der ersten Beschäftigungsphase noch nicht stark nach Ausbildung und Qualifikation differieren. Dennoch spricht auch die Einkommensdynamik gegen eine Lohndiskriminierung junger Ausländer, vor allem wenn das Einkommen vor dem Hintergrund des Qualifikationsniveaus der ausgeübten Tätigkeit und der beruflichen Bildung gesehen wird. Der Umstand, daß nach Aufnahme der Erwerbstätigkeit kaum mehr berufliche Aufwärtsmobilität erkennbar ist, läßt vermuten, daß bereits in weit stärkerem Maße als bei jungen Deutschen ein weiterer beruflicher Aufstieg nicht mehr möglich ist. Dieser Frage wird in Kapitel neun nachgegangen. Außerdem muß bedacht werden, daß die verhältnismäßig hohen Löhne teilweise durch eine höhere Arbeitsintensität und -belastung „erkauft" werden.

Auch die Frage, ob die berufliche Statusallokation in Zusammenhang mit individuellen Kompetenzen und Einstellungen steht, brachte kein eindeutiges Resultat. Insgesamt kann jedoch davon ausgegangen werden, daß kognitive, soziale und identifikative Faktoren in ihrem Gewicht für den Eingliederungsprozeß überschätzt werden. Mangelnde Sprachkenntnisse stellen für einen Teil der ersten Generation eine Barriere dar, in der zweiten Generation sind Deutschkenntnisse, zumindest verbal, bereits in solch breitem Umfang vorhanden, daß sich kaum mehr Differenzierungen ergeben. Interethnische Freundschaftsbeziehungen haben selbstverständlich Sprachkenntnisse zur Voraussetzung, und mit dem Aufstieg in höhere berufliche Positionen ergeben sich intensivere Kontakte zu Deutschen bzw. zu einem Personenkreis von Deutschen, der eine geringere Distanz gegenüber Ausländern aufweist. Die Identität mit dem Aufnahmeland wird in der Migrationsforschung häufig als der Endpunkt des Eingliederungsprozesses gesehen. Nach dieser Sichtweise wären berufliche und soziale Eingliederung als Voraussetzung der identifikativen Assimilation zu sehen. Dieser Zusammenhang ist aus den vorgelegten Daten jedoch nicht ableitbar. Zwar ist die zweite Generation weit öfter in höheren beruflichen Positionen zu finden und hat weit öfter interethnische Kontakte als die erste Generation, doch im Hinblick auf nationale Identität fallen die Unterschiede nur gering aus.

Dagegen sprechen viele Anzeichen für die Annahme struktureller Barrieren beim Prozeß der beruflichen Statusallokation, denn es hat sich gezeigt, daß es für Ausländer der zweiten Generation, unabhängig vom Bildungsgrad, besonders schwierig ist, einen Ausbildungsplatz zu erlangen und auf dem Arbeitsmarkt Fuß zu fassen. Bereiche mit hoher Attraktivität, die von deutschen Bewerbern stark nachgefragt werden, bleiben ihnen weitgehend verschlossen. Wenn sie sich allerdings erfolgreich auf dem Arbeitsmarkt etablieren konnten, können sie auch entsprechende finanzielle Erträge erwarten.

Im intergenerationalen Vergleich ist eine positive Entwicklung zu erkennen, die zweite Generation ist öfter in qualifizierten Positionen zu finden als die erste, so daß zumindest, bezogen auf die hier untersuchten Gruppen, angenommen werden kann, daß Esser die falsche Richtung antizipiert, wenn er die Bundesrepublik „auf dem Wege *hin* zu einer ethnisch geschichteten und teilweise segmentierten Gesellschaft" sieht (Esser 1983:37). Wird diese Beschreibung für die erste Generation als gegeben angenommen, so sprechen die Analysen dieses Kapitels, bezogen auf die zweite Generation, eher für eine langsame Entwicklung *weg* von ethnischer Segmentierung und Schichtung, trotz struktureller Barrieren.

Anmerkungen

1 Der üblicherweise für soziale Herkunft verwendete Indikator, die berufliche Stellung des Vaters im Alter von 15 Jahren, steht im SOEP leider noch nicht zur Verfügung, so daß hier auf Vergleiche zwischen zweiter Generation und Ausländern insgesamt zurückgegriffen werden muß. Lediglich über den Schulabschluß des Vaters liegen Informationen vor. 7% der Väter haben demnach gar keine Schule besucht, und ebenfalls 7% haben eine weiterführende Schule besucht, alle anderen haben eine Pflichtschule im Herkunftsland besucht, 41% davon haben keinen Abschluß.
2 Im SOEP können berufliche Bildungsabschlüsse nur 1984 nach gewerblichen und kaufmännischen Lehrberufen unterschieden werden. Dabei zeigt sich eine eindeutige Dominanz der gewerblichen Lehrberufe.
3 Ausländer der eigenen Nationalität im Wohngebiet „viele", „wenige", „keine".
4 Die Einstufung in die Kategorien „ungelernter" bzw. „angelernter Arbeiter" variiert im Zeitverlauf sehr stark, und da im Fragebogen auch keine weitere Erläuterung gegeben wird, muß davon ausgegangen werden, daß sich Personen teilweise bei gleicher oder ähnlicher Tätigkeit jeweils unterschiedlichen Kategorien zuordnen.
5 Da hier nur Erwerbstätige betrachtet werden, ist diese Gruppe 1984 identisch mit der zweiten Generation und wird in der Tabelle nicht gesondert ausgewiesen.
6 Angaben zum Arbeitsvolumen der zweiten Generation finden sich in Tabelle 26.
7 Im folgenden wird ausschließlich das Bruttoeinkommen der abhängig Beschäftigten betrachtet, da es in der Altersgruppe der 16- bis 25jährigen nur wenige Selbständige gibt und deren Einkommen zudem großen Schwankungen unterliegt. In Tabelle 17 werden neben den Mittelwerten auch der Median und die Standardabweichung als zusätzliche Information zur Einkommensverteilung ausgewiesen, in der Interpretation wird aber lediglich auf die Mittelwerte eingegangen. Eine Inflationsbereinigung wurde nicht vorgenommen.
8 Die multiple Klassifikationsanalyse ist ein der Regression vergleichbares Verfahren, welches auf der Grundlage eines additiven Modells erlaubt, die Effekte mehrerer unabhängiger Variablen auf eine abhängige zu untersuchen. Es kann sowohl der Einfluß einer Variable insgesamt, als auch bei Kontrolle aller übrigen Variablen, überprüft werden.
9 Auch wenn zusätzlich der Segregationsgrad (vgl. Kapitel 7.2) in die MCA aufgenommen wird, bleibt die Erklärungskraft des Modells gering. Für die zweite Generation lag die erklärte Varianz beim Bruttoeinkommen insgesamt bei 7%, wird die Treiman-Skala als abhängige Variable genommen, liegt die erklärte Varianz bei 14%.

8. Berufliche und ökonomische Mobilität

Das vorangegangene Kapitel hat neben den Determinanten der beruflichen Statusallokation bereits in Teilbereichen berufliche und ökonomische Mobilität behandelt. Diese Analysen sollen hier vertieft werden. Hier soll der Frage nachgegangen werden, wie sich die berufliche und ökonomische Mobilität von Ausländern insgesamt zwischen 1984 und 1989 entwickelt hat. In Gruppenvergleichen werden wiederum Ausländer vergleichbaren deutschen Gruppen gegenübergestellt, um Mobilitätsprozesse in Abhängigkeit von Merkmalen wie beruflicher Stellung untersuchen zu können. Dabei wird auch der Heterogenität ausländischer Beschäftigter Rechnung getragen und bestimmte, markante Gruppen besonders hervorgehoben. Insbesondere türkischen Arbeitnehmern und Frauen, für die besonders schlechte Arbeitsmarktbedingungen angenommen werden können, kommt in diesem Zusammenhang eine besondere Bedeutung zu.

Durch die gewählte Darstellungsform sind Überschneidungen mit dem vorangegangenen Kapitel nicht ganz zu vermeiden. Da aber der Prozeß der beruflichen Plazierung der zweiten Generation und die Analyse der Determinanten der beruflichen Statusallokation wichtige Informationen für das Verständnis und die Interpretation dieses Kapitels beinhalten, mußte dieser Themenkomplex der Analyse beruflicher und ökonomischer Mobilität vorangestellt werden. Sofern gleiche Indikatoren wie im vorangegangenen Kapitel verwendet werden, wird der Wert für die zweite Generation insgesamt in der Tabelle wiedergegeben, um ein Nachschlagen im vorangegangen Kapitel zu erübrigen. In der Interpretation wird jedoch nicht mehr explizit auf die zweite Generation eingegangen. Die Situation der zweiten Generation wurde jedoch im vorangegangen Kapitel nicht abschließend abgehandelt; sofern Analysen erfolgen, die nicht Gegenstand des siebten Kapitels waren, wird auch die zweite Generation in die Interpretation einbezogen.

Im folgenden wird die berufliche Mobilität anhand des Wechsels der Stellung im Beruf und der Branchenzugehörigkeit zwischen 1984 und 1989 nachvollzogen, die unterschiedliche Betroffenheit von Arbeitslosigkeit als Indikator für Arbeitsmarktchancen analysiert und die subjektive Bewertung der Arbeitsbedingungen untersucht. Wegen der Bedeutung des Arbeitsvolumens für das Einkommen wird eine kurze Übersicht über die wöchentliche Arbeitszeit gegeben und daran anschließend die Entwicklung des Bruttoverdienstes untersucht.

Tabelle 21: Deutsche und ausländische Erwerbstätige nach Stellung im Beruf (in Prozent)

	Ungelernte Arbeiter 1984 1989	Angelernte Arbeiter 1984 1989	Facharbeiter 1984 1989	Angestellte 1984 1989	Selbständige 1984 1989
Ausländer					
Insgesamt	25 21	45 43	19 23	7 9	4 4
2. Generation	31 15	24 37	25 27	18 21	2 2
Frauen	35 33	48 44	3 5	11 15	4 4
Türken	36 26	42 42	14 22	6 8	2 1
Deutsche[1]					
Insgesamt	5 4	12 12	17 16	43 46	12 12
16-25 Jahre	9 3	12 14	21 23	46 48	3 6
Frauen	6 7	12 14	3 4	60 61	13 9

1 Der zu 100% fehlende Wert entfällt auf Beamte und Landwirte.

Datenbasis: SOEP, Welle 1 - 6.

8.1 Berufliche Mobilität

Die Mehrzahl der in den 60er und frühen 70er Jahren angeworbenen Arbeitsmigranten aus dem Mittelmeerraum fanden Arbeit in der Industrie, wo großer Bedarf an un- und angelernten Arbeitskräften herrschte. Nach den Daten des SOEP sind 1989 noch immer knapp zwei Drittel der ausländischen Beschäftigten als un- oder angelernte Arbeiter tätig. Damit ist dieser Anteil leicht rückläufig, 1984 waren es noch 70% (vgl. Tabelle 21). Während schon fast jeder zweite Deutsche im Angestelltenbereich tätig ist, ist es noch nicht einmal jeder zehnte Ausländer. Der Beamtenstatus bleibt Ausländern per Gesetz ganz verschlossen. Der unverändert niedrige Anteil von nur 4% Selbständigen liegt bei den Deutschen dreimal höher.

Ausländische Frauen und Beschäftigte türkischer Herkunft sind im Vergleich zu Ausländern insgesamt überdurchschnittlich oft als ungelernte Arbeiter(innen) tätig. Nahezu drei Viertel der Frauen üben 1989 un- und angelernte Tätigkeiten aus. Gegenüber 1989 ist dieser Anteil leicht rückläufig zugunsten des Angestelltenbereichs. 15% der ausländischen Frauen sind 1989 als Angestellte tätig, bei deutschen Frauen liegt dieser Anteil bei 61%. Ein stärkerer Rückgang des Anteils an ungelernten Arbeitern ist bei türkischen Beschäftigten zu erkennen. Hier nimmt insbesondere der 1984 noch weit unter dem Durchschnitt liegende Facharbeiteranteil deutlich zu. Diese Entwicklung wird zum Teil durch den Eintritt besser qualifizierter türkischer Jugendlicher der zweiten Generation verursacht.

Zur Analyse beruflicher Mobilität wurde die berufliche Stellung des Jahres 1984 mit der von 1989 verglichen (Tabelle 22). Hierdurch kann die berufliche Mobilität in diesem Zeitraum nachvollzogen werden, allerdings mit der Einschränkung auf den Personenkreis, der 1984 bereits erwerbstätig war und es 1989 noch ist. Dies führt insbesondere bei der zweiten Ausländergeneration[1] zu Fallzahlverlusten, weil viele 1984 noch in der Schule oder in Ausbildung waren. Allerdings werden mit dieser Vorgehensweise, gerade für die zweite Generation, Mobilitätsanalysen bereits erwerbstätiger Gruppen ermöglicht, unabhängig von Personen, die neu in das Erwerbsleben eintreten oder ausscheiden.

Diese Übergangstabelle suggeriert eine enorme Aufwärtsmobilität der ungelernten Arbeiter - nur 36% der ausländischen bzw. 39% der deutschen ungelernten Arbeiter von 1984 geben auch 1989 noch die gleiche berufliche Stellung an. Jeweils knapp die Hälfte stufen sich jetzt als angelernte Arbeiter ein. Ob dies tatsächlich auf beruflichen Aufstieg zurückzuführen ist, kann nicht eindeutig entschieden werden, denn es bleibt offen, ob von den Befragten die Kategorien „ungelernt" und „angelernt" klar unterschieden werden, zumal im Fragebogen keine Definition vorgegeben wurde.

Nur knapp zwei Drittel der ausländischen Facharbeiter des Jahres 1984 behalten diese berufliche Stellung auch 1989 bei, während 23% jetzt als angelernte Arbeiter tätig sind. Auch die Beschäftigungsverhältnisse im Angestelltenbereich sind bei Ausländern weniger stabil als bei Deutschen, und nur rund zwei Drittel der ausländischen Selbständigen können sich in dieser Position halten.

Für Ausländer der zweiten Generation scheint es noch schwieriger zu sein, qualifizierte Positionen zu behaupten: Nur 59% derer, die 1984 im Angestelltenbereich tätig waren, sind dies auch noch im Jahre 1989. Bei gleichaltrigen Deutschen liegt dieser Anteil bei 82%. Von den Facharbeitern des Jahres 1984 sind 61% auch 1989 noch als Facharbeiter tätig, 28% üben 1989 nur noch angelernte Tätigkeiten aus. Deutsche Facharbeiter der gleichen Altersgruppe behaupten sich zu 76% in dieser Position, und nur insgesamt 6% üben 1989 Tätigkeiten im un- und angelernten Bereich aus. Die insgesamt größte Mobilität ist auch bei der zweiten Generation bei den ungelernten Arbeitern zu verzeichnen. Nur 29% derer, die 1984 noch als ungelernte Arbeiter tätig waren, sind dies auch noch im Jahre 1989. Das Gros dieser Gruppe ist 1989 als angelernte Arbeiter beschäftigt, doch immerhin 17% ist der Aufstieg in Facharbeiterpositionen gelungen. Deutsche ungelernte Arbeiter der gleichen Altersgruppe weisen eine noch stärkere Mobilität auf, nur noch 16% verbleiben als ungelernte Arbeiter. Zwar schaffen nur 6% den Aufstieg in Facharbeiterpositionen, aber 15% gelingt der Übergang

Tabelle 22: Berufliche Mobilität 1984-1989 (In Prozent)

	Ungelernte	Ange- lernte	Fach- arbeiter	Ange- stellte	Selb- ständige
Ausländer					
Insgesamt					
Ungelernte Arbeiter	**36**	45	17	1	1
Angelernte Arbeiter	18	**65**	15	1	1
Facharbeiter	4	23	**65**	5	3
Angestellte	3	20	1	**75**	2
Selbständige	16	-	1	15	**68**
Zweite Generation					
Ungelernte Arbeiter	**29**	53	17	1	4
Angelernte Arbeiter	3	**59**	36	2	-
Facharbeiter	-	28	**61**	7	5
Angestellte	5	34	2	**59**	-
Frauen					
Ungelernte Arbeiterinnen	**39**	33	27	1	-
Angelernte Arbeiterinnen	21	**63**	15	2	-
Facharbeiterinnen	10	22	**57**	5	6
Angestellte	-	30	2	**68**	-
Türken					
Ungelernte Arbeiter	**50**	46	2	1	1
Angelernte Arbeiter	24	**67**	6	2	1
Angestellte	5	10	1	**82**	2
Deutsche					
Insgesamt					
Ungelernte Arbeiter	**39**	46	5	11	-
Angelernte Arbeiter	11	**53**	21	12	3
Facharbeiter	1	11	**72**	13	3
Angestellte	1	4	2	**89**	4
Selbständige	1	2	2	19	**76**
16-25 Jahre					
Ungelernte Arbeiter	**16**	64	6	14	-
Angelernte Arbeiter	10	**44**	27	15	4
Facharbeiter	2	4	**76**	14	3
Angestellte	-	14	2	**82**	2
Frauen					
Ungelernte Arbeiterinnen	**44**	4	3	12	1
Angelernte Arbeiterinnen	12	**64**	8	13	3
Facharbeiterinnen	6	10	**67**	15	1
Angestellte	1	5	1	**91**	1
Selbständige	2	1	0	34	**63**

Teilgruppen, die kleiner sind als N=30, werden hier nicht ausgewiesen.
Die fettgedruckten Zahlen repräsentieren den Anteil derer, deren berufliche Stellung zwischen 1984 und 1989 gleich geblieben ist.

Datenbasis: SOEP, Welle 1 - 6.

in den Angestelltenbereich. Ebenfalls beträchtlich ist die Mobilität der angelernten Arbeiter bei der zweiten Generation. Immerhin 36% derer, die 1984 angaben, als angelernte Arbeiter tätig zu sein, stufen sich 1989 als Facharbeiter ein. Es hat sich gezeigt, daß Ausländer der zweiten Generation, sofern sie in Arbeiterberufen ohne bzw. mit geringen Qualifikationsanforderungen tätig sind, durchaus Aufstiegschancen in Facharbeiterpositionen haben, während Angestelltenpositionen weitgehend unzugänglich bleiben. Erreichte qualifizierte Positionen im Facharbeiterbereich sind ebenso wie Positionen im Angestelltenbereich bei Ausländern der zweiten Generation wesentlich instabiler und in höherem Maße von Dequalifizierung bedroht.

Für ausländische Frauen ist es offensichtlich schwierig, sich als Facharbeiterinnen zu behaupten. Rund ein Drittel der Facharbeiterinnen von 1984 üben 1989 un- oder angelernte Tätigkeiten aus. Andererseits zeigt sich bei ungelernten ausländischen Arbeiterinnen eine beachtenswerte Mobilität hin zu Facharbeitertätigkeiten. Insgesamt ist die Kontinuität im Angestelltenbereich zwar am höchsten, doch bleibt sie unterhalb des Durchschnitts der Ausländer insgesamt und liegt deutlich unterhalb der von deutschen Frauen. Während des Untersuchungszeitraumes sind auch nur 8% der ausländischen Frauen in ein Angstelltenverhältnis übergewechselt. Daraus kann geschlossen werden, daß der insgesamt steigende Angestelltenanteil bei ausländischen Frauen auf neu in das Erwerbsleben eintretende Frauen zurückzuführen ist.

Türkische Beschäftigte weisen insgesamt die geringste Mobilität von allen untersuchten Ausländergruppen auf. Die Hälfte der ungelernten Arbeiter verbleibt in dieser Position, und nur 2% übten 1989 Facharbeitertätigkeiten aus. Von den angelernten Arbeitern verbleiben zwei Drittel in dieser Position, aber ein Viertel übt nur noch ungelernte Tätigkeiten aus. Die verhältnismäßig wenigen türkischen Beschäftigten im Angestelltenbereich verbleiben dagegen überdurchschnittlich oft in diesen Positionen.

Allgemein zeigten sich bei den ausländischen und deutschen Beschäftigten zwischen 1984 und 1989 deutlich unterschiedliche Mobilitätsmuster. Während bei deutschen Beschäftigten Mobilität vor allem weg von den Arbeiterberufen hin zu Angestelltenpositionen verläuft und von diesem Bereich nur wenige zurück in Arbeiterberufe kommen, findet Mobilität bei ausländischen Beschäftigten vor allem innerhalb der Arbeiterberufe statt, und ein beträchtlicher Teil der Angestellten des Jahres 1984 sind 1989 in Arbeiterberufen, überwiegend als angelernte Arbeiter, tätig. Eine höhere Mobilität, wenn auch auf Arbeiterberufe beschränkt, ist bei der zweiten Generation festzustellen, bei türkischen Beschäftigten ist sie am niedrigsten.

Tabelle 23: Deutsche und ausländische Erwerbstätige nach Beschäftigungsbereichen 1984 und 1989 (in Prozent)

	Industrie		Bau		Handel, Verkehr		Sonstiger tertiärer Sektor	
	1984	1989	1984	1989	1984	1989	1984	1989
Ausländer								
Insgesamt	64	64	14	13	8	6	14	17
2. Generation	55	60	8	6	21	13	15	21
Frauen	64	58	0	1	9	7	27	35
Türken	72	70	11	12	6	5	10	13
Deutsche[1]								
Insgesamt	34	35	8	6	16	16	39	39
16-25 Jahre	36	40	8	9	20	15	34	34
Frauen	23	24	2	2	21	20	51	52

1 Der zu 100% fehlende Wert entspricht den in der Landwirtschaft Tätigen.

Datenbasis: SOEP, Welle 1 - 6.

8.2 Mobilität nach Beschäftigungssektoren

Wird betrachtet, in welchen Beschäftigungsbereichen Ausländer tätig sind, offenbart sich, daß die Ausländerbeschäftigung nach wie vor von der Industriearbeit dominiert wird: 64% der Ausländer arbeiten in der Industrie und weitere 14% sind im Baugewerbe tätig (Tabelle 23). Weniger als ein Viertel der ausländischen Beschäftigten arbeitet im Dienstleistungsbereich[2]. Diejenigen, die im tertiären Sektor arbeiten, sind in dem eher unattraktiven distributiven Sektor tätig oder üben Tätigkeiten mit niedrigem Status in anderen Bereichen des Dienstleistungssektors aus. Das Kredit- und Bankgewerbe, Versicherungen oder andere höhere Positionen im tertiären Sektor bleiben Ausländern weitgehend verschlossen. Im Vergleich der Jahre 1984 bis 1989 konnten kaum Veränderungen festgestellt werden. Nach wie vor dominieren Ausländer in den gleichen Berufen und Branchen wie während der Einwanderungsphase, zumindest in der ersten Generation.

Der Anteil der in der Industrie beschäftigten Frauen geht zwischen 1984 und 1989 von 64% auf 58% zurück, dafür steigt der Anteil der Frauen, die im sonsti-

Abbildung 12: Betroffenheit von Arbeitslosigkeit während eines Zeitraumes von sechs Jahren nach Nationalität

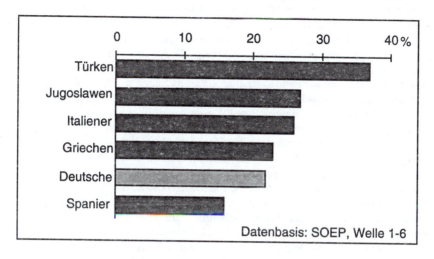

gen tertiären Sektor beschäftigt sind, deutlich an. Bei deutschen Frauen ändert sich im gleichen Zeitraum die Verteilung über die Beschäftigungssektoren kaum. Der Anteil der türkischen Beschäftigten, die im produzierenden Gewerbe tätig sind, liegt weit über dem Durchschnitt aller Ausländer. Für alle ausländischen Beschäftigten ist die Industrie noch immer der wichtigste Arbeitgeber, lediglich bei ausländischen Frauen ist ein Anstieg der im tertiären Sektor Beschäftigten zu verzeichnen.

8.3 Arbeitslosigkeit

Hier soll der Frage nachgegangen werden, ob die höhere Betroffenheit von Arbeitslosigkeit bei Ausländern eher strukturell oder funktional bedingt ist. Wäre sie ein strukturelles Phänomen aufgrund des Abbaus von Arbeitsplätzen mit niedrigen Qualifikationen im industriellen Bereich, wo Ausländer überwiegend beschäftigt sind, dann müßten deutsche Arbeitnehmer in entsprechenden Bereichen und mit gleicher Qualifikation ebenso betroffen sein. Ist die hohe Arbeitslosigkeit von Ausländern eher funktional zu erklären, träfe also die Annahme zu, daß

Ausländer auf dem Arbeitsmarkt die Funktion eines „Konjunkturpuffers" einnehmen und Diskriminierungen ausgesetzt sind, müßte die Betroffenheit von Arbeitslosigkeit, weitgehend unabhängig von Qualifikation und Beschäftigungsbereichen, höher als bei deutschen Beschäftigten liegen.

Ein erstes Merkmal der Ausländerarbeitslosigkeit ist die unterschiedliche Betroffenheit je nach Nationalität (Abbildung 12). Anhand von kumulierten Daten werden die Differenzen besonders deutlich. Die Angaben beziehen sich auf den Anteil derer, die in einem Zeitraum von sechs Jahren mindestens einmal arbeitslos waren. Dies ist bei 37% der türkischen Arbeitnehmer der Fall, aber nur bei 16% der spanischen Beschäftigten. Deren Anteil liegt sogar unter dem der deutschen Erwerbstätigen. Diese großen Differenzen überraschen, da von der Migrationsgeschichte her keine großen Unterschiede zwischen diesen Nationen bestehen. Lediglich die Spanier sind im Durchschnitt etwas älter. Bender und Karr (1993), die speziell diese nationalitätenspezifischen Unterschiede in der Arbeitslosenquote untersuchten, fanden keine Merkmale, die dieses Phänomen erklären konnten. Unterschiedliche Qualifikationen jedenfalls scheiden als Erklärung aus, denn bei ausländischen Arbeitnehmern besteht nur ein geringer Zusammenhang zwischen beruflicher Qualifikation und Arbeitslosigkeit, dies ist ein weiteres zentrales Charakteristikum der Ausländerarbeitslosigkeit.

In Abbildung 13 spiegeln sich die geringen Arbeitsmarktchancen von Ausländern im Vergleich zu Deutschen wider. Dies gilt vor allem für qualifizierte Tätigkeiten. Das Risiko, arbeitslos zu werden, variiert bei Ausländern nur gering nach beruflichem Status, während das Arbeitslosigkeitsrisiko für Deutsche im Facharbeiter- und insbesondere im Angestelltenbereich abnimmt. Unter Risiko ist in diesem Fall der Anteil derjenigen zu verstehen, die während sechs Jahren mindestens einmal arbeitslos waren[3].

In den Domänen der Ausländerbeschäftigung, den un- und angelernten Tätigkeiten, ist das Arbeitslosigkeitsrisiko für Ausländer in etwa gleich wie für deutsche Arbeiter mit entsprechender Qualifikation. Ausländische Angestellte hingegen machen wesentlich öfter die Erfahrung von Arbeitslosigkeit als deutsche, und insbesondere ausländischen Selbständigen scheint wenig Erfolg beschieden zu sein, 27% der 1984 Selbständigen werden in den Folgejahren wieder arbeitslos.

Die Benachteiligung ausländischer Frauen auf dem Arbeitsmarkt zeigt sich besonders deutlich in den Wiederbeschäftigungschancen nach Arbeitslosigkeit. Ausgehend von der letzten abgeschlossenen Arbeitslosigkeitsperiode zwischen den Jahren 1983 und 1988 wird überprüft, ob im jeweils darauffolgenden Monat wieder eine Erwerbstätigkeit aufgenommen wird. Es zeigt sich, daß die Wiederbeschäftigungsrate deutscher Frauen mit 60% um 9% niedriger liegt, als bei deutschen Männern, ausländische Frauen haben jedoch deutlich schlechtere

Abbildung 13: **Eine oder mehrere Arbeitslosigkeitsperioden zwischen 1983 und 1988 nach beruflicher Stellung von 1984**
(bezogen auf Personen, die während der Befragung erwerbstätig waren)

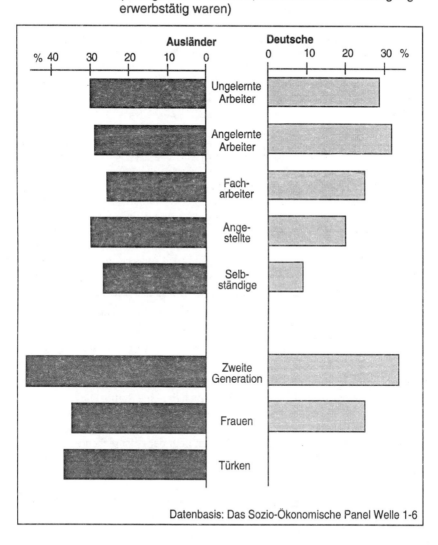

Tabelle 24: Wiederbeschäftigung und Dauer von Arbeitslosigkeit[1]
(in Prozent)

	Wiederbeschäftigung	Dauer der Arbeitslosigkeit		
		1 - 6 Monate	7 - 12 Monate	länger als 1 Jahr
Ausländer				
Insgesamt	57	55	18	26
Geschlecht				
Männer	80	65	21	15
Frauen	31	44	15	40
Alter				
16-39 Jahre	59	58	22	21
40-64 Jahre	54	51	11	38
Deutsche				
Insgesamt	64	60	21	20
Geschlecht				
Männer	69	69	14	17
Frauen	60	49	28	23
Alter				
16-39 Jahre	68	64	20	16
40-64 Jahre	53	47	25	29

1 Bezogen auf die letzte abgeschlossene Arbeitslosigkeitsperiode zwischen 1983 und 1988.
Datenbasis: SOEP, Welle 1 - 6.

Wiederbeschäftigungschancen (Tabelle 24). Nur 31% der ausländischen Frauen finden unmittelbar nach der Arbeitslosigkeit wieder eine Stelle. Dies überrascht umso mehr, als 80% der ausländischen Männer wieder direkt in die Erwerbstätigkeit übergehen. Ausländische Männer sind auch nur zu 15% länger als ein Jahr arbeitslos gewesen, bei ausländischen Frauen liegt der entsprechende Anteil bei 40%. Das heißt ausländische Frauen sind auf dem Arbeitsmarkt eindeutig benachteiligt, sowohl gegenüber ausländischen Männern als auch im Vergleich zu deutschen Frauen.

Da die Arbeitsmarktchancen älterer Arbeitnehmer bekanntlich schlechter sind, wird hier die Gruppe der über 40jährigen gesondert betrachtet. Bei Deutschen im Alter von 16 bis 39 Jahren liegt die Wiederbeschäftigungsrate mit 68% deutlich höher als bei älteren Deutschen (53%), aber auch gegenüber den Ausländern der gleichen Altersgruppe (59%). Lediglich bei den 49- bis 64jährigen schneiden Ausländer geringfügig günstiger ab, dies dürfte aber überwiegend auf die günstigere demographische Verteilung der Ausländer innerhalb dieser Altersgruppe zurückzuführen sein.

Die hohe Ausländerarbeitslosigkeit ist zu einem großen Teil strukturell bedingt. D.h. Ausländer sind überwiegend an Arbeitsplätzen mit geringen Qualifikationsanforderungen beschäftigt, die in hohem Maße rationalisierungsbedroht sind. Dies gilt für ausländische und deutsche Beschäftigte in diesem Bereich gleichermaßen. Darüber hinaus können sich ausländische Arbeitskräfte in qualifizierten Bereichen nicht etablieren und sind hier einem höheren Entlassungsrisiko ausgesetzt als deutsche Kollegen. Damit sind Ausländer in jedem Fall in höherem Maße durch Arbeitslosigkeit bedroht, der eine Teil, weil er in rationalisierungsanfälligen Bereichen tätig ist, der andere Teil, weil in qualifizierten Bereichen nicht die gleiche Beschäftigungsstabilität erreicht wird, wie sie deutsche Beschäftigte genießen.

8.4 Arbeitsbedingungen

Nachdem sich gezeigt hat, daß Ausländer generell geringe Arbeitsmarktchancen haben, wird nun der Frage nachgegangen, ob sie bei gleichen Beschäftigungsmerkmalen gleichen Arbeitsbedingungen unterliegen. Die Arbeitsbedingungen werden im Sozio-Ökonomischen Panel anhand von dreizehn Arbeitsplatzmerkmalen erhoben. Fünf davon beziehen sich auf positive Merkmale: abwechslungsreiche Tätigkeit, selbständige Gestaltung des Arbeitsablaufs, Kontakte zu Arbeitskollegen, Mitentscheidung und Dazulernen; weitere acht kennzeichnen negative Arbeitsbedingungen: körperlich schwere Arbeit, Arbeitszeit nach Arbeitsanfall, strenge Kontrolle, Wechselschicht, regelmäßige Nachtarbeit, Ärger mit Vorgesetzten, belastende Umwelteinflüsse und hohe nervliche Anspannung.

Unabhängig von der Stellung im Beruf sind ausländische Beschäftigte stets seltener der Meinung, die positiven Merkmale träfen auf ihren Arbeitsplatz voll zu, dagegen wird bei den negativen Merkmalen wesentlich öfter Zustimmung geäußert, mit Ausnahme des Statements „Ärger mit Vorgesetzten", den weder Deutsche noch Ausländer in nennenswertem Maße wahrnehmen.

Wegen der jeweils ähnlichen Antwortmuster bei den 13 Arbeitsplatzmerkmalen soll hier nur je ein charakteristisches Beispiel für ein positives und ein negatives Merkmal gegeben und die Kumulation der positiven als auch der negativen Merkmale betrachtet werden. (Tabelle 25). Bezogen auf das positive Charakteristikum „abwechslungsreiche Tätigkeit" zeigt sich, daß ausländische Arbeiter im Vergleich

Tabelle 25: Arbeitsbedingungen (Anteil "trifft voll zu" in Prozent)

	Ausländer		Deutsche	
	1985	1989	1985	1989
Abwechslungsreiche Tätigkeit				
Ungelernte Arbeiter	8	20	25	30
Angelernte Arbeiter	19	21	38	39
Facharbeiter	32	44	59	60
Angestellte	65	57	66	70
Selbständige	50	64	73	71
Insgesamt	25	29	63	64
Zweite Generation[1]	43	38	57	58
Frauen	23	27	58	57
Türken	19	25		
Strenge Kontrolle				
Ungelernte Arbeiter	33	36	17	12
Angelernte Arbeiter	33	30	23	26
Facharbeiter	26	25	17	17
Angestellte	10	9	8	8
Selbständige	0	0	4	4
Insgesamt	29	26	12	12
Zweite Generation[1]	26	25	14	16
Frauen	28	29	11	11
Türken	36	31		
Kumulation negativer Items[2]				
Ungelernte Arbeiter	31	22	20	7
Angelernte Arbeiter	28	30	24	24
Facharbeiter	28	29	23	23
Angestellte	17	14	9	9
Selbständige	9	22	27	22
Insgesamt	27	26	16	15
Zweite Generation[1]	26	28	16	15
Frauen	18	13	11	10
Türken	29	31		
Kumulation positiver Items[2]				
Ungelernte Arbeiter	18	27	38	44
Angelernte Arbeiter	30	27	46	48
Facharbeiter	53	53	64	65
Angestellte	86	72	73	75
Selbständige	75	77	80	79
Insgesamt	39	39	69	70
Zweite Generation[1]	57	45	63	66
Frauen	34	37	64	66
Türken	30	29		

1 Bei Deutschen: Vergleichsgruppe der 16-25jährigen
2 Drei und mehr negative bzw. zwei und mehr positive Items treffen voll zu

Datenbasis: SOEP, Welle 1 - 6.

zu ihren deutschen Kollegen wesentlich öfter monotone Arbeit verrichten beziehungsweise diese als monoton wahrnehmen, obwohl der Anteil der Beschäftigten mit „abwechslungsreichen Tätigkeiten" im Zeitverlauf für fast alle Berufsgruppen deutlich zunimmt. Eine Ausnahme bilden die ausländischen Angestellten, die 1985 in gleichem Maße „abwechslungsreiche Tätigkeiten" nannten wie ihre deutschen Kollegen. Während dieser Anteil bei den deutschen Angestellten noch anstieg, sank er bei den ausländischen Angestellten. Bei türkischen Arbeitnehmern liegt der Anteil derer, die angeben, abwechslungsreiche Tätigkeiten auszuüben, insgesamt am niedrigsten.

Deutlich mehr ausländische als deutsche Arbeitnehmer nehmen „strenge Kontrolle" am Arbeitsplatz wahr. Dies trifft insbesondere auf Arbeiter zu. Die Veränderungen im Zeitverlauf sind gering. Auch die zweite Ausländergeneration übt im Vergleich zur entsprechenden deutschen Altersgruppe seltener abwechslungsreiche Tätigkeiten aus und steht auch wesentlich öfter unter strikter Kontrolle. In noch stärkerem Maße gilt dies für ausländische Frauen. Hier liegt der Anteil derer, die angeben, am Arbeitsplatz strikter Kontrolle unterworfen zu sein, fast dreimal höher als bei deutschen Frauen. In besonders hohem Maße geben auch türkische Arbeitnehmer an, unter strikter Kontrolle zu stehen, allerdings geht dieser Anteil von 36% im Jahre 1985 auf 31% im Jahre 1989 zurück.

Drei und mehr negative Arbeitsplatzmerkmale nennen ausländische Beschäftigte deutlich öfter, lediglich ausländische Selbständige haben einen geringeren (1985) bzw. gleichen (1989) Anteil an negativen Arbeitsplatzmerkmalen. Für die zweite Generation sind, bezogen auf die Kumulation negativer Arbeitsplatzmerkmale, keine besseren Arbeitsbedingungen gegeben wie für Ausländer insgesamt. Der Anteil derer, die drei oder mehr belastende Arbeitsplatzmerkmale nennen, liegt deutlich über der entsprechenden deutschen Altersgruppe. Relativ geringe Kumulationen treten bei ausländischen, aber auch deutschen Frauen auf. Hierbei muß allerdings bedacht werden, daß Nachtarbeit beispielsweise für Frauen verboten und auch Schichtarbeit seltener ist als bei Männern.

Positive Arbeitsplatzmerkmale kumulieren bei deutschen Beschäftigten wesentlich stärker als bei ausländischen. Während 70% der deutschen Beschäftigten mehr als drei positive Arbeitsplatzmerkmale nannten, trifft dies nur auf 39% der ausländischen Beschäftigten zu. Die Kumulation positiver Arbeitsplatzmerkmale ist in starkem Maße von der beruflichen Stellung abhängig. Bei ungelernten Arbeitern sind die Kumulationen am geringsten und bei Angestellten bzw. Selbständigen am höchsten. Doch abgesehen von den Angestellten im Jahre 1985 sind die Kumulationen positiver Beschäftigungsmerkmale bei deutschen Beschäftigten stets höher als bei ausländischen. Bei der zweiten Generation liegen die Kumulationen positiver Items 1985 noch auf sehr hohem Niveau, gehen aber bis 1989 stark zurück. Insgesamt kann also festgehalten werden, daß ausländische Beschäf-

Tabelle 26: Durchschnittliche wöchentliche Arbeitszeit abhängig Beschäftigter (in Stunden)

	Ausländer		Deutsche	
	1984	1989	1984	1989
Stellung im Beruf				
Ungelernte Arbeiter	39	35	31	28
Angelernte Arbeiter	40	40	38	37
Facharbeiter	41	41	42	42
Angestellte	41	41	39	39
Insgesamt	40	40	41	40
Zweite Generation[1]	40	40	41	40
Männer	42	42	44	44
Frauen	38	36	36	33
Türken	40	39		

1 Bei Deutschen: Vergleichsgruppe der 16-25jährigen

Datenbasis: SOEP, Welle 1 - 6.

tigte auch bei gleicher beruflicher Stellung ihre Arbeitsbedingungen stets schlechter bewerten als deutsche Beschäftigte.

8.5 Geleistete Wochenarbeitszeit

Die Variation in der tatsächlich geleisteten wöchentlichen Arbeitszeit der mindestens Teilzeitbeschäftigten unterscheidet sich nach Geschlecht am stärksten. Unabhängig von der Nationalität arbeiten Männer durchschnittlich jeweils länger als Frauen. Bei deutschen Frauen liegt die wöchentliche Arbeitszeit jedoch niedriger als bei ausländischen (Tabelle 26). Bei Frauen ist auch jeweils ein Trend zu kürzerer Arbeitszeit zu erkennen. Hervorhebenswert ist auch die geringe durchschnittliche wöchentliche Arbeitszeit der deutschen ungelernten Arbeiter, die 1989 nur noch bei 28 Stunden lag. Die geringe Arbeitszeit in diesem Bereich läßt darauf schließen, daß deutsche ungelernte Arbeiter in starkem Umfang Zweitverdiener sind. Drei Viertel der deutschen ungelernten Arbeiter sind Frauen. Diese Daten stellen wichtige Hintergrundinformationen für das folgende Kapitel dar, das die

Einkommensentwicklung abhängig Beschäftigter untersucht. Aus diesem Grunde wurde auch nicht nach Voll- und Teilzeiterwerbstätigen unterschieden, da sowohl Voll- als auch Teilzeiterwerbstätige in die Analysen des Einkommens abhängig Beschäftigter eingehen.

8.6 Einkommensverteilung und Einkommensentwicklung

Das Einkommen und die Einkommensentwicklung wird in dieser Arbeit auf zwei unterschiedliche Arten betrachtet. Hier wird die Entwicklung des individuellen Bruttoeinkommens abhängig Beschäftigter untersucht. Da im Bruttoeinkommen keine vom Familienstand oder der Kinderzahl abhängigen Transferzahlungen oder Steuerpräferenzen enthalten sind, stellt es ein geeignetes Maß zum Vergleich individueller Einkommen gleicher Berufsgruppen dar. Für die Wohlfahrtsentwicklung ist vor allem das Haushaltseinkommen pro Kopf, also das nach Abzug von Steuern und eventuellem Erhalt von Transferzahlungen einem Haushalt zum Konsum zur Verfügung stehende Einkommen, von Relevanz (vgl. hierzu Kapitel 11.2).

Insgesamt gesehen verdienen Ausländer deutlich weniger als Deutsche (vgl. Abbildung 14). Der prozentuale Zuwachs des Bruttoeinkommens von ausländischen Arbeitnehmern ist allerdings etwas höher als der von deutschen Beschäftigten. Verdienten ausländische Arbeitnehmer 1984 im Durchschnitt 2406 DM, erzielten sie 1989 ein Durchschnittseinkommen von 2879 DM. Deutsche Arbeitnehmer steigerten ihr Bruttoeinkommen im selben Zeitraum von 2887 DM auf 3369 DM. D.h. die Einkommensdifferenzen zwischen Ausländern und Deutschen bleiben weitgehend bestehen.

Unabhängig von der Nationalität verdienen Frauen weniger als Männer. Während jedoch der Einkommenszuwachs deutscher Frauen nur geringfügig unter dem der Männer liegt, vergrößerten sich die Einkommensdifferenzen nach Geschlecht bei ausländischen Beschäftigten. Ausländische Männer konnten ihr Einkommen überdurchschnittlich verbessern, der Einkommenszuwachs ausländischer Frauen hingegen liegt unterhalb des Durchschnitts.

Auch je nach Herkunftsland zeichnet sich eine unterschiedliche Einkommensentwicklung ab. Den höchsten prozentualen Anstieg verzeichneten Türken (22%). Sie steigerten ihr Einkommen aus unselbständiger Arbeit zwischen 1984 und 1989 von 2302 DM auf 2813 DM. Unterdurchschnittlich war der Einkommensanstieg hingegen bei den Italienern, obwohl diese bereits 1984 relativ hohe Einkünfte realisieren konnten.

Un- und angelernte ausländische Arbeiter verdienen mehr als entsprechende deutsche Arbeiter (vgl. Tabelle 27). Dies ist wegen des hohen Anteils teilzeitarbeitender

Abbildung 14: Durchschnittlicher Bruttoverdienst abhängig Beschäftigter in DM

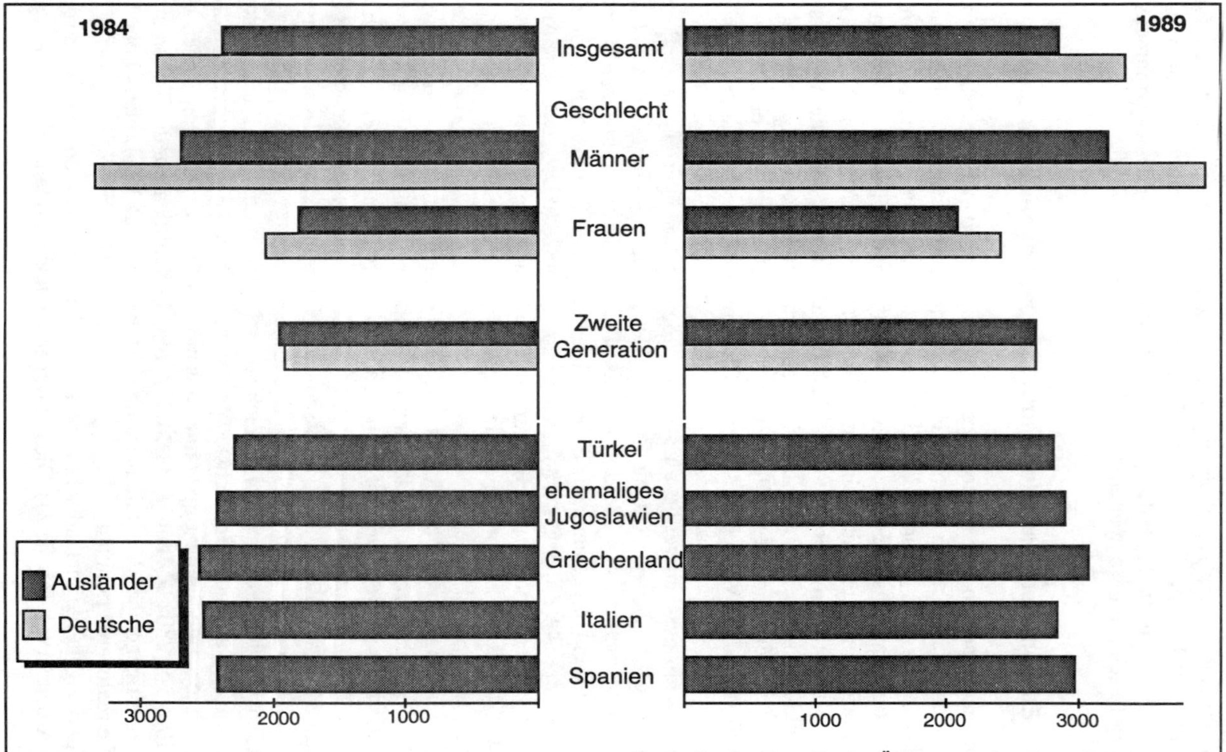

Datenbasis: Das Sozio-Ökonomische Panel Welle 1 - 6

Tabelle 27: Bruttoverdienst[1] nach Stellung im Beruf und Sektor

	Ausländer			Deutsche		
	1984	1989	Anstieg	1984	1989	Anstieg
	Ø	Ø	%	Ø	Ø	%
Stellung im Beruf						
Ungelernte Arbeiter	2106	2361	12,1	1699	1671	-1,7
Angelernte Arbeiter	2360	2864	21,4	2261	2530	11,9
Facharbeiter	2848	3239	13,8	2872	3277	14,1
Angestellte	2549	3185	25,0	3028	3567	17,8
Selbständige	3427	4163	21,5	2849	4067	42,7
Sektor[2]						
Industrie	2446	2928	19,7	3097	3662	18,1
Baugewerbe	2722	3178	16,8	2928	3399	16,1
Distributiver Sektor	2370	2754	13,3	2292	2743	19,7
Sonstiger tertiärer Sektor	2098	2462	17,3	2957	3378	14,2

1 in Deutsche Mark
2 nur abhängig Beschäftigte

Datenbasis: SOEP, Welle 1 - 6.

deutscher Frauen in diesem Bereich wenig überraschend. Das geringe Bruttoeinkommen deutscher ungelernter Arbeiter von nur 1671 DM im Jahr 1989, eine negative Einkommensentwicklung im Untersuchungszeitraum und der geringe Anteil Vollzeiterwerbstätiger legt die Vermutung nahe, daß es sich um marginale Beschäftigungspositionen handelt. Ungelernte und teilweise auch angelernte Tätigkeiten sind also zur Domäne ausländischer Beschäftigter geworden. Das Einkommen ausländischer Facharbeiter liegt nur wenig unterhalb dem deutscher Facharbeiter. Im Angestelltenbereich liegt das Einkommen ausländischer Beschäftigter jedoch deutlich unterhalb dem von deutschen Beschäftigten, allerdings läßt die höhere durchschnittliche Einkommenssteigerung bei ausländischen Beschäftigten ein gewisses Aufholen erkennen.

Ausländische Selbständige sind eine sehr kleine Gruppe, die einerseits starken Einkommensschwankungen unterworfen und andererseits relativ instabil ist. Deshalb wurden Selbständige auch nicht in die Analyse des Bruttoeinkommens einbezogen. Außerdem sinkt die Bereitschaft bei höheren Einkommensschichten, Auskunft über die Einkommensverhältnisse zu geben. Deshalb muß ein Vergleich von ausländischen und deutschen Selbständigen mit Vorsicht interpretiert werden. Ausländische Selbständige erzielten 1984 ein deutlich höheres Einkommen als deutsche; während letztere aber ihre Bezüge kräftig steigern konnten und ihr Einkommen um 42,7% stieg, erhöhte sich das durchschnittliche Einkommen ausländischer Selbständiger nur um 21,5%.

Im Baugewerbe ist das Einkommen ausländischer Beschäftigter am höchsten, gefolgt von den Arbeitsplätzen in der Industrie, in der der Einkommenszuwachs am höchsten war. Die niedrigsten Einkommen, trotz einer Steigerung von 17,3%, haben Ausländer im sonstigen tertiären Sektor, ein weiteres Indiz dafür, daß sie keine lukrativen Tätigkeiten im Dienstleistungsbereich ausüben.

Zur Analyse der Einkommensdynamik wurde das Bruttoeinkommen von 1984 und 1989 in Quintile unterteilt und verglichen (Tabelle 28). Hier wird die Einkommensmobilität derer untersucht, die sowohl 1984 als auch 1989 erwerbstätig waren. Die daraus resultierende Übergangstabelle zeigt, daß 84% der Deutschen, die 1984 im höchsten Einkommensquintil waren, auch 1989 im obersten Quintil zu finden sind, während nur gut ein Drittel der Ausländer, die 1984 im obersten Quintil waren, diese Position halten konnten. Für die relativ kleine Gruppe von Ausländern in hohen Einkommenspositionen ist es offensichtlich schwierig, diese zu halten. Mögliche Ursachen liegen in geringen Erfolgsquoten von Selbständigen, aber auch in der geringen Beschäftigungsstabilität in höheren Angestelltenpositionen.

Aus Tabelle 28 kann auch die Richtung und der Umfang des Wandels abgelesen werden. Beispielsweise sind 48% der Ausländer, die 1984 im zweiten Quintil waren, auch 1989 in der gleichen Position, 7% sind ins erste Quintil aufgestiegen und 45% sind in ein niedrigeres Einkommensquintil abgestiegen. Im Gegensatz dazu steigt ein Viertel der Deutschen dieses Quintils ins erste Einkommensquintil auf, die Hälfte verbleibt im gleichen Quintil, und ein weiteres Viertel verschlechtert sich. Diese Tendenz, daß es unter den Ausländern im Vergleich zu den Deutschen mehr Verlierer als Gewinner gibt, setzt sich auch in den anderen Quintilen fort, lediglich aus dem untersten Einkommensquintil können sich Ausländer etwas besser lösen als Deutsche.

Dem Teil der zweiten Generation, der 1984 bereits erwerbstätig war, gelingt es in hohem Maße, sich aus den unteren Einkommenspositionen zu lösen. Nur 21% derer, die 1984 noch im untersten Quintil angesiedelt waren, sind dies auch noch im Jahre 1989. Somit ist der Anteil derer, die im niedrigsten Quintil verbleiben, sogar geringer als in der deutschen Vergleichsgruppe. Im Vergleich zu Ausländern insgesamt, ist bei der zweiten Generation der Abstieg in ein niedrigeres Quintil seltener. Im Vergleich mit der entsprechenden deutschen Altersgruppe fällt je-

Tabelle 28: Einkommensdynamik[1] abhängig Beschäftigter, Übergänge 1984 - 1989

	Niedrigstes	2.	3.	4.	1989 Höchstes Quintil	Niedrigstes	2.	3.	4.	Höchstes
1984*			Ausländer					Deutsche		
Insgesamt										
Niedrigstes Quintil	**52**	34	11	3	0	**56**	27	9	7	1
Zweites Quintil	17	**53**	18	11	1	13	**52**	22	12	2
Drittes Quintil	1	26	**43**	23	7	3	14	**50**	29	4
Viertes Quintil	0	12	33	**48**	7	1	3	21	**50**	25
Höchstes Quintil	1	4	16	44	**35**	1	1	3	11	**84**
2. Generation[2]										
Niodrigstes Quintil	**21**	52	24	3	0	**25**	42	16	15	2
Zweites Quintil	6	**54**	32	4	4	6	**62**	18	13	2
Drittes Quintil	0	15	**63**	17	5	0	15	**48**	33	4
Viertes Quintil	0	12	25	**57**	6	0	0	4	**53**	44
Höchstes Quintil	-	-	-	-	-	-	-	-	-	-
Frauen										
Niedrigstes Quintil	**68**	30	2	0	0	**66**	26	6	3	0
Zweites Quintil	36	**51**	7	6	0	25	**49**	18	8	0
Drittes Quintil	5	76	**16**	3	0	9	13	**47**	31	1
Viertes Quintil	-	-	-	-	-	4	9	18	**54**	15
Höchstes Quintil	-	-	-	-	-	0	0	0	6	**93**
Türken										
Niedrigstes Quintil	**48**	34	17	1	0					
Zweites Quintil	16	**50**	20	14	1					
Drittes Quintil	0	24	**44**	25	8					
Viertes Quintil	0	7	41	**45**	7					
Höchstes Quintil	-	-	-	-	-					

* Die fettgedruckten Zahlen geben den Anteil derer wieder, deren Quintilszuordnung sich nicht verändert hat.
1 Die Quintile wurden bezogen auf das gesamte Durchschnittseinkommen aller abhängig Beschäftigten gebildet.
2 Bei Deutschen: Vergleichsgruppe der 16-25jährigen.

Datenbasis: SOEP, Welle 1 - 6.

doch auf, daß diese aus dem dritten und besonders oft aus dem vierten Quintil aufsteigen, 44% steigen vom vierten in das höchste Quintil auf, aber nur 6% der Ausländer der zweiten Generation. Das höchste Einkommensquintil ist jeweils 1984 noch nicht besetzt gewesen. Ausländer der zweiten Generation können sich zwar aus untersten Einkommenspositionen lösen, jedoch kaum aus mittleren in höhere Positionen aufrücken, sondern laufen Gefahr, aus diesen wieder abzusteigen.

Besonders ungünstig ist die Einkommensentwicklung bei ausländischen Frauen. Die beiden höchsten Einkommensquintile sind 1984 so gering besetzt, daß hier keine Analysen möglich sind. Nur 16% der ausländischen Frauen, die 1984 dem dritten Quintil zugeordnet wurden, konnten diese Position halten, 81% waren jetzt in einem niedrigeren Einkommensquintil. Die Mobilität aus den untersten beiden Quintilen ist relativ gering. Diese Entwicklung weist auf eine weitgehende Marginalisierung ausländischer Frauen hin. Türkische Arbeitnehmer, die 1984 insgesamt sehr niedrige Einkommenspositionen besetzten, sind in etwas stärkerem Maße mobil als Ausländer insgesamt.

Die Analysen zur Einkommensentwicklung haben gezeigt, daß ausländische Arbeitnehmer in Arbeiterberufen deutschen Arbeitnehmern vergleichbare Einkommen erzielen, so daß eine Lohndiskriminierung in diesem Bereich nicht anzunehmen ist. Die Analyse der Einkommensdynamik hat gezeigt, daß durchaus eine relativ starke Einkommensmobilität bei ausländischen Arbeitnehmern besteht, allerdings in beiden Richtungen, und in der Bilanz überwiegen die Verlierer. Hierzu sind insbesondere ausländische Frauen zu zählen. Die zweite Generation hingegen ist zumindest in finanzieller Hinsicht zu den Gewinnern zu rechnen, sie erzielen ein Einkommen, das dem gleichaltriger Deutscher entspricht, und können sich aus unteren Einkommenspositionen lösen.

Resümee

Ausländer aus den Mittelmeerstaaten Türkei, dem ehemaligen Jugoslawien, Italien, Griechenland und Spanien üben weitgehend ungelernte und angelernte Tätigkeiten in der Industrie aus. Diese Positionen konnten sie weitgehend behaupten. Dennoch sind sie wesentlich öfter und länger arbeitslos als deutsche Arbeitnehmer. Die Analyse der Einkommenssituation von Ausländern hat gezeigt, daß sie zwar gleichen Lohn für gleiche Arbeit erhalten, aber daß das verfügbare Einkommen unter dem Durchschnitt deutscher Beschäftigter liegt.

Allgemein war die Mobilität in dem untersuchten Zeitraum von 1984 bis 1989 relativ gering, abgesehen von der bereits aus Kapitel sieben bekannten, relativ günstigen Entwicklung bei der zweiten Generation. Ausländische Frauen dagegen können sich auf dem Arbeitsmarkt nur schwer behaupten, sie haben kaum

Zugang zu qualifizierten Bereichen gefunden, und im Untersuchungszeitraum ergeben sich auch keine Anzeichen für ein berufliches und ökonomisches Weiterkommen der ausländischen Frauen. Türkische Arbeitnehmer waren noch 1984 am häufigsten von allen Ausländergruppen in Beschäftigungsbereichen mit geringen Qualifikationsmerkmalen zu finden. Hier ist jedoch eine höhere Mobilität und ein gewisses Aufholen gegenüber anderen Ausländergruppen zu erkennen. Die Stagnation, die im Untersuchungszeitraum bei ausländischen Arbeitnehmern festzustellen ist, legt die Vermutung nahe, daß Ausländer an schlecht bezahlte Arbeitsplätze mit belastenden Arbeitsbedingungen und geringer Beschäftigungsstabilität gebunden sind, wie dies in Theorien zur Arbeitsmarktsegmentation behauptet wird. Die Überprüfung dieses Ansatzes erfolgt im nächsten Kapitel.

Anmerkungen

1   Bei dem hier untersuchten Personenkreis handelt es sich um eine Teilpopulation der in Kapitel 7 untersuchten Gruppe der im Jahre 1984 Erwerbstätigen der zweiten Generation. Hier sind Personen nicht berücksichtigt, die nach 1984 wieder aus dem Erwerbsleben ausschieden.

2   Der Dienstleistungs- oder tertiäre Sektor wurde unterschieden nach den eher klassischen Dienstleistungsbereichen Transport, Verkehr, Handel und Nachrichtenübermittlung. Alle anderen Bereiche werden unter dem Begriff "sonstiger tertiärer Sektor" zusammengefaßt.

3   Alle Angaben beziehen sich auf Personen, die im Befragungszeitraum überhaupt erwerbstätig waren, d.h. diejenigen, die während 72 Monaten nicht erwerbstätig waren (z.B. Hausfrauen), wurden ausgeschlossen. Diese Angaben wurden mittels der retrospektiv erhobenen monatlichen Kalendariendaten des SOEP generiert.

9. Arbeitsmarktsegmentation - Mobilitätsbarriere für ausländische Arbeitnehmer?

Aufbauend auf den Analysen des achten Kapitels wird hier der Frage nachgegangen, ob ausländische Arbeitskräfte an schlecht bezahlte Arbeitsplätze mit belastenden Arbeitsbedingungen und geringer Beschäftigungsstabilität gebunden sind, wie dies in einigen Theorien über die Segmentierung des Arbeitsmarktes behauptet wird. Modelle der Arbeitsmarktsegmentation bieten sich geradezu an für eine theoretische Einordnung der Ausländerbeschäftigung der letzen 30 Jahre in der Bundesrepublik. Die Arbeitsmigranten, die zwischen 1960 und 1973 angeworben wurden, gliederten sich in den unteren Bereichen der Arbeitsplatzhierarchie ein. Schlechte Arbeitsbedingungen, instabile Beschäftigungsverhältnisse, niedrige Bezahlung, geringe Aufstiegschancen waren und sind zum Teil auch heute noch dominierend in der Ausländerbeschäftigung. Diese Charakteristika werden in verschiedenen Segmentationsmodellen als typisch für einen Teilarbeitsmarkt angesehen, der je nach Ansatz als externes, sekundäres oder unstrukturiertes Segment, aber auch als „Jedermannsarbeitsmarkt" bezeichnet wird. Neuere Untersuchungen (Köhler und Preisendörfer 1988; Köhler und Grüner 1988; Grüner 1992) zeigen jedoch, daß Ausländer nicht mehr durchweg an den unstrukturierten Arbeitsmarkt gebunden sind, und zumindest einem Teil der Aufstieg in die oberen Positionen der Arbeitsplatzhierarchie gelungen ist. Dies deutet auf eine gewisse Durchlässigkeit der Teilarbeitsmärkte hin. Dies zeigen auch Analysen von Blossfeld und Mayer (1988) sowie Szydlik (1990, 1991), die für den deutschen Arbeitsmarkt jeweils die Existenz von Segmentationslinien nachwiesen, jedoch eine größere Durchlässigkeit zwischen den Segmenten feststellten, als dies beispielsweise in den USA der Fall ist.

Somit werden Segmentationsmodelle interessant für die Untersuchung von Mobilitätsprozessen, denn sowohl Bewegungen zwischen verschiedenen Teilarbeitsmärkten als auch innerhalb derselben können daraufhin untersucht und analysiert werden, ob alle ausländischen Gruppen in gleichem Maße an Mobilitätsprozessen partizipieren oder nur bestimmte soziale Gruppen und vor allem, ob diese Karrierelinien denen von deutschen Arbeitnehmern entsprechen. Der Schwerpunkt dieser Arbeit liegt also auf der Analyse von individueller beruflicher Mobilität, die anhand eines Segmentationsmodells sichtbar gemacht werden soll.

Die Analysen des vorangegangenen Kapitels haben gezeigt, daß Ausländer weitgehend an Arbeitsplätzen mit niedrigen Qualifikationsanforderungen konzentriert sind. Es stellt sich die Frage, ob dies Resultat des Qualifikationsprofils ausländischer Arbeitnehmer ist oder ob eine ethnische Segmentation des Arbeitsmarktes besteht, die das Eindringen ausländischer Arbeitnehmer in qualifizierte Bereiche des Arbeitsmarktes verhindert. Durch die Unterteilung des Arbeitsmarktes nach Qualifikationsmerkmalen und Betriebsgröße ergeben sich für einen Vergleich von Ausländern und Deutschen relativ homogene Gruppen, deren Karrieremuster im Zeitverlauf analysiert werden können, und zwar sowohl innerhalb eines Segments als auch zwischen den Segmenten.

Für die beabsichtigten Mobilitätsanalysen kann auf eine umfassende Diskussion der verschiedenen Ansätze des Segmentationskonzeptes verzichtet werden. Für die geplanten Analysen ist ein einfaches Modell ausreichend, das den Arbeitsmarkt in drei Segmente unterteilt: Arbeitskräfte, deren Arbeitsplatz keine oder geringe Qualifikationsanforderungen stellt, werden dem unstrukturierten Teilarbeitsmarkt zugeordnet. Qualifizierte Arbeitskräfte werden nochmals nach Betriebsgröße unterteilt, denn Großbetriebe sind durch andere Karrieremöglichkeiten und Arbeitsbedingungen gekennzeichnet als Kleinbetriebe. Auf diese relativ einfache Art kann Mobilität zwischen verschiedenen Segmenten untersucht und der Frage nachgegangen werden, inwieweit es ausländischen Arbeitnehmern gelingt, sich aus dem unstrukturierten Arbeitsmarkt zu lösen. Außerdem können Mobilitätsprozesse innerhalb von Teilarbeitsmärkten, insbesondere Karrierelinien in großen Betrieben, betrachtet werden.

Im folgenden soll zunächst die Entwicklung der Segmentationstheorie kurz dargestellt und die Operationalisierung erläutert werden. In Kapitel 9.3 wird die Verteilung von Ausländern und Deutschen auf die Arbeitsmarktsegmente und die Stabilität dieser Segmentzugehörigkeit über sechs Jahre untersucht und daran anschließend Einkommen, Arbeitsbedingungen und die Beschäftigungsstabilität in den verschiedenen Arbeitsmarktsegmenten. Um Aufschluß über unterschiedliche Chancenwahrnehmungen von ausländischen und deutschen Beschäftigten zu erlangen, werden ergänzend die subjektiv wahrgenommenen Arbeitsmarkt- und Karrierechancen untersucht. Abschließend wird die Frage behandelt, inwieweit es sich bei der vorhandenen beruflichen Mobilität um „freiwillige" oder „erzwungene" Mobilität handelt.

9.1 Die Theorie der Arbeitsmarktsegmentation

Der Begriff der Arbeitsmarktsegmentation wurde Ende der 60er Jahre in der amerikanischen Arbeitsökonomik geprägt. Ausgangspunkt war die Feststellung, daß sich Unterbeschäftigung und Arbeitslosigkeit auf bestimmte Gruppen wie Frauen, Jugendliche, Schwarze, rassische und ethnische Minderheiten konzentrierte (Sengenberger 1978:19), und zwar weitgehend unabhängig von Qualifikationsmerkmalen dieser Gruppen. Diese Feststellung stand im Widerspruch zur orthodoxen Arbeitsmarkttheorie, die allein Angebot und Nachfrage als Regulationsmechanismen annimmt. Eine Diskriminierung kann somit nicht stattfinden, weil Arbeitgeber, die diskriminieren, nicht diskriminierten Gruppen höhere Löhne zahlen müßten und folglich auf lange Sicht geringere Wettbewerbschancen hätten. Auch nach der Humankapitaltheorie dürfte Diskriminierung eigentlich nicht stattfinden, da Bildung und Berufserfahrung die individuellen Ressourcen bestimmen, nicht jedoch soziale Herkunft, Rasse oder Geschlecht (Sengenberger 1978:20).

In den Theorien zur Arbeitsmarktsegmentation wird allgemein davon ausgegangen, daß der Gesamtarbeitsmarkt in relativ undurchlässige Teilarbeitsmärkte gegliedert ist, die nicht für alle Arbeitskräfte gleichermaßen zugänglich sind. Neben den Marktmechanismen sind andere Allokationsmechanismen wirksam, die die Trennung der Teilarbeitsmärkte stabilisieren (Blossfeld, Mayer 1988:262). In der einfachsten Form wird von einem dualen Arbeitsmarkt ausgegangen und angenommen, daß der Arbeitsmarkt in zwei Sektoren untergliedert ist, einen primären und einen sekundären. Der primäre Sektor ist durch Arbeitsplätze gekennzeichnet, die hohe Löhne, gute Arbeitsbedingungen, Aufstiegschancen und stabile Beschäftigungsverhältnisse bieten, während der sekundäre Sektor Arbeitsplätze mit schlechter Bezahlung, ungünstigen Arbeitsbedingungen, geringen Aufstiegschancen und instabilen Beschäftigungsverhältnissen bietet (Piore 1978:69).

Die beiden Teilsegmente unterscheiden sich insbesondere in der Art der Rekrutierung der Arbeitskräfte. Arbeitgeber im primären Beschäftigungssegment versuchen die Fluktuation, insbesondere bei betriebsspezifisch qualifiziertem Personal, relativ gering zu halten. Ein Motivationsinstrument ist die Inaussichtstellung von Beförderungen. Dabei wird nach dem Senioritätsprinzip verfahren, Arbeitskräfte mit den längsten betriebsspezifischen Erfahrungen werden bevorzugt (Blossfeld, Mayer 1988). Die Folge davon ist, so Piore (1978), daß die Arbeitskräfte ihre Stellen in einer geregelten Abfolge einnehmen, also Stationen auf einer Mobilitätskette durchlaufen. Derartige Aufstiegslinien sind institutionell verfestigt und führen dazu, daß Löhne nicht mehr der individuellen Arbeitskraft zugeordnet werden, sondern an den Arbeitsplatz gebunden sind. Dies erklärt, warum Löhne bei gleicher Qualifikation und Bildung unterschiedlich sein können (Thurow 1978:131). Qualifiziertes Personal wird im primären Beschäftigungssegment also weitgehend intern aquiriert, einziger Verbindungspunkt zum externen Markt sind die „entry jobs". Diese „entry jobs" werden von den Arbeitgebern nicht nur in Hinblick auf die konkreten Anforderungen des jeweiligen Arbeitsplatzes besetzt, sondern bereits in Hinblick auf betriebsspezifische Aufstiegslinien. Die konkrete Qualifikation des Arbeitnehmers verliert an Bedeutung, wenn mehrere Bewerber eine vergleichbare Eingangsqualifizierung aufweisen. Dann werden Einstellungsentscheidungen aufgrund von Hintergrundinformationen getroffen. Konkrete Erfahrungen oder latente Einstellungen, beispielsweise gegenüber bestimmten ethnischen Gruppen oder alleinerziehenden Frauen, werden verallgemeinert und zum Einstellungskriterium gemacht. Diese Art der Selektion wird von Piore als statistische Diskriminierung bezeichnet. Damit ist der Umstand gemeint, daß die Zugehörigkeit zu einer bestimmten Gruppe unabhängig von individueller Qualifikation bereits als Ausschlußkriterium genügt. Dieses Phänomen tritt zwar in allen Arbeitsmarktsegmenten auf, wirkt sich aber, insbesondere bei der Konkurrenz, in qualifizierten Bereichen aus.

Die Theorie des dualen Arbeitsmarktes bezieht sich hauptsächlich auf die USA und entspricht nicht den Spezifika des deutschen Arbeitsmarktes. In modifizierter Form jedoch sind Segmentationsmodelle auch auf den deutschen Arbeitsmarkt übertragen worden. In Arbeiten von Lutz und Sengenberger (1974) und Sengenberger (1975) wurden drei Teilmärkte unterschieden, die sich nach den Qualifikationen der Arbeitnehmer gliedern, in:

- Märkte für unspezifische Qualifikationen; unspezifische Märkte erfordern nur Jedermannsqualifikationen wie zivilisatorische Grundbefähigungen, eine gewisse physische Leistungsfähigkeit und ein Mindestmaß an Arbeitsdisziplin (Sengenberger 1975). Dieses Segment dürfte somit weitgehend dem primären Segment des dualen Arbeitsmarktes entsprechen.

- Märkte für fachliche Qualifikationen; in diesem Teilsegment spiegelt sich die Besonderheit des deutschen beruflichen Bildungssystems wider, das universelle fachliche Qualifikationen vermittelt. Arbeitnehmer mit derart universellen Qualifikationen sind relativ frei in der Wahl ihres Arbeitsplatzes, aber auf bestimmte Branchen und Wirtschaftszweige fixiert.

- Märkte für betriebliche Qualifikationen; Arbeitnehmer dieser Gruppe sind durch betriebsspezifische Qualifikationen gekennzeichnet, die außerhalb des speziellen Betriebes kaum verwertbar sind. Beschäftigten dieses Segments sind somit Mobilitätsbarrieren gesetzt, sie haben aber betriebsinterne Karrieremöglichkeiten. Es besteht ein wechselseitiges Abhängigkeitsverhältnis von

Abbildung 15: Typologie von Arbeitsmarktsegmenten nach Blossfeld und Mayer

Größe des Betriebes	Qualifikationsanforderungen des Arbeitsplatzes	
	niedrig	hoch
klein	Jedermannsarbeitsmarkt in kleinen Betrieben	Fachspezifischer Arbeitsmarkt
groß	Jedermannsarbeitsmarkt in großen Betrieben	Betriebsspezifischer Arbeitsmarkt
	Sekundäres Beschäftigungssegment	Primäres

Arbeitnehmer und Arbeitgeber. Entsprechende Arbeitsplätze finden sich vor allem in anlageintensiven Großbetrieben.

Blossfeld und Mayer (1988) gehen davon aus, daß, mit der zunehmenden Größe eines Betriebes, die Wahrscheinlichkeit für das Vorhandensein eines internen Arbeitsmarktes steigt. Sie unterscheiden in Erweiterung der Typologie von Lutz und Sengenberger zusätzlich nach der Größe des Betriebes und kommen somit zu einer Typologie von vier Arbeitsmarktsegmenten (Abbildung 15).

Von einem großen Betrieb sprechen Blossfeld und Mayer bereits ab 50 Beschäftigten. Diese Grenze ist sehr niedrig angesetzt, denn es ist kaum davon auszugehen, daß in mittleren Betrieben von 50 bis 100 Beschäftigten bereits betriebsspezifische Karrierewege vorhanden sind. Szydlik (1991), der die Typologie von Blossfeld und Mayer übernahm, setzte die Grenze für Großbetriebe erst bei 200 Beschäftigten an. Auch wenn er damit einem Sachzwang folgt, der auch für diese Studie gilt, denn das SOEP bietet keine Differenzierungsmöglichkeit zwischen 20 und 200 Beschäftigten, so ist diese Grenze doch für die Annahme eines internen Arbeitsmarktes realistischer als bereits ab 50 Beschäftigten.

Blossfeld und Mayer kommen zu dem Resultat, daß vor allem die berufliche Bildung von großer Bedeutung für die Zugangschancen zu den verschiedenen

Segmenten des bundesdeutschen Arbeitsmarktes ist. Die Analyse der Auswahlmechanismen auf verschiedenen Arbeitsmärkten erbrachte eine Bestätigung zentraler Segmentationsthesen:

- „Mobilitätsprozesse auf den sekundären Positionen des Arbeitsmarktes sind auf den Mechanismus der statistischen Diskriminierung zurückzuführen.

- Beim Zugang zu den 'entry-jobs' der internen Märkte sind vor allem 'Screening-' und 'Filterprozesse' wirksam.

- Arbeitskräfte auf primären Arbeitsplätzen sind um so eher gegen einen Abstieg auf sekundäre Positionen geschützt, je besser sie ausgebildet sind.

- Auf internen Arbeitsmärkten erfolgt die Allokation der Arbeitskräfte nicht nach der Höhe formaler Bildungsabschlüsse, sondern nach den Erfahrungen, die Arbeitgeber bisher mit den Arbeitskräften gesammelt haben" (Blossfeld, Mayer 1988:280).

Dennoch kommen die Autoren zu dem Schluß, daß „den internen Arbeitsmärkten in der theoretischen Arbeitsmarktdiskussion eine quantitative Bedeutung zugeschrieben wird, die ihnen in der Realität nicht zukommt", weil 84% der Übergänge marktvermittelt sind (Blossfeld, Mayer 1988:280). Es muß jedoch angemerkt werden, daß sich die Resultate nur auf die deutsche Bevölkerung beziehen, und somit die aus Sicht der Segmentationstheorie wichtige Gruppe der ausländischen Arbeitnehmer unberücksichtigt bleibt. Auch Szydlik (1991), der den Segmentationsansatz im Zusammenhang mit Einkommensanalysen verwendet, bezieht sich teilweise nur auf deutsche Männer. Dabei ist anzunehmen, daß ausländische Arbeitnehmer weitgehend dem sekundären Segment zuzuordnen sind. Während in den meisten amerikanischen Studien zur Arbeitsmarktsegmentation ethnische Zugehörigkeit und Rasse explizit wichtige Analysepunkte darstellen (z.B. Baron 1973), bleibt die ethnische Zugehörigkeit in deutschen Studien oftmals unberücksichtigt, insbesondere bei Studien, die Individualdaten verwenden. Anders jedoch bei Untersuchungen, die Betriebe als Analyseeinheit wählten. Hier kam den Karriereverläufen von Ausländern und Frauen besondere Aufmerksamkeit zu (Biehler, Brandes 1981; Köhler, Preisendörfer 1988; Köhler, Grüner 1988, Biller 1989, 1990; Grüner 1992). Leider handelt es sich dabei meist um Fallstudien im industriellen Bereich, so daß die Resultate nicht unbedingt verallgemeinert werden können, dennoch liefern diese Studien wichtige Hinweise auf innerbetriebliche Mobilitätsprozesse.

Segmentation wird in den Betriebsstudien meist in der Abgrenzung von Stamm- und Randbelegschaften untersucht, zwischen denen ein starkes Gefälle besteht in bezug auf Status, Lohn, Aufstiegschancen und Beschäftigungsrisiko (Köhler, Grüner 1988:3). Mit dieser Unterscheidung wird eine gewisse Bündelung vorgenommen, denn „tatsächlich zerfallen betriebsinterne Märkte in eine Vielzahl von Untereinheiten mit jeweils eigenständigen und relativ abgeschotteten Allokationsmechanismen" (Köhler, Grüner 1988:3).

Allgemein kommen Betriebsstudien zu dem Resultat, daß Ausländer keineswegs nur zur Randbelegschaft zählen, sondern auch in qualifizierten Fertigungsbereichen zu finden sind. Köhler und Grüner stellten fest, daß Ausländer in alle Positionen der Arbeitsplatzhierarchie eingedrungen sind, in den höheren Positionen allerdings unterrepräsentiert sind. Des weiteren wird eine überproportionale Betroffenheit der Ausländer durch Personalabbau in Zeiten wirtschaftlicher Rezession festgestellt. Ergänzend hierzu stellen Köhler und Preisendörfer fest, „daß sich deutsche und ausländische Männer beim Aufstieg in höhere Hierarchieebenen und erst recht in ihrem Lohnzuwachs kaum unterscheiden" (Köhler, Preisendörfer, 1988:272). Über das Resultat hinausgehend, daß Ausländer in betrieblichen Kontraktionsphasen einem erhöhten Beschäftigungsrisiko unterliegen, wird fest gestellt, daß Ausländer in Krisenzeiten auch in starkerem Maße der Zugang zum Betrieb verwehrt wird. Zu ähnlichen Resultaten kamen bereits Biehler und Brandes (1981), die ebenfalls bestätigen, daß Ausländer im betriebsspezifischen Segment in Krisenzeiten den höchsten Beschäftigungsverlust hatten. Die Fluktuation liegt hier doppelt so hoch wie bei deutschen Arbeitnehmern.

Grüner (1992), der mittels eines neunstufigen Panels betriebliche Mobilitätsprozesse untersucht, verwirft die Randbelegschaftsthese, weil:

- die Abstände zwischen Ausländern und Deutschen in der Lohngruppeneinstufung nach Qualifikation relativ klein sind,

- bei deutschen und ausländischen gelernten Arbeitern im Zeitablauf eine Annäherung der Lohngruppeneinstufung feststellbar ist,

- die Fluktuationsquote zumindest in wirtschaftlich stabilen Zeiten bei Ausländern geringer ist als bei Deutschen (Grüner 1992:258).

Biller (1989) schließlich ist der Hinweis zu verdanken, daß Ausländer nicht als homogene Gruppe deutschen Beschäftigten gegenüberstehen. Vielmehr bestehen zwischen den einzelnen nationalen Gruppen erhebliche Unterschiede sowohl im Anteil derer, die qualifizierte Tätigkeiten ausüben, als auch hinsichtlich der Mobilität. Jugoslawen und Italiener üben wesentlich öfter qualifizierte Tätigkeiten aus als Griechen und Türken.

Zusammenfassend kann festgehalten werden, daß Segmentationsmodelle, die Individualdaten verwenden, im Gegensatz zur amerikanischen Tradition Nationalität nicht explizit in die Untersuchung einbeziehen. Betriebsstudien zeigen jedoch ein Eindringen von Ausländern in höhere Positionen der beruflichen Hierarchie.

Von diesen Basisinformationen ausgehend, soll zunächst untersucht werden, wie sich ausländische Arbeitnehmer über die Arbeitsmarktsegmente verteilen. Außerdem soll die Stabilität dieser Verteilung über die Zeit analysiert und der Frage nachgegangen werden, ob nach Nationalität oder anderen sozio-demographischen Merkmalen abweichende Verteilungen oder Mobilitätsstrukturen existieren.

9.2 Operationalisierung des Segmentationsmodells

Die Konstruktion der Arbeitsmarktsegmente erfolgt in Anlehnung an die Typologie von Szydlik (1991), die nur in bezug auf die Betriebsgröße von der Typologie von Blossfeld und Mayer abweicht (Abbildung. 15). Zentrale Differenzierungsmerkmale sind Qualifikationsanforderungen des Arbeitsplatzes und die Betriebsgröße.

Das Qualifikationsniveau wird im SOEP mit einer Frage nach der Art der Ausbildung erhoben, die für die Tätigkeit, die der Befragte ausübt, in der Regel erforderlich ist. Es wird also nicht nach der tatsächlichen Qualifikation des Arbeitnehmers gefragt, sondern nach den Qualifikationsanforderungen des Arbeitsplatzes. Die sechs Antwortvorgaben werden dichotomisiert, keine Ausbildung und kurze Einweisung am Arbeitsplatz gelten als niedrige Qualifikation, längere Einarbeitung, Besuch von besonderen Lehrgängen/Kursen, abgeschlossene Berufsausbildung und abgeschlossenes Hochschulstudium gelten als hohe Qualifikationsanforderungen. Diese Operationalisierung soll dem Umstand Rechnung tragen, daß Ausländer in der Regel über relativ geringe Qualifikationen verfügen, und mit dieser niedrig angelegten Qualifikationsschwelle mögliche Mobilitätsprozesse eher sichtbar werden.

Betriebe mit bis zu 200 Beschäftigten werden als kleine Betriebe bezeichnet, Betriebe mit mehr als 200 Beschäftigten als Großbetriebe. Aus der Kombination von Qualifikationsanforderungen und Betriebsgröße ergeben sich die folgenden Teilarbeitsmärkte:

- Betriebsspezifischer Arbeitsmarkt: Hohe Qualifikationsanforderungen in Betrieben mit über 200 Beschäftigten. Diesem Teilsegment kommt wegen der für Großbetriebe charakteristischen Karrierelinien besondere Aufmerksamkeit zu. Typisch für diesen Bereich ist, daß, neben universellen Qualifikationen, betriebsspezifische Kenntnisse Voraussetzung für den Aufstieg in höhere Positionen sind. Je höher die Position, desto mehr betriebsspezifisches Wissen ist erforderlich, d.h. höhere Positionen werden durch Aquirierung von Personal aus niedrigeren Positionen besetzt. Wird die Mobilität von Ausländern untersucht, kommt diesen betriebsspezifischen Karrierelinien in Hinblick auf Partizipation oder Diskriminierung eine besondere Bedeutung zu. Allerdings muß angemerkt werden, daß die hier genannte Form der Personalaquirierung zwar typisch für diesen Bereich ist, jedoch durchaus Alternativen bestehen, beispielsweise die Abwerbung von qualifizierten Arbeitskräften aus Konkurrenzbetrieben. Außerdem stehen nicht für alle Arbeitnehmer gleichermaßen Karrierelinien offen, Betriebselektriker z.b. haben kaum Aufstiegschancen und sind oftmals universeller qualifiziert als Kollegen in kleineren Betrieben.

- Fachspezifischer Arbeitsmarkt. Hohe Qualifikationsanforderungen in Betrieben bis zu 200 Beschäftigten. Typisch für Arbeitsplätze dieser Kategorie sind universelle Qualifikationsanforderungen. Arbeitskräfte sind innerhalb von Branchen relativ frei in der Wahl ihres Arbeitsplatzes. Auch hier sind wiederum diverse Ausnahmen denkbar.

- Unspezifischer Arbeitsmarkt: Dieser Bereich umfaßt Tätigkeiten mit niedrigen Qualifikationsanforderungen. Eine Unterteilung nach Betriebsgröße erscheint nicht sinnvoll, weil für diese Beschäftigten keine betriebsspezifischen Aufstiegslinien angenommen werden. Hier ist von besonderem Interesse, in welchem Umfang sich Ausländer und Teilgruppen von Ausländern aus diesem Teilarbeitsmarkt lösen können, und ob der Aufstieg in qualifizierte Bereiche gelingt.

Es erscheint allerdings nicht sinnvoll, die genannte Unterteilung für alle Erwerbstätigen vorzunehmen. Selbständige werden aufgrund ihrer besonderen Situation ausgeklammert und nur abhängig Beschäftigte betrachtet. Eine Sonderposition auf dem Arbeitsmarkt nehmen auch Beamte ein. Ausländer können per Gesetz nicht Beamte werden, doch gerade Beamte stellen einen stabilen Bestandteil des primären Arbeitsmarktsegments dar. Ein Vergleich von Ausländern und Deutschen würde also verzerrt sein, deshalb werden Beamte bei den folgenden Analysen ausgeschlossen. Eine weitere Möglichkeit bestünde im Ausschluß der Angestellten und einer Betrachtung von ausschließlich in der Industrie tätigen Arbeitnehmern, da dies der wichtigste Beschäftigungsbereich ist. Da die Analysen dieses Kapitels aber auf die Positionierung und die Mobilität ausländischer Arbeitnehmer ausgerichtet ist, muß sie das ganze Spektrum des für Ausländer prinzipiell zugänglichen Arbeitsmarktes umfassen, nur so lassen sich Aufschlüsse über die Stellung von Ausländern auf dem Arbeitsmarkt und eine mögliche Segmentierung erlangen.

Neben den bislang betrachteten Gruppen wird auch die Gruppe der 40- bis 64jährigen gesondert untersucht, da bei älteren ausländischen Arbeitnehmern besondere Arbeitsmarktprobleme zu erwarten sind, denn bei dieser Gruppe handelt es sich weitgehend um die Ausländer der ersten Generation und weitgehend der ersten Stunde, d.h. der ersten Migrationswelle Anfang der 60er Jahre, die allgemein über geringe Qualifikationen verfügen.

9.3 Ethnische Arbeitsmarktsegmentation - empirische Befunde

Entsprechend den Qualifikationen nach obiger Definition sind im Jahre 1984 weit mehr als die Hälfte der ausländischen Arbeitnehmer dem unstrukturierten Arbeitsmarktsegment zuzuordnen, während dies nicht einmal für jeden fünften deutschen Arbeitnehmer zutrifft (Tabelle 29). Die Verteilung über die Segmente bleibt bei deutschen Arbeitnehmern relativ stabil. Bei den ausländischen Arbeitnehmern zeigt sich eine deutliche Abnahme des Anteils der im unstrukturierten Arbeitsmarktsegment Beschäftigten. Hier deutet sich eine gewisse Aufwärtsmobilität an, zumal Ausländer auch vermehrt Zugang zum betriebsspezifischen Arbeitsmarktsegment finden. Am deutlichsten zeigt sich dies bei der zweiten Generation. Waren 1984 noch 57% im unstrukturierten Arbeitsmarktsegment tätig und nur 11% auf dem betrieblichen Arbeitsmarkt, stieg dieser Anteil bis 1989 auf 33%. Auf dem unstrukturierten Arbeitsmarkt waren zu diesem Zeitpunkt nur noch 36% der Erwerbstätigen der zweiten Generation beschäftigt. Diese Veränderungen bei der zweiten Generation werden jedoch hauptsächlich durch neu ins Erwerbsleben eintretende Personen verursacht und weniger durch beruflichen Aufstieg bereits Erwerbstätiger. Bei der entsprechenden deutschen Vergleichsgruppe zeigt sich vor allem eine Verlagerung vom fachspezifischen zum betriebsspezifischen Arbeitsmarktsegment, also von Klein- zu Großbetrieben, was eher für eine gewisse berufliche Mobilität bereits Erwerbstätiger spricht.

Ausländische Frauen verrichten wesentlich öfter Tätigkeiten im unstrukturierten Arbeitsmarktsegment als Ausländer insgesamt und vor allem auch als deutsche Frauen. Auch hier ist im Zeitverlauf eine Abnahme des Anteils der im unstrukturierten Arbeitsmarktsegment Tätigen feststellbar, und zwar zugunsten des betrieblichen Arbeitsmarktes. Dies steht im Widerspruch zu der Studie von Gillmeister, Kurthen und Fijalkowski (1989), die von einer Verdrängung ausländischer Frauen aus den Produktionsbereichen von Großbetrieben durch Einführung von Zwei- und Dreischichtsystemen berichten. Allerdings muß einschränkend angemerkt werden, daß hier nur erwerbstätige Frauen betrachtet und folglich

Tabelle 29: Die Entwicklung von Teilarbeitsmärkten (in Prozent)

	Unstrukturierter Arbeitsmarkt 1984	1989	Fachspezifischer Arbeitsmarkt 1984	1989	Betriebsspezifischer Arbeitsmarkt 1984	1989
Ausländer						
Insgesamt	61	49	18	24	21	28
2. Generation	57	36	32	31	11	33
40 bis 64 Jahre	63	51	17	22	20	27
Frauen	79	72	12	13	9	15
Türken	67	53	12	18	21	28
Deutsche						
Insgesamt	18	16	40	41	42	43
16-25 Jahre	20	17	47	42	33	42
40-64 Jahre	63	51	17	22	20	27
Frauen	24	24	43	43	33	34

Datenbasis: SOEP, Welle 1 - 6.

Abdrängungsprozesse in Arbeitslosigkeit oder in die Nichterwerbstätigkeit nicht erfaßt werden. Insgesamt zeigt sich aber, daß die Aufwärtsmobilität ausländischer Frauen deutlich geringer ist als die von Ausländern insgesamt.

Bei der Gruppe der 40- bis 64jährigen Ausländer waren aufgrund des niedrigen Qualifikationsniveaus nur geringe Veränderungen zu erwarten. Aber ausgehend von einem höheren Anteil der im unstrukturierten Segment Tätigen, partizipieren sie doch in vergleichbarem Umfang an der durchschnittlichen Aufwärtsmobilität. Allerdings verändert sich hier die Gruppenzusammensetzung durch das Ausscheiden älterer und schlechter qualifizierter Arbeitnehmer. Türkische Arbeitnehmer sind vor allem auf dem fachspezifischen Arbeitsmarkt unter- und auf dem unstrukturierten Arbeitsmarktsegment überrepräsentiert, dieses Bild bleibt im Zeitverlauf erhalten.

Diese Analyse hat gezeigt, daß die Verteilung über die Segmente bei deutschen Arbeitnehmern im Zeitverlauf relativ stabil ist, während bei ausländischen Arbeitnehmern ein Trend weg vom unstrukturierten Arbeitsmarktsegment erkennbar ist. Hierfür sind im wesentlichen drei Ursachen verantwortlich:

- Eintritt von besser qualifizierten jungen Ausländern in das Erwerbsleben
- berufliche Aufwärtsmobilität von zu beiden Zeitpunkten Erwerbstätigen
- Ausscheiden aus dem Erwerbsleben von Personen mit relativ geringen Qualifikationen

Es muß aber auch die Tatsache berücksichtigt werden, daß sich auch die Struktur der Arbeitsplätze insgesamt wandelt, und insbesondere im industriellen Bereich Arbeitsplätze mit geringen Qualifikationsanforderungen abgebaut und Arbeitskräfte freigesetzt werden, also der gesamte Arbeitsmarkt einem Strukturwandel unterworfen ist. Dieser Zusammenhang kann mit den Daten des SOEP nicht explizit analysiert werden, dennoch sollen im weiteren Verlauf der Analyse Anhaltspunkte für eine besondere Betroffenheit der Ausländer vom Strukturwandel gesucht werden.

9.3.1 Mobilität zwischen Teilarbeitsmärkten

Hier soll der Frage nachgegangen werden, ob die relativen Veränderungen der Arbeitsmarktsegmente tatsächlich auf berufliche Aufwärtsmobilität zurückzuführen sind, und wie stabil die Segmente des Arbeitsmarktes tatsächlich sind. Hierzu wird die Segmentzuordnung der jeweils 1984 und 1989 Erwerbstätigen verglichen und somit Mobilitätsprozesse unabhängig von Zu- oder Abgängen untersucht. Durch den Umstand, daß hier nur Personen in die Analyse einbezogen werden, die zu beiden Zeitpunkten erwerbstätig waren, ergibt sich möglicherweise eine größere Stabilität der Teilarbeitsmärkte, weil Zu- und Abgänge nicht erfaßt werden.

Sowohl für deutsche wie für ausländische Arbeitnehmer zeigt sich, daß die Segmentzuordnung relativ instabil ist (Tabelle 30). Von denjenigen Ausländern beispielsweise, die 1984 im unstrukturierten Arbeitsmarkt beschäftigt waren, sind 64% auch im Jahre 1989 in diesem Segment, 12% sind 1989 im fachspezifischen Arbeitsmarkt und 24% im betriebsspezifischen Arbeitsmarkt tätig.

Wie schon anhand der Studie von Blossfeld und Mayer (1988) gezeigt wurde, sind die Arbeitsmarktsegmente in der Bundesrepublik nicht streng voneinander abgeschottet, sondern zu einem gewissen Grad durchlässig. In der Richtung zeigen sich aber doch deutliche Unterschiede zwischen deutschen und ausländischen Arbeitnehmern. Während das betriebsspezifische Segment für deutsche Arbeitnehmer das stabilste ist, verliert beinahe die Hälfte der 1984 im betriebsspezifischen Segment tätigen Ausländer diese Position, 30% davon sind wieder auf dem

Tabelle 30: Die Mobilität zwischen Teilarbeitsmärkten

	1989 Unstrukturierter Arbeitsmarkt	Fachspezifischer Arbeitsmarkt	Betriebsspezifischer Arbeitsmarkt
1984			
Ausländer			
Unstrukturierter Arbeitsmarkt	64	12	24
Fachspezifischer Arbeitsmarkt	16	71	12
Betriebsspezifischer Arbeitsmarkt	30	15	55
Deutsche			
Unstrukturierter Arbeitsmarkt	52	25	23
Fachspezifischer Arbeitsmarkt	9	72	19
Betriebsspezifischer Arbeitsmarkt	6	13	81

Datenbasis: SOEP Welle 1 - 6.

unstrukturierten Arbeitsmarkt tätig. Die verhältnismäßig kleine Gruppe von Deutschen, die auf dem unstrukturierten Arbeitsmarkt tätig ist, hat dagegen relativ gute Aufstiegschancen, und fast der Hälfte gelingt der Übergang in das fachspezifische oder betriebsspezifische Arbeitsmarktsegment. Kaum ein Unterschied zwischen Ausländern und Deutschen besteht auf dem fachspezifischen Arbeitsmarkt, auf dem auch Ausländer eine relativ hohe Segmentstabilität aufweisen. Ausländer mit eher fachspezifisch ausgerichteten Qualifikationen haben also offenbar weniger Probleme, qualifizierte Beschäftigungspositionen zu halten als Ausländer mit eher betriebsspezifisch ausgerichteten Qualifikationen.

Eigentlich würde dieses Resultat der Segmentationsthese widersprechen, da gerade Arbeitgeber im betriebsspezifischen Bereich eher Fluktuationsbegrenzung anstreben und auch in Krisenzeiten versuchen, qualifizierte Beschäftigte zu halten. Doch wird dieser Befund in Zusammenhang mit der Beschäftigungsstabilität deutscher Arbeitnehmer in diesem Bereich gesehen, so kann der Widerspruch durchaus aufgelöst werden, wenn davon ausgegangen wird, daß ein Teil der Arbeitgeber aus verschiedensten Motiven heraus inländische Arbeitnehmer bevorzugt (vgl. Gillmeister, Kurthen und Fijalkowski 1989) und bei anstehenden Entlassungen, auch im betriebsspezifischen Arbeitsmarkt, zuerst ausländische Arbeitnehmer freisetzt. Zu diesem Resultat kommen jedenfalls die Betriebsstudien von Köhler und Grüner (1988) und von Köhler und Preisendörfer (1988). Dies kann als ein Indiz für eine Diskriminierung ausländischer Arbeitskräfte in qualifizierten Bereichen des Arbeitsmarktes gewertet werden.

9.3.2 Der Bruttoverdienst abhängig Beschäftigter nach Arbeitsmarktsegmenten

Zwischen den einzelnen Arbeitsmarktsegmenten sind deutliche Einkommensunterschiede zu erwarten, da die Zuordnung nach Qualifikation erfolgt. Doch hier steht nicht die Frage nach Einkommensunterschieden zwischen den Segmenten im Vordergrund, sondern der Vergleich von Ausländern und Deutschen innerhalb der gleichen Teilarbeitsmärkte. Analyseebene sind wiederum die abhängig Beschäftigten ohne Beamte.

Ausländische Arbeitnehmer, die im unstrukturierten Arbeitsmarkt tätig sind, verdienen mehr als Deutsche in diesem Segment (Tabelle 31). Auf dem fachspezifischen Arbeitsmarkt beziehen Deutsche und Ausländer in etwa vergleichbare Einkommen, auf dem betriebsspezifischen Arbeitsmarkt jedoch erzielen Deutsche wesentlich höhere Einkünfte als Ausländer. Die Varianz der Einkommen nach Segmenten ist bei Deutschen also wesentlich größer als bei Ausländern. Der höhere Verdienst ausländischer Arbeitnehmer auf dem unstrukturierten Arbeitsmarkt dürfte teilweise auf die längere Wochenarbeitszeit im Vergleich zu Deutschen zurückzuführen sein. Die tatsächliche Wochenarbeitszeit Deutscher liegt 1989 bei durchschnittlich 35,2 Stunden, während ausländische Arbeitnehmer im Schnitt 38,0 Stunden pro Woche arbeiten. Dieser Unterschied dürfte allerdings nicht ausreichend sein zur Erklärung der Differenz des Durchschnittseinkommens zwischen Ausländern und Deutschen von 375 DM in diesem Bereich. Auffallend ist auch, daß Deutsche auf dem unstrukturierten Arbeitsmarkt mit 10%, gegenüber Ausländern mit 16%, ihr Einkommen im Untersuchungszeitraum nur gering steigern konnten[1]. Den höchsten Einkommenszuwachs erzielen Ausländer wie Deutsche auf dem betriebsspezifischen Arbeitsmarkt, die deutlichen Differenzen bleiben jedoch bestehen.

Bei der zweiten Generation zeigt sich eine relativ günstige Entwicklung. Auf dem unstrukturierten und fachspezifischen Arbeitsmarkt werden nicht nur höhere Einkünfte erzielt, auch die Steigerungsraten sind höher als bei gleichaltrigen Deutschen, lediglich auf dem betriebsspezifischen Arbeitsmarkt liegt ihr Verdienst unterhalb der entsprechenden deutschen Vergleichsgruppe. Insgesamt ist bei der zweiten Generation jedoch die Einkommensspanne zwischen unstrukturiertem und betriebsspezifischem Arbeitsmarkt verhältnismäßig gering. Auch daran ist

Tabelle 31: **Bruttoverdienst abhängig Beschäftigter nach Arbeitsmarktsegmenten (in Prozent)**

	Ausländer			Deutsche[1]		
	1984	1989	Anstieg	1984	1989	Anstieg
	∅	∅	%	∅	∅	%
Insgesamt						
Unstrukturierter Arbeitsmarkt	2195	2556	16	1990	2181	10
Fachspezifischer Arbeitsmarkt	2648	3082	16	2697	3069	14
Betriebsspezifischer Arbeitsmarkt	2848	3350	18	3258	3860	18
2. Generation						
Unstrukturierter Arbeitsmarkt	1871	2592	39	1694	2329	37
Fachspezifischer Arbeitsmarkt	1990	2744	38	1905	2514	32
Betriebsspezifischer Arbeitsmarkt	-	2929		2209	3025	37
40 bis 64jährige						
Unstrukturierter Arbeitsmarkt	2219	2600	17	2008	2136	6
Fachspezifischer Arbeitsmarkt	2854	3287	15	3018	3299	9
Betriebsspezifischer Arbeitsmarkt	2894	3324	15	3601	4421	23
Frauen						
Unstrukturierter Arbeitsmarkt	1781	1977	11	1487	1601	8
Fachspezifischer Arbeitsmarkt	1917	2250	17	1965	2264	15
Betriebsspezifischer Arbeitsmarkt	2101	2383	13	2366	2874	21
Türken						
Unstrukturierter Arbeitsmarkt	2182	2630	21			
Fachspezifischer Arbeitsmarkt	2462	2954	20			
Betriebsspezifischer Arbeitsmarkt	2665	3132	18			

1 Ohne Beamte
- N < 30.
Datenbasis; SOEP Welle 1 - 6.

zu erkennen, daß Löhne bei dieser Gruppe der erst kurze Zeit im Erwerbsleben Stehenden noch nicht stark nach Qualifikationen ausdifferenziert sind.

Aus der Entwicklung der Einkünfte der 40- bis 64jährigen kann auf das Vorhandensein betrieblicher Karrierelinien geschlossen werden. Während Deutsche dieser Altersgruppe im unstrukturierten und fachspezifischen Arbeitsmarktsegment nur geringe Einkommenssteigerungen verzeichnen, erhöhen sich die Bezüge im betriebsspezifischen Arbeitsmarktsegment immerhin um 23% auf über 4400 DM. Bei Ausländern ist in diesem Bereich keine vergleichbare Entwicklung erkennbar, hier sind die Einkommenssteigerungen relativ gleichförmig über die Segmente verteilt.

Die Einkünfte von deutschen wie ausländischen Frauen liegen deutlich unter dem Durchschnitt. Besonders niedrig sind jeweils die Einkünfte auf dem unstrukturierten Arbeitsmarkt, dem für ausländische Frauen wichtigsten Segment. Hier werden auch die niedrigsten Steigerungsraten erzielt. Unabhängig von der Nationalität beziehen Frauen auf dem betriebsspezifischen Arbeitsmarkt deutlich unter dem Durchschnitt liegende Einkünfte.

Türkische Arbeitnehmer erzielen auf dem unstrukturierten und dem fachspezifischen Arbeitsmarkt überdurchschnittliche Einkommenssteigerungen. Auf dem betriebsspezifischen Arbeitsmarkt erzielen sie jedoch nur einen durchschnittlichen Einkommenszuwachs, obwohl die Einkünfte in diesem Segment deutlich unter dem Durchschnitt liegen.

Es stellt sich die Frage, inwieweit diese Daten im Sinne der These einer ethnischen Arbeitsmarktsegmentation interpretiert werden können. Der Umstand, daß Ausländer insgesamt und alle untersuchten Teilgruppen auf dem unstrukturierten Arbeitsmarktsegment höhere Einkünfte erzielen, dürfte weitgehend auf eine höhere Arbeitsintensität (Akkord-, Schicht- oder Nachtarbeit) und längere Arbeitszeiten zurückzuführen sein. Auffallend ist jedoch, daß Ausländer im betriebsspezifischen Arbeitsmarktsegment kaum Fuß fassen können. Sowohl die für diesen Bereich untypisch hohe Fluktuation als auch die geringe Einkommensdynamik der in diesem Bereich tätigen ausländischen Arbeitnehmer deuten darauf hin, daß Ausländer nicht an betriebsspezifischen Mobilitätsketten partizipieren können, wie dies für deutsche Arbeitnehmer in diesem Bereich plausibel angenommen werden kann. Gemessen an der Einkommensentwicklung scheint der Teil der Ausländer, die sich auf dem fachspezifischen Arbeitsmarkt etablieren konnten, sich nur wenig von entsprechenden deutschen Arbeitnehmern zu unterscheiden. Doch bevor abschließende Überlegungen über das Vorhandensein ethnischer Arbeitsmarktsegmentation angestellt werden können, müssen noch zwei weitere Bereiche betrachtet werden, die Arbeitsbedingungen und die Beschäftigungsstabilität in den jeweiligen Segmenten.

9.3.3 Arbeitsbedingungen nach Arbeitsmarktsegmenten

Die Arbeitsbedingungen sind ein Indikator für die Qualität von Arbeitsplätzen. Es ist zu erwarten, daß auf dem unstrukturierten Arbeitsmarkt deutlich schlechtere Bedingungen herrschen als in den anderen Bereichen. Doch hier interessiert weniger der Vergleich der Arbeitsmarktsegmente, sondern insbesondere die Frage, ob die Arbeitsplätze von Ausländern in qualifizierten Bereichen denen von

Tabelle 32: Arbeitsbedingungen [1] nach Teilarbeitsmärkten 1989 (in Prozent)

	Ausländer			Deutsche[2]		
	Unstrukturierter	Fachspezifischer	Betriebsspezifischer	Unstrukturierter Arbeitsmarkt	Fachspezifischer	Betriebsspezifischer
Insgesamt						
Abwechslung	22	45	33	35	67	67
Selbständigkeit	11	25	24	26	43	39
Mitentscheidung	1	3	1	2	10	8
Körperlich schwere Arbeit	32	34	24	21	15	10
Belastende Umwelteinflüsse	34	33	33	27	21	15
Nervliche Anspannung	18	22	33	17	23	31
2. Generation						
Abwechslung	17	78	37	34	63	62
Selbständigkeit	31	33	38	20	35	31
Mitentscheidung	0	4	0	2	4	1
Körperlich schwere Arbeit	9	19	29	22	18	13
Belastende Umwelteinflüsse	22	20	46	31	20	18
Nervliche Anspannung	12	32	22	18	18	23
40 bis 64 Jahre						
Abwechslung	24	40	24	36	68	75
Selbständigkeit	9	26	17	28	46	45
Mitentscheidung	1	4	1	2	13	11
Körperlich schwere Arbeit	35	38	18	25	15	9
Belastende Umwelteinflüsse	42	44	30	28	19	14
Nervliche Anspannung	16	27	37	15	26	37
Frauen						
Abwechslung	19	68	40	33	62	62
Selbständigkeit	15	31	47	31	41	36
Mitentscheidung	0	0	0	2	7	3
Körperlich schwere Arbeit	21	3	31	19	7	36
Belastende Umwelteinflüsse	23	7	16	20	8	8
Nervliche Anspannung	16	53	31	15	19	30
Türken						
Abwechslung	17	26	29			
Selbständigkeit	7	25	29			
Mitentscheidung	0	2	1			
Körperlich schwere Arbeit	37	34	31			
Belastende Umwelteinflüsse	31	23	36			
Nervliche Anspannung	16	17	29			

1 Anteil "trifft voll und ganz zu"
2 Ohne Beamte
Datenbasis; SOEP Welle 1 - 6.

deutschen Arbeitnehmern entsprechen. Aus 13 Arbeitsplatzmerkmalen, die im SOEP abgefragt wurden, wurden jeweils drei positive und drei negative Arbeitsplatzmerkmale ausgewählt, die als geeignet erscheinen, einen Arbeitsplatz zu charakterisieren[2].

Allgemein bewerten ausländische Arbeitnehmer in allen Arbeitsmarktsegmenten ihren Arbeitsplatz weniger positiv als deutsche (Tabelle 32). Die Arbeitsplätze von Ausländern sind weniger abwechslungsreich. Eine Ausnahme bilden die Beschäftigten der zweiten Generation im fachspezifischen Arbeitsmarktsegment, wo der Anteil derer, die nach eigener Einschätzung abwechslungsreiche Tätigkeiten ausüben, deutlich über dem der deutschen Kontrollgruppe liegt. Auch ausländische Frauen bezeichnen ihre Tätigkeit öfter als abwechslungsreich als deutsche Frauen. Am wenigsten Abwechslung in allen Segmenten haben türkische Arbeitnehmer an ihrem Arbeitsplatz.

Den Arbeitsablauf selbständig gestalten können weniger ausländische als deutsche Arbeitnehmer. Ausgenommen sind wiederum die zweite Generation und Frauen, jeweils auf dem betriebsspezifischen Arbeitsmarktsegment. Türkische Arbeitnehmer haben wiederum nach eigener Einschätzung die geringsten Möglichkeiten zur selbständigen Gestaltung des Arbeitsablaufs. Die Möglichkeit zur Mitentscheidung wird nur den wenigsten ausländischen Arbeitnehmern eingeräumt.

Körperlich schwere Arbeit leisten wesentlich mehr ausländische als deutsche Arbeitnehmer und sind dabei auch wesentlich öfter belastenden Umwelteinflüssen ausgesetzt. Dabei bestehen nur geringe bzw. keine Unterschiede nach den Arbeitsmarktsegmenten, bei deutschen Arbeitnehmern jedoch sind die Belastungen im unstrukturierten Arbeitsmarktsegment am höchsten und auf dem betriebsspezifischen Arbeitsmarkt am geringsten. Die zweite Generation weist auf dem unstrukturierten und betriebsspezifischen Arbeitsmarkt einen geringeren oder gleichen Belastungsgrad auf wie die entsprechende deutsche Altersgruppe, auf dem betriebsspezifischen Arbeitsmarkt liegt er jedoch deutlich darüber. Hinsichtlich der „nervlichen Anspannung" zeigen sich kaum spezifische Abweichungen zwischen Ausländern und Deutschen.

Werden diese sechs Items als Indikator für die Qualität eines Arbeitsplatzes gesehen, so kann davon ausgegangen werden, daß Ausländer in allen Arbeitsmarktsegmenten an Arbeitsplätzen von geringer Attraktivität tätig sind. In besonderem Maße gilt dies für den betriebsspezifischen Arbeitsmarkt.

Abbildung 16: Betroffenheit von Arbeitslosigkeit während sechs Jahren nach Beschäftigungssegmenten

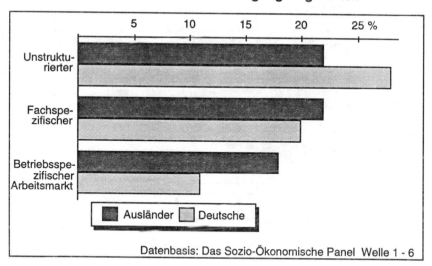

Datenbasis: Das Sozio-Ökonomische Panel Welle 1 - 6

9.3.4 Arbeitslosigkeit nach Arbeitsmarktsegmenten

Betroffenheit von Arbeitslosigkeit kann nicht direkt in einen Zusammenhang zur Segmentzugehörigkeit gesetzt werden, da Arbeitslose im SOEP als Nichterwerbstätige eingestuft werden und keine Informationen über die letzte Erwerbstätigkeit erfragt werden[3]. Hier wird deshalb mittels der Kalendariendaten, die jeweils retrospektiv für ein Jahr den Erwerbsstatus auf Monatsbasis erfassen, untersucht, ob in den Arbeitsmarktsegmenten eine unterschiedliche Betroffenheit von Arbeitslosigkeit herrscht und ob segmentspezifische Kumulationen auftreten. Problematisch ist jedoch bei dieser Vorgehensweise die Wahl des Referenzzeitpunktes für die Segmentzugehörigkeit. Wenn hier die Segmentzugehörigkeit des Jahres 1989 den Arbeitslosigkeitsdaten gegenübergestellt wird, muß mit einer gewissen Unschärfe gerechnet werden, denn es besteht, wie in Tabelle 30 gesehen, eine nicht unerhebliche Mobilität zwischen den Segmenten. Würde sich andererseits die Analyse nur auf Personen beschränken, die konstant in einem Segment beschäftigt waren, würde das Ausmaß der Arbeitslosigkeit unterschätzt, weil dann der Anteil von Personen ohne Arbeitslosigkeitsperioden höher wäre. Um dennoch einen direkten Vergleich zwischen Segmentzugehörigkeit und

Abbildung 17: Durchschnittliche kumulierte Arbeitslosigkeit in Monaten nach Beschäftigungssegmenten

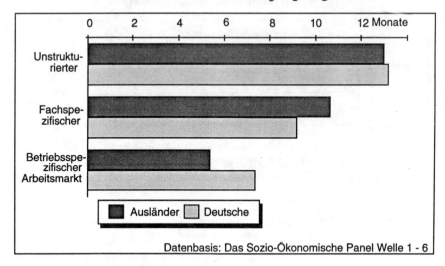

Arbeitsmarktchancen zu ermöglichen, werden als zusätzliche Indikatoren zu den Arbeitslosigkeitsdaten subjektive Arbeitsmarkt- und Karrierechancen herangezogen (vgl. Kapitel 9.4).

Die in Abbildung 16 ausgewiesenen Anteile Arbeitsloser, beziehen sich auf die Personen, die während sechs Jahren insgesamt mindestens drei Monate arbeitslos waren. Prozentuierungsbasis sind alle Personen, die während des Untersuchungszeitraumes überhaupt erwerbstätig waren. Da gerade für Personen mit häufigen Arbeitslosigkeitsperioden, aber auch für Frauen, sogenannte perforierte Erwerbsverläufe typisch sind, werden auch diese Gruppen in die Analyse eingeschlossen.

Die Betroffenheit von Arbeitslosigkeit variiert bei Ausländern nur gering nach der Segmentzugehörigkeit, lediglich Beschäftigte des betriebsspezifischen Arbeitsmarktsegments sind etwas seltener arbeitslos[4] (Abbildung 16). Bei deutschen Arbeitnehmern hingegen variiert die Betroffenheit von Arbeitslosigkeit deutlich nach der Segmentzugehörigkeit. Beschäftigte des unstrukturierten Arbeitsmarktes sind zu 28% im Befragungszeitraum mindestens einmal arbeitslos, während nur 11% der Arbeitnehmer des betriebsspezifischen Arbeitsmarktes die Erfahrung von Arbeitslosigkeit machten. Während also Arbeitsplätze in Großbe-

Tabelle 33: Die Befürchtung des Arbeitsplatzverlustes[1] (in Prozent)

	Unstrukturierter Arbeitsmarkt		Fachspezifischer Arbeitsmarkt		Betriebsspezifischer Arbeitsmarkt	
	1985	1989	1985	1989	1985	1989
Ausländer						
Insgesamt	11	8	10	4	7	3
2. Generation	14	11	4	1	8	0
40 bis 64 Jahre	12	7	11	8	10	2
Frauen	15	5	3	1	11	8
Türken	15	11	14	0	6	5
Deutsche						
Insgesamt	6	6	6	6	5	2
16-25 Jahre	9	8	8	6	7	4
40-64 Jahre	5	4	6	8	4	1
Frauen	7	5	6	7	0	2

[1] Anteil sicher und wahrscheinlich
Datenbasis: SOEP, Welle 1 - 6.

trieben für deutsche Beschäftigte eine relativ große Sicherheit vor Entlassung bieten, gilt dies nur eingeschränkt für ausländische Arbeitnehmer.

Die durchschnittliche kumulierte Dauer der Arbeitslosigkeit variiert deutlich nach der Segmentzugehörigkeit, jedoch bei relativ geringen Unterschieden nach der Nationalität[5] (Abbildung 17). Ausländische wie deutsche Arbeitnehmer des betriebsspezifischen Arbeitsmarktsegmentes, waren, sofern überhaupt arbeitslos, insgesamt am kürzesten ohne Beschäftigung. Dies überrascht, hätten doch bei Annahme von universellen Qualifikationen von Beschäftigten des fachspezifischen Arbeitsmarktes kürzere Arbeitslosigkeitszeiten erwartet werden können. Allerdings muß bedacht werden, daß auf dem fachspezifischen Arbeitsmarkt jahreszeitlich bedingte Arbeitslosigkeitspassagen, insbesondere in der Bauindustrie, durchaus üblich sind. Wegen der eingangs erwähnten Unschärfe dieser Analysen soll hier nicht nach Subgruppen differenziert, sondern zusätzlich die subjektiven Arbeitsmarktchancen analysiert werden.

Tabelle 34: Subjektive Arbeitsmarktchancen[1] 1989 (in Prozent)
Frage: " Wenn Sie Ihre jetzige Stelle verlieren würden, wäre es für Sie dann leicht, schwierig oder praktisch unmöglich, wieder eine mindestens gleichwertige Stelle zu finden?"

	Ausländer			Deutsche		
	Unstrukturierter	Fachspezifischer	Betriebsspezifischer Arbeitsmarkt	Unstrukturierter	Fachspezifischer	Betriebsspezifischer
Insgesamt	21	31	15	20	34	28
2. Generation	46	59	21	27	52	41
40 bis 64 Jahre	12	20	7	11	17	12
Frauen	25	51	24	24	32	25
Türken	15	22	12			

1 Anteil gleichwertige Stelle finden, wäre leicht
Datenbasis; SOEP Welle 1 - 6.

9.4 Subjektive Arbeitsmarktchancen

Die Befürchtung, seinen Arbeitsplatz „sicher oder wahrscheinlich" zu verlieren, nimmt vor allem bei ausländischen Arbeitnehmern zwischen 1985 und 1989 deutlich ab[6] (Tabelle 33). Insbesondere ausländische Beschäftigte des betriebsspezifischen Arbeitsmarktes nehmen ihre Arbeitsplätze als relativ sicher wahr, lediglich ausländische Frauen in diesem Segment fürchten etwas häufiger, ihren Arbeitsplatz zu verlieren. Im Vergleich zu Deutschen befürchtete noch 1985 ein wesentlich größerer Anteil der Ausländer, den Arbeitsplatz zu verlieren. 1989 zeigt sich eine uneinheitliche Struktur, bei den untersuchten Teilgruppen gibt es unterschiedliche Entwicklungen. Auf dem unstrukturierten Arbeitsmarkt, wo die Hälfte der Ausländer beschäftigt ist, befürchten noch immer jeweils mehr Ausländer als Deutsche, ihren Arbeitsplatz zu verlieren. In manchen qualifizierten Bereichen hingegen wird keine Bedrohung der Arbeitsplätze mehr wahrgenommen, beispielsweise türkische Arbeitnehmer des fachspezifischen oder die zweite Generation des betriebsspezifischen Arbeitsmarktes.

Aus diesen Analysen kann abgeleitet werden, daß Ausländer eine größere Gefährdung ihrer Arbeitsplätze wahrnehmen als Deutsche, dennoch kann allgemein von relativ gefestigten Arbeitsverhältnissen ausgegangen werden. Dies steht allerdings in einem gewissen Widerspruch zu der real vorhandenen Fluktuation in den qualifizierten Bereichen. Allerdings wird hier auch nach relativ manifesten Bedrohungen des Arbeitsplatzes gefragt. Eine generelle Einschätzung der Arbeitsmarktsituation aus Sicht der Betroffenen kann mit der Frage nach den Chancen, im Falle des Verlustes des derzeitigen Arbeitsplatzes, eine vergleichbare Stelle zu finden, erlangt werden[7].

Die Einschätzung, daß das Finden einer vergleichbaren Stelle leicht wäre, ist bei Deutschen wie bei Ausländern auf dem fachspezifischen Arbeitsmarkt am weitesten verbreitet, doch ist die Varianz nach Subgruppen beträchtlich (Tabelle 34). Besonders optimistisch ist die zweite Generation, aber auch die wenigen ausländischen Frauen des betriebsspezifischen Arbeitsmarktes. Sie beurteilen ihre Arbeitsmarktchancen sogar jeweils optimistischer als die entsprechenden deutschen Gruppen. Eine geringere Wahrnehmung von Arbeitsmarktchancen fällt vor allem bei türkischen Arbeitnehmern auf. In allen Arbeitsmarktsegmenten liegt der Anteil derer, die glauben, leicht wieder eine entsprechende Stelle zu finden, deutlich unter dem Durchschnitt. Eine ähnlich niedrige Chancenwahrnehmung ist nur noch bei Arbeitnehmern über 40 Jahren zu erkennen. Hier ergeben sich jedoch nur geringe Unterschiede zu der entsprechenden deutschen Altersgruppe. Dies spiegelt die allgemein bekannten, schlechteren Arbeitsmarktchancen älterer Arbeitnehmer wider.

Auffallend bei Ausländern ist vor allem die geringere Chancenerwartung im betriebsspezifischen Arbeitsmarktsegment. Der Anteil derer, die zu einer optimistischen Einschätzung ihrer Arbeitsmarktchancen kommen, liegt sogar niedriger als auf dem unstrukturierten Arbeitsmarkt. Auch die zweite Generation, die in den anderen Segmenten überdurchschnittlich gute Arbeitsmarktchancen wahrnimmt, schätzt die Chance, eine vergleichbare Stelle zu finden, in diesem Bereich gegenüber der deutschen Altersgruppe deutlich weniger optimistisch ein. Es hat sich also gezeigt, daß Ausländer des fachspezifischen Arbeitsmarktes eher zu einer positiven Einschätzung ihrer Arbeitsmarktchancen kommen als andere, was auf universellere Qualifikationen hindeutet. Dies gilt jedoch nur eingeschränkt für türkische Arbeitnehmer, die allgemein nur geringe Arbeitsmarktchancen wahrnehmen.

Im Verlauf der bisherigen Analysen haben sich besonders oft im betriebsspezifischen Arbeitsmarktsegment abweichende Bedingungen für ausländische Arbeitnehmer gezeigt, und es ergaben sich einige Hinweise darauf, daß Ausländer dieses Segmentes nicht in gleichem Umfang an beruflichen Karriereverläufen partizipieren wie deutsche Arbeitnehmer. Speziell zur Klärung dieser Frage wird hier als letzter subjektiver Indikator die Beurteilung der beruflichen Aufstiegswahrscheinlichkeit untersucht.

Beruflichen Aufstieg erwarten deutsche Arbeitnehmer, wie anzunehmen war, proportional am häufigsten auf dem betriebsspezifischen Arbeitsmarkt (Tabelle 35). Knapp jeder vierte erachtet einen beruflichen Aufstieg als sicher oder wahr-

Tabelle 35: Erwartung von beruflichem Aufstieg (in Prozent)

	Unstrukturierter Arbeitsmarkt		Fachspezifischer Arbeitsmarkt		Betriebsspezifischer Arbeitsmarkt	
	1985	1989	1985	1989	1985	1989
Ausländer						
Insgesamt	5	2	14	14	14	7
2. Generation	6	3	37	21	34	12
40 bis 64 Jahre	3	1	7	10	15	5
Frauen	5	0	19	9	28	4
Türken	6	4	14	12	13	5
Deutsche						
Insgesamt	11	8	17	13	24	23
16-25 Jahre	12	16	23	20	35	39
40-64 Jahre	8	2	10	4	15	12
Frauen	8	3	13	10	17	19

1 Anteil sicher und wahrscheinlich
Datenbasis: SOEP, Welle 1 - 6.

scheinlich. Die Alterskohorte der 16- bis 25jährigen hegt diese Erwartung überproportional oft und sogar mit steigender Tendenz im Zeitverlauf. Anders bei der zweiten Ausländergeneration: Hier lag die Beförderungserwartung noch 1985 mit 34% auf annähernd demselben Niveau wie bei der deutschen Vergleichsgruppe, sank jedoch bis 1989 auf nur 12%. Es ist zwar durchaus denkbar, daß ein Teil der zweiten Generation im Zeitverlauf Beförderungserwartungen auch realisieren konnte, doch der Umstand, daß Deutsche dieser Altersgruppe im gleichen Zeitraum vermehrte Aufstiegschancen wahrnehmen, legt die Vermutung nahe, daß der zweiten Generation der Einstieg in berufliche Karrierelinien in weit geringerem Umfang gelingt als gleichaltrigen Deutschen. Allgemein ist bei Ausländern des betriebsspezifischen Arbeitsmarktsegments im Zeitverlauf ein Rückgang von beruflichen Karriereoptionen feststellbar, besonders kraß bei Frauen. Auch bezogen auf die subjektive Bewertung beruflicher Aufstiegschancen, deutet sich also an, daß Ausländer im betriebsspezifischen Arbeitsmarktsegment in geringerem Umfang als Deutsche berufliche Karrierelinien durchlaufen.

9.5 Beruflicher Aufstieg durch Arbeitsplatzwechsel

Wie Tabelle 30 erahnen läßt, ist ein Arbeitsplatzwechsel nicht unbedingt mit beruflichem Aufstieg verbunden, sondern kann auch eine berufliche Dequalifizierung darstellen. Hier soll zunächst der Frage nachgegangen werden, inwieweit Arbeitsplatzwechsel freiwillig erfolgen oder erzwungen sind. Daran anschließend wird untersucht, auf welchem Wege ein neuer Arbeitsplatz gefunden wurde und verglichen, ob der neue Arbeitsplatz in bezug auf zentrale Arbeitsplatzmerkmale eine Verbesserung oder Verschlechterung darstellt. Es soll sowohl untersucht werden, ob für ausländische und deutsche Arbeitnehmer unterschiedliche Opportunitätsstrukturen bestehen, als auch welche qualitativen Veränderungen des Arbeitsplatzes sich durch einen Wechsel ergeben haben.

Methodisch erfordert diese Fragestellung ein relativ kompliziertes Vorgehen, denn die genannten Daten werden ab 1985 von den Personen erhoben, bei denen im vorangegangenen Jahr ein beruflicher Wechsel stattgefunden hat. Da die Fallzahlen auf Jahresbasis für die angestrebten Analysen nicht ausreichten, wurden die entsprechenden Angaben „gepoolt", so daß sich die folgenden Auswertungen auf alle Personen beziehen, die zwischen 1985 und 1989 ihren Arbeitsplatz gewechselt haben. Bei Personen, die in diesem Zeitraum mehrfach ihren Arbeitsplatz wechselten, wurde nur der jeweils letzte Wechsel erfaßt. Trotzdem ergaben sich für die zweite Generation nicht genügend Fälle, die eine valide Aussage erlaubt hätten, so daß diese Gruppe bei den folgenden Analysen ausgeschlossen bleibt. Auch eine Trennung nach Arbeitsmarktsegmenten war sinnvoll nicht durchzuführen, wegen geringer Fallzahlen in den qualifizierten Bereichen, aber vor allem wegen Zuordnungsproblemen bei segmentübergreifender Arbeitsplatzmobilität. Ebenfalls nicht zu realisieren war der in den vorigen Kapiteln praktizierte Ausschluß von Beamten und Selbständigen, da sonst konsequenter Weise alle Fälle ausgeschlossen werden müßten, die in diese Bereiche wechseln oder aus diesen Bereichen kommen. Dies wäre mit hohem Rechenaufwand verbunden. Da hier aber nur Arbeitsplatzwechsler untersucht werden, fällt das Stabilitätsmoment der Beamten nicht ins Gewicht.

Werden zunächst die Gründe des Verlusts der letzten Arbeitsstelle betrachtet, so fällt auf, daß Ausländer ihren Arbeitsplatz wesentlich öfter wegen Kündigung durch den Arbeitgeber verloren haben als deutsche Arbeitnehmer (Tabelle 36). Dies trifft insbesondere auf ältere ausländische Arbeitnehmer zu, von denen jeder zweite, der seinen Arbeitsplatz gewechselt hatte, zuvor gekündigt wurde, während dies nur auf jeden fünften Deutschen der entsprechenden Altersgruppe zutraf. Befristete Arbeitsverhältnisse sind bei deutschen Arbeitnehmern hingegen weiter verbreitet. Dennoch beendeten proportional mehr Deutsche das vorhergehende Arbeitsverhältnis aus eigenem Antrieb als Ausländer.

Tabelle 36: Gründe für die Beendigung des letzten Arbeitsverhältnisses (in Prozent)

	Kündigung durch Arbeitgeber	Befristetes Arbeitsverhältnis	Eigene Kündigung/ Auflösung	Aufgabe des eigenen Geschäfts	Vorruhestand/ Sonstiges
Ausländer					
Insgesamt	33	7	46	7	8
Frauen	35	6	42	5	15
40-64jährige	49	2	23	19	8
Türken	35	6	45	7	8
Deutsche					
Insgesamt	14	14	54	5	14
Frauen	13	16	53	7	11
40-64jährige	22	14	41	14	9

Alle Angaben beziehen sich auf den letzten Stellenwechsel
Datenbasis: SOEP, Welle 1 - 6.

Tabelle 37: Art der Stellenfindung[1] (in Prozent)

	Arbeitsamt	Stellenanzeige	Bekannte, Freunde	innerbetriebliches Stellenangebot	Selbständig gemacht	Sonstiges
Ausländer						
Insgesamt	8	11	39	20	7	16
Frauen	6	10	37	15	7	24
40-64jährige	4	10	40	24	2	21
Türken	14	10	41	11	6	18
Deutsche						
Insgesamt	8	18	24	22	8	21
Frauen	11	21	25	19	6	17
40-64jährige	9	18	17	26	7	23

1 Alle Angaben beziehen sich auf den letzten Stellenwechsel
Datenbasis: SOEP, Welle 1 - 6.

Tabelle 38: Vergleich der Arbeitsplatzmerkmale nach beruflichem Wechsel[1]
1985 - 1989 (in Prozent)

	Art der Tätigkeit	Verdienst	Aufstiegs-möglich-keiten	Arbeits-belastun-gen	Sicherheit des Arbeits-platzes	Verwertung beruflicher Kenntnisse
Ausländer						
Insgesamt	50	43	18	28	32	30
40 bis 64 Jahre	45	20	11	32	14	11
Frauen	50	40	19	40	23	24
Türken	53	46	18	31	25	28
Deutsche						
Insgesamt	60	59	45	29	34	40
40-64 Jahre	50	40	32	25	24	35
Frauen	61	58	42	29	35	39

1 Anteil "verbessert", bei Verwertung beruflicher Kenntnisse Anteil "mehr". Alle Angaben beziehen sich auf den letzten Stellenwechsel.
Datenbasis: SOEP, Welle 1 - 6.

Werden diejenigen, die ihren Arbeitsplatz gewechselt haben, danach gefragt, wie sie diese Stelle gefunden haben, so fällt auf, daß Ausländer wesentlich öfter die Hilfe von Freunden oder Bekannten in Anspruch nahmen als Deutsche (Tabelle 37). Stellenanzeigen werden bei Deutschen hingegen häufiger genannt als bei Ausländern. Die Stellenvermittlung durch das Arbeitsamt ist bei deutschen wie ausländischen Beschäftigten nur von geringer Bedeutung, allenfalls für türkische Arbeitnehmer ist eine gewisse Relevanz zu erkennen, 14% nannten hier die Vermittlung des Arbeitsamtes als ausschlaggebend für die Stellenfindung. Innerbetriebliche Stellenausschreibungen sind bei deutschen Beschäftigten von geringfügig höherer Relevanz. Dennoch scheinen auch Ausländer am betriebsinternen Stellenmarkt zu partizipieren, ausländische Frauen und vor allem Türken jedoch deutlich weniger. Während Deutsche also weitgehend formale Wege der Stellenfindung wählten, ist für Ausländer insbesondere ein informelles Netz von Freunden und Bekannten wichtig bei der Stellensuche.

Ein Arbeitsplatzwechsel bedeutete für deutsche Beschäftigte wesentlich öfter eine positive Veränderung als für Ausländer (Tabelle 38). Bei allen Arbeitsplatzmerkmalen liegt der Anteil derer, die sich verbessert haben, bei deutschen Beschäftigten höher. Besonders kraß sind die Unterschiede bei den Aufstiegsmöglichkeiten, wo 45% der Deutschen glaubten, durch den Arbeitsplatzwechsel bessere Aufstiegsmöglichkeiten zu haben, aber nur 18% der Ausländer. Auch bezüglich des Verdienstes nehmen weniger als die Hälfte der ausländischen Beschäftigten eine Verbesserung wahr, und somit deutlich weniger als deutsche Arbeitsplatzwechsler. Abgesehen von den Arbeitsbelastungen sehen die älteren ausländischen Beschäftigten in wesentlich geringerem Umfang Verbesserungen der Arbeitsplatzmerkmale als die entsprechende deutsche Altersgruppe. Ein ähnliches Bild zeigt sich auch beim Vergleich ausländischer und deutscher Frauen.

Aus den obigen sechs Merkmalen wurde ein Index gebildet, der mißt, in wievielen dieser Bereiche Verbesserungen genannt wurden. Verbesserungen bei keinem der sechs Merkmale nahmen 13% der Deutschen und 25% der Ausländer wahr. Es kann davon ausgegangen werden, daß bei Personen, für die bei keiner der Arbeitsplatzmerkmale eine Verbesserung eingetreten ist, der Arbeitsplatzwechsel kaum freiwillig erfolgt sein dürfte. Diese Daten verdeutlichen, daß Arbeitsplatzmobilität nicht generell mit einer Verbesserung der Arbeitsplatzmerkmale verbunden ist. Dies gilt für Deutsche wie für Ausländer, für letztere aber in größerem Umfang.

Resümee

Das Segmentationskonzept erwies sich als hilfreich für die Analyse von Mobilitätsprozessen, weil es Mobilität in Dimensionen abbildet, die normalerweise nicht Gegenstand von Mobilitätsanalysen sind. Die Mobilitätsanalysen mit Hilfe eines Segmentationsmodells zeigten, daß für die Bundesrepublik nicht generell von strikt abgeschotteten Teilarbeitsmarktsegmenten ausgegangen werden kann, sondern daß durchaus Mobilität zwischen den Segmenten besteht. Bei den beobachteten Mobilitätsmustern ergaben sich deutliche Unterschiede zwischen ausländischen und deutschen Arbeitnehmern. Während bei deutschen Beschäftigten eine hohe Mobilität, weg vom unstrukturierten Arbeitsmarkt bestand, ist dies bei ausländischen Beschäftigten in geringerem Umfang der Fall. Für Ausländer in qualifizierten Bereichen ist das Risiko groß, diese Position wieder zu verlieren. Insbesondere das betriebsspezifische Segment erwies sich als äußerst instabil. Dies deckt sich mit Resultaten von Betriebsstudien, die von einer besonderen Betroffenheit ausländischer Arbeitnehmer bei Personalabbau im betriebsspezifischen Segment berichten.

Allgemein sind die Unterschiede zwischen ausländischen und deutschen Arbeitnehmern auf dem betriebsspezifischen Arbeitsmarkt am größten. Die Einkommen von Ausländern sind deutlich niedriger, insbesondere bei älteren Arbeitnehmern ist am Einkommen deutlich zu erkennen, daß deutsche Arbeitnehmer in diesem Bereich innerbetriebliche Karrierelinien durchlaufen haben, während dies bei ausländischen Arbeitnehmern nicht der Fall ist. Auch zentrale Arbeitsplatzmerkmale deuten an, daß die Arbeitsplätze von Ausländern im betriebsspezifischen Arbeitsmarktsegment von geringerer Qualität sind, und auch die Betroffenheit von Arbeitslosigkeit ist höher. Es kann also festgehalten werden, daß ausländische Arbeitnehmer zwar den Übergang in qualifizierte Bereiche des Arbeitsmarktes schaffen, jedoch nicht an den Karrierelinien des betriebspezifischen Arbeitsmarktsegments partizipieren können. Insbesondere wenn zusätzlich Informationen aus Untersuchungen, die auf der betrieblichen Ebene durchgeführt wurden, herangezogen werden, liegt die Vermutung nahe, daß auf betriebsinternen Karrierelinien deutsche Arbeitnehmer oftmals bevorzugt werden. Weniger Unterschiede zeigen sich im fachspezifischen Segment, wo sich auch ausländische Arbeitnehmer besser behaupten können.

Die Analyse der subjektiven Arbeitsmarkt- und Karrierechancen reflektiert die unterschiedlichen Arbeitsmarktbedingungen für ausländische und deutsche Arbeitnehmer. Die Chance, eine vergleichbare Stelle zu finden, schätzen bedeutend weniger Ausländer als Deutsche auf dem betriebsspezifischen Arbeitsmarkt als gut ein. Die Wahrscheinlichkeit eines beruflichen Aufstiegs beurteilen Ausländer ebenfalls weniger optimistisch als Deutsche. Außerdem erfolgte der Wechsel des Arbeitsplatzes bei Ausländern wesentlich öfter wegen der Auflösung des alten Arbeitsverhältnisses und wesentlich seltener als karriereorientierter Aufstieg.

Auch bei den Analysen mit Hilfe des Segmentationsmodells zeigten sich die Gruppenunterschiede, die sich bereits in den vorangegangenen Kapiteln gezeigt hatten: In den meisten Belangen schlechter gestellt sind ausländische Frauen, aber auch türkische Arbeitnehmer. Abweichungen im positiven Sinne sind bei der zweiten Ausländergeneration festzustellen.

Insgesamt kann gefolgert werden, daß aufgrund dieser Daten nicht generell von einer ethnischen Arbeitsmarktsegmentation gesprochen werden kann. Die Segmentationslinien sind auch für Ausländer durchlässig. Allerdings können sich Ausländer nicht auf dem betriebsspezifischen Arbeitsmarkt etablieren und in deutschen Arbeitnehmern vergleichbare Aufstiegslinien eintreten. Die hohe Fluktuation in qualifizierten Bereichen legt die Vermutung nahe, daß Ausländer hier als „Konjunkturpuffer" eingesetzt und in Kontraktionsphasen zuerst entlassen werden. Es muß jedoch bedacht werden, daß Ausländer in qualifizierten Bereichen oft über geringere und kürzere Erfahrungen verfügen, daß die Beschäftigungsverhältnisse noch nicht so lange bestehen und Ausländer deshalb auch stärker von Entlassung bedroht sind.

Anmerkungen

1. Deutsche Arbeitnehmer können sich dagegen in weit stärkerem Maße aus dem unstrukturierten Segment lösen.
2. Im folgenden werden nur Kurzbeschreibungen der Arbeitsplatzmerkmale verwendet, die exakten Formulierungen lauten:
   Abwechslung - Ist ihre Tätigkeit abwechslungsreich?
   Selbständigkeit - Können Sie den Ablauf und die Durchführung Ihrer Arbeit selbständig gestalten?
   Mitentscheidung - Können Sie über die Bezahlung oder Beförderung anderer Mitarbeiter mitentscheiden?
   Körperlich schwere Arbeit - Müssen Sie bei Ihrer Tätigkeit körperlich schwere Arbeit leisten?
   Belastende Umwelteinflüsse - Sind Sie bei Ihrer Arbeit belastenden Umwelteinflüssen ausgesetzt, wie etwa Kälte, Nässe, Hitze, chemischen Schadstoffen, Dämpfen oder Gasen?
   Nervliche Anspannung - Ist Ihre Arbeit mit hoher nervlicher Anspannung verbunden?
3. Der bestmöglichste Näherungswert wäre die Segmentzugehörigkeit des Vorjahres.
4. Wird statt der Segmentzugehörigkeit am Ende des Untersuchungszeitraumes (1989) die des Basisjahres 1984 zugrundegelegt, ergeben sich abweichende Verteilungen. Ausländer und Deutsche waren dann im unstrukturierten (23%) und im fachspezifischen Teilarbeitsmarktsegment (25%) jeweils zu gleichen Teilen arbeitslos. Im betriebsspezifischen Arbeitsmarkt sind es 16% der Ausländer und 10% der Deutschen. Dies zeigt wiederum die relative Unschärfe bei der Zuordnung der kumulierten Arbeitslosigkeitsdaten zu der Segmentzugehörigkeit eines Jahres. Aus den Abweichungen zu 1989 lassen sich aber auch Aufschlüsse erlangen über die unterschiedliche Betroffenheit von bereichsübergreifenden Mobilen bzw. Immobilen. Bei Deutschen, die den unstrukturierten Arbeitsmarkt nicht verlassen haben bzw. im Befragungszeitraum aus anderen Segmenten abgestiegen sind, liegt beispielsweise die Arbeitslosenquote höher als in der Ausgangspopulation.
5. Auch in der Dauer der Arbeitslosigkeit zeigen sich Abweichungen, wenn die Segmentzugehörigkeit des Basisjahres 1984 zugrundegelegt wird. Besonders im betriebsspezifischen Arbeitsmarkt verlängert sich für Ausländer und Deutsche die Arbeitslosigkeitsdauer deutlich. D.h. Personen, die keine neue qualifizierte Beschäftigung in einem Großbetrieb finden, sind länger arbeitslos.
6. Diese Frage wurde im SOEP erstmals 1985 gestellt.
7. Diese Frage wurde im SOEP erstmals 1987 gestellt, es werden deshalb hier nur die Daten für 1989 wiedergegeben.

10. Arbeitslosigkeits- und Gesundheitsrisiken ausländischer Arbeitnehmer

Der Prozeß der Anwerbung ausländischer Arbeitskräfte war in hohem Maße mit der Selektion von jungen und gesunden Personen verbunden. Nach ihrer Übersiedlung in die Bundesrepublik übten Ausländer oftmals berufliche Tätigkeiten aus, die mit gesundheitlichen Risiken und Belastungen verbunden waren. Das Auftreten gesundheitlicher Beeinträchtigungen verschlechtert die Arbeitsmarktchancen für Ausländer im besonderen Maße. Arbeitslose Ausländer weisen häufig eine Kombination von geringer beruflicher Qualifikation, niedrigem Bildungsniveau und gesundheitlichen Beeinträchtigungen auf. Bei ausländischen Arbeitslosen ist in besonderem Maße eine Kumulation von Problemlagen zu erwarten. In diesem Kapitel wird untersucht, ob und in welchem Ausmaß diese Problemlagen in Zusammenhang mit gesundheitlichen Beeinträchtigungen stehen.

Es wird untersucht, ob ausländische Arbeitskräfte beim Auftreten gesundheitlicher Beeinträchtigungen in besonderem Maße einem Entlassungsrisiko ausgesetzt sind, also eine gesundheitliche Selektion anzunehmen ist[1]. In den bisherigen Analysen dieser Arbeit konnte gezeigt werden, daß die Arbeitslosigkeit bei Ausländern charakterisiert ist durch unterschiedliche Betroffenheit je nach Nationalität, hohe Quoten bei Ausländern, die qualifizierte Tätigkeiten ausüben, und besonders geringe Arbeitsmarktchancen von ausländischen Frauen. Im folgenden wird untersucht, ob ein Zusammenhang zwischen gesundheitlichen Beeinträchtigungen und Arbeitslosigkeit besteht.

Nach einer kurzen Erörterung von Forschungsergebnissen zum Thema 'Migration und Gesundheit' werden Ergebnisse zur Gesundheit von Ausländern vorgestellt, und zwar jeweils im Vergleich der Erwerbstätigen und der Arbeitslosen. Abschließend wird untersucht, ob der durchschnittlich schlechtere Gesundheitszustand ausländischer Arbeitsloser durch eine gesundheitliche Selektion verursacht wird oder ob Gesundheitsbeeinträchtigungen als reaktive Folge von Arbeitslosigkeit interpretiert werden können.

10.1 Gesundheit, Krankheit und Migration

Bereits im Jahre 1688 findet sich eine Beschreibung des Zusammenhangs von Migration und Gesundheit bzw. Krankheit. Hofer berichtete über die oft tödlich verlaufende Heimwehkrankheit bei Schweizern im Ausland (Frigessi Castelnuovo/ Risso 1986). Und auch in den Anfängen der modernen Migrationsforschung, insbesondere der USA, wurden mit dem Migrationsprozeß in Zusammenhang stehende Gesundheitsbeeinträchtigungen thematisiert. Hauptsächlich wurden psychische und psychosomatische Leiden diagnostiziert. Park wies bereits 1928 darauf hin, daß das Leben zwischen zwei Kulturen typischer Ausdruck für die Situation des „marginal man" ist. Solche Personen zeigten danach besonders häufig ein ausgeprägtes Selbstbewußtsein, aber auch geistige Instabilität, Ruhelosigkeit und Krankheitsgefühle (Park 1928).

Gegenüber der Erklärung, daß Krankheitsprozesse bei Migranten Ausdruck eines Kulturschocks, von Akkulturationsstreß oder mißlungener Integration seien, haben in der bundesrepublikanischen Literatur zu „Migration und Gesundheit" solche Erklärungen größeres Gewicht, die auf Probleme in der gesundheitlichen Versorgung sowie auf Belastungen und Risiken in den konkreten Lebensbedingungen der Migranten abstellen (Collatz 1984, Kentenich et al. 1984, Collatz et al. 1985, Brucks 1986, Brodehl et al. 1988, Collatz 1989, Korporal 1990, Collatz et al. 1992).

Mit zunehmender Dauer des Aufenthalts von Arbeitsmigranten in der Bundesrepublik vermehrten sich die Anhaltspunkte, daß auftretende Gesundheitsprobleme weniger einem Import von Krankheitsursachen, Krankheitsverständnis oder -verhalten, sondern eher bestimmten Belastungskonstellationen, Gesundheitsrisiken und Bewältigungsmöglichkeiten, insbesondere in der Arbeitswelt, zuzuschreiben seien. Die erhöhten Krankenstände, die sich bei ausländischen Beschäftigten zu Beginn der 80er Jahre entwickelt hatten, ließen sich zu einem erheblichen Anteil auf die „strukturelle Benachteiligung der Ausländer bezogen auf berufliche Tätigkeiten und betrieblichen Status" zurückführen (Oppen 1985:206). Diese Zunahme (gegenüber anfänglich unterproportionalen Häufigkeiten der Arbeitsunfähigkeit) wurde als Resultat einer über längere Zeit gegebenen Belastungsexposition gewertet. Auch von Arbeitsunfällen sind ausländische Beschäftigte häufiger betroffen. Für die gewerbliche Wirtschaft werden ihre Unfallraten um das zwei- bis dreifache höher als die deutscher Beschäftigter angegeben (Leichsenring 1972, 1978, Korporal 1990).

Will man vermeiden, Ausländer prinzipiell als hilfsbedürftig und defizitär anzusehen und Migration per se mit Entwurzelung und Erkrankung gleichzusetzen, sind zur Erklärung des höheren Krankheitsrisikos in erster Linie die konkreten Arbeits- und Lebensbedingungen im Aufnahmeland zu betrachten. Auch die kul-

Tabelle 39: Chronische Krankheiten nach Erwerbsstatus und soziodemographischen Merkmalen (in Prozent)

	1984	1985	1986	1987	1988	1989
Ausländer						
Insgesamt[1]	22	21	23	23	21	24
Erwerbsstatus						
Erwerbstätig	21	19	19	20	18	21
Arbeitslos	44	33	55	37	42	34
Nicht erwerbstätig	23	24	26	27	25	29
Deutsche						
Insgesamt[1]	30	29	31	32	29	30
Erwerbsstatus						
Erwerbstätig	27	24	26	27	22	23
Arbeitslos	27	20	32	40	31	32
Nicht erwerbstätig	39	39	42	44	41	43

1 im erwerbsfähigen Alter
Datenbasis: SOEP, Welle 1 - 6.

turellen Muster des Krankheits- und Gesundheitsverhaltens sind in der beobachteten Form als Ergebnis der Wechselwirkung zwischen den Werten und Normen der Herkunftsgesellschaft und der Einwanderungsgesellschaft zu verstehen.

10.2 Zur gesundheitlichen Situation bei ausländischen Beschäftigten

Als Gesundheitsindikatoren werden zunächst manifeste gesundheitliche Beeinträchtigungen (Gesundheitsstatus) untersucht, dann die subjektive Bewertung der Gesundheit, die Gesundheitszufriedenheit, und daran anschließend die Frequenz von Arztbesuchen (Gesundheitsverhalten)[2].

Als Indikator des Gesundheitsstatus werden die Antworten auf die Frage nach chronischen Krankheiten oder Beschwerden im Vergleich Ausländer versus Deutsche, jeweils differenziert nach dem Erwerbsstatus, betrachtet (Tabelle 39)[3]. Bei arbeitslosen Ausländern fällt auf, daß sie in extrem hohem Maße das Vorliegen längerer oder chronischer Beschwerden bzw. Krankheiten bejahen. Hier handelt es sich nicht um einen Alterseffekt. Auch wenn nach Altersgruppen unterschieden wird, liegt der Anteil an chronisch Kranken in allen Altersgruppen bei ausländischen Arbeitslosen höher als bei ausländischen Erwerbstätigen. Die Werte liegen auch jeweils deutlich über denen von deutschen Arbeitslosen. Der in den einzelnen Jahren schwankende Anteil der chronisch Kranken bei den ausländischen Arbeitslosen ist darauf zurückzuführen, daß die Gruppe der Arbeitslosen durch neu hinzugekommene Arbeitslose und durch Abgänge einem ständigen Austausch ausgesetzt ist. Etwas mehr als 50% derer, die zum Befragungszeitpunkt eines Jahres arbeitslos waren, sind es im Folgejahr nicht mehr. Auch das Ausmaß der Arbeitslosigkeit schwankt zwischen den Jahren. Doch trotz der Schwankungen bleibt festzuhalten, daß eine Konzentration an gesundheitlichen Belastungen bei ausländischen Arbeitslosen in weit stärkerem Maße gegeben ist als in anderen Bevölkerungsgruppen. Diese starke Beziehung zwischen Arbeitslosigkeit und Krankheit überrascht, da der Anteil an Personen, die an längeren oder chronischen Krankheiten leiden, bei Ausländern insgesamt - bedingt durch die günstigere demographische Struktur - deutlich geringer ist. Dies läßt den Einfluß einer gesundheitlichen Selektion vermuten, d.h., daß Personen mit manifesten gesundheitlichen Beeinträchtigungen einem erhöhten Entlassungsrisiko ausgesetzt sind.

Im folgenden wird die subjektive Zufriedenheit mit der Gesundheit betrachtet, wiederum im Vergleich Ausländer versus Deutsche und jeweils differenziert nach dem Erwerbsstatus. Die Gesundheitszufriedenheit ist ein Indikator, von dem anzunehmen ist, daß er eine allgemeine Beurteilung des Gesundheitszustandes zum Ausdruck bringt, d.h. sowohl manifeste gesundheitliche Beeinträchtigungen mißt als auch psychische und psychosomatische Faktoren in die Bewertung einfließen läßt. Sie wird durch eine Skala gemessen, die von 0 („ganz und gar unzufrieden") bis 10 („ganz und gar zufrieden") reicht (Tabelle 40)[4].

Deutsche und ausländische Erwerbstätige unterscheiden sich kaum in der Zufriedenheit mit der Gesundheit. Arbeitslose Ausländer hingegen bewerten ihre Gesundheit deutlich niedriger als arbeitslose Deutsche[5]. Der hohe Anteil an Personen mit chronischen Krankheiten unter den Arbeitslosen spiegelt sich auch in der niedrigen Gesundheitszufriedenheit wider, die deutlich unterhalb der Werte sowohl von ausländischen Erwerbstätigen als auch von Nicht-Erwerbstätigen liegt. 1989 beispielsweise bewerten ausländische Arbeitslose ihre Zufriedenheit mit der Gesundheit um einen ganzen Skalenwert niedriger als erwerbstätige Ausländer.

Bei den erwerbstätigen Ausländern fällt auf, daß die Gruppen, für die besonders belastende Arbeitsbedingungen gegeben sind, auch eine niedrigere Gesundheitszufriedenheit aufweisen. Un- und angelernte Arbeiter geben eine deutlich niedrigere Gesundheitszufriedenheit an als Facharbeiter oder Angestell-

Tabelle 40: Gesundheitszufriedenheit[1] nach Erwerbsstatus und soziodemographischen Merkmalen

	1984	1985	1986	1987	1988	1989
Ausländer						
Insgesamt[2]	7,2	7,1	6,9	6,9	6,7	6,6
Erwerbsstatus						
Erwerbstätig	7,3	7,2	7,1	7,1	6,9	6,8
Arbeitslos	6,6	6,7	5,4	6,1	5,8	5,8
Nicht erwerbstätig	7,2	6,9	6,6	6,6	6,4	6,5
Stellung im Beruf						
Ungelernter Arbeiter	7,2	6,9	7,0	6,6	6,3	6,2
Angelernter Arbeiter	6,9	6,9	6,9	7,0	6,9	6,7
Facharbeiter	8,1	7,8	7,3	7,5	7,3	7,2
Angestellter	7,5	7,4	7,8	7,3	7,7	7,3
Selbständiger	6,6	8,6	7,2	7,4	7,2	6,9
Herkunftsland						
Türkei	7,3	7,1	6,9	6,8	6,7	6,5
Jugoslawien	7,2	6,8	6,8	6,6	6,5	6,4
Griechenland	7,2	6,9	6,9	7,0	6,5	6,7
Italien	7,1	7,2	6,8	7,1	6,9	6,7
Spanien	7,7	8,0	7,7	7,4	7,4	7,1
Deutsche						
Insgesamt[2]	7,2	7,1	6,9	6,8	6,7	6,6
Erwerbsstatus						
Erwerbstätig	7,4	7,3	7,2	7,0	6,9	6,8
Arbeitslos	6,7	6,9	6,7	6,5	6,3	6,2
Nicht erwerbstätig	6,8	6,6	6,5	6,4	6,2	6,1

1 Durchschnittswerte auf einer Skala von 0 bis 10.
2 Im erwerbsfähigen Alter
Datenbasis: SOEP, Welle 1 - 6.

te. Dies könnte die Verschleißthese stützen. Allerdings muß angemerkt werden, daß gerade unter den Facharbeitern der Anteil an Ausländern der zweiten Generation besonders hoch und somit eine günstigere Altersstruktur gegeben ist. Für die These eines nationalitätenspezifischen Ausdrucks des Zufriedenheitsempfindens, also unterschiedlicher kultureller Muster von Klagen oder Unterdrücken, lassen sich anhand dieser Daten kaum Anhaltspunkte finden. Die Verteilung der Gesundheitszufriedenheit über die Nationalitäten zeigt nur geringe Abweichungen. Einzige Ausnahme bilden die Spanier, die eine besonders hohe Gesundheitszufriedenheit aufweisen, obwohl sie von allen Ausländergruppen das höchste Durchschnittsalter haben.

Zusammenfassend kann festgehalten werden, daß Ausländer im erwerbsfähigen Alter insgesamt seltener an chronischen Krankheiten leiden als Deutsche. Arbeitslose Ausländer weisen jedoch in hohem Maße gesundheitliche Beeinträchtigungen auf, dies zeigt sich auch in der gegenüber erwerbstätigen Ausländern geringeren Gesundheitszufriedenheit.

Es soll nun der Frage nachgegangen werden, inwieweit sich diese unterschiedlichen gesundheitlichen Belastungen in der Konsultationshäufigkeit von Ärzten niederschlagen[6]. Hierzu wird zunächst geprüft, ob - wie vielfach angenommen - mangelnde Sprachkenntnisse für Ausländer ein Hinderungsgrund für die Konsultation eines Arztes darstellen (Tabelle 41). Es wurde daher der Anteil derjenigen, die in den letzten drei Monaten überhaupt einen Arzt bzw. mehrere Ärzte konsultiert haben, in Relation gesetzt zu der subjektiven Bewertung der verbalen Deutschkenntnisse. Im Ergebnis zeigt sich, daß es keine Sprachbarriere in bezug auf Arztkonsultationen gibt. Im Gegenteil: Personen, die schlechter Deutsch sprechen, suchen sogar häufiger einen Arzt bzw. mehrere Ärzte auf. Der erhöhte Anteil an Konsultationen bei Personen mit geringen Sprachkenntnissen ist mit einem höheren Frauenanteil und einem höheren durchschnittlichen Alter dieses Personenkreises zu erklären. Generell kann aber festgehalten werden, daß mangelnde Sprachkenntnisse kein Hinderungsgrund für das Aufsuchen eines Arztes darstellen.

Wird differenziert nach dem Erwerbsstatus betrachtet, wer überhaupt einen Arzt bzw. mehrere Ärzte aufgesucht hat (Tabelle 41), so zeigt sich sowohl bei Ausländern als auch bei Deutschen, daß Arbeitslose zu einem höheren Anteil einen Arzt bzw. mehrere Ärzte konsultierten. Doch im Vergleich zu dem relativ hohen Anteil an chronisch Kranken und der niedrigen Gesundheitszufriedenheit der Arbeitslosen sind die Differenzen bei den Arztbesuchen eher gering und bleiben jeweils unter dem Anteil der Nichterwerbstätigen zurück, die einen Arzt bzw. mehrere Ärzte aufsuchen. Dem hohen Anteil an chronisch Kranken und der niedrigen Gesundheitszufriedenheit bei Arbeitslosen steht also kein entsprechend erhöhtes Arztinanspruchnahmeverhalten gegenüber. Dieses Bild stellt sich allerdings etwas anders dar, wenn die Kontakthäufigkeiten derer betrachtet werden, die überhaupt einen Arzt bzw. mehrere Ärzte aufgesucht haben (Tabelle 41). Deutsche wie ausländische Arbeitslose konsultieren, sofern sie überhaupt einen Arzt bzw. mehrere Ärzte aufsuchen, diese(n) durchschnittlich wesentlich öfter als Er-

Tabelle 41: Arztbesuche[1] nach Sprachkenntnissen und Erwerbsstatus
(in Prozent)

	Ausländer	Deutsche
Anteil derer, die einen Arzt aufsuchten nach verbalen Deutschkenntnissen [2]		
Sehr gut	61	
Gut	61	
Es geht	63	
Eher schlecht	72	
Gar nicht	76	
Anteil derer, die einen Arzt aufsuchten (in %)		
Erwerbstätige	62	63
Arbeitslose	68	67
Nichterwerbstätige	73	78
Konsultationshäufigkeit derer, die einen Arzt aufsuchten (Durchschnitt)		
Erwerbstätige	4,4	4,0
Arbeitslose	6,9	5,5
Nichterwerbstätige	5,8	5,5

1 Konsultationen in den letzten drei Monaten vor der Befragung
2 Subjektive Selbsteinstufung
Datenbasis: SOEP, Welle 1 - 6.

werbstätige. Besonders hoch ist die Kontakthäufigkeit bei ausländischen Arbeitslosen mit durchschnittlich 6,9 Konsultationen gegenüber 5,5 Konsultationen bei deutschen Arbeitslosen. Bei allen Gruppen ist die Kontaktfrequenz bei Ausländern höher als bei Deutschen. Dies kann Ausdruck von höheren gesundheitlichen Belastungen bei Ausländern sein, kann aber auch auf eine erschwerte Kommunikation zwischen Arzt und Patient zurückzuführen sein, die das Erstellen einer Diagnose erschwert.

10.3 Gesundheitsbeeinträchtigungen bei Arbeitslosen - Kausation oder Selektion?

In früheren Untersuchungen zum Zusammenhang zwischen Arbeitslosigkeit und Gesundheit bei deutschen Arbeitslosen (Elkeles/Seifert 1992, 1993a) konnten keine Anhaltspunkte gefunden werden, die die Kausations-Hypothese bestätigten, wo-

Abbildung 18: Veränderung der Gesundheitszufriedenheit[1] nach Eintritt von Arbeitslosigkeit bei Ausländern

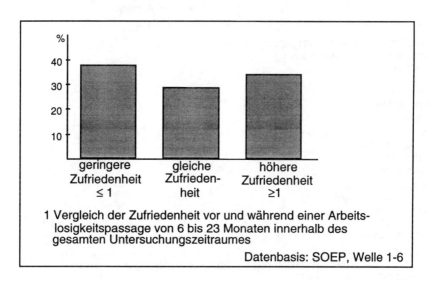

nach der schlechtere Gesundheitszustand und die geringere Gesundheitszufriedenheit der deutschen Arbeitslosen durch die Arbeitslosigkeit selber hervorgerufen wird (vgl. Kieselbach, Wacker 1985, Kurella 1992). Vielmehr sprachen die Ergebnisse für eine Unterstützung der Selektionshypothese, nach der der durchschnittlich schlechtere Gesundheitszustand und die durchschnittlich geringere Gesundheitszufriedenheit von Arbeitslosen ein Ergebnis gesundheitlicher Selektionsprozesse ist, die bei Entlassungen und Wiedereinstellungen wirksam werden. Abschließend wird untersucht, wie sich dies für die ausländischen Arbeitslosen darstellt. Hierzu werden die Veränderungen der Gesundheitszufriedenheit im Übergang Beschäftigung - Arbeitslosigkeit einerseits und Arbeitslosigkeit - Wiederbeschäftigung andererseits betrachtet[7].

Wie bei Deutschen (Elkeles/Seifert 1992, 1993a) ist auch bei Ausländern nach Eintritt von Arbeitslosigkeit in der Gesamtbilanz keine Verschlechterung in der subjektiven Bewertung der Gesundheitszufriedenheit feststellbar (Abbildung 18). Die Abbildung zeigt die absoluten Veränderungen der Gesundheitszufriedenheit nach Eintritt einer Arbeitslosigkeitsperiode von 6 bis 23 Monaten. Gegenüber

Abbildung 19: Wiederbeschäftigungseffekt nach Arbeitslosigkeit - Differenzen im Bereich der Gesundheitszufriedenheit

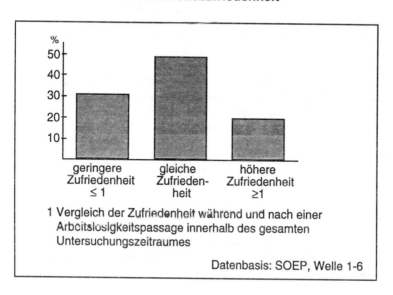

deutschen Arbeitslosen erweist sich die Gesundheitszufriedenheit von ausländischen Arbeitslosen als noch stabiler. Dies kann dahingehend interpretiert werden, daß die gesundheitlichen Beeinträchtigungen, die bei ausländischen Arbeitslosen in hohem Maße feststellbar sind, schon vor Eintritt der Arbeitslosigkeit bestanden und nicht erst durch Arbeitslosigkeit verursacht werden. Dies dürfte die Selektionshypothese stützen.

Auch die Überprüfung der Veränderung der Gesundheitszufriedenheit nach erfolgter Wiederbeschäftigung ergibt in der Bilanz keine Hinweise auf eine höhere Gesundheitszufriedenheit. Nach der Kausationshypothese wäre zu erwarten gewesen, daß durch Arbeitslosigkeit verursachte Beeinträchtigungen in der Bewertung des Gesundheitszustandes durch die Wiederbeschäftigung ausgeglichen werden und somit insgesamt eine höhere Gesundheitszufriedenheit als während vorangegangener Arbeitslosigkeit meßbar ist. Dies war jedoch nicht der Fall. Bei Ausländern war im Übergang von Arbeitslosigkeit zurück in die Erwerbstätigkeit in bezug auf die Gesundheitszufriedenheit sogar eine Verschlechterung feststellbar (Abbildung 19). 31% bewerten ihre Gesundheit nach der Wiederaufnahme der Erwerbstätigkeit schlechter als während der Arbeitslosigkeit. Zu einer besseren Bewertung kommen hingegen nur 20% (Kriterium: Veränderung um einen oder mehr Skalenwerte gegenüber der vorherigen Befragung). Somit fanden sich also auch bei den ausländischen Arbeitslosen keine Anhaltspunkte, die die Kausationshypothese stützen. Es kann davon ausgegangen werden, daß der durchschnittlich schlechtere Gesundheitszustand arbeitsloser Ausländer bzw. deren niedrigere durchschnittliche Gesundheitszufriedenheit weitgehend Ausdruck gesundheitlicher Selektionsprozesse und arbeitsmarktpolitischer Verwerfungen ist, bei denen Personen mit gesundheitlichen Beeinträchtigungen schlechtere Chancen auf dem Arbeitsmarkt haben, also häufiger unter den Entlassenen sind und geringere Wiederbeschäftigungsaussichten haben.

Resümee

Die gesundheitliche Selektion, die zu Beginn der Anwerbung ausländischer Arbeitskräfte unternommen wurde, zeigt sich noch immer in einem, im Vergleich zu deutschen Erwerbstätigen, besseren Gesundheitsstatus ausländischer Arbeitnehmer. Zwischen 21% und 24% der gesamten ausländischen Population bezeichnet sich als chronisch krank bzw. nennt länger anhaltende Gesundheitsbeschwerden. Ausländische Arbeitslose hingegen sind in weit höherem Maße chronisch krank, sowohl im Vergleich mit ausländischen Erwerbstätigen als auch im Vergleich mit deutschen Arbeitslosen. Es ließen sich keine Anhaltspunkte dafür finden, daß der durchschnittlich deutlich schlechtere Gesundheitszustand der arbeitslosen Ausländer erst durch Belastungen während der Arbeitslosigkeit verursacht wurde. Vielmehr scheint der Verschleiß in gesundheitlich belastenden Berufstätigkeiten und gesundheitliche Selektionen bei der betrieblichen Entlassungs- und Einstellungspraxis dahingehend zu wirken, daß es bei arbeitslosen Arbeitsmigranten zu gesundheitlichen Problemkumulationen kommt. Selbstverständlich sind gesundheitliche Beeinträchtigungen nicht als ausschließliche Ursache für die hohe Arbeitslosigkeit anzusehen. Vielmehr ist Arbeitslosigkeit von Ausländern auf ein Geflecht von Ursachen zurückzuführen wie fehlender Zugang zu Arbeitsmarktbereichen mit hoher Beschäftigungsstabilität, geringe Aufstiegschancen, Konzentration in bestimmten, zum Teil krisenanfälligen Branchen, hohe Gesundheitsbelastungen durch hohe Arbeitsintensität und belastende Umwelteinflüsse. Gesundheitliche Beeinträchtigungen erhöhen jedoch in jedem Fall das Entlassungsrisiko und erschweren die Stellensuche. Es kann aber davon ausgegangen werden, daß gesundheitliche Beeinträchtigungen die Arbeitsmarktchancen ausländischer Arbeitskräfte und Arbeitsloser in besonderem Maße mindern. Allerdings läßt sich dieser Zusammenhang auch für deutsche Arbeitnehmer und Arbeitslose zeigen.

Anmerkungen

1 Die Idee, die höheren gesundheitlichen Belastungen Arbeitsloser als Resultat betrieblicher Selektionspolitik zu sehen, stammt von Thomas Elkeles (WZB). In einer gemeinsamen Studie (Elkeles, Seifert 1992, 1993a) untersuchten wir mit Daten des Sozio-Ökonomischen Panels diesen Zusammenhang zunächst für deutsche Arbeitnehmer mit dem Resultat, daß „(...) die für die schlechtere Gesundheit von Arbeitslosen maßgebliche Selektion beim Eintritt in und beim Austritt aus Arbeitslosigkeit nicht ausschließlich durch gesundheitsbezogene Strategien betrieblicher Personalpolitik bedingt (ist). Ein erhöhtes Risiko der Arbeitslosigkeit ist - das zeigen Analysen zur Zusammensetzung der Arbeitslosen - nicht etwa nur eine Frage des Gesundheitszustands, sondern auch z.B. der Zugehörigkeit zu niedrigen beruflichen Positionen. Personen mit geringem Qualifikationsniveau stellen einen überproportionalen Anteil der Arbeitslosen. Da niedriger Status mit ungünstigeren Gesundheits-Outcomes verbunden ist, können auch Arbeitslose, bei denen nicht ein schlechter Gesundheitszustand den Ausschlag für den Verlust des Arbeitsplatzes gab, zu den ungünstigeren Werten der Arbeitslosen beigetragen haben" (Elkeles, Seifert 1992:297). Es lag nahe, diese Fragestellung auch auf ausländische Arbeitnehmer auszudehnen (vgl. Elkeles, Seifert 1993b). Die wichtigsten Resultate werden in diesem Kapitel wiedergegeben. Für Anregungen und Kommentare möchte ich Thomas Elkeles danken.

2 Da sich, bedingt durch die hohe Fluktuation bei der Gruppe der Arbeitslosen, bei dieser Gruppe stärkere Schwankungen bei den Gesundheitsindikatoren ergeben, werden in den Tabellen dieses Kapitels Zeitreihen dargestellt. Aufgrund von Fallzahlproblemen bei Arbeitslosen kann die ansonsten vorgenommene Unterscheidung von Subgruppen in diesem Kapitel nicht vorgenommen werden.

3 Die entsprechende Frage im Fragebogen lautet: „Leiden Sie seit mindestens einem Jahr oder chronisch an bestimmten Beschwerden oder Krankheiten?" (ja/nein).

4 Wörtlich lautet die entsprechende Frage: „Wie zufrieden sind Sie mit ihrer Gesundheit?" Antwortmöglichkeit: Skala von 0 („ganz und gar unzufrieden") bis 10 („ganz und gar zufrieden").

5 Bei allen Gruppen sinkt die Zufriedenheit mit der Gesundheit im Zeitverlauf. Dies ist wahrscheinlich Ausdruck des Alterns der Panelpopulation. Da stets dieselbe Personengruppe der 1984 16- bis 64jährigen befragt wurde, alterte die Untersuchungsgruppe im Zeitverlauf. Dies führte zu einem Absinken der Gesundheitszufriedenheit.

6 Bei der Frequenz von Arztbesuchen werden keine Zeitreihen dargestellt, da im Sozio-Ökonomischen Panel in den Jahren 1984-1987 Arztbesuche differenziert nach Fachrichtung abgefragt wurden und in den Folgejahren nur noch die Summe der Arztbesuche insgesamt. Diese Daten sind nicht miteinander vergleichbar. Die hier zugrunde gelegte

Frage (in der Fassung ab 1988) lautet wörtlich: „Haben Sie in den letzten drei Monaten Ärzte aufgesucht? Wenn ja, geben Sie bitte an, wie häufig." Als Antwortkategorien wurden vorgegeben: „Zahl aller Arztbesuche in den letzten drei Monaten" und „Keinen Arzt in Anspruch genommen".

7 Da im Panel jährlich die gleichen Personen befragt werden, lassen sich deren individuelle Angaben zur Gesundheitszufriedenheit und zu ihrem Erwerbsstatus in den einzelnen Wellen miteinander vergleichen. Der Erwerbsstatus wird zum einen durch eine Stichtagsangabe (Erwerbsstatus zum Zeitpunkt der Befragung, jeweils Mai) sowie durch Kalendarienangaben erfaßt, bei denen für jeden Monat des vorangegangenen Kalenderjahrs der Erwerbsstatus anzugeben ist. Individuelle Arbeitslosigkeitspassagen und -verläufe sind damit lückenlos zu rekonstruieren. Vgl. zu weiteren methodischen Einzelheiten: Elkeles/Seifert 1992, 1993a.

11. Zur Lebenslage ausländischer Haushalte

Die bisherigen Analysen bezogen sich auf individuelle Mobilitätsindikatoren und weitgehend auf die erwerbstätige Bevölkerung. In diesem Kapitel werden einige Analysen auf Haushaltsebene durchgeführt. Den privaten Haushalten kommt als ökonomische Gemeinschaft in Fragen der Einkommensverteilung und -verwendung eine besondere Relevanz zu. Im folgenden wird vor allem untersucht, inwiefern ausländische Haushalte in besonderem Maße von Armut betroffen sind. Eine kurze Betrachtung der Wohnbedingungen wird vorangestellt. Bei der Analyse der Haushaltsinformationen bleibt die zweite Generation unberücksichtigt, weil Teile der zweiten Generation noch im elterlichen Haushalt leben.

11.1 Wohnbedingungen

Gute Wohnbedingungen sind ein wichtiger Indikator für den erreichten Lebensstandard von Haushalten. Die Wohnqualität ist weitgehend durch die Wohnungsausstattung bestimmt. Für einen Vergleich wurden drei Ausstattungsmerkmale ausgewählt, die allgemein deutscher Wohnstandard sind: Toilette innerhalb der Wohnung, Badezimmer und Zentralheizung (Tabelle 42). Für alle genannten Ausstattungsmerkmale ist eine deutliche Zunahme bei ausländischen Haushalten im Zeitverlauf zu verzeichnen. Besonders jene nationalen Gruppen, die 1984 niedrige Ausstattungsstandards hatten, konnten ihre Wohnbedingungen verbessern, allen voran türkische Haushalte. Die größten Differenzen zwischen Deutschen und Ausländern bestehen nach wie vor bei dem Ausstattungsmerkmal Zentralheizung. Hier konnten sich türkische und italienische Haushalte nur wenig verbessern, während spanische Haushalte bereits auf dem Niveau deutscher Haushalte liegen. Allgemein sind Haushalte mit älteren Haushaltsvorständen schlechter ausgestattet.

Die offenkundigsten Defizite von ausländischen Haushalten bestehen nach wie vor in der vergleichsweise geringen Wohnungsgröße (Tabelle 43). Deutsche haben 1989, verglichen mit Ausländern, im Schnitt mehr als doppelt soviel Wohnfläche pro Kopf zur Verfügung. Besonders Türken leben in räumlich sehr beengten Verhältnissen. Parallel zur Verbesserung der Haushaltsausstattung konnten

Tabelle 42: Wohnungsausstattung (in Prozent)

	Bad		Toilette in der Wohung		Zentralheizung	
	1984	1989	1984	1989	1984	1989
Deutsche	97	98	97	97	81	84
Ausländer						
Insgesamt	76	85	84	89	53	58
Türken	72	86	79	87	48	51
Jugoslawen	77	82	84	88	60	62
Griechen	74	84	87	90	51	65
Italiener	83	86	90	94	51	57
Spanier	79	88	86	85	72	86

Datenbasis: SOEP, Welle 1 - 6.

Ausländer also keine größeren Wohnungen finden. Dies könnte eine Folge des rapiden Anstiegs der Mieten in den letzen Jahren sein. Die räumliche Enge, in der Ausländer leben, wird auch bei der Betrachtung der Wohnräume pro Person (ohne Küche, Bad und Flur) deutlich. Während sich Deutsche allmählich einem Standard von zwei Räumen pro Person annähern, müssen sich Ausländer mit ungefähr einem Wohnraum pro Kopf begnügen.

Alles in allem konnten Ausländer zwar die Ausstattung ihrer Wohnungen verbessern, wohnen aber nach wie vor in sehr beengten Verhältnissen. Dies drückt sich auch in der Zufriedenheit mit der Wohnung aus. Während die Zufriedenheit der Deutschen auf einem konstant hohen Level um 7,8 (auf einer Skala von 0 bis 10) liegt, erreicht sie bei Ausländern zwischen 1984 und 1989 nur einen Durchschnittswert um die 6,7 bei nur geringer Variation im Zeitverlauf.

11.2 Entwicklung der Haushaltseinkommen und Armut unter Ausländern

In diesem letzten Kapitel wird das Hauptaugenmerk auf die Einkommenssituation der ausländischen Haushalte gelenkt werden, unterbesonderer Berücksichtigung der Frage, inwiefern die in der Bundesrepublik lebenden Ausländer ein Armutspotential darstellen, wie dies nach Zahlen der amtlichen Statistik leicht angenom-

Tabelle 43: Wohnfläche und Räume pro Kopf

	Wohnfläche in qm pro Kopf		Räume pro Kopf	
	1984	1989	1984	1989
Deutsche	41,4	43,5	1,7	1,9
Ausländer Insgesamt	24,2	21,7	1,1	1,1
Türken	21,5	17,9	1,0	1,0
Jugoslawen	25,4	26,8	1,2	1,1
Griechen	26,5	21,8	1,2	1,2
Italiener	26,5	22,8	1,3	1,2
Spanier	25,4	24,1	1,1	1,3

Datenbasis: SOEP, Welle 1 - 6.

men werden könnte (vgl. Kapitel 4). Hier soll Aufschluß darüber erlangt werden, in welchem Umfang Ausländer am Wohlstand der Bundesrepublik partizipieren können, oder ob es Anzeichen dafür gibt, daß Ausländer zu „Wohlstandsopfern" werden, also den Wohlfahrtsstaat mit aufgebaut haben, aber nicht am gesellschaftlichen Reichtum teilhaben können.

Es stellt sich die Frage, ob es spezielle Muster der Armut unter Ausländern gibt, oder ob Ausländer lediglich aufgrund der Zugehörigkeit zu bestimmten beruflichen und sozialen Gruppen öfters von Armut betroffen sind. Es wird untersucht, ob es ausländerspezifische Bewältigungsmuster gibt, ob Armutsperioden eher dauerhaften oder temporären Charakter haben oder ob Perioden von Armut sogar mehrfach auftreten. Wie die bisherigen Analysen gezeigt haben, können Ausländer nicht als homogene Gruppe angesehen werden. Die niedrigeren Fallzahlen auf der Haushaltsebene erlauben allerdings nur eine gesonderte Betrachtung türkischer Haushalte, bei denen aufgrund der vorangegangenen Analysen eine besondere Betroffenheit erwartet werden kann.

Zunächst soll die Entwicklung des Armutsbegriffs im Wohlfahrtsstaat Bundesrepublik kurz dargestellt und definiert werden, was unter Armut zu verstehen ist. Anschließend soll erörtert werden, welche Ansätze für die hier gewählte Fragestellung geeignet sind. Eine kritische Diskussion der Möglichkeiten der Armutsmessung mit Paneldaten schließt sich an. Der Analyse von Armutsverläufen wird die Untersuchung der Einkommensentwicklung von ausländischen Haushalten generell vorangestellt. Die Untersuchung von Armutsverläufen soll vor allem der Frage nachgehen, ob es ausländerspezifische Armutsverläufe gibt, ob diese bei allen Nationen und sozialen Gruppen gleichermaßen feststellbar sind. Hierzu werden Ursache und Dauer von Armutsperioden und die Charakteristika von betroffenen Haushalten untersucht.

11.2.1 Armutsforschung in der Bundesrepublik

Das Thema Armut im Wohlfahrtsstaat nahm in der deutschen Soziologie eher eine Randposition ein. In der Nachkriegsperiode war Armut gleichbedeutend mit absoluter Armut (Hauser, Neumann 1992:238). Darunter ist der Mangel an Ressourcen zu verstehen, die zur Aufrechterhaltung eines minimalen Lebensstandards notwendig sind, wie Nahrungsmittel, Kleidung und Wohnung (Krause, 1992:3). Mit dem ökonomischen Aufschwung galt die absolute Armut jedoch als überwunden und spielte auch in der sozialwissenschaftlichen Forschung kaum mehr eine Rolle. Anfang der 70er Jahre wurde materielle Armut im Zusammenhang mit Marginalisierung und Stigmatisierung diskutiert (Hauser, Neumann 1992:245). Eine erneute Belebung erfuhr die Armutsforschung mit der Studie von Geißler (1976), die eine Diskussion um die „neue Armut" entfachte. Nach Geißler lebten 5,8 Millionen Menschen in Armut. Als arm bezeichnete Geißler Personen, die weniger Geld zur Verfügung hatten, als ihnen eigentlich nach dem Bundessozialhilfegesetz zustehen würde. Davon waren breite Bevölkerungsschichten betroffen, insbesondere Frauen, Alte und kinderreiche Familien (vgl. Hauser, Neumann 1992:241f).

Zunehmende Arbeitslosigkeit und Kürzungen im sozialen System führten schließlich zu der Theorie der „Zwei-Drittel-Gesellschaft" (Glotz 1984), wonach zwar die Mehrheit der Bevölkerung am gesellschaftlichen Wohlstand partizipiert, aber ein Drittel dauerhaft von der Wohlstandsentwicklung ausgegrenzt bleibt. Diese These blieb jedoch nicht unwidersprochen. Insbesondere mit Hilfe von Paneldaten wurde nachgewiesen, daß Armut nur zu einem kleinen Teil von längerer Dauer ist, aber in den meisten Fällen nur eine zeitlich begrenzte Episode darstellt und folglich von einer dauerhaften Ausgrenzung nicht die Rede sein kann. Headey, Habich und Krause (1990, 1991a, 1991b), die sich explizit mit dieser Frage auseinandersetzen, kommen zu dem Resultat, daß die Bundesrepublik keine „Zwei-Drittel-Gesellschaft" ist, nur 10% der Bevölkerung sind dauerhaft arm und weitere 15% kurzfristig von Armut betroffen.

Auch das Projekt „Sozialhilfekarrieren" am Sonderforschungsbereich 186 der Universität Bremen, das sich auf die Analyse von 586 Sozialhilfeakten von Personen stützt, die 1983 erstmals Hilfe zum Lebensunterhalt bezogen haben, zeigt nur einen geringen Anteil an Langzeitbeziehern. Für mehr als die Hälfte (57,8%) der untersuchten Fälle ist der Bezug nur von kurzer, einmaliger Dauer (Leisering, Zwick 1990:737). Für Leisering und Zwick ist „Armut (...) nicht als Zustand, als inhärentes Merkmal von Personen zu verstehen, sondern als Prozeß, d.h. biographieanalytisch als Episode oder Konfiguration von Episoden im Leben von Personen und sozialstrukturell als offene fluktuierende Masse" (Leisering, Zwick 1990:742).

Doch auch die Resultate und Vorgehensweisen dieser sogenannten dynamischen Armutsforschung stoßen vermehrt auf Kritik. Insbesondere an der Methode der Längsschnittanalysen wurde kritisiert, daß sie zu einer Unterschätzung und Verharmlosung von Langzeitarmut führt (Busch-Geertsema, Ruhstrat 1992).

Es dürfte offensichtlich sein, daß ein Armutsbegriff, der nur auf Subsistenzsicherung ausgerichtet ist, zu kurz faßt, da er sich nicht an der Teilhabe am gesellschaftlichen Wohlstand orientiert. Dem trägt das Konzept der relativen Armut Rechnung. Hauser und Neumann (1992:246) verstehen darunter einen Mangel an Mitteln, „der zur Sicherung des Lebensbedarfs auf dem jeweils historisch geltenden, sozialen und kulturellen, typischen Standard einer Gesellschaft beruht. Der normativ zu bestimmende Grad des Unterschreitens jener Standards wird dabei als Armutsgrenze definiert und kann als sozio-kulturelles Existenzminimum bezeichnet werden." Ein relatives Armutskonzept ist folglich an der Partizipation am gesellschaftlichen Reichtum ausgerichtet und für die hier gewählte Fragestellung besonders geeignet. Darüber, wie relative Armut zu messen ist, bestehen allerdings unterschiedliche Auffassungen, insbesondere bei der Frage, ob Armutsgrenzen auf der Grundlage des arithmetischen Mittels oder des Median berechnet werden.

Ebenfalls kontrovers ist die Diskussion über die Ursachen der Armut. Ein weitgehender Konsens besteht allerdings in bezug auf ein höheres Armutsrisiko für bestimmte Gruppen wie beispielsweise Alleinerziehende, kinderreiche Familien, Personen mit niedrigem Bildungsgrad oder Personen mit gesundheitlichen Beeinträchtigungen. Headey, Habich und Krause (1990) rechnen auch Ausländer, die im Ausland geboren sind, pauschal zu den Risikogruppen, doch detaillierte Analysen über eine besondere Betroffenheit von Ausländern liegen kaum vor[1]. Eine Ausnahme stellt die Studie von Schäfer (1989) dar, der mehrere Lebensbereiche von Ausländern untersucht hat und zu einer geradezu dramatischen Einschätzung der Lage von Ausländern gekommen ist:

- Die Arbeitssuche von Ausländern gestaltet sich immer schwieriger, die Arbeitslosenquote liegt um mehr als 50% über der von deutschen Arbeitnehmern,

- sofern Ausländer überhaupt Leistungsansprüche an die Sozialversicherung haben, sind diese sehr niedrig,

- besonderen Beschäftigungsrisiken sind Ältere, gesundheitlich Beeinträchtigte, gering Qualifizierte, Ausländer mit geringen Deutschkenntnissen, ausländische Frauen und Jugendliche unterworfen.

Darüber hinaus untersucht Schäfer die Wohnsituation, Freizeitkontakte und Sprachkenntnisse und spricht in diesem Zusammenhang von einem „Isolationssyndrom", das sich in „isoliertem Wohnen, fehlenden Kontakten zu Inländern und schlechten deutschen Sprachkenntnissen ausdrückt" (Schäfer 1989:304).

Doch diese dramatische Schilderung der Lebenslage von Ausländern kann so nicht generalisiert werden. Fehlende Kontakte zu Deutschen beispielsweise sind nicht automatisch gleichzusetzen mit sozialer Isolation (vgl. Kapitel 3.4). Auch die von Schäfer geschilderte negative Arbeitsmarktsituation kann so nicht verallgemeinert werden. Die vorangegangenen Analysen haben gezeigt, daß Ausländer durchaus auch in qualifizierte Beschäftigungsbereiche vordringen konnten, aber auch im Bereich der Tätigkeiten mit geringen Qualifikationsanforderungen nicht zu ersetzen sind, weil sie unverzichtbar für die Industrie geworden und längstens vom „notwendigen Übel" zum Rückgrat der deutschen Industrie geworden sind (Köhler, Grüner 1990). Zur Untersuchung besonderer Problemlagen der ausländischen Bevölkerung bedarf es folglich einer differenzierten Vorgehensweise.

11.2.2 Einkommensanalysen mit Paneldaten

Es ist bekannt, daß Paneldaten nicht in jedem Fall geeignet sind, Armut in allen Erscheinungsformen zu reflektieren. Beispielsweise sind bestimmte armutsrelevante Personengruppen wie Nichtseßhafte, Obdachlose[2] oder Personen, die in geschlossenen Anstalten leben, von vornherein aus der Analyse ausgeschlossen, weil sie für eine Befragung nicht zugänglich sind. Schwer befragbare Gruppen wie Kranke, Hochbetagte etc. sind möglicherweise unterrepräsentiert (Krause 1992:6). D.h. methodisch bedingt können Repräsentativstudien das Armutspotential unterschätzen.

Außerdem weisen Panel-Studien oftmals einen Mittelschichtsbias auf. Mit diesem Begriff wird das Phänomen umschrieben, daß die Teilnahmebereitschaft an Langzeitbefragungen in unteren als auch in oberen Einkommensschichten deutlich geringer ist und somit mittlere Einkommensschichten überproportional im Panel vertreten sind. Dieses bekannte Phänomen der Stichprobenverzerrungen wird allerdings durch eine entsprechende Gewichtung weitgehend korrigiert.

Ein weiterer Kritikpunkt bezieht sich auf die Verläßlichkeit von Einkommensangaben, die mittels Umfragen erhoben werden. 4% der Ausländer und 5% der Deutschen verweigerten die Angabe des Haushaltseinkommens. Bei denjenigen, die Angaben gemacht haben, bestehen Zweifel an der Genauigkeit der Angaben. Je mehr Verdiener in einem Haushalt sind, desto ungenauer dürften diese Angaben werden. Aber auch schlichtes Vergessen von staatlichen und privaten Transferzahlungen sind denkbar, sowie ein Unterschätzen der Einkünfte anderer Haushaltsmitglieder. Krause (1992) stellt fest, daß das durchschnittliche Haushaltseinkommen im Panel deutlich niedriger ist als das in der amtlichen Statistik ausgewiesene. Der Jahresbetrag der amtlichen Statistik liegt um das 16fache höher als die Monatsbeträge des Panels. Krause schließt daraus, ausgehend von 13 Monatsgehältern, auf eine Unterschätzung der Haushaltseinkommensangaben im Panel. Ein Teil dessen kann aber durchaus durch einmalige Sonderzahlungen wie Gratifikationen oder Urlaubsgeld oder saisonale Einkommensschwankungen erklärt werden. Eine weitere Ursache ist im Fehlen von Spitzenverdienern im Panel zu sehen.

Krause (1992), der Einkommensunterschätzung als Hauptursache annimmt, versucht die Einkommensdifferenzen dadurch zu korrigieren, daß er sie mit den Individualdaten der einzelnen Haushaltsmitgliedern abgleicht und, sofern die Summe der individuellen Einkommen über dem angegebenen Haushaltseinkommen liegt, diesen Wert als „beste Näherung an das reale Haushaltseinkommen" nimmt. Mit dieser Vorgehensweise können allerdings eine Reihe neuer Probleme erzeugt werden:

- Einkommensangaben werden meist gerundet auf volle 100 oder gar 500 Mark. Entsprechende Häufungen sind in den Grundauszählungen erkennbar. Bei mehreren Verdienern in einem Haushalt kann allein die Rundung schon zu Verzerrungen führen.

- Werden mehrere Einkommensangaben zugrundegelegt, erhöht sich auch die Fehlerwahrscheinlichkeit, und es tritt eine Fehlerkumulation auf; während das Haushaltseinkommen durchaus korrekt angegeben sein kann, kann sich ein einzelnes Familienmitglied irren oder falsche Angaben machen.

- Die Einkommensanhebung wird nach Haushaltsgröße bzw. Einkommensbeziehern im Haushalt unterschiedlich wirksam. Die Anhebewahrscheinlichkeit ist im Ein-Personenhaushalt geringer als im Mehr-Personenhaushalt, obwohl nicht auszuschließen ist, daß auch im Ein-Personenhaushalt Einkünfte „vergessen" werden, ja die Tendenz sogar größer sein kann, einfach den zuvor genannten Bruttoverdienst zu wiederholen. D.h. es werden nach Haushaltsgröße Verzerrungen erzeugt, die inhaltlich kaum gerechtfertigt sind.

- Schließlich kann aus dem Umstand, daß das Haushaltseinkommen im Panel insgesamt zu niedrig ist, nicht auf den individuellen Fall geschlossen werden, daß die Summe der individuellen Einkünfte die Angabe des Haushaltseinkommens übersteigen muß. Zumindest müßten dann auch die Fälle Berücksichtigung finden, in denen das Haushaltseinkommen die individuellen Angaben übersteigt.

Diese Punkte verdeutlichen, daß es äußerst schwierig ist, mittels Panelanalysen Armutsgrenzen genau - auf Mark und Pfennig - festzulegen, dafür ist das Instrument nicht genau genug. Dennoch kann die Interpretation Krauses geteilt werden, mit seiner Vorgehensweise eine bestmögliche Näherung erzielt zu haben, denn vergleichbare Analysen sind auch mit Daten der amtlichen Statistik oder anderen Datenquellen nicht durchzuführen.

Unter der Einschränkung, daß nicht alle armutsrelevanten Gruppen erfaßt werden und die Einkommensangaben eine gewisse Unschärfe aufweisen, ist das SOEP durchaus geeignet, Einkommensverläufe von Ausländern und Deutschen zu vergleichen. Hierbei sollen keine Aussagen über das absolute Ausmaß an Armut gemacht werden, was eine Unterschätzung zur Folge hätte, vielmehr wird versucht, spezifische Muster in den Einkommensverläufen bei Ausländern und Deutschen aufzuzeigen. Es kann davon ausgegangen werden, daß mögliche Probleme oder Verzerrungen der Einkommensvariable für die deutsche wie die ausländische Bevölkerung gleichermaßen zutreffen. Hier steht jedoch nicht die Exaktheit von Einkommensangaben im Vordergrund, sondern vielmehr die Entwicklung der Einkommen bei unterschiedlichen Gruppen. Im Gegenüberstellen von Gruppen, für die die gleichen Befragungsbedingungen gelten, ist ein Instrument gegeben, das Einblicke in den Verlauf und die Dynamik von Einkommensbezügen erlaubt und Vergleiche ermöglicht. Im folgenden Kapitel wird die Operationalisierung und Vorgehensweise erläutert.

11.2.3 Operationalisierung der Armutsgrenzen

Die folgenden Analysen beruhen auf dem Haushaltsnettoeinkommen, also jenem Einkommen, das einem Haushalt nach Abzug von Steuern und Sozialversicherung, aber unter Zuzählung staatlicher und privater Transferzahlungen, zur Konsumption zur Verfügung steht, denn der materielle Lebensstandard hängt in erster Linie vom Haushaltsnettoeinkommen ab. Die Angaben beruhen auf der Befragung des „Haushaltsvorstands bzw. eines Haushaltsmitgliedes, das sich mit den Belangen des Haushalts gut auskennt" (Hanefeld 1987).

Einkommensvergleiche zwischen ausländischen und deutschen Haushalten wären allerdings allein schon aufgrund der unterschiedlichen Bevölkerungsstruktur wenig aussagekräftig. Dem hohen Anteil an Rentnerhaushalten bei der deutschen Bevölkerung stehen bislang kaum Ausländer gegenüber, die aus Altersgründen aus dem Erwerbsleben ausgeschieden sind. Die Analysen beschränken sich deshalb nur auf Personen im erwerbsfähigen Alter.

Wenn das Haushaltseinkommen als das Einkommen verstanden wird, das dem Haushalt zur Konsumption zur Verfügung steht, so ist damit nur eine absolute Größe gegeben, die nicht in Relation zum Bedarf eines Haushalts steht. 3000 DM können für einen Ein-Personenhaushalt viel, für einen Fünf-Personenhaushalt aber sehr wenig sein. Aussagekräftiger als das Haushaltseinkommen ist folglich das Haushaltseinkommen pro Kopf. Doch bei Zugrundelegung des Haushaltseinkommens pro Kopf werden Ausländern, bedingt durch die höhere Kinderzahl, pauschal niedrigere Einkommen zugewiesen. Auch kann nicht davon ausgegangen werden, daß der Bedarf eines Kleinkindes dem eines Erwachsenen entspricht. Darüber hinaus muß dem Umstand Rechnung getragen werden, daß, je mehr Personen in einem Haushalt leben, Skalenerträge erzielt werden, d.h., daß beispielsweise Miete, Heizung, Telefon etc. für einen Zwei-Personenhaushalt günstiger sind als für zwei Personen in getrennten Haushalten. Die hier verwendete Gewichtung (Tabelle 44) ist aus der Bedürfnisdefinition des Bundessozialhilfegesetzes abgeleitet und hat bereits in zahlreichen Studien Anwendung gefunden (Hauser 1984, 1989; Headey, Habich, Krause 1991; Krause 1992). Einer vierköpfigen Familie mit einem acht- und einem sechsjährigen Kind entspräche das Bedarfsgewicht $(1 + 0,8 + 0,65 + 0,45) = 2,9$. Das Haushaltseinkommen geteilt durch das Bedarfsgewicht ergibt das Haushaltsäquivalenzeinkommen, eine am Bedarf orientierte Größe.

Die unterschiedliche Höhe des Haushaltseinkommens ist aus Tabelle 45 ersichtlich. Das absolute Haushaltseinkommen ausländischer Haushalte liegt deutlich unterhalb des Niveaus von deutschen Haushalten, obwohl ausländische Haushalte mit durchschnittlich 1,4 Verdienern gegenüber 1,1 in deutschen Haushalten eine höhere Erwerbsbeteiligung und somit mehr Einkommensbezieher aufweisen. Die durchschnittlichen Einkommenssteigerungen zwischen 1984 und 1989 sind bei ausländischen Haushalten etwas höher als bei deutschen. Wird jedoch das Haushaltseinkommen pro Kopf betrachtet, erzielen ausländische Haushalte wesentlich geringere Einkommenssteigerungen als deutsche. Hier wirken sich die unterschiedlichen Haushaltskonstellationen von ausländischen und deutschen Haushalten aus. Während die durchschnittliche Haushaltsgröße ausländischer

Tabelle 44: Bedarfsgewichte des Haushaltsäquivalenzeinkommens

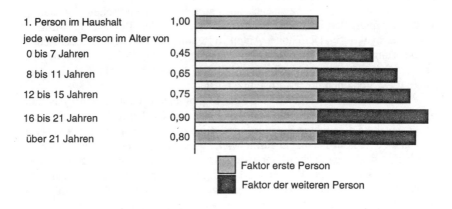

Haushalte unverändert bei 3,3 liegt, geht sie bei deutschen Haushalten von 2,8 im Jahre 1984 auf 2,5 im Jahre 1989 zurück.

Wird das Haushaltseinkommen statt der absoluten Haushaltsgröße durch die gewichtete Haushaltsgröße geteilt, also das Haushaltsäquivalenzeinkommen betrachtet, so sind auch hier deutliche Einkommensunterschiede zwischen deutschen und ausländischen Haushalten zu erkennen. Während das Haushaltsäquivalenzeinkommen im Jahre 1989 bei deutschen Haushalten im Schnitt 1656 DM betrug, waren es bei ausländischen Haushalten nur 1264 DM. Auch die Steigerungsrate zwischen 1984 und 1989 ist bei ausländischen Haushalten deutlich geringer. Also auch bei niedriger Gewichtung der Haushaltsgröße bestehen die Einkommensunterschiede beim Pro-Kopf-Einkommen zwischen ausländischen und deutschen Haushalten weitgehend fort.

Es stellt sich nun die Frage, wie Niedrigeinkommen oder Armutsgrenzen in Relation zur Einkommensverteilung tatsächlich zu berechnen sind und was die Ausgangslinie für die Bestimmung der 50%-Grenze des „durchschnittlichen" Einkommens ist. Dafür bieten sich grundlegend zwei Varianten mit durchaus unterschiedlichen Ergebnissen an: die Orientierung am Mittelwert der Einkommensverteilung (arithmetisches Mittel) oder die Orientierung am Median (Zentralwert). Geläufiger ist bisher die Mittelwertmethode (Habich, Krause 1992) als mathematisches Moment der Einkommensverteilung; die Medianmethode dagegen (Krause 1992) zielt auf Einkommenspositionen ab. Der Vorteil der Median-

Tabelle 45: Haushaltseinkommen in DM

	Ausländer Insgesamt N=875			Türken N=302			Deutsche Insgesamt N=2711		
	1984	1989	Anstieg in %	1984	1989	Anstieg in %	1984	1989	Anstieg in %
Haushaltsgröße	3,3	3,3		4,1	4,3		2,8	2,5	
Haushaltseinkommen Insgesamt	2526	2977	17,9	2417	2921	20,9	2812	3235	15,0
Pro Kopf	998	1110	11,2	738	843	14,2	1170	1489	27,3
Äquivalenzeinkommen	1131	1264	11,8	970	1097	13,1	1313	1656	26,1

Die Fallzahlen beziehen sich auf Haushalte mit gültigen Einkommensangaben.
Datenbasis: SOEP Welle 1 - 6.

gegenüber der Mittelwertvariante besteht darin, daß Armutsgrenzen nicht mehr von Schwankungen, vor allem in den höheren Einkommenspositionen, beeinflußt werden. Die Berechnungsmethode auf Grundlage des Medians wird neuerdings beispielsweise in der Statistik der Europäischen Gemeinschaften vorgeschlagen. Bei der Median-Methode liegt die Armutsgrenze - bei schiefer Verteilung - allerdings deutlich niedriger als bei der Zugrundelegung des arithmetischen Mittels. 1984 lag die entsprechende Armutsgrenze demnach bei 571 DM (50%-Grenze des Äquivalenzeinkommens; Tabelle 46); die 50%-Grenze des Mittelwertes beträgt im gleichen Jahr 652 DM. Für die Gesamtbevölkerung schwanken die Armutsquoten, je nach zugrundegelegtem Grenzwert, zwischen 6% und 10,7% (vgl. Habich, Krause 1992 und Krause 1992).

Die hier durchgeführten Analysen zielen auf Gruppenvergleiche ab, wobei eine unterschiedliche Entwicklungsrichtung und -dynamik und weniger die Abschätzung des Armutspotentials im Vordergrund steht. Da die Fragestellung jedoch die „Teilhabe am gesellschaftlichen Reichtum" operationalisiert, wird die 50%-Linie des arithmethischen Mittels des Äquivalenzeinkommens als Armutsgrenze definiert. Der Umstand, daß Verschiebungen bei den hohen Einkommen Armutsgrenzen verändern, ohne daß sich die Lage der betroffenen Haushalte verändert, wird dabei in Kauf genommen, da Veränderungen an der Einkommensspitze

Tabelle 46: Relative Armutsgrenzen auf Basis des Haushaltsäquivalenzeinkommens

	Mittelwert		Median	
	1984	1989	1984	1989
50%-Linie	652	818	571	731
40%-Linie	521	654	457	585

Datenbasis: SOEP Welle 1 - 6.

(Tendenz zur Angleichung oder Differenzierung der Einkommen) durchaus gesamtgesellschaftlich perzipiert werden.

11.2.4 Einkommensverläufe und Armut

Der Analyse der Haushalte unterhalb der Armutsgrenze werden einige Eckdaten der Einkommensentwicklung bei ausländischen und deutschen Haushalten vorangestellt. Von der Betrachtung der Einkommensentwicklung aller ausländischen Haushalte wird dann auf die Haushalte übergeleitet, deren Einkommen unterhalb der Armutsgrenze liegen. Dabei wird der Begriff „Niedrigeinkommen" synonym verwendet für Haushaltseinkommen unterhalb der Armutsgrenze.

11.2.4.1 Einkommensverteilung und Einkommensdynamik

Um einen groben Überblick über die Entwicklungslinien des Haushaltsäquivalenzeinkommens zu geben, werden im folgenden relative Einkommenspositionen verglichen. Hierzu werden die gesamten Haushaltsäquivalenzeinkommen, also von Ausländern und Deutschen zusammen, nach Höhe in eine Rangfolge gebracht und in Quintile unterteilt, also jeweils 20% der niedrigsten, zweitniedrigsten, usw. Einkommmensgruppe. Abbildung 20 zeigt, wie sich Ausländer und Deutsche über die so gebildeten Einkommensquintile verteilen. Kaum Abweichungen, bedingt durch die große Zahl, gibt es bei deutschen Haushalten. Ausländische Haushalte konzentrieren sich jedoch in starkem Umfang im untersten Quintil

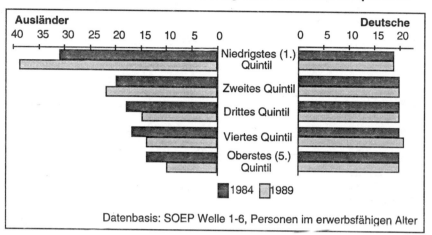

Abbildung 20: Einkommensverteilung nach Einkommensquintilen

des Haushaltsäquivalenzeinkommens. Die Dominanz des untersten Quintils wird im Zeitverlauf noch verstärkt. Beinahe zwei Fünftel der ausländischen Haushalte konzentrieren sich 1989 im untersten Einkommensquintil. Nur 10% der ausländischen Haushalte sind dem höchsten Quintil zuzuordnen. Bezogen auf ihre Position in der Einkommenshierarchie zählen ausländische Haushalte im Zeitverlauf also eindeutig zu den Verlierern.

Auch im Vergleich der Einkommenspositionen von 1984 mit denen von 1989 zeigt sich die relative Verschlechterung ausländischer Haushalte[3] (Tabelle 47). Nur 37% der ausländischen Haushalte, die sich 1984 im höchsten Quintil der Haushaltsäquivalenzeinkommen befanden, sind dies auch noch im Jahre 1989 (Zeile 5, Spalte 5). Deutsche Haushalte hingegen, die 1984 im höchsten Einkommensquintil waren, sind dies auch noch zu 59% im Jahre 1989. Am unteren Ende zeigt sich ein umgekehrtes Bild. 69% der ausländischen Haushalte, die 1984 im untersten Einkommensquintil waren, sind dies auch im Jahre 1989, bei deutschen Haushalten sind es weniger als die Hälfte. D.h. deutsche Haushalte des untersten Einkommensquintils können sich in großer Zahl im Zeitverlauf aus dieser ungünstigen Einkommensposition lösen. Dies gelingt ausländischen Haushalten in wesentlich geringerem Umfang, während umgekehrt hohe Einkommenspositionen bei deutschen Haushalten relativ stabil sind, verlieren ausländische Haushalte diese in weit mehr als der Hälfte der Fälle. Dies deutete auf eine Kon-

Tabelle 47: Einkommensdynamik, Quintile des Haushalts-äquivalenzeinkommens 1984 - 1989 (in Prozent)

	Niedrigstes	2.	1989 3. Quintil	4.	Höchstes
1984					
Ausländer					
Insgesamt					
Niedrigstes Quintil	**69**	19	4	6	2
Zweites Quintil	38	**36**	16	9	1
Drittes Quintil	22	37	**25**	7	9
Viertes Quintil	28	7	24	**29**	11
Höchstes Quintil	7	9	16	31	**37**
Türken					
Niedrigstes Quintil	**79**	13	2	5	0
Zweites Quintil	44	**38**	11	6	0
Drittes Quintil	28	32	**22**	4	13
Viertes Quintil	39	12	43	**6**	0
Höchstes Quintil	41	28	8	0	**23**
Deutsche					
Niedrigstes Quintil	**49**	18	17	12	4
Zweites Quintil	25	**31**	24	16	5
Drittes Quintil	12	27	**27**	24	12
Viertes Quintil	8	18	25	**30**	20
Höchstes Quintil	3	5	10	24	**59**

Die fett gedruckten Zahlen entsprechen dem Anteil, der 1984 und 1989 gleichen Quintilen zugehörigen Haushalten.

Datenbasis: SOEP, Welle 1 - 6.

zentration der Ausländer am unteren Ende der Einkommenshierarchie hin. Im Vergleich des dritten Einkommensquintils ist zu erkennen, daß jeweils rund ein Viertel der ausländischen und deutschen Haushalte in diesen Positionen verharrt, während aber nur 16% der ausländischen Haushalte in höhere Quintile aufsteigen, gelingt dies 36% der deutschen Haushalte.

Türkische Haushalte sind in den oberen beiden Einkommensquintilen deutlich unterrepräsentiert und verlieren diese Einkommensposition auch wesentlich öfter als ausländische Haushalte insgesamt. Auch die Stabilität des untersten Einkommensquintils ist größer als bei Ausländern insgesamt. Diese Entwicklung war aufgrund der etwas über dem Durchschnitt liegenden Mobilität türkischer Beschäftigter beim Bruttoverdienst nicht zu erwarten. Mögliche Erklärungen können in einer gesunkenen Erwerbsquote, aber auch in der durchschnittlich noch gestiegenen Haushaltsgröße liegen.

Insgesamt zeigt sich zwischen 1984 und 1989 eine Verschlechterung der Einkommenssituation ausländischer Haushalte, gemessen an der Entwicklung deutscher Haushalte. Ausländische Haushalte können kaum in höhere Einkommenspositionen aufsteigen, und insbesondere türkische Haushalte haben ihre relative Einkommensposition im Zeitverlauf deutlich verschlechtert.

11.2.4.2 Betroffenheit und Dauer von Armut

Empirische Analysen zur Betroffenheit und Dauer von Armut im Zeitverlauf für die gesamte Bevölkerung der alten Bundesrepublik haben gezeigt (Headey, Habich, Krause 1991a), daß darauf bezogen die These einer Zweidrittelgesellschaft kaum aufrechterhalten werden kann. Vielmehr trifft eine 75-15-10-Prozent-Einteilung zu: 75% waren während sechs Jahren niemals arm, 15% eher kurzfristig (ein bis zwei Jahre) und 10% vielfach oder dauerhaft arm[4]. Im folgenden soll überprüft werden, welche Verteilung sich bei einer entsprechenden Berechnung für die ausländische Bevölkerung ergibt.

Ausländische Haushalte sind, die 50%-Grenze des Äquivalenzeinkommens zugrundegelegt, doppelt so häufig wie deutsche Haushalte von Armut betroffen. Wird der ganze Untersuchungszeitraum 1984 bis 1989 betrachtet, so ergibt sich, daß in dieser Periode 72% der deutschen Haushalte niemals unter der Niedrigeinkommensgrenze lagen, jeder zweite ausländische Haushalt dagegen mindestens in einem Jahr unterhalb dieser Grenze lag (Tabelle 48). Aus der Kumulation von Armutsperioden ist zu erkennen, daß die Mehrheit der ausländischen genauso wie der deutschen Haushalte, die mindestens einmal zu den Niedrigeinkommensbeziehern zählten, an drei oder weniger Erhebungszeitpunkten die Armutsgrenze unterschritten. Nur 2% aller deutschen Haushalte und 5% aller ausländischen Haushalte galten über den gesamten Untersuchungszeitraum hinweg als Niedrigeinkommensbezieher. Hier deutet sich doch eine große Dynamik bzw. Mobilität im Bezug niedriger Einkommen an.

Für die ausländische Bevölkerung in der Bundesrepublik könnte somit nahezu ein 50-25-25-Split (genauer: 51% - 26% - 22%) gegenüber 75-15-10 der Gesamt-

Tabelle 48: Anzahl der Armutsperioden zwischen 1984 und 1989 (in Prozent)

	Ausländer	Deutsche
Keine	51	72
Eine	16	13
Zwei	10	5
Drei	6	4
Vier	5	3
Fünf	6	2
Sechs	5	2

Datenbasis: SOEP, Welle 1 - 6.

bevölkerung beobachtet werden. Diese Angaben beziehen sich auf alle Haushalte. Nur jeder zweite ausländische Haushalt liegt im Zeitraum zwischen 1984 und 1989 niemals, etwa jeder vierte eher kurzfristig, aber mehr als jeder fünfte Haushalt dauerhaft oder mehrfach unterhalb der Armutsgrenze. Eine Partizipation am gesellschaftlichen Reichtum ist somit uneingeschränkt nur für die Hälfte der ausländischen Haushalte gegeben.

Zur Klärung der Frage nach der Stabilität von Niedrigeinkommenslagen im Zeitverlauf werden im folgenden nur diejenigen betrachtet, die bereits im Jahre 1984 unter der Armutsgrenze liegen. Damit wird das Argument aufgegriffen, daß durch die sogenannte „Linkszensur" nicht bekannt ist, wie lange diese Haushalte bereits unter der Armutsgrenze lagen. Auch bei dieser Betrachtung sind deutliche Unterschiede zwischen ausländischen und deutschen Haushalten zu erkennen. Während bereits nach einem Jahr 43% der deutschen Haushalte nicht mehr unterhalb der Armutsgrenze zu finden sind, gilt dies nur für 30% der ausländischen Haushalte (Tabelle 49). Über den gesamten Untersuchungszeitraum hinweg verbleiben 28% der ausländischen und 23% der deutschen Haushalte, die bereits 1984 unterhalb der Niedrigeinkommensgrenze lagen, in dieser Position.

Aus diesen Analysen ist erkennbar, daß bei Armutslagen mindestens zwischen zwei Gruppen unterschieden werden muß: Für die eine Gruppe stellt Armut eher ein kurzfristiges Phänomen dar, bei der anderen Gruppe ist sie persistent. Die Daten verweisen auf eine relativ starke Dynamik bezüglich der Dauer der Niedrigeinkommensphasen. Auch wenn in Betracht gezogen wird, daß ein Teil möglicherweise auf methodische Artefakte zurückzuführen ist, bleibt doch festzuhal-

Tabelle 49: Dauer des Bezuges von Niedrigeinkommen der Ausgangskohorte der 1984 erstmals Niedrigeinkommen Beziehenden (in Prozent)

	Ausländer N=179	Deutsche N=314
Bis zu einem Jahr	30	43
1 bis 2 Jahre	14	18
2 bis 3 Jahre	14	7
3 bis 4 Jahre	13	6
4 bis 5 Jahre	2	3
Länger als sechs Jahre	28	23

Datenbasis: SOEP, Welle 1 - 6.

ten, daß der Bezug von Niedrigeinkommen für die Mehrzahl der Betroffenen von eher begrenzter Dauer ist. Ausländische Haushalte sind jedoch wesentlich öfter von Armut betroffen; sie verbleiben darüber hinaus auch längere Zeit unterhalb der Niedrigeinkommensgrenze.

11.2.4.3 Haushaltsveränderungen und Niedrigeinkommen

Eine zentrale Größe, die neben dem Haushaltseinkommen in die Berechnung des Haushaltsäquivalenzeinkommens einfließt, ist bekanntlich die Haushaltszusammensetzung. Es ist deshalb nicht auszuschließen, daß ein Teil der Niedrigeinkommensdynamik auch durch Veränderungen in der Haushaltszusammensetzung verursacht wird. Dies ist für die Analyse von Armutsbeziehern von erheblicher, auch sozialpolitischer Bedeutung, denn die Geburt eines Kindes, der Wegfall eines Verdieners durch Trennung oder Tod sind signifikante Lebensereignisse, die die finanzielle Situation eines Haushaltes entscheidend verändern können. Es stellt sich damit die Frage, in welchem Umfang Veränderungen in der Haushaltskomposition ursächlich für ein Unterschreiten der Armutsgrenze sind. In Abbildung 21 wird der Zusammenhang zwischen dem jeweils erstmaligen Eintritt von Niedrigeinkommensbezug und zeitlich vorausgegangenen Veränderungen in der Haushaltszusammensetzung dargestellt. Hierzu wird für alle Haushalte, die zwischen 1985 und 1989 im Befragungsjahr unterhalb der Armutsgrenze lagen, nicht jedoch im Jahr zuvor, die Haushaltszusammensetzung

Abbildung 21: Zusammenhang von Niedrigeinkommensbezug und vorangegangener Veränderung der Haushaltszusammensetzung

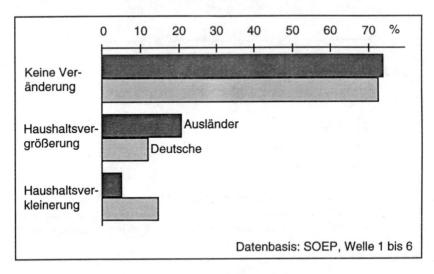

des betreffenden Befragungsjahres mit der des Vorjahres verglichen. Um eine größere Validität der Daten zu erzielen, wurden die Angaben für die jeweiligen Jahre zusammengefaßt (gepoolt). Für Haushalte, die mehrfach - aber nicht fortlaufend - Niedrigeinkommen bezogen, wurde nur der letzte Wechsel erfaßt.

Es wird deutlich, daß die Veränderung der Haushaltszusammensetzung kaum als alleinige Ursache für das Unterschreiten der Armutsgrenze angesehen werden kann. Bei knapp drei Viertel der ausländischen und der deutschen Haushalte lag keine entsprechende Veränderung in der Haushaltszusammensetzung vor (Abbildung 21). Sofern eine Veränderung der Haushaltskomposition gegeben war, zeigte sich bei ausländischen Haushalten überwiegend eine Zunahme der Haushaltsgröße - in der Regel durch die Geburt eines Kindes. Für deutsche Haushalte hingegen sind Haushaltsverkleinerungen, z.B. durch Trennung oder Tod, relevant für das Unterschreiten der Armutsgrenze.

Der Zusammenhang zwischen Haushaltskomposition und Niedrigeinkommen wird auch deutlich, wenn die relative Verteilung der Niedrigeinkommenshaushalte auf die Haushaltsform betrachtet wird (Tabelle 50). Bei ausländischen Haushalten mit drei und mehr Kindern stieg der Anteil der Haushalte unter der Armuts-

Tabelle 50: Haushalte mit Niedrigeinkommen nach Haushaltsformen

	Ausländer 1984	1989	Deutsche 1984	1989
			in %	
Alleinwohnende	2	5	8	8
Alleinerziehende	34	39	39	44
Familien ohne Kinder	10	12	5	5
Familien, 1 bis 2 Kinder	23	26	17	19
Familien, 3 und mehr Kinder	56	79	40	25

Datenbasis: SOEP, Welle 1 - 6.

grenze von 56% im Jahre 1984 auf 79% im Jahre 1989. Bei entsprechenden deutschen Haushalten ist der Anteil von 40% auf 25% zurückgegangen. Während Kinderreichtum bei deutschen Familien also zunehmend sozialstaatlich aufgefangen wird, sind ausländische Familien mit mehreren Kindern in steigendem Maße mit finanzieller Unterversorgung konfrontiert. Bei fast allen Haushaltstypen liegt der Anteil von Niedrigeinkommensbeziehern bei ausländischen Haushalten höher als bei deutschen, lediglich Alleinerziehende bilden eine Ausnahme. Allerdings hat diese Haushaltsform bei ausländischen Haushalten nur eine geringe quantitative Bedeutung.

Neben Veränderungen in der Haushaltszusammensetzung sind weitere signifikante Lebensereignisse (z.B. Veränderungen im Erwerbsstatus) als Ursachen für das Unterschreiten der Niedrigeinkommensgrenzen nachgewiesen worden. Solche Konstellationen sollen im folgenden im Vergleich zwischen deutschen und ausländischen Haushalten dargestellt werden. Aus Vereinfachungsgründen beziehen sich die Angaben nur auf die jeweiligen „Haushaltsvorstände". Wird zunächst der Erwerbsstatus betrachtet, so fällt die hohe Quote von Niedrigeinkommensbeziehern in Haushalten mit arbeitslosen Haushaltsvorständen auf (Tabelle 51). Dies gilt sowohl für ausländische als auch deutsche Haushalte. Die Arbeitslosenquoten liegen bei Ausländern jedoch wesentlich höher als bei Deutschen, und folglich kommt dem Umstand, daß 1989 mehr als die Hälfte der Haushalte mit arbeitslosem Haushaltsvorstand Niedrigeinkommen beziehen, auch besondere Bedeutung zu. Nach Alter ergeben sich weder bei deutschen noch bei ausländischen Haushalten signifikante Zusammenhänge. Deutliche Unterschiede sind jedoch nach den Herkunftsländern zu erkennen. Den mit Abstand höchsten Anteil von Niedrigeinkommensbeziehern - und dies mit steigender Tendenz - zeigt sich bei türkischen Haushalten, während der Anteil von Niedrigein-

Tabelle 51: Niedrigeinkommen nach Erwerbsstatus, Alter und Nationalität (in Prozent)

	Ausländer		Deutsche	
	1984	1989	1984	1989
Insgesamt	21	24	13	11
Erwerbsstatus				
Erwerbstätige	15	22	9	8
Arbeitslose	65	52	46	38
Nichterwerbstätige	55	31	17	15
Alter				
16 bis 39 Jahre	21	27	14	13
40 bis 64 Jahre	21	24	12	10
Nationalität				
Türkei	30	38		
Andere: E, GR, Yu, I	14	17		

Datenbasis: SOEP, Welle 1 - 6.

kommensbeziehern in Haushalten anderer Nationalitäten deutlich geringer ist und nur wenig über dem von deutschen Haushalten liegt. Allerdings steigt auch unter den anderen Nationalitäten der Anteil der Niedrigeinkommensbezieher im Zeitverlauf an.

Abschließend wird dargestellt, welche Einkommenspositionen Haushalte inne hatten, bevor sie die Niedrigeinkommensgrenze unterschritten. Damit wird der Frage nachgegangen, ob Armutsrisiken lediglich bei bereits „armutsnahen" Gruppen identifiziert werden können, oder ob auch mittlere Einkommenslagen einem entsprechenden Risiko ausgesetzt sind. Als Einkommenspositionen werden Einkommensquintile verwendet und für die Jahre 1985 bis 1989 untersucht, aus welcher Einkommensposition des Vorjahrs heraus Armut entsteht. Wegen der relativ geringen Fallzahlen wurden die Angaben wiederum gepoolt, bei Mehrfachübergängen eines Haushalts wurde nur die letzte verfügbare Angabe des entsprechenden Haushalts verwendet.

Wie aus Tabelle 52 ersichtlich ist, kommen die erstmals unter der Niedrigeinkommensgrenze liegenden Haushalte überwiegend aus „armutsnahen" Einkommenspositionen des vierten und des fünften Einkommensquintils. Aller-

Tabelle 52: **Letzte Einkommensposition außerhalb des Niedrigeinkommensbereiches (in Prozent)**

	Ausländer	Deutsche
Oberstes (5.) Quintil	5	5
4. Quintil	7	6
3. Quintil	10	15
2. Quintil	38	38
Niedrigstes (1.) Quintil	40	36

Datenbasis: SOEP, Welle 1 - 6.

dings sind auch beachtenswerte Armutsrisiken für Haushalte in höheren Einkommensquintilen erkennbar. Dies gilt sowohl für deutsche als auch für ausländische Haushalte. Allerdings muß bedacht werden, daß Ausländer im ersten und zweiten Einkommensquintil deutlich unterrepräsentiert sind, und somit kommt dem Abstieg aus diesen Quintilen gegenüber deutschen Haushalten ein stärkeres Gewicht zu.

11.2.4.4 Armut und Lebenslagen

In Anlehnung an das über Einkommensarmut hinausgehende und damit umfassendere Lebenslagenkonzept soll abschließend untersucht werden, inwieweit Niedrigeinkommen mit Disparitäten in anderen Lebensbereichen „gekoppelt" ist[5]. Die gesellschaftliche Problemlage Einkommensarmut wird durch die Frage nach anderen Defiziten ergänzt, die einer Teilhabe am sozialen und kulturellen Leben entgegenstehen. Im Sinne eines Lebenslagenkonzeptes wird also untersucht, ob neben Armut auch andere Kumulationen von Problemlagen identifiziert werden können. Hierzu werden Defizite im Bereich der Wohnungsversorgung und der physischen Gesundheit[6] betrachtet. In einem zweiten Schritt wird für Erwerbstätige ein Index für belastende Arbeitsbedingungen (vgl. Kapitel 8.3) in die Analyse aufgenommen. Abschließend wird untersucht, ob ein Zusammenhang besteht zwischen kognitiven und sozialen Faktoren und dem Bezug von Niedrigeinkommen. Analyseebene sind hier nicht, soweit nicht anders genannt, Haushalte, son-

Tabelle 53: Kumulationen von Problemlagen (in Prozent)

	Ausländer		Deutsche	
	1984	1989	1984	1989
Einzelkomponenten:				
1 Raum und weniger pro Kopf	81	80	40	34
Chronisch krank	22	24	30	30
Niedrigeinkommensbezieher	25	29	12	11
Kumulationen:				
Kein Problembereich	16	14	39	42
1 Problembereich	48	47	44	44
2 Problembereiche	30	33	15	13
3 Problembereiche	6	6	2	1

Datenbasis: SOEP Welle 1 - 6.

dern Individuen, da hier sowohl haushaltsbezogene als auch individuenbezogene Daten in die Analyse einbezogen werden.

Als Indikator zur Wohnungsversorgung wird das Maß „Räume pro Kopf" betrachtet. Dieser auf die räumliche Dimension des Wohnens abzielende Indikator spiegelt die Wohnverhältnisse besser wider als Ausstattungsmerkmale, die bei deutschen Haushalten kaum mehr differieren. Außerdem ist von der räumlichen Dimension des Wohnens eine engere Kopplung an das Einkommen zu erwarten, da die Miete weitgehend von der Wohnungsgröße bestimmt wird. Da der Durchschnitt bei deutschen Haushalten 1989 bei 1,9 Wohnräumen pro Kopf lag (vgl. Kapitel 11.1), wurde eine Grenze für relativ beengtes Wohnen bei einem Raum oder weniger festgelegt. Demnach leben rund 80% der Ausländer unter beengten Verhältnissen, bei Deutschen sind es 1989 nur 34% (Tabelle 53).

Gesundheitliche Defizite werden hier als manifeste gesundheitliche Beeinträchtigungen verstanden, operationalisiert als das „Leiden an einer längeren oder chronischen Krankheit oder Beschwerden". Hier zeigt sich ein etwas besserer Gesundheitszustand von Ausländern[7]. Die zusätzlich ausgewiesenen Daten zum Niedrigeinkommen beziehen sich auf die 50%-Grenze des Äquivalenzeinkommens.

Alles in allem zeigt sich, daß Ausländer nicht nur stärker als Deutsche von Einkommensarmut betroffen sind, sondern daß bei ihnen darüber hinaus auch wesentlich öfter Kumulationen von Defiziten in anderen Lebensbereichen auftreten als bei Deutschen. 1989 weisen 39% der Ausländer Defizite in zwei oder drei Lebensbereichen auf, aber nur 14% der Deutschen (Tabelle 53). Während sich im Zeitverlauf bei der deutschen Bevölkerung eine sinkende Tendenz abzeichnete, stieg bei Ausländern der Anteil derjenigen leicht an, die in zwei oder drei Lebensbereichen benachteiligt oder unterversorgt sind. Wegen der unterschiedlichen Altersstruktur und Erwerbsquote müßten die Differenzen zwischen Ausländern und Deutschen sogar noch größer werden, wenn nur die erwerbstätige Bevölkerung betrachtet wird.

Die Analyse der Erwerbstätigen wird ergänzt um einen Index für belastende Arbeitsbedingungen[8]. Eine Häufung belastender Arbeitsplatzmerkmale tritt bei ausländischen Beschäftigten wesentlich häufiger auf als bei deutschen. Während 26% der ausländischen Erwerbstätigen drei oder mehr negative Arbeitsplatzmerkmale nennen, sind es nur 15% der deutschen (Tabelle 54).

Auch Kumulationen von Defiziten treten bei ausländischen Erwerbstätigen wesentlich öfter auf. Während bei rund 80% der deutschen Erwerbstätigen Defizite in maximal einem Bereich feststellbar sind, trifft dies nur auf 54% der ausländischen Beschäftigten zu. Kumulationen in mehr als drei Bereichen weisen konstant nur 3% der deutschen Erwerbstätigen auf, aber immerhin 14% der ausländischen Erwerbstätigen, mit steigender Tendenz im Zeitverlauf.

Insgesamt kann festgehalten werden, daß Kumulationen von Problembereichen bei Ausländern wesentlich öfter feststellbar sind als bei Deutschen; dies mit leicht steigender Tendenz. Ausländische Haushalte sind nicht nur bei der für die Lebenschancen zentralen Ressource Einkommen deutlich benachteiligt, auch in anderen Lebensbereichen nehmen sie verstärkt „untere" Positionen ein. Diese Daten können als relevante Indizien für eine klare Marginalisierung von Ausländern in verschiedenen Ungleichheitsdimensionen interpretiert werden. Diese Daten sprechen ebenfalls für eine eindeutige Unterschichtung der Einkommenspyramide auf Haushaltsebene durch Ausländer.

Auch hier stellt sich die Frage, ob eine Marginalisierung von Ausländern möglicherweise in Zusammenhang mit individuellen Faktoren steht. Wie bereits in Kapitel fünf für den individuellen Bruttoverdienst geschehen, soll hier getestet werden, ob ein Zusammenhang besteht zwischen Sprachkompetenz, interethnischen Kontakten, der nationalen Selbstidentifikation und der jeweiligen Einkommensposition, hier operationalisiert als Äquivalenzeinkommen. Damit wird der Frage nachgegangen, ob es eine „ausländerspezifische Komponente" individueller Wohlfahrt gibt. Zur Überprüfung dessen wurde eine multiple Klassifikationsanalyse gewählt mit dem Äquivalenzeinkommen als abhängiger Varibale. Verbale Deutschkenntnisse, Anzahl der Deutschen unter den drei Personen, mit denen der Befragte näher befreundet ist, sowie die nationale Selbstidentifikation sind die entsprechenden unabhängigen Variablen.

Tabelle 54: Kumulationen von Problemlagen bei Erwerbstätigen (in Prozent)

	Ausländer		Deutsche	
	1984	1989	1984	1989
Zusätzliche Komponente:				
belastende Arbeitsbedingungen	27	26	16	15
Kumulationen:				
Kein Problembereich	15	13	37	42
1 Problembereich	43	41	43	40
2 Problembereiche	31	32	17	14
3 Problembereiche	9	12	3	3
4 Problembereiche	2	2	0	0

Datenbasis: SOEP Welle 1 - 6.

Wegen der Verknüpfung von Haushaltsinformationen und individuellen Merkmalen wurde das Modell sowohl für alle Befragten als auch ausschließlich für Haushaltsvorstände gerechnet, weil hier eine engere Korrelation zwischen Individualdaten und Haushaltsdaten erwartet wurde. In beiden Fällen mußte jedoch das Modell verworfen werden; die erklärte Varianz lag bei den Individualdaten bei 4% und bei den Haushaltsvorständen bei 5%. Signifikante Zusammenhänge (Beta .19) zeigten sich nur zwischen Sprachkenntnissen und Äquivalenzeinkommen. Daraus kann geschlossen werden, daß die Höhe des Einkommens in keinem Zusammenhang mit individuellen Komponenten steht und auch nur ein leicht positiver Zusammenhang mit der Sprachkompetenz feststellbar ist. Offensichtlich ist der Bezug von Niedrigeinkommen bei Ausländern demnach ein sozialstrukturelles und kein individuelles Problem.

Resümee

In diesem Kapitel wurde der Frage nachgegangen, ob ausländische Haushalte in Deutschland in einer von den Deutschen abweichenden anderen Art und Weise von Armut betroffen sind. Die durchgeführten Analysen bezogen sich auf das Haushaltsäquivalenzeinkommen, eine nach Bedarf und Haushaltszusammensetzung gewichtete Größe, die den fiktiven Betrag, den jedes Individuum im Haushalt zur freien Konsumpution zur Verfügung hat, wiedergibt. Aus der Verteilung der Einkommenspyramide geht hervor, daß Ausländer überwiegend untere Einkommenspositionen einnehmen. Der Zeitvergleich der Jahre 1984 bis 1989 deutet auf einen negativen Trend hin. Es ist keine kollektive Aufwärtsmobilität zu erkennen. Ausländer bleiben überdurchschnittlich oft in unteren Einkommenspositionen, und die Bilanz von Aufstiegs- und Abstiegsprozessen hat negative Vorzeichen, so daß eine ethnische Unterschichtung der Einkommenspyramide angenommen werden kann.

Die Analyse von Niedrigeinkommen hat vor allem auf drei Besonderheiten aufmerksam gemacht: Ausländer sind im Vergleich zu Deutschen wesentlich häufiger von Armut betroffen; die Armutsphasen sind durchschnittlich länger; persistente Armut ist bei Ausländern häufiger anzutreffen. Ausgehend von der Gruppe der Haushalte, die 1984 erstmals unterhalb der Armutsgrenze lagen, zeigt sich, daß sich 43% der deutschen Haushalte bereits nach einem Jahr nicht mehr dieser Einkommensgruppe zuordnen lassen, aber nur 30% der ausländischen Haushalte. Veränderungen in der Haushaltszusammensetzung sind sowohl bei rund einem Viertel der Ausländer als auch der Deutschen (Mit-)Ursache für das Abrutschen in Niedrigeinkommenspositionen. Wird nach Familienform unterschieden, so fällt auf, daß bei Ausländern vor allem Familien mit drei und mehr Kindern in zunehmenden Ausmaß unter der Armutsgrenze liegen, während der Anteil bei entsprechenden deutschen Familien rückläufig ist. Sowohl für ausländische wie deutsche Haushalte gilt, daß die Gefahr des Unterschreites der Niedrigeinkommensgrenze für „armutsnahe", also Haushalte mit niedrigen Einkommen, besonders hoch ist.

Ausländer sind aufgrund ihrer ökonomischen und gesellschaftlichen Situation besonders häufig von Armut betroffen. Während des gesamten Untersuchungszeitraumes waren lediglich die Hälfte aller Ausländer niemals unterhalb der Armutsgrenze. Innerhalb dieser Zeit hat sich die Konzentration am unteren Ende der Einkommenspyramide noch verstärkt, so daß auch in Zukunft damit gerechnet werden muß, daß Ausländer weiterhin in erheblichen Teilen am Rande der deutschen Wohlstandsgesellschaft leben.

Anmerkungen

1 Auch die insgesamt sehr detaillierte Armutsstudie der Caritas geht nicht auf die spezifische Situation der in der Bundesrepublik lebenden Ausländer ein (vgl. Hauser, Hübinger 1993).
2 Nach Specht-Kittler (1992:33) liegen die Schätzungen für das Jahr 1990 bei 800.000 Obdachlosen; 130.000 davon sind alleinstehende Wohnungslose, ca. 100.000 leben in Billighotels, weitere 100.000 in Heimen und Anstalten, ca. 300.000 in kommunalen Notunterkünften und ca. 200.000 sind in Übergangsheimen untergebrachte Aus- und Übersiedler.
3 Da auch die Haushaltskomposition mit einfließt, weisen die Quintile des Haushaltsäquivalenzeinkommens eine größere Dynamik auf als dies bei den Quintilen des Bruttoverdienstes (Tabelle 28) der Fall war.
4 In diesem Zusammenhang muß auf die in Kapitel 11.2.3 gemachten Einschränkungen bezüglich der Erfaßbarkeit bestimmter armutsrelevanter Gruppen durch Panelanalysen verwiesen werden. Es muß berücksichtigt werden, daß bestimmte Gruppen wie Obdachlose in dieses Verteilungsschema nicht eingeflossen sind. Dennoch soll es hier als Vergleichswert für die ausländische Bevölkerung benutzt werden, für die die gleichen Einschränkungen gilt.
5 Zapf und Brachtl (1984:306) kommen nach der Analyse von überwiegend subjektiven Indikatoren zu dem Resultat, „daß die Gastarbeiterbevölkerung eine unterprivilegierte Minderheit in einer differenzierten Gesellschaft bildet und dazu noch viele Disparitäten aufweist".
6 Ein umfassenderes Modell, in das auch subjektive Indikatoren Eingang fanden, wurde von Noll und Habich (1990) aufgestellt.
7 Vgl. hierzu Kapitel zehn.
8 Nennung von mindestens drei von acht negativen Arbeitsplatzmerkmalen: Körperlich schwere Arbeit, Arbeitszeit nach Arbeitsanfall, strenge Kontrolle, Wechselschicht, regelmäßig Nachtarbeit, Ärger mit Vorgesetzten, belastende Umwelteinflüsse und hohe nervliche Anspannung (vgl. Kapitel 8.3).

12. Schlußbemerkung

Auf der Basis von Längsschnittanalysen mit dem Sozio-Ökonomischen Panel für die Jahre 1984 bis 1989 konnten keine Belege für die Annahme eines generellen Assimilationszyklus oder eines Sequenzmodells der Assimilation gefunden werden. Bezogen auf das Modell Essers, das einen Assimilationsverlauf in vier Stufen (kognitive, strukturelle, soziale und identifikative Assimilation) annimmt, kann die erste Stufe eindeutig bestätigt werden: Sprachkenntnisse können als Voraussetzung für das Eindringen in qualifizierte Beschäftigungspositionen angesehen werden und sind auch Vorbedingung für interethnische Beziehungen, d.h. für die soziale Integration. Für die Annahme, die identifikative Assimilation bilde den Endpunkt des Assimilationsprozesses, lassen sich jedoch keine empirisch stichhaltigen Belege finden. Die zweite Generation verfügt zwar weitgehend über gute Sprachkenntnisse und über ein Netz an sozialen Beziehungen, das in stärkerem Maße durch interethnische Kontakte geprägt ist als bei der ersten Generation; der Anteil derer, die sich ganz oder mehr als Deutsche fühlen, liegt jedoch nur geringfügig über dem der ersten Generation. Im Zeitverlauf zeigt sich auch keine Zunahme der Identifikation als Deutscher; bei Türken der zweiten Generation geht der Anteil derer, die sich als Deutsche fühlen, sogar geringfügig zurück, und dies, obwohl im gleichen Zeitraum die Aufenthaltsorientierung der zweiten Generation zugunsten eines dauerhaften Aufenthalts in Deutschland deutlich angestiegen ist. Dies spricht gegen die Annahme, daß sich mit sprachlicher, beruflicher und sozialer Integration auch eine Identifikation mit dem Aufnahmeland einstellt.

In klassischen Assimilationstheorien, wie sie insbesondere in den USA aufgestellt wurden, wird die kulturelle Angleichung als Maßstab des Eingliederungsprozesses angesehen. Anhand dreier Beispiele aus dem alltagskulturellen Bereich konnte gezeigt werden, daß die Mehrzahl der Migranten Elemente der Heimatkultur bewahrt, aber gleichzeitig auch Elemente der Aufnahmekultur annimmt. Es stellt sich allerdings die Frage, ob kulturelle Angleichung und nationale Selbstidentifikation der geeignete Maßstab für die Integration von Migranten sind, oder ob die Konzentration auf diese Aspekte des Integrationsprozesses die Sicht auf die strukturellen Barrieren, die der strukturellen Integration entgegenstehen, verstellen, indem sie die Verantwortung für den Fortgang des Integrationsprozesses dem Individuum zuweisen. Darüber hinaus stellt sich die Frage, ob Integrationsvorstellungen in der Art des Melting-pots - zumindest in Europa - nicht längstens durch die Realität pluraler, multi-ethnischer, aber auch ethnisch geschichteter Gesellschaften widerlegt sind.

Die Untersuchung beruflicher Mobilitätsprozesse hat gezeigt, daß für die im Vergleich zu Deutschen geringere berufliche Mobilität und die schlechteren Einstiegsbedingungen der zweiten Generation vorwiegend strukturelle Hindernisse von Belang sind, und individuelle Faktoren, denen in Assimilationstheorien große Bedeutung zugemessen wird, kaum relevant sind. Bereits bei der Suche nach einem Ausbildungsplatz zeigt sich, daß auch Ausländer der zweiten Generation mit einem mittleren oder höheren Abschluß in weit geringerem Umfang Erfolg haben als Deutsche gleichen Alters. Insbesondere Bereiche, die auch für deutsche Bewerber attraktiv sind, bleiben ausländischen Konkurrenten weitgehend verschlossen. Generell ist die Phase des Übergangs von der Schule in eine Ausbildung oder den Beruf bei Ausländern wesentlich öfter von Arbeitslosigkeit begleitet. Damit ist die weitere berufliche Karriere dann weitgehend vorgezeichnet. Berufe im Bereich un- und angelernter Tätigkeiten bieten nur geringe Aufstiegschancen, ungünstige Arbeitsbedingungen und eine geringere Beschäftigungsstabilität.

Bei den Ausländern insgesamt zeigte sich im hier untersuchten Zeitraum nur eine geringe berufliche und ökonomische Mobilität. Ausländische Beschäftigte sind weitgehend im produzierenden Gewerbe an Arbeitsplätzen tätig, die nur geringe Qualifikationsanforderungen stellen. Dieser Bereich ist die Domäne der Ausländerbeschäftigung. Die Konkurrenz durch deutsche Arbeitskräfte ist hier gering. Entsprechend zeigt sich eine deutschen Arbeitnehmern in diesem Bereich vergleichbare Beschäftigungsstabilität, obwohl dieser Bereich insgesamt durch höhere Beschäftigungsrisiken gekennzeichnet ist. Deutlich höhere Arbeitslosigkeitsraten im Vergleich zu deutschen Beschäftigten zeigen sich bei ausländischen Facharbeitern und Meistern, aber auch Angestellten. Diese Bereiche weisen bei deutschen Beschäftigten eine hohe Stabilität auf, während die Betroffenheit von Arbeitslosigkeit bei ausländischen Facharbeitern und Angestellten genauso hoch ist wie bei un- und angelernten Arbeitern. Ein weiteres Charakteristikum der Ausländerarbeitslosigkeit ist die unterschiedliche Betroffenheit je nach Nationalität. Ohne daß dafür objektive Ursachen wie unterschiedliche Qualifikation, Bildung, Alter etc. angeführt werden können, sind türkische Arbeitnehmer wesentlich öfter von Arbeitslosigkeit betroffen. Spanische Arbeitnehmer waren dagegen sogar seltener arbeitslos als Deutsche. Außerdem hat sich gezeigt, daß unter den arbeitslosen Ausländern überproportional viele Personen mit gesundheitlichen Beeinträchtigungen sind. Dies ist auch bei deutschen Arbeitslosen festzustellen, allerdings in geringerem Ausmaß. Dies kann als Indiz für die Verschleiß-These gewertet werden, nach der insbesondere Ausländer an ihren Arbeitsplätzen belastenden Arbeits- und Umweltbedingungen ausgesetzt sind, die frühzeitige gesundheitliche Beeinträchtigungen zur Folge haben. Insbesondere wenn bedacht wird, daß Ausländer im Anwerbeprozeß einer gesundheitlichen Selektion ausgesetzt waren, was sich in einem geringeren Grad an gesundheitlichen Beeinträchtigungen unter den Erwerbstätigen zeigt, kann angenommen werden, daß der hohe Grad an gesundheitlichen Belastungen bei ausländischen Arbeitslosen auf eine gesundheitliche Selektion bei Entlassungen und auf geringere Arbeitsmarktchancen gesundheitlich beeinträchtiger Arbeitsloser zurückzuführen ist.

Der Umstand, daß ein großer Teil der ausländischen Arbeitnehmer an schlecht bezahlten Arbeitsplätzen mit belastenden Arbeitsbedingungen und geringer Beschäftigungsstabilität tätig ist, legt die Vermutung einer Segmentierung des Arbeitsmarktes nahe. Die Analysen zeigten jedoch, daß auf dem bundesdeutschen Arbeitsmarkt keine strikt abgeschotteten Teilarbeitsmärkte existieren. Dennoch zeigten sich bei ausländischen und deutschen Arbeitskräften unterschiedliche Mobilitätsmuster zwischen den drei gebildeten Teilarbeitsmärkten (unstrukturierter, fachspezifischer und betriebsspezifischer Arbeitsmarkt). Es hat sich gezeigt, daß das unstrukturierte Arbeitsmarktsegment für Ausländer relativ stabil war. Deutsche Beschäftigte dieses Bereiches sind dagegen wesentlich öfter in qualifizierte Segmente aufgestiegen. Das betriebsspezifische Beschäftigungssegment bietet deutschen Beschäftigten eine hohe Beschäftigungsstabilität, und auch die Einkommensentwicklung in diesem Bereich läßt die Annahme innerbetrieblicher Karrierelinien plausibel erscheinen. Anders dagegen bei ausländischen Arbeitnehmern: Für sie erweist sich der betriebsspezifische Arbeitsmarkt als äußerst instabil, und auch an betrieblichen Karrierelinien können sie nicht in nennenswertem Umfang partizipieren. Es ist zu vermuten, daß ausländische Arbeitskräfte in diesem Teilbereich noch weitgehend die Funktion eines „Konjunkturpuffers" erfüllen und bei anstehenden Entlassungen überproportional betroffen sind. Insgesamt erscheint aber die Annahme, die Ausländerbeschäftigung erfülle eine Konjunkturpufferfunktion, nicht plausibel, da sie im unstrukturierten Arbeitsmarktsegment Bereiche abdeckt, für die keine deutschen Arbeitskräfte zur Verfügung stehen und somit keine Substituierung durch deutsche Arbeitskräfte möglich ist. Insgesamt kann festgehalten werden, daß sich ausländische Arbeitskräfte im Bereich der gering qualifizierten Tätigkeiten auf dem Arbeitsmarkt etablieren konnten, aber im Bereich qualifizierter Tätigkeiten geringere Beschäftigungschancen haben.

Eine positive Entwicklung zeichnet sich, insbesondere bei der zweiten Generation, in bezug auf die Entwicklung des Bruttoverdienstes ab. Ausländer der zweiten Generation beziehen Einkommen in der Höhe der deutschen Kontrollgruppe, und auch die Einkommensentwicklung liegt auf gleichem Niveau. Höhere Einstiegsgehälter in der Industrie erklären zwar die gleiche Ausgangsbasis, nicht jedoch die große Einkommensdynamik. Allerdings sind die Einkommensbezüge in der Phase des beruflichen Einstiegs noch gering nach der Qualifikation differenziert, so daß angenommen werden kann, daß sich im späteren Verlauf die Einkommensentwicklung bei der zweiten Generation und der entsprechenden deutschen Alterskohorte auseinanderentwickelt. In jedem Fall spricht die Höhe des Einkommens und die Dynamik des Einkommensbezugs gegen die Annahme einer Lohndiskriminierung.

In welchem Umfang Ausländer an der Wohlfahrtsentwicklung der Bundesrepublik partizipieren können, wurde mittels der Entwicklung des Haushaltsäquivalenzeinkommens, einem nach Bedarf und Haushaltsgröße gewichteten Indikator, untersucht. Es zeigte sich, daß Ausländer in der Einkommenspyramide die unteren Positionen einnehmen. Diese Konzentration in den unteren Einkommenspositionen verstärkte sich im untersuchten Zeitraum noch. Die Bilanz der Aufstiegs- und Abstiegsprozesse hat negative Vorzeichen. Das Einkommen ausländischer Haushalte liegt wesentlich öfter unterhalb der Armutsgrenze als das deutscher Haushalte, und Armutsphasen dauern länger an. Fehlender Zugang zu Arbeitsmarktbereichen mit hoher Beschäftigungsstabilität, geringe Aufstiegschancen, Konzentration in krisenanfälligen Branchen und hohe gesundheitliche Belastungen durch hohe Arbeitsintensität und belastende Umwelteinflüsse sind Faktoren, die das Armutsrisiko von Ausländern gegenüber der deutschen Bevölkerung deutlich erhöhen.

Aufgrund dieser Analysen kann eine ethnische Unterschichtung der Einkommenspyramide angenommen werden. Wie die Analysen des vierten Kapitels zeigen, haben ausländische Arbeitskräfte in erheblichen Maße zum Aufbau des Systems der sozialen Sicherung und des Wohlstandes beigetragen, können selbst aber in großen Teilen nicht am gesellschaftlichen Wohlstand partizipieren. Die relative Verschlechterung der Einkommenspositionen deutet auf eine Verstärkung der ohnehin bestehenden Marginalisierung von Ausländern hin.

Bei allen untersuchten Indikatoren zeigten sich erhebliche Unterschiede nach sozio-demographischen Gruppen und den Herkunftsländern. Auf die, im Vergleich zur ersten Generation, günstigere Situation der zweiten Generation wurde bereits eingegangen. Ausländische Frauen dagegen haben auf dem Arbeitsmarkt deutlich geringere Chancen. Sie sind weitgehend als un- und angelernte Arbeiterinnen tätig, der Verdienst fällt deutlich niedriger aus, und die Arbeitsmarktchancen sind erheblich schlechter sowohl im Vergleich zu ausländischen Männern als auch zu deutschen Frauen. Die extrem niedrige Wiederbeschäftigunsquote nach Arbeitslosigkeit dokumentiert die geringen Arbeitsmarktchancen eindrucksvoll. Auch Frauen der zweiten Generation sind deutlich schlechter gestellt, obwohl sie in gleichem Umfang qualifizierte Bildungsabschlüsse erzielen können wie ausländische Männer, sind sie bei der Suche nach einem Ausbildungsplatz seltener erfolgreich, und es zeigen sich Schwierigkeiten bei der beruflichen Eingliederung. Bei türkischen Migranten sind noch im Jahre 1984 deutliche Defizite in fast allen Bereiche gegenüber anderen Ausländergruppen auszumachen. Doch hier zeigt sich die insgesamt größte Mobilität, 1989 nähern sie sich den jeweiligen Durchschnittswerten aller Ausländer an. Diese Verbesserung wird jedoch weniger durch individuelle Mobilität hervorgerufen als in erster Linie durch den Eintritt besser qualifizierter junger Türken in das Erwerbsleben.

Schlußfolgerungen

Insgesamt gesehen, belegen die Analysen die Annahme struktureller Barrieren auf dem Arbeitsmarkt, bezogen auf ausländische Arbeitnehmer. Die Schlechterstellung ausländischer Arbeitskräfte war lange Zeit arbeitsmarktpolitisch auch so gewollt, wie das Inländerprimat des Paragraphen 19 des Arbeitsförderungsgesetzes eindrucksvoll belegt. Chancengleichheit war nicht vorgesehen. Die Folge war, daß ausländischen Arbeitskräften zunächst bestimmte Bereiche des Arbeitsmarktes verschlossen blieben. Chancenungleichheit für bestimmte Gruppen ist gesellschaftlich allerdings kaum dauerhaft zu legitimieren. Prinzipiell offene, plurale Gesellschaften müssen, zumindest formal, Chancengleichheitsprinzipien verwirklichen.

Doch Chancengleichheit ist nicht allein eine Frage gesetzlicher Regelungen. Askriptive Positionszuweisungen können auch mit gesetzgeberischen Maßnahmen nicht unterbunden werden. Es stellt sich also die Frage, ob ausländische Arbeitskräfte auf dem deutschen Arbeitsmarkt diskriminiert werden oder nicht. Wird Diskriminierung im Sinne Heckmanns (1981:258) als strukturelles Defizit zwischen zustehendem und realisiertem Lebensniveau verstanden, so kann davon ausgegangen werden, daß Ausländer auf dem Arbeitsmarkt und auch im Ausbildungssektor diskriminert sind. Dennoch kann diese Aussage nicht in dieser Pauschalität getroffen werden. Die Diskriminierungsannahme stützt sich im wesentlichen auf die geringere Beschäftigungsstabilität von ausländischen Arbeitskräften in qualifizierten Beschäftigungsbereichen und die Schwierigkeiten bei der Ausbildungsplatzsuche der zweiten Generation, insbesondere das Nichteindringen ausländischer Jugendlicher in Bereiche, die bei deutschen Lehrstellenbewerbern eine hohe Attraktivität besitzen. Auch die Beschäftigungssituation ausländischer Frauen und die durchschnittlich schlechtere Stellung türkischer Arbeitnehmer kann, im Sinne der Definition von Heckmann, als Diskriminierung verstanden werden. Aufgrund der hier durchgeführten Analysen kann angenommen werden, daß Diskriminierung vor allem dann auftritt, wenn ausländische Arbeitnehmer ihre angestammten Bereiche - un- und angelernte Tätigkeiten in der Industrie - verlassen und sich in qualifizierten Bereichen und in Teilen des Diestleistungsgewerbes zu etablieren versuchen. Einschränkend muß jedoch angemerkt werden, daß die für eine Diskriminierungsannahme zentrale Frage, ob die Schlechterstellung ausländischer Arbeitnehmer in qualifizierten Bereichen tatsächlich auf askriptiven Selektionskriterien beruht, oder ob möglicherweise doch unterschiedliche Ressourcen von ausländischen und deutschen Arbeitnehmern ursächlich sind, mit den Daten des SOEP nicht zweifelsfrei beantwortet werden können. Beispielsweise sagt der Bildungsabschluß nichts über die Noten aus. Um tatsächlich Aussagen über strukturelle Diskriminierung machen zu können, bedarf es weiterer Analysen, die insbesondere die Ressourcen von ausländischen und deutschen Arbeitnehmern untersuchen.

Die hier durchgeführten Analysen haben aber auch gezeigt, daß der deutsche Arbeitsmarkt nicht pauschal als geschlossenes System angesehen werden kann. Bei bestimmten Gruppen, insbesondere der zweiten Generation, zeichnen sich trotz struktureller Barrieren durchaus Mobilitätsprozesse ab. Es kann jedoch angenommen werden, daß die für die Personalaquirierung Zuständigen, beispielsweise im Bankgewerbe, die Vorteile der Bilingualität ausländischer Bewerber noch nicht erkannt haben, und damit die Möglichkeit vergeben, ausländische Kunden in ihrer Muttersprache anzusprechen. „Individuelle Präferenzen" von Personalchefs der „freien" Wirtschaft lassen sich nur schwer beeinflussen und sind auch durch gesetzliche Maßnahmen kaum zu steuern. Es stellt sich allerdings die Frage, warum in diesem Punkt allein auf Privatiniatitive gesetzt wird und ausländische Bewerber für qualifizierte Arbeitsplätze, gerade im öffentlichen Dienst, kaum Berücksichtigung finden, obwohl gerade im öffentlichen Bereich ein erheblicher Bedarf besteht, beispielsweise an Berufsberatern.

Alles in allem kann eine Angleichung der Lebensverhältnisse der ausländischen und der deutschen Bevölkerung in naher Zukunft nicht erwartet werden, dafür sind die Voraussetzungen nicht gegeben. Verbesserungen der Lebensbedingungen scheinen sich nur von Generation zu Generation zu vollziehen, Mobilitätsprozesse innerhalb einer Generation sind von untergeordneter Bedeutung. Daraus kann aber nicht einfach geschlossen werden, daß die Integration von Ausländern nur eine Frage der Zeit ist und sich vielleicht bei der dritten Generation einstellt. Vielmehr hat sich gezeigt, daß die Situation der ausländischen Bevölkerung von einer ganzen Reihe gesellschaftlicher Komponenten abhängig ist. Insbesondere die wirtschaftliche Entwicklung wird entscheidend sein für die Frage, ob Ausländer zukünftig auch in qualifizierte Bereiche eindringen können oder nicht. In der Folge der deutschen Vereinigung hat sich die Konkurrenz um qualifizierte Arbeitsplätze weiter verschärft. Die große Zahl an Übersiedlern und „Westpendlern" aus den neuen Bundesländern kann zur Folge haben, daß angestammten ausländischen Arbeitnehmern der Zugang zu qualifizierten Arbeitsplätzen auch weiterhin verschlossen bleibt.

In hohem Maße ungewiß sind auch die Auswirkungen des wirtschaftlichen Strukturwandels auf die Ausländerbeschäftigung. Wenn weiterhin verstärkt Arbeitsplätze mit niedrigem Qualifikationsprofil in der Industrie abgebaut werden, wird damit die Domäne der Ausländerbeschäftigung zerstört, und es bleibt fraglich, ob Kompensationsmöglichkeiten im Dienstleistungsbereich geschaffen werden. Ein weiterer wichtiger Faktor für die Frage einer gesellschaftlichen Integration ist die Haltung der einheimischen Bevölkerung. Hier sind die Vorbehalte gegenüber Ausländern nach wie vor groß. Der Abbau von Vorurteilen und Benachteiligungen kann aber nur erreicht werden, wenn eine politische und rechtliche Gleichstellung der Ausländer erfolgt, wie sie beispielsweise in Frankreich, zumindest für die zweite Generation, (noch) gegeben ist. Die überholte Vorstellung, nur der sei Deutscher, der deutschen Blutes ist (ius sanguinis), muß abgeschafft und nationale Zugehörigkeit zumindest denjenigen zugestanden werden, die auf deutschem Boden geboren wurden (ius soli).

Literatur

Afheldt, H. (1993): Sozialstaat und Zuwanderung. In: Aus Politik und Zeitgeschichte, Beilage zur Wochenzeitung Das Parlament, 7/93, S. 42-52.

Ålund, A., Schierup, C.-U. (1991): Paradoxes of Multiculturalism. Essays on Swedish Society. Aldershot, Brookfield, Hong Kong, Singapore, Sydney.

Angenendt, S. (1992): Ausländerforschung in Frankreich und der Bundesrepublik Deutschland. Gesellschaftliche Rahmenbedingungen und inhaltliche Entwicklung eines aktuellen Forschungsbereiches. Frankfurt a. M., New York.

Bach, H.-U. (1987): Entwicklung und Struktur der Ausländerarbeitslosigkeit in der Bundesrepublik Deutschland seit 1960. In: Hönekopp, E. (Hrsg.), Aspekte der Ausländerbeschäftigung in der Bundesrepublik Deutschland. BeitrAB 114, Nürnberg.

Bade, K. J. (1984a): Einführung: Vom Export der sozialen Frage zur importierten sozialen Frage: Deutschland im transnationalen Wanderungsgeschehen seit der Mitte des 19. Jahrhunderts. In: Bade, K. J. (Hrsg.), Auswanderer-Wanderarbeiter-Gastarbeiter. Bevölkerung, Arbeitsmarkt und Wanderung in Deutschland seit der Mitte des 19. Jahrhunderts, Bd. I, Ostfildern. S. 9-72.

Bade, K. J. (1984b): Die Ausländerbeschäftigung in der Bundesrepublik zwischen Arbeitswanderung und Einwanderung. Einführung. In: Bade, K. J. (Hrsg.), Auswanderer-Wanderarbeiter-Gastarbeiter. Bevölkerung, Arbeitsmarkt und Wanderung in Deutschland seit der Mitte des 19. Jahrhunderts, Bd. I, Ostfildern. S. 621-624.

Bade, K. J. (Hrsg.) (1990): Neue Heimat im Westen: Vertriebene - Flüchtlinge - Aussiedler. Münster.

Bade, K. J. (1992): Ausländer- und Asylpolitik in der Bundesrepublik Deutschland: Grundprobleme und Entwicklungslinien. In: Forschungsinstitut der Friedrich-Ebert-Stiftung (Hrsg.), Einwanderungsland Deutschland. Bisherige Ausländer- und Asylpolitik. Vergleich mit anderen europäischen Ländern. Gesprächskreis Arbeit und Soziales Nr. 14, Bonn, S. 51-67.

Baker, D., Lenhardt, G. (1988): Ausländerintegration, Schule und Staa., In: Kölner Zeitschrift für Soziologie und Sozialpsychologie, 40, 1988, H. 1, S. 40-61.

Baker, D., Lenhardt, G. (1991): Nationalismus und Arbeitsmarktintegration in der BRD. In: Zeitschrift für Soziologie, Jg. 20, H. 6, S. 463-478.

Barabas, G, Gieseck, A., Heilemann, U., Loeffelholz, von H. D. (1992): Gesamtwirtschaftliche Effekte der Zuwanderung 1988 bis 1991. In: RWI-Mitteilungen, 43, S. 133-154.

Barheier, K. (1989): Über das Dominantwerden moralischer Kategorien in der gegenwärtigen Ausländer-Diskussio., In: Papalekas, J. C. (Hrsg.), Kulturelle Integration und Kulturkonflikt in der technischen Zivilisation, Campus, Frankfurt a.M., S. 287-300.

Baron, H. M. (1973): Racial Domination in Advanced Capitalism: A Theory of Nationalism and Divisions in the Labor Market. In: Edwards, R. C., Reich, M., Gordon, D. M., (Hrsg.), Labor Market Segmentation. Lexington, Toronto, London, S. 173-216.

Bayaz, A., Weber, F. (1984): Die Rechnung ohne den Gast. In: Bayaz, A., Damolin, M., Ernst, H, (Hrsg.) Integration. Anpassung an die Deutschen? Weinheim, Basel, S. 158-166.

Beck, M. (1992): Sozialhilfeempfänger 1990. In: Wirtschaft und Statistik, 5/92.

Bender, S., Karr, W. (1993): Arbeitslosigkeit von ausländischen Arbeitnehmern. Ein Versuch, nationalitätenspezifische Arbeitslosenquoten zu erklären. In: Mitteilungen aus der Arbeitsmarkt- und Berufsforschung, 26, 2, S. 192-206.

Biehler, H., Brandes, W. (1981): Arbeitsmarktsegmentation in der Bundesrepublik. Frankfurt a.M./New York.

Biller, M. (1989): Arbeitsmarktsegmentation und Ausländerbeschäftigung. Ein Beitrag zur Soziologie des Arbeitsmarktes mit einer Fallstudie aus der Automobilindustrie. Frankfurt a.M., New York.

Biller, M. (1990): Employment patterns among German and foreign workers at shop floor level - convergences and divergences. Findings of a case study. In: Fijalkowski, J. (Hrsg.), Transnationale Migranten in der Arbeitswelt, Studien zur Ausländerbeschäftigung in der Bundesrepublik, Berlin.

Blossfeld, H. P., Mayer, K. U. (1988): Arbeitsmarktsegmentation in der Bundesrepublik Deutschland. Eine empirische Überprüfung von Segmentationstheorien aus der Perspektive des Lebenslaufs. In: Kölner Zeitschrift für Soziologie und Sozialpsychologie, 40, S. 262-283.

Bogardus, E. S. (1929/30): A Race Relations-Cycle. In: American Journal of Sociology, 35, S. 612-617.

Böhning, W. R. (1991): Integration and Immigration Pressure in Western Europe. In: International Labour Review, 130, 4, S. 445-458.

Boos-Nünning, U. (1990): Einwanderung ohne Einwanderungsentscheidung: Ausländische Familien in der Bundesrepublik Deutschland. In: Aus Politik und Zeitgeschichte, Beilage zur Wochenzeitung Das Parlament, B23-24, S. 16-31.

Booth, H. (1992): The Migration Process in Britain and West Germany. Two demographic studies of migrant populations. Aldershot, Brookfield USA, Hong Kong, Singapore, Sidney.

Borjas, G. J. (1985): Assimilation, Changes in Cohort Quality, and the Earnings of Immigrants, in: Journal of Labour Economics, 3, 4, S. 463-489.

Borjas, G. J. (1987): Self-Selection and the Earnings of Immigrants. In: American Economic Review, 77, 1, S. 531-553.

Brodehl, M., Geiger, A., Korporal, J. (1988): Migration und Gesundheit. Kommentierte Bibliographie deutschsprachiger Untersuchungen zu Lebens- und Arbeitsbedingungen, Krankheitenstruktur und gesundheitlicher Versorgung von Arbeitsmigranten in der Bundesrepublik Deutschland. Bonn.

Brucks, U. (1986): Gesundheit, Krankheit und medizinische Versorgung von Migranten. Theoretische Grundlagen Teil I: Die erste Generation. Hagen.

Brumlik, M. (1990): Bunte Republik Deutschland. Aspekte einer multikulturellen Gesellschaft. In: Blätter für deutsche und internationale Politik, 35, 1, S. 101-107.

Budzinski, M. (Hrsg.) (1983): Aktionshandbuch Ausländer. Bornheim-Merten.

Bukow, W.-D. (1993): Leben in der multikulturellen Gesellschaft. Die Entstehung kleiner Unternehmen und der Umgang mit ethnischen Minderheiten. Opladen.

Bullinger, S. (1974): Kapitalexport - eine Alternative zur Ausländerbeschäftigung? In: Wirtschaftsdienst, 54, 10, S. 532-536.

Bundesminister für Arbeit und Sozialordnung (Hrsg.) (1981): Situation der ausländischen Arbeitnehmer und ihrer Familienangehörigen in der Bundesrepublik Deutschland. Repräsentativuntersuchung 80. Forschungsbericht 50 des Forschungsinstituts der Friedrich-Ebert-Stiftung. Bonn.

Bundesminister für Arbeit und Sozialordnung (Hrsg.) (1986): Situation der ausländischen Arbeitnehmer und ihrer Familienangehörigen in der Bundesrepublik Deutschland. Repräsentativuntersuchung 86. Bonn.

Busch-Geertsema, V., Ruhstrat, E. U. (1992): Kein Schattendasein für Langzeitarme! Wider die Verharmlosung von Langzeitarmut im Zusammenhang mit der „dynamischen" Armutsforschung. In: Nachrichtendienst des deutschen Vereins, 11/92, S. 366-370.

Buttler, G. (1992): Der gefährdete Wohlstand. Deutschlands Wirtschaft braucht die Einwanderer. Frankfurt a.M.

Buttler, G. (1993): Deutschlands Wirtschaft braucht die Einwanderer. In: Klose, H.-U. (Hrsg.), Altern der Gesellschaft, Antworten auf den demographischen Wandel. Köln, S. 51-64.

Carens, J. H. (1988): Immigration and the Welfare State. In: Gutman, A. (Hrsg.), Democracy and the Welfare State, Princeton. S. 207-230.

Castles, S. (1987) Migration und Rassismus in Westeuropa. Berlin.

Chiswick, B. R. (1978): The Effect of Americanisation on the Earnings of Foreign-born Men, in: Journal of Political Economy, 86, 5, S. 897-921.

Cohn-Bendit, D., Schmid, T. (1992): Heimat Babylon. Das Wagnis der multikulturellen Demokratie. Hamburg.

Collatz, J. (1984): Gesundheit. In: Auernheimer, Georg (Hrsg.), Handwörterbuch Ausländerarbeit. Weinheim, S. 154-160.

Collatz, J. (1989): Brennpunkte sozialer Ungleichheit bei der medizinischen Versorgung ausländischer Arbeitnehmer und Flüchtlinge in der Bundesrepublik Deutschland. In: Zeitschrift für Sozialreform, 35, S. 682-697.

Collatz, J., Kürsat-Ahlers, E., Korporal, Jo. (Hrsg.) (1985): Gesundheit für alle. Die medizinische Versorgung türkischer Familien in der Bundesrepublik. Hamburg.

Collatz, J., Brandt, A., Salman, R., Timme, S., Ethnomedizinisches Zentrum Hannover e.V. (Hrsg.) (1992): Was macht Migranten in Deutschland krank? Hamburg.

Cremer, G. (1980): Sozialisationsbedingungen ausländischer Kinder und Jugendlicher in der Bundesrepublik Deutschland. Eine Literatur und Forschungsdokumentation. 2. ergänzte Auflage. München.

Deutsches Institut für Wirtschaftsforschung (Hrsg.) (1993): Das Sozio-Ökonomische Panel, Benutzerhandbuch, Band I und II, Berlin.

Dohse, K. (1981): Ausländische Arbeiter und bürgerlicher Staat. Königstein.

Dürr, K. H. (1987): Zur Situation der Immigrantenbevölkerung in Großbritannien. In: Aus Politik und Zeitgeschichte. Beilage zur Wochenzeitung Das Parlament, B38/87, S. 30-44.

Eisenstadt, S. N. (1954): The Absorption of Immigrants. London.

Elkeles, T., Seifert, W. (1992): Arbeitslosigkeit und Gesundheit. Langzeitanalysen mit dem Sozio-ökonomischen Panel. In: Soziale Welt, Vol. 43, S. 278-300.

Elkeles, T., Seifert, W. (1993a): Unemployment and health impairments. Longitudinal analyses for the Federal Republic of Germany. In: European Journal of Public Health, Vol. 3, S. 28-37.

Elkeles, T., Seifert, W. (1993b): Migration und Gesundheit. Arbeitslosigkeits- und Gesundheitsrisiken ausländischer Arbeitsmigranten in der Bundesrepublik Deutschland. In: Sozialer Fortschritt, 42, 10, S. 235-241.

Elwert, G. (1984): Die Angst vor dem Ghetto. In: Bayaz, A., Damolin, M., Ernst, H. (Hrsg.), Integration Anpassung an die Deutschen?, Weinheim, Basel, S. 51-74.

Esping-Andersen, G. (1990): The Three Worlds of Welfare Capitalism, Princeton.

Esser, H. (1980): Aspekte der Wanderungssoziologie. Assimilation und Integration von Wanderern, ethnischen Gruppen und Minderheiten. Eine handlungstheoretische Analyse. Darmstadt, Neuwied.

Esser, H. (1983): Multikulturelle Gesellschaft als Alternative zu Isolation und Assimilation. In: Esser, H. (Hrsg.), Die fremden Mitbürger. Möglichkeiten und Grenzen der Integration von Ausländern. Düsseldorf, S. 25-38.

Esser, H. (1990a): Nur eine Frage der Zeit? In: Esser, H., Friedrichs, J. (Hrsg.), Generation und Identität, Opladen. S. 73-100.

Esser, H. (1990b): Interethnische Freundschaften. In: Esser, H., Friedrichs, J. (Hrsg.), Generation und Identität, Opladen. S. 185-205.

Esser, H., Friedrichs, J. (Hrsg.) (1990): Generation und Identität. Theoretische und empirische Beiträge zur Migrationssoziologie. Opladen.

Faist, T. (1993): Ein- und Ausgliederung von Immigranten. Türken in Deutschland und mexikaische Amerikaner in den USA in den achtziger Jahren. In: Soziale Welt, 44, 2, S. 275-299.

Fijalkowski, J. (1984): Gastarbeiter als industrielle Reservearmee? Zur Bedeutung der Arbeitsimmigration für die wirtschaftliche und gesellschaftliche Entwicklung der Bundesrepublik Deutschland. In: Archiv für Sozialgeschichte, 24, S. 399-456.

Fijalkowski, J. (1988): Ethnische Heterogenität und soziale Absonderung in deutschen Städten. Zu Wissensstand und Forschungsbedarf. Occasional Ppapers Nr, 13, Das arabische Buch, Berlin.

Fijalkowski, J. (1990): Neue ethnische Minderheiten und Nationalstaatstradition in Deutschland, In: Bermbach, U., Blanke, B., Böhret, C. (Hrsg.), Spaltung der Gesellschaft und die Zukunft des Sozialstaates, Opladen. S. 201-215.

Fijalkowski, J. (1993): Migration in Gesamteuropa - sechs Thesen zu Nationalismus und Ausländerpolitik. In: Blanke, B. (Hrsg.), Zuwanderung und Asyl in der Konkurrenzgesellschaft. Opladen, S. 97-111.

Fischer, A. (1992): Migrationspolitik für den deutschen Arbeitsmarkt? In: Institut für Internationale Politik (Hrsg.), Ost-West-Migration in Europa. Ursachen, Auswirkungen von Fluchtbewegungen in Europa. Arbeitspapier Nr. 17, Wuppertal. S. 53-62.

Fischer, A. (1993): Ingenious Minds. Eine Literaturdiskussion der Forschung zur Arbeitsmigration. Unveröffentlichtes Manuskript.

Frey, M. (1990): Ausländerpolitiken in Europa. In: Höhn, C., Rein, D. B. (Hrsg.), Ausländer in der Bundesrepublik Deutschland, Wiesbaden, S. 121-147.

Frigessi Castelnuovo, D., Risso, M. (1986): Emigration und Nostalgia. Sozialgeschichte, Theorie und Mythos psychischer Krankheit von Auswanderern. Frankfurt a.M.

Fuchs, D., Gerhards, J., Roller, E. (1993): Wir und die Anderen. Ethnozentrismus in den zwölf Ländern der europäischen Gemeinschaft. In: Kölner Zeitschrift für Soziologie und Sozialpsychologie, 45, 2, S. 238-253.

Gaitanides, F. (1992): Die multikulturelle Gesellschaft - Realität, Utopie und Ideologie. In: Die Neue Gesellschaft Frankfurter Hefte, 39, 4, S. 316-323.

Geiger, K. F. (1991): Einstellung zur multikulturellen Gesellschaft - Ergebnisse von Repräsentativbefragungen in der Bundesrepublik. In: Migration 9/91, S. 11-48.

Geißler, H. (1976): Die neue soziale Frage. Analysen und Dokumente. Freiburg.

Geschwender, J. A. (1978): Racial Stratification in America. Dubuque, Iowa.

Gieseck, A., Heilemann, U., Loeffelholz, von H. D. (1993): Wirtschafts- und sozialpolitische Aspekte der Zuwanderung in der Bundesrepublik. In: Aus Politik und Zeitgeschichte, Beilage zur Wochenzeitung das Parlament, B 7/93, S. 29-41.

Gillmeister, H., Kurthen, H. Fijalkowski, J. (1989): Ausländerbeschäftigung in der Krise? Die Beschäftigungschancen und -risiken ausländischer Arbeitnehmer am Beispiel der West-Berliner Industrie. Berlin.

Glotz, P. (1984): Die Arbeit der Zuspitzung. Berlin.

Gordon, M. M. (1964): Assimilation in American Life. The Role of Race, Religion and National Origins. New York.

Gravalas, B., Braun, F. (1982): Die beruflichen und sozialen Chancen ausländischer Jugendlicher - Integration oder Segregation. Eine Dokumentation. München.

Groenendijk, K. (1985): Minderheitenpolitik in den Niederlanden. In Thränhardt, D. (Hrsg.), Ausländerpolitik und Ausländerintegration in Belgien, den Niederlanden und der Bundesrepublik Deutschland. Landeszentrale für politische Bildung, Düsseldorf. S. 38-52.

Grüner, H. (1992): Mobilität und Diskriminierung. Deutsche und ausländische Arbeiter auf einem Arbeitsmarkt, Frankfurt a.M./New York.

Gugel, G. (1990): Ausländer, Aussiedler, Übersiedler. Tübingen.

Habich, R., Krause, P. (1992): Niedrigeinkommen und Armut. In: Statistisches Bundesamt (Hrsg.), Datenreport 1992. Zahlen und Fakten über die Bundesrepublik Deutschland. Bonn, S. 482-495.

Handlin, O., Thomas, B. et al (1955): The Positive Contribution by Immigrants. Paris.

Hanefeld, U. (1987): Das Sozio-ökonomische Panel. Frankfurt a.M., New York.

Hauser, R. (1984): Armut im Wohlfahrtsstaat. Empirischer Befund und Lösungsansätze. In: Lampert, H., Kühlewind, G. (Hrsg.), Das Sozialsystem der Bundesrepublik Deutschland. Beiträge zur Arbeitsmarkt- und Berufsforschung, 83, Nürnberg, S. 214-263.

Hauser, R. (1989): Entwicklungstendenzen der Armut in der Bundesrepublik Deutschland. In: Döring, D., Hauser, R. (Hrsg.), Politische Kultur und Sozialpolitik. Ein Vergleich der Vereinigten Staaten und der Bundesrepublik Deutschland unter besonderer Berücksichtigung des Armutsproblems. Frankfurt a.M., S. 117-146.

Hauser, R., Hübinger, W. (1993): Arme unter uns. Teil 1: Ergebnisse und Konsequenzen der Caritas-Armutsuntersuchung. Freiburg.

Hauser, R., Neumann, U. (1992): Armut in der Bundesrepublik Deutschland, In: Kölner Zeitschrift für Soziologie, 44, Sonderheft 1, S. 237-271.

Headey, B., Habich, R., Krause, P. (1990): The Duration and Extent of Poverty - Is Germany a Two-Thirds-Society? Wissenschaftszentrum Berlin für Sozialforschung, Arbeitsgruppe Sozialberichterstattung, Arbeitspapier P 90-103, Berlin.

Headey, B., Habich, R., Krause, P. (1991a): Armut im Reichtum - Ist die Bundesrepublik eine Zwei-Drittel-Gesellschaft? In: Rendtel, U., Wagner, G. (Hrsg.), Lebenslagen im Wandel: Zur Einkommensdynamik seit 1984. Frankfurt a.M., New York.

Headey, B., Habich, R., Krause, P. (1991b): The Two-Thirds Society: Social Fact or Fiction? DIW Discussion Paper No. 38, Berlin.

Heckmann, F. (1981): Die Bundesrepublik: ein Einwanderungsland? Zur Soziologie der Gastarbeiterbevölkerung als Einwanderungsminorität. Stuttgart.

Heckmann, F. (1988): Volk, Nation, ethnische Gruppe und ethnische Minderheiten. Zu einigen Grundkategorien von Ethnizität. In: Österreichische Zeitschrift für Soziologie, 13, 3, S. 16-31.

Heckmann, F. (1992): Ethnische Minderheiten, Volk und Nation. Soziologie interethnischer Beziehungen. Stuttgart.

Heinelt, H. (1993): Die aktuelle Zuwanderung - eine Herausforderung für den Wohlfahrtsstaat. In: Blanke, B. (Hrsg.), Zuwanderung und Asyl in der Konkurrenzgesellschaft. Opladen, S. 275-300.

Heinelt, H., Lohmann, A. (1992): Immigranten im Wohlfahrtsstaat am Beispiel der Rechtspositionen und Lebensverhältnisse von Aussiedlern. Opladen.

Heitmeyer, W. (1993): Die Maßnahmen gegen Fremdenfeindlichkeit gehen an den Ursachen vorbei. In: Blanke, B. (Hrsg.), Zuwanderung und Asyl in der Konkurrenzgesellschaft. Opladen, S. 151-162.

Helias, E. (1992): Migrationsbewegungen von und nach Polen. In: Institut für Internationale Politik (Hrsg.), Ost-West-Migration in Europa. Ursachen, Auswirkungen von Fluchtbewegungen in Europa. Arbeitspapier Nr. 17, Wuppertal, S. 41-51.

Henscheid, R. (1990): Daten: Jugendliche ausländischer Nationalität zwischen Schule und Beruf. In: Boos-Nünning, U., Jäger, A., Henscheid, R., Sieber, W., Becker, H., Berufswahlsituation und Berufswahlprozesse griechischer, italienischer und portugiesischer Jugendlicher. Beiträge zur Arbeitsmarkt- und Berufsforschung 140. Nürnberg.

Herbert, U. (1986): Geschichte der Ausländerbeschäftigung 1880 - 1980. Berlin, Bonn.

Herrmann, H. (1992): Ausländer. Vom Gastarbeiter zum Wirtschaftsfaktor. In: Beiträge zur Gesellschafts- und Bildungspolitik. Institut der deutschen Wirtschaft Köln Nr. 173, 2/92.

Herrmann, H. (1993): Ausländische Jugendliche in Schule, Ausbildung und Beruf. In: Beiträge zur Gesellschafts- und Bildungspolitik. Institut der deutschen Wirtschaft Köln Nr. 184, 3/93.

Heyden, H. (1986): Kontinuität und Diskontinuität der Ausländerpolitik. In: Papalekas, J. C., Strukturwandel des Ausländerproblems. Bochum 1986, S. 72-80.

Hildebrandt, E. (1986): Internationale Beschäftigungskonkurrenz. Zur Konkurrenz nationaler Arbeitsbevölkerungen am Beispiel der Ausländerbeschäftigung in der Bundesrepublik Deutschland. Frankfurt a.M., New York.

Hoffmann, L. (1992): Nicht die gleichen, sondern dieselben Rechte. Einwanderungspolitik und kollektive Identität in Deutschland. In: Blätter für deutsche und internationale Politik, 37, 9, S. 1090-1100.

Hoffmann-Nowotny, H.-J. (1970): Migration. Ein Beitrag zu einer soziologischen Erklärung. Stuttgart.

Hoffmann-Nowotny, H.-J. (1973): Soziologie des Fremdarbeiterproblems. Eine theoretische und empirische Analyse am Beispiel der Schweiz. Stuttgart.

Hoffmann-Nowotny, H.-J. (1975): Sozial-strukturelle Konsequenzen der Kompensation eines Geburtenrückgangs durch Einwanderung. In: Kaufmann, F.-X. (Hrsg.), Bevölkerungsbewegung zwischen Quantität und Qualität. Beiträge zum Problem einer Bevölkerungspolitik in industriellen Gesellschaften. Stuttgart, S. 72-81.

Hoffmann-Nowotny, H.-J. (1987): Gastarbeiterwanderungen und soziale Spannungen. In: Reimann, H., Reimann, H. (Hrsg.), Gastarbeiter. Analyse und Perspektiven eines sozialen Problems. 2. völlig neu überarbeitete Auflage, Opladen, S. 46-66.

Hollifield, J. F. (1992): Immigrants, Markets, and States. The Political Economy of Postwar Europe. Cambridge, MA, London.

Hönekopp, E. (1987): Rückkehrförderung und Rückkehr ausländischer Arbeitnehmer - Ergebnisse des Rückkehrförderungsgesetzes, der Rückkehrhilfestatistik und der IAB-Rückkehrerbefragung. In: Hönekopp, E. (Hrsg.), Aspekte der Ausländerbeschäftigung in der Bundesrepublik Deutschland, BeitrAB 114, Nürnberg, S. 287-342.

Hussain, S. (1991): Die Situation von Ausländern in der DDR vor der Wende. In: Die Ausländerbeauftragte des Senats von Berlin, Ausländer in der DDR, Berlin.

Ikonomu, T. (1989): Fragestellungen zur Integrationsdiskussion der neueren Migrationsforschung, in: Papalekas, Johannes C. (Hrsg.), Kulturelle Integration und Kulturkonflikt der technischen Zivilisation, Frankfurt a.M., New York, S. 264-286.

Kentenich, H., Reeg, P., Wehkamp, K.-H. (Hrsg.) (1984): Zwischen zwei Kulturen. Was macht Ausländer krank? Berlin.

Kieselbach, T., Wacker, A. (Hrsg.) (1985): Individuelle und gesellschaftliche Kosten der Arbeitslosigkeit. Beltz: Weinheim/Basel.

Klös, H.-P. (1992): Integration der Einwanderer aus Ost-/Südosteuropa in den deutschen Arbeitsmarkt. In: Sozialer Fortschritt, 41, 11, S. 261-269.

Köhler, C., Grüner, H. (1988): Stamm- und Randbelegschaften - ein überlebtes Konzept? Arbeitspapier 1988-9 des Arbeitskreises Sozialwissenschaftliche Arbeitsmarktforschung, München.

Köhler, C., Grüner, H., (1990): Foreign Workers - From the Necessary Evil to the Backbone of the Industry? The Case of the West-German Automobile Industry. In: Fijalkowski, J., Transnationale Migranten in der Arbeitswelt, Berlin.

Köhler, C., Preisendörfer, P. (1988): Innerbetriebliche Arbeitsmarktsegmentation in Form von Stamm- und Randbelegschaften. In: MittAB 2/88, S. 268-277.

Koller, B. (1993): Aussiedler nach dem Deutschkurs: Welche Gruppen kommen rasch in die Arbeit? In: Mitteilungen aus der Arbeitsmakrt- und Berufsforschung, 26, 2, S. 207-221.

Kommission der Europäischen Gemeinschaften (1991): Die Einwanderung aus Drittstaaten in die südlichen Mitgliedsländer der Europäischen Gemeinschaften. In: Soziales Europa, Beiheft 1/91.

Körner, H. (1990): Internationale Mobilität der Arbeit. Eine empirische und theoretische Analyse der internationalen Wirtschaftsmigration im 19. und 20. Jahrhundert. Darmstadt.

Korporal, J. (1990): Zur gesundheitlichen Situation der ausländischen Bevölkerung in der Bundesrepublik. In: Psychomed, 2, S.11-16

Korte, E. (1990): Familie und kulturelle Orientierungen. In: Esser, H., Friedrichs, J. (Hrsg.), Generation und Identität, Opladen. S. 207-260.

Krause, P. (1992): Einkommensarmut in der Bundesrepublik Deutschland. In: Aus Politik und Zeitgeschichte, Beilage zur Wochenzeitung Das Parlament, B49/92. S. 3-17.

Kreutzberger, W. (1993): Gewalt gegen Fremde - Angelpunkt im Rechtsextremismus. In: Blanke, B. (Hrsg.), Zuwanderung und Asyl in der Konkurrenzgesellschaft. Opladen, S. 163-180.

Kurella, S. (1992): Arbeitslosigkeit und Gesundheit. Literaturstudie für die Jahre 1985-1990, Wissenschaftszentrum Berlin für Sozialforschung, Forschungsgruppe Gesundheitsrisiken und Präventionspolitik, Arbeitspapier P 92-202, Berlin.

Kürsat-Ahlers, E. (1993): Über das Wohn- und Gesellschaftsmodell der Multikulturalität. Stigmatisierung, Wohnsegregation und Identitätsbildung. In: Blanke, B. (Hrsg.), Zuwanderung und Asyl in der Konkurrenzgesellschaft. Opladen, S. 215-237.

Ladener-Malcher, M. (1982): Ausländer in der Arbeitswelt. In: Geißler, H., (Hrsg.), Ausländer in Deutschland - Für eine gemeinsame Zukunft. Band I: Entwicklungen und Prognosen. München, Wien, S. 107-136.

Lamel, J. (1975): Umfang und Bedeutung der Gastarbeiterbeschäftigung in Europa. In: Europäische Rundschau, 3, 4, S. 79-89.

Leggewie, C. (1990a): Vielvölkerrepublik Deutschland in den United Colors of Benetton. In: Blätter für deutsche und internationale Politik, 35, 8, S. 930-941.

Leggewie, C. (1990b): Multi Kulti - Spielregeln für die Vielvölkerrepublik. Berlin.

Leichsenring, C. (1972): Die Unfälle der ausländischen Arbeitskräfte in der Bundesrepublik Deutschland. Schriftenreihe des Hauptverbandes der Gewerblichen Berufsgenossenschaften. Bonn.

Leichsenring, C. (1978): Ausländische Arbeitnehmer und Arbeitssicherheit. In: Berufsgenossenschaft, 2, S. 70-71.

Leisering, L., Zwick, M. (1990): Heterogenisierung der Armut? Alte und neue Perspektiven zum Strukturwandel der Sozialhilfeklientel in der Bundesrepublik Deutschland. In: Zeitschrift für Sozialreform, 36, 11/12, S. 715-745.

Licht, G., Steiner, V. (1991): Stichprobenselektion, unbeobachtete Heterogenität und Humankapitaleffekte bei der Schätzung von Lohnfunktionen mit Paneldaten, In: Rendtel, U., Wagner, G. (Hrsg.), Lebenslagen im Wandel: Zur Einkommensdynamik in Deutschland seit 1984, Frankfurt a.M., S. 100-134.

Lutz, B., Sengenberger, W. (1974): Arbeitsmarktstrukturen und öffentliche Arbeitsmarktpolitik, Göttingen 1974.

Manfrass, K. (1984): Ausländerproblematik in europäischen Industrieländern: ein Vergleich Frankreich - Bundesrepublik Deutschland, In: Bade, K. J., Auswanderer - Wanderarbeiter - Gastarbeiter, Band 2, Ostfildern, S. 758-783.

Manfrass, K. (1992): Frankreich - ein Einwanderungsland. In: Forschungsinstitut der Friedrich-Ebert-Stifung (Hrsg.), Einwanderungsland Deutschland. Bisherige Ausländer- und Asylpolitik. Vergleich mit anderen europäischen Ländern. Gesprächskreis Arbeit und Soziales Nr. 14, Bonn, S. 89-112.

Martin, P. L., Miller, M. J. (1990): Guests or Immigrants? Contradiction and Change in the German Immigration Policy Debate since the Recruitment Stop. In: Migration World, 18, 1, S. 8-13.

Marx, K. (1979): Das Kapital. Kritik der politischen Ökonomie. Erster Band. MEW 23. Berlin.

Mehrländer, U. (1987): Ausländerforschung 1965-1980. Fragestellungen, theoretische Ansätze, empirische Ergebnisse. Bonn.

Mehrländer, U., Schultze, G. (1992): Einwanderungskonzept für die Bundesrepublik Deutschland. Fakten, Argumente, Vorschläge. Gesprächskreis Arbeit und Soziales Nr. 7, Friedrich-Ebert-Stiftung, 2. erweiterte Auflage, Bonn.

Meier-Braun, K. H. (1988): Integration oder Rückkehr? Zur Ausländerpolitik des Bundes und der Länder, insbesondere Baden-Württembergs. Mainz, München.

Micksch, J.(1983): Einleitung. In: Micksch, J. (Hrsg.), Multikulturelles Zusammenleben. Theologische Erfahrungen. Frankfurt a.M.

Moulier, Y., Tapinos, G. (1978): Frankreich. In: Gehmacher, E., Kubat, D., Mehrländer, U. (Hrsg.), Ausländerpolitik im Konflikt. Arbeitskräfte oder Einwanderer? Konzepte der Aufnahme- und Entsendeländer. Bonn, S. 139-152.

Mühlum, A. (1993): Armutswanderung, Asyl und Abwehrverhalten. Globale und nationale Dilemmata. In: Aus Politik und Zeitgeschichte. Beilage zur Wochenzeitung Das Parlament. S. 3-15.

Müller, M. (1983): Selbstorganisation im Ghetto. Frankfurt a.M.

Nauck, B. (1988): Sozialstrukturelle und individualistische Migrationstheorien. Elemente eines Theorievergleichs. In: Kölner Zeitschrift für Soziologie und Sozialpsychologie, 40, 1, S. 16-39.

Naumann, K. (1990): Multikultureller Abschied von der Integration? In: Erziehung und Wissenschaft, 90/1, S. 24-25.

Nieke, W. (1991) Situation ausländischer Kinder und Jugendlicher in der Bundesrepublik Deutschland: Vorschule, Schule, Berufsausbildung, Freizeit, Kriminalität. In: Lajos, K. (Hrsg.), Die zweite und dritte Ausländergeneration. Ihre Situation und Zukunft in der Bundesrepublik Deutschland. Opladen.

Noll, H. H., Habich, R. (1990): Individuelle Wohlfahrt: Vertikale Ungleichheit oder horizontale Disparitäten? In: Berger, P. A., Hradild, S.: Lebenslagen, Lebensläufe, Lebensstile. Soziale Welt, Sonderband 7, Göttingen, S. 153-188.

O'Brien, P. (1988): Continuity and Change in Germany's Treatment of Non-Germans. In: International Migration Review, S.109-134.

Oppen, M. (1985): Ausländerbeschäftigung, Gesundheitsverschleiß und Krankenstand. In: Collatz, J., Kürsat-Ahlers, E., Korporal, J. (Hrsg.) (1985): Gesundheit für alle. Die medizinische Versorgung türkischer Familien in der Bundesrepublik. Hamburg, S. 196-212.

Papalekas, J. C. (1986): Statt einer Einleitung: Über das Umschlagen des Ausländerproblems zur Eigengesetzlichkeit. In: (Papalekas, J. C. (Hrsg.), Strukturwandel des Ausländerproblems. Trends - Modelle - Perspektiven. Bochum, S. 7-16.

Park, R. E. (1964, erstmals 1928): Race and Culture, London.

Park, R. E. (1928): Human Migration and the Marginal Man. In: American Journal of Sociology, 33, 6, S. 881-893.

Park, R. E., Burgess, E. W., McKenzie R. D. (1925): The City. (Vierte Auflage 1967), Chicago.

Piore, M. J. (1978): Lernprozesse, Mobilitätsketten und Arbeitsmarktsegmente. In: Sengenberger, W. (Hrsg.), Der gespaltene Arbeitsmarkt, Frankfurt a.M., New York, S. 67-98.

Portes, A., Jensen, L. (1989): The Enclave and the Entrants: Patterns of Ethnic Enterprise in Miami before and after Mariel. In: American Sociological Review, 54, S. 929-949.

Potts, L. (1990): The World Labour Market. A History of Migration. London, New Jersey.

Pröbsting, K. (1992): Wohlstandsfestung oder multikulturelle Gesellschaft? Arbeitsmarkt und Ausländerbeschäftigung in Deutschland. In: Arbeit und Sozialpolitik, 1-2/92, S. 44-51.

Radtke, F.-O. (1990): Multikulturell - Das Gesellschaftsdesign der 90er Jahre? In: Informationsdienst zur Ausländerarbeit 4/90, S. 27-34.

Rendtel, U. (1993): Über die Repräsentativität von Panelstichproben. Eine Analyse der feldbedingten Ausfälle im Sozio-oekonomischen Panel (SOEP). Deutsches Institut für Wirtschaftsforschung (DIW) Diskussionspapier Nr. 70. Berlin.

Rex, J. (1983): Conflict and Community Survival. In: Fried, C. (Hrsg.), Minorities: Community and Identity. Berlin, Heidelberg, New York, Tokyo, S. 119-131.

Rosen, R., Stüwe, G. (1985): Ausländische Mädchen in der Bundesrepublik, Opladen.

Salowsky, H. (1971): Gesamtwirtschaftliche Aspekte der Ausländerbeschäftigung. In: Beiträge des Deutschen Industrieinstituts, 9, 10/11.

Schäfer, H., (1989): Armut unter Ausländern. In: Blätter der Wohlfahrtspflege, 136, H. 11/12, S. 301-348.

Schaub, G. (1991): Betriebliche Rekrutierungsstrategien und Selektionsmechanismen für die Ausbildung und Beschäftigung junger Ausländer. In: Berichte zur beruflichen Bildung, 135, Bundesinstitut für Berufsbildung (Hrsg.), Berlin, Bonn.

Schiller, G. (1984): Die Bedeutung der Ausländerbeschäftigung für die Volkswirtschaft. In: Bade, K. J., Auswanderer - Wanderarbeiter - Gastarbeiter. Band II, Königstein, S. 625-643.

Schmidt, M. G. (1988): Sozialpolitik. Historische Entwicklung und internationaler Vergleich. Opladen.

Schmalz-Jacobsen, C., Hinte, H., Tsapanos, G. (1993): Einwanderung und dann? Perspektiven einer neuen Ausländerpolitik, München.

Schober, K., Stegmann, H. (1987): Ausländische Jugendliche - Demographische Entwicklung sowie Ausbildungs- und Beschäftigungssituation. In: Hönekopp, E., Aspekte der Ausländerbeschäftigung in der Bundesrepublik Deutschland, Beitrag 114, Nürnberg.

Schöneberg, U. (1993): Gestern Gastarbeiter, morgen Minderheit. Zur sozialen Integration von Einwanderern in einem „unerklärten" Einwanderungsland. Frankfurt a.M., Berlin, Bern, New York, Paris, Wien.

Schulte, A. (1990): Multikulturelle Gesellschaft: Chance, Ideologie oder Bedrohung? In: Aus Politik und Zeitgeschichte, Beilage zur Wochenzeitung das Parlament, B23-24, S., 3-15.

Schulte, A. (1993): Vielfalt und Integration. Zum Integrationsproblem in den multikulturellen Gesellschaften der westlichen Demokratien. In: Blanke, B. (Hrsg.), Zuwanderung und Asyl in der Konkurrenzgesellschaft. Opladen, S. 181-214.

Schultze, G. (1990): Griechische Jugendliche in Nordrhein-Westfalen. Bonn.

Schultze, G. (1991): Berufliche Integration türkischer Arbeitnehmer. Vergleich der ersten und zweiten Generation. Bonn.

Schulz, E., Rendtel, U., Schupp, J., Wagner, G. (1993): Das Zuwanderer-Problem in Wiederholungsbefragungen am Beispiel des Sozio-oekonomischen Panels (SOEP). Deutsches Institut für Wirtschaftsforschung, Diskussionspapier Nr. 71. Berlin.

Seifert, W., Rose, R., Zapf, W. (1993): Ökonomische Verhaltensweisen und politische Einstellungen im vereinten Deutschland. Wissenschaftszentrum Berlin für Sozialforschung, Arbeitsgruppe Sozialberichterstattung, Arbeitspapier P 93 - 109, Berlin.

Sen, F. (1986): Der volkswirtschaftliche Stellenwert der Türken in der Bundesrepublik Deutschland. In: Meys, W., Sen, F. (Hrsg). Zukunft in der Bundesrepublik oder Zukunft in der Türkei? Eine Bilanz der 25jährigen Migration der Türken. Frankfurt a.M.

Sen, F., Wierth, A. (1992): 1961 bis 1991 - Ein kritischer Rückblick auf die dreißigjährige Migrationsgeschichte der Türken in der Bundesrepublik Deutschland. In: ZAR, 2/92, S.75-80.

Sengenberger, W. (1975): Arbeitsmarktstruktur. Ansätze zu einem Modell des segmentierten Arbeitsmarkts. Frankfurt a.M.

Sengenberger, W. (1978): Einführung: Die Segmentation des Arbeitsmarktes als politisches und wissenschaftliches Problem. In: Sengenberger, W. (Hrsg.), Der gespaltene Arbeitsmarkt. Frankfurt a.M., New York, S. 15-42.

Specht-Kittler, T. (1992): Obdachlosigkeit in der Bundesrepublik Deutschland. In: Aus Politik und Zeitgeschichte, Beilage zur Wochenzeitung Das Parlament, B49/92, S. 31-42.

Spies, U. (1982): Ausländerpolitik und Integration. Eine empirische Untersuchung der Rechtsprobleme von türkischen Arbeitnehmern und ihren Familienangehörigen. Frankfurt a.M., Bern.

Stach, A. (1991): Ausländer in der DDR - Ein Rückblick. In: Die Ausländerbeauftragte des Senats von Berlin, Ausländer in der DDR. Berlin.

Statistisches Bundesamt (Hrsg.) (1992): Statistisches Jahrbuch, Wiesbaden 1992.

Statz, A. (1992): Migration als Brücke. Ausmaß, Ursachen und politische Gestaltungsmöglichkeiten der Wanderungsbewegungen zwischen Ost- und Westeuropa. Arbeitspapier 16 des Instituts für internationale Politik. Wuppertal.

Stonequist, E.V. (1937): The Marginal Man. A Study in Personality and Culture Conflict. New York.

Szydlik, M. (1990): Die Segmentierung des Arbeitsmarktes in der Bundesrepublik Deutschland. Eine empirische Analyse mit Daten des Sozio-Ökonomischen Panels, 1984-1988. Berlin.

Szydlik, M. (1991): Einkommen, Einkommensdynamik und Arbeitsmarktsegmentation. In: Rendtel, U., Wagner, G. (Hrsg.), Lebenslagen im Wandel: Zur Einkommensdynamik in Deutschland seit 1984. Frankfurt a.M, New York, S. 243-272.

Taft, R. (1957): A Psychological Model for the Study of Social Assimilation. In: Human Relations, 10, S. 141-156.

Tenfelde, K. (1984): Kontinuität in der deutschen Fremdarbeiterpolitik. In: Bade, K. J. (Hrsg.), Auswanderer-Wanderarbeiter-Gastarbeiter. Arbeitsmarkt in Deutschland seit der Mitte des 19. Jahrhunderts, Bd.II, Ostfildern, S.800-802.

Thränhardt, D. (1992): Ein Zuwanderungskonzept für Deutschland am Ende des Jahrhunderts. In: Friedrich-Ebert-Stiftung (Hrsg.), Einwanderungsland Deutschland. Bisherige Ausländer- und Asylpolitik. Vergleiche mit anderen europäischen Ländern. Gesprächskreis Arbeit und Soziales Nr. 14, Bonn, S. 127-153.

Tichy, R. (1990): Ausländer rein! Warum es kein Ausländerproblem gibt. München, Zürich.

Thurow, L. C. (1978): Die Arbeitskräfteschlange und das Modell des Arbeitsplatzwettbewerbs. In: Sengenberger, W. (Hrsg.), Der gespaltene Arbeitsmarkt, Frankfurt a.M., New York, S. 15-42.

Treibel, A. (1988): Engagement und Distanzierung in der westdeutschen Ausländerforschung. Eine Untersuchung ihrer soziologischen Beiträge. Stuttgart.

Treibel, A. (1990): Migration in modernen Gesellschaften. Soziale Folgen von Einwanderung und Gastarbeit. Weinheim, München.

Treiman, D. J. (1979): Begriff und Messung des Berufsprestiges in der international vergleichenden Mobilitätsforschung. In: Pappi, F. U. (Hrsg.), Sozialstrukturanalyse mit Umfragedaten. Königstein, S.124-168.

Velling, J., Woydt, M. (o. J.): Migrationspolitiken in ausgewählten Industriestaaten. Ein synoptischer Vergleich Deutschland - Frankreich - Italien - Spanien - Kanada. Zentrum für europäische Wirtschaftsforschung (ZEW). ZEW-Dokumentation.

Wagner, G. (1991): Kennziffern zur Charakterisierung von Panel-Erhebungen - Das Beispiel des SOEP. DIW-Diskussionspapier Nr. 2., Berlin.

Wehrmann, M. (1989): Auswirkungen der Ausländerbeschäftigung auf die Volkswirtschaft der Bundesrepublik Deutschland in Vergangenheit und Zukunft. Baden-Baden.

Wiegand, E. (1989): Assimilation von Ausländern. In: Statistisches Bundesamt (Hrsg.), Datenreport 1989. Zahlen und Fakten über die Bundesrepublik Deutschland. Bonn, S. 524-533.

Wilpert, C. (1980): Die Zukunft der zweiten Generation. Königstein.

Wilpert, C. (1983): Wanderung und Zukunftsorientierung von Migrantenfamilien. In: Wilpert, C., Morokvasic, M., Bedingungen und Folgen internationaler Migration, Berlin, S. 3-374.

Winkler, B. (1992): Spannungsfelder des Zusammenlebens. In: Winkler, B. (Hrsg.), Zukunftsangst Einwanderung. München, S. 61-89.

Wollenschläger, M. (1993): Konturen einer Einwanderungsgesetzgebung. In: Blanke, B. (Hrsg.), Zuwanderung und Asyl in der Konkurrenzgesellschaft. Opladen, S. 259-274.

Zapf, W., Brachtl, W. (1984): Die Lebensqualität der Gastarbeiter. In: Glatzer, W., Zapf, W. (Hrsg.), Lebensqualität in der Bundesrepublik. Objektive Lebensbedingungen und subjektives Wohlbefinden. Frankfurt a.M., S. 286-306.

Zolberg, A. R. (1983): Patterns of International Migration Policy: A Diachronic Comparison. In: Fried, C. (Hrsg.), Minorities: Community and Identity. Berlin, Heidelberg, New York, Tokyo, S. 229-247.